»Und darin besteht Zuloagas Stärke: ein Mythenschöpfer zu sein.«

JOSÉ ORTEGA Y GASSET

MYTHOS SPANIEN

Ignacio Zuloaga

Herausgegeben von
Roger Diederen, Nerina Santorius
und Carlos Alonso Pérez-Fajardo

Deutscher Kunstverlag

KUNSTHALLE MÜNCHEN

BUCERIUS KUNST FORUM

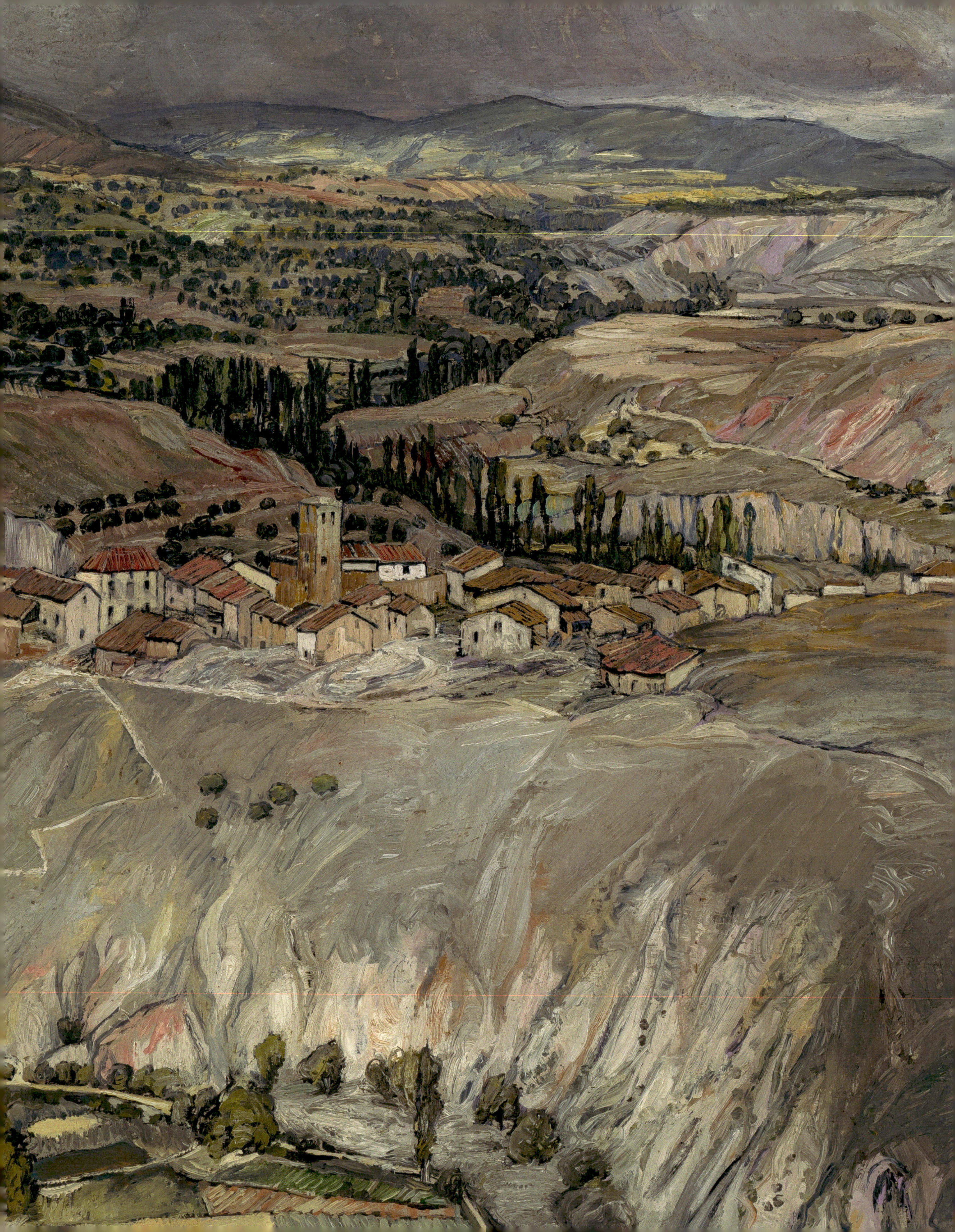

Inhalt

ée. — Nº 13.717.

ONNEMENTS
e et Seine-et-Oise
n........ 5 fr.
.... 9 fr.
.... 18 fr.
rtements et Colonies
is........ 6 fr.
.... 11 fr.
.... 22 fr.
Étranger
is........ 8 fr.
.... 15 fr.
.... 35 fr

Le Petit Par

5 centimes — Le plus fort tirage des journaux du mond

NOULENS, MINISTRE DE LA GUERRE US DÉCLARE :

que nous ne pouvions retarder la marche sur Taza,
que la pacification du Moyen Atlas sera l'œuvre de demain,
et qu'il faut augmenter nos troupes noires.

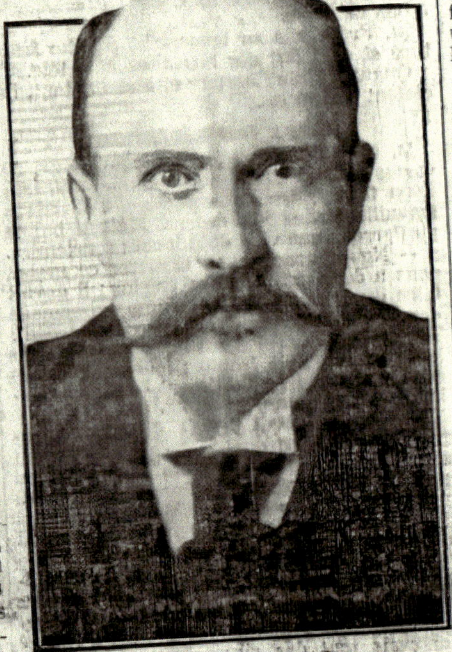

M. NOULENS

sait que M. Noulens, ministre de
ıerre, vient d'accomplir un voyage
des en Algérie et sur les confins
cains. En deux semaines, il a par-
ı successivement le Sud jusqu'à
gourt, la région de Sétif, la petite
grande Kabylie et le Sud-Oranais
u'à Aïn-Sefra, Figuig et Colomb-
ar.
était, d'autre part, à peu de kilo-
res de Taza lorsque eurent lieu les
bats qui aboutirent à l'occupation
ette ville, où s'est opérée la jonction
deux colonnes commandées par les
éraux Gouraud et Baumgarten.
'est de cet événement militaire que
ninistre de la Guerre, au cours de
tretien que nous avons eu hier avec
a tenu d'abord à nous parler.

La trouée de Taza

– J'étais à peu de distance de Taza
moment des opérations qui se sont,
reste, produites bien plus tôt qu'on
le prévoyait. Mais l'attitude de plus
plus menaçante des tribus ennemies
contraint le général Lyautey à ordon-
r l'attaque à une époque où le temps
ait favorable et, surtout, au moment
la relève de nos bataillons indigènes
portait aux chefs des deux colonnes
s éléments nouveaux, en plein entraî-
ment, et n'ayant encore supporté au-
ne fatigue.
Si nous avions retardé la marche sur
aza de plusieurs mois, nous ne l'au-
ons certes pas accomplie dans des con-
itions aussi favorables et nos pertes
ussent été bien plus grandes.
En effet, les tribus que le général
yautey avait devant lui étaient irré-
uctibles et fanatiques. Elles auraient
rofité du temps que nous leur aurions
aissé pour mieux s'armer, pour se pro-
urer des munitions et auraient pu croi-
e que nous hésitions à marcher de
'avant.
Cela n'était pas possible, et il fallait
agir comme l'a fait le gouverneur géné-
ral. Les circonstances l'exigeaient et
hésiter plus longtemps eût été une
faute.
... l'opération est faite.

général Lyautey n'a du reste formulé au-
cune nouvelle demande de ce genre.
— Cependant, faisons-nous observer,
pour occuper les chaînes de l'Atlas et
nous donner un nouveau point de suture
avec l'Algérie, de nombreuses troupes
seront nécessaires.
— Parfaitement, acquiesça M. Nou-
lens ; mais nous avons à notre disposi-
tion d'admirables forces noires ; il s'agit
simplement de les utiliser. Nous pou-
vons constituer de nouveaux bataillons
de Sénégalais, et j'ai pu constater, au
cours de mon voyage, quels merveil-
leux soldats nous possédions là.
J'ai interrogé à ce sujet leurs officiers,
et tous, sans exception, m'ont affirmé
leurs réelles qualités militaires, leur en-
durance et leur fidélité. Ils sont peut-
être, au début, difficiles à mener, mais
lorsqu'ils sont compris par leurs supé-
rieurs, ils deviennent de parfaits soldats
sur lesquels on peut compter en toute
... C'est vous dire que je suis

UN ILLUMINÉ DE GÉNIE

Il faut souffrir pour concevoir une œuvre

C'est ce que nous dit le grand peintre espagnol Ignacio Zuloaga.

Son art impérieux, volontaire, puissant,
domine, cette année encore, tout le Salon de
la Nationale. Son nom s'impose à la mé-
moire comme sa peinture au souvenir vi-
suel. Et l'homme est de ceux que l'on n'ou-
blie pas quand on l'a vu, fût-ce une seule
fois. Athlétique, rudement bâti, il érige sur
un torse de lutteur antique une tête régu-
lière, d'une rare fraîcheur de teint...

Un peu froid, très maître de sa pensée et
de sa parole, Zuloaga ne se livre pas facile-
ment... Et ce n'est que lorsqu'il parle de
l'Espagne qu'il s'anime et se donne...
— Je suis Basque de naissance, dit-il,
mais Espagnol et Vieux-Castillan de sang et
d'âme... Et je le suis avec orgueil, avec fa-
natisme, avec douleur aussi... Car mon
Espagne à moi n'est pas celle dont mes
compatriotes sont fiers : ce n'est pas l'Espa-
gne de Barcelone, de Madrid, de San-Sebas-
tian... C'est la patrie des Cervantès, la
Mancha pauvre et fauve, rouge et noire,
c'est Ségovie âpre et désolée, c'est Tolède,
qui semble une reine en exil debout parmi
des ruines ; c'est l'Espagne dont on est hon-
teux chez nous, la pauvre Espagne de foi,
de supplication, de caractère austère et
sombre, c'est la race qui a fait la tragique
grandeur de notre histoire... Et cette Espa-
gne qui s'étiole, qui s'en va, qui meurt,
j'essaie de la galvaniser, de lui donner la
vie de mon art, de la séparer de la vie mo-
derne, de mettre en relief sa beauté pro-
fonde, sa sensualité ardente et chaste, ses
âmes d'amour, de sang, de mort, tout ce
qu'elle doit de splendeur à son soleil, jaune
comme la flamme d'un bûcher, tout ce
qu'elle a d'africain et de maure. Ceux qui
m'ont compris, ceux qui ont pénétré ma
pensée derrière ma peinture, — vous en
êtes, mon ami, — sont rares. L'opinion des
autres m'importe peu. Je ne travaille pas
pour plaire au public. Je n'ai jamais fait la
moindre concession au goût courant. Tout
ce que je fais tend à rendre à ma mère, à
ma patrie un hommage qui soit une protes-
tation : je veux faire vivre dans mes œu-
vres cette race passionnée, brûlée de la
sombre flamme de la foi et de l'amour,
dont je suis issu... donner au futur le té-
moignage de ces danseuses, de ces toreros,
de ces pénitents qui caractérisent notre
âme et la font aimer... Nous sommes le der-
nier pays d'art qui soit au monde, de par
nos villages, nos costumes, nos tauroma-
chies, nos coutumes séculaires, nos proces-
sions, nos usages... Le Passé vit et palpite
encore chez nous, alors que rien de lui ne
subsiste plus ailleurs... Et c'est ce passé vi-
vant encore, à demi mort pourtant, que j'ai
fait revivre, que j'ai animé de ma passion,
de mes regrets, de ma tendresse, et aussi
de ma colère... Car tout ce qui faisait notre
originalité artistique disparaît avec une
effrayante rapidité...

... me montre ses derniè-

LA TRAGI-COMÉDIE ALBANAISE

ESSAD PACHA

capturé par la gendarmerie hollan est le prisonnier de l'Autriche

On croyait les affaires albanaises r
à la suite de l'entente intervenue ent
délégués du prince de Wied et les dé
épirotes. L'Europe se félicitait de ce
lution. Or voici qu'une nouvelle compli
surgit, et l'on se demande si l'action a
italienne ne va pas s'exercer en Alba
C'est le trop fameux Essad pacha
le héros de l'incident d'hier. Ce perso
d'opérette deviendrait-il un personn
drame ?
Il était le chef de l'armée turque da
tari, lorsque l'armée monténégrine
la place. Il capitula au début de 191
des raisons mal définies et bien q
encore résister victorieusement ; il s
ensuite dans son fief albanais de Tir
là, comme il avait gardé ses soldats
artillerie, il crut en imposer à l'Eur
espéra devenir prince du nouvel E
banie. Il s'insurgea contre le gouve
provisoire de ce pays, gouverneme
Ismaïl Khemal bey était le présiden
avoir forcé Ismaïl à se démettre
fonctions, il protesta avec véhémenc
le choix du prince de Wied comm
rain. Puis il affecta de s'incliner e
le ministère de la Guerre et de l'
dans le premier cabinet que forma l
que.
Mais il profita, paraît-il, du sou
qui vient d'éclater parmi les tribu
manes des environs de Durazzo
prendre son opposition. On l'accus
voulu chasser le roi d'Albanie.
Celui-ci le fit hier cerner et b
dans sa maison par la gendarmer
daise qui constitue la seule troupe
du royaume. Et le pacha fut co
sa femme à bord d'un croiseur a
grois, le *Szigetvar*, qui lui sert de
La révolte musulmane, qui p
prétexte les concessions accordée
rotes, se prolongera-t-elle ? Au
durerait, l'Autriche et l'Italie so
— soit par mandat européen, s
propre initiative — à intervenir
blir l'ordre. Dès à présent, elles
qué des marins à Durazzo, et l'I
menté ses forces navales dans c

UNE DÉCLARATI DU COMTE BERCH

Budapes
Au cours de la discussion du
Affaires étrangères, le comte B
présence des nouvelles qui on
jourd'hui au sujet de troubles
a déclaré :
« Je porte à la connaissance
tion que nos informations rela
derniers jours les conflits ent

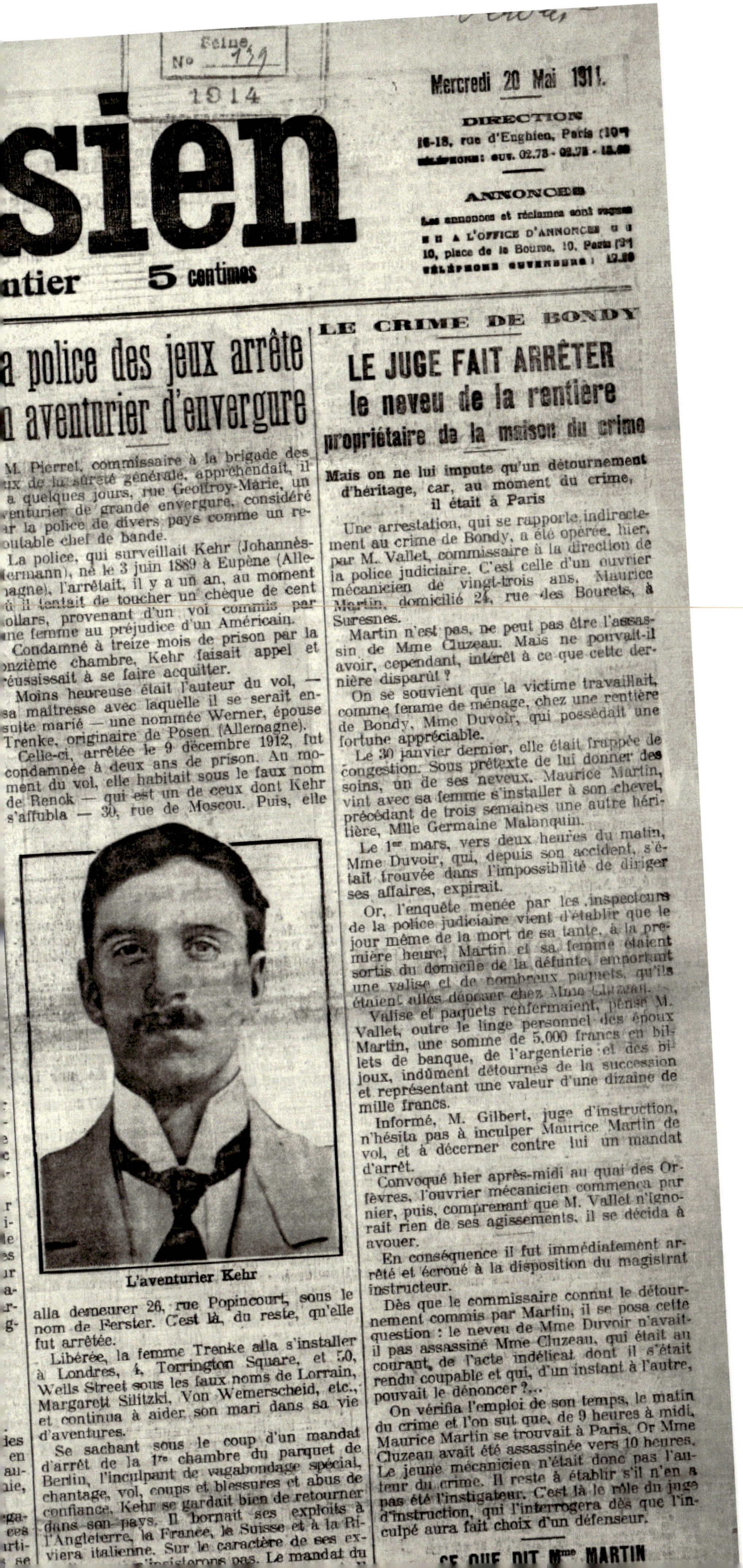

Seine
N° 139
1914

sien

Mercredi 20 Mai 1914.

DIRECTION
18-18, rue d'Enghien, Paris (10e)

ANNONCES
Les annonces et réclames sont reçues
A L'OFFICE D'ANNONCES
10, place de la Bourse, 10, Paris (2e)

ntier 5 centimes

a police des jeux arrête
n aventurier d'envergure

M. Pierret, commissaire à la brigade des
ux de la sûreté générale, appréhendait, il
a quelques jours, rue Geoffroy-Marie, un
venturier de grande envergure, considéré
ar la police de divers pays comme un re-
outable chef de bande.

La police, qui surveillait Kehr (Johannès-
ermann), né le 3 juin 1889 à Eupène (Alle-
nagne), l'arrêtait, il y a un an, au moment
ù il tentait de toucher un chèque de cent
ollars, provenant d'un vol commis par
ne femme au préjudice d'un Américain.

Condamné à treize mois de prison par la
nzième chambre, Kehr faisait appel et
éussissait à se faire acquitter.

Moins heureuse était l'auteur du vol, —
sa maîtresse avec laquelle il se serait en-
suite marié — une nommée Werner, épouse
Trenke, originaire de Posen (Allemagne).

Celle-ci, arrêtée le 9 décembre 1912, fut
condamnée à deux ans de prison. Au mo-
ment du vol, elle habitait sous le faux nom
de Renok — qui est un de ceux dont Kehr
s'affubla — 30, rue de Moscou. Puis, elle

L'aventurier Kehr

alla demeurer 26, rue Popincourt, sous le
nom de Ferster. C'est là, du reste, qu'elle
fut arrêtée.

Libérée, la femme Trenke alla s'installer
à Londres, 4, Torrington Square, et 50,
Wells Street sous les faux noms de Lorrain,
Margarett Silitzki, Von Wemerscheid, etc.,
et continua à aider son mari dans sa vie
d'aventures.

Se sachant sous le coup d'un mandat
d'arrêt de la 1re chambre du parquet de
Berlin, l'inculpant de vagabondage spécial,
chantage, vol, coups et blessures et abus de
confiance, Kehr se gardait bien de retourner
dans son pays. Il bornait ses exploits à
l'Angleterre, la France, la Suisse et à la Ri-
viera italienne. Sur le caractère de ses ex-
ploits nous n'insisterons pas. Le mandat du

LE CRIME DE BONDY

LE JUGE FAIT ARRÊTER
le neveu de la rentière
propriétaire de la maison du crime

Mais on ne lui impute qu'un détournement
d'héritage, car, au moment du crime,
il était à Paris

Une arrestation, qui se rapporte indirecte-
ment au crime de Bondy, a été opérée, hier,
par M. Vallet, commissaire à la direction de
la police judiciaire. C'est celle d'un ouvrier
mécanicien de vingt-trois ans, Maurice
Martin, domicilié 24, rue des Bourets, à
Suresnes.

Martin n'est pas, ne peut pas être l'assas-
sin de Mme Cluzeau. Mais ne pouvait-il
avoir, cependant, intérêt à ce que cette der-
nière disparût ?

On se souvient que la victime travaillait,
comme femme de ménage, chez une rentière
de Bondy, Mme Duvoir, qui possédait une
fortune appréciable.

Le 30 janvier dernier, elle était frappée de
congestion. Sous prétexte de lui donner des
soins, un de ses neveux, Maurice Martin,
vint avec sa femme s'installer à son chevet,
précédant de trois semaines une autre héri-
tière, Mlle Germaine Malanquin.

Le 1er mars, vers deux heures du matin,
Mme Duvoir, qui, depuis son accident, s'é-
tait trouvée dans l'impossibilité de diriger
ses affaires, expirait.

Or, l'enquête menée par les inspecteurs
de la police judiciaire vient d'établir que le
jour même de la mort de sa tante, à la pre-
mière heure, Martin et sa femme étaient
sortis du domicile de la défunte, emportant
une valise et de nombreux paquets, qu'ils
étaient allés déposer chez Mme Cluzeau.

Valise et paquets renfermaient, pense M.
Vallet, outre le linge personnel des époux
Martin, une somme de 5.000 francs en bil-
lets de banque, de l'argenterie et des bi-
joux, indûment détournés de la succession
et représentant une valeur d'une dizaine de
mille francs.

Informé, M. Gilbert, juge d'instruction,
n'hésita pas à inculper Maurice Martin de
vol, et à décerner contre lui un mandat
d'arrêt.

Convoqué hier après-midi au quai des Or-
fèvres, l'ouvrier mécanicien commença par
nier, puis, comprenant que M. Vallet n'igno-
rait rien de ses agissements, il se décida à
avouer.

En conséquence il fut immédiatement ar-
rêté et écroué à la disposition du magistrat
instructeur.

Dès que le commissaire connut le détour-
nement commis par Martin, il se posa cette
question : le neveu de Mme Duvoir n'avait-
il pas assassiné Mme Cluzeau, qui était au
courant de l'acte indélicat dont il s'était
rendu coupable et qui, d'un instant à l'autre,
pouvait le dénoncer ?...

On vérifia l'emploi de son temps, le matin
du crime et l'on sut que, de 9 heures à midi,
Maurice Martin se trouvait à Paris. Or Mme
Cluzeau avait été assassinée vers 10 heures.
Le jeune mécanicien n'était donc pas l'au-
teur du crime. Il reste à établir s'il n'en a
pas été l'instigateur. C'est là le rôle du juge
d'instruction, qui l'interrogera dès que l'in-
culpé aura fait choix d'un défenseur.

CE QUE DIT Mme MARTIN

EIN GENIALER FANTAST

Wer ein Werk erschaffen will, muss leiden

[…] Ich bin Baske von Geburt, sagte er, aber mit Blut und Seele Spanier und Alt-Kastilier. Und ich bin es mit Stolz, mit Fanatismus, aber auch mit Schmerz. Denn mein persönliches Spanien ist nicht dasjenige, auf das meine Landsleute stolz sind: Es ist nicht das Spanien Barcelonas, Madrids oder San Sebastiáns … Es ist die Heimat von Cervantes, der kargen und fahlen Mancha, rot und schwarz, es ist das raue und trostlose Segovia, Toledo, das einer Königin im Exil gleicht, aufrecht zwischen Ruinen; es ist das Spanien, für das man sich bei uns schämt, das arme Spanien des Glaubens, des Flehens, von strengem und düsterem Charakter, es ist die Rasse, die die tragische Größe unserer Geschichte begründet hat … Und dieses Spanien, das dahinsiecht, das verschwindet und stirbt, dieses Spanien möchte ich neu entflammen, es mit meiner Kunst zu neuem Leben erwecken, es vom modernen Leben scheiden, seine tiefgründige Schönheit, seine glühende und zugleich keusche Sinnlichkeit, seine Seelen voller Liebe, Blut und Tod hervorheben, alles, was es seiner Sonne an Glanz verdankt, gelb wie die Flamme eines Scheiterhaufens, alles, was das Land an afrikanischen und maurischen Einflüssen zu bieten hat. Diejenigen, die mich verstanden haben, die die Gedanken hinter meiner Malerei erkannt haben – Sie, mein Freund, gehören dazu –, sind rar. Die Meinung der anderen bedeutet mir nicht viel. Ich arbeite nicht, um dem Publikum zu gefallen. Ich habe niemals auch nur das geringste Zugeständnis an den Zeitgeist gemacht. All mein Schaffen verstehe ich als Hommage an meine Mutter, meine Heimat, eine Hommage, die auch Protest ist: In meinen Werken möchte ich diese leidenschaftliche, von der düsteren Flamme des Glaubens und der Liebe verzehrte Rasse, aus der ich hervorgegangen bin, zum Leben erwecken … für die Zukunft Zeugnis ablegen von diesen Tänzerinnen, Toreros und Büßern, die Teil unserer Seele sind, und sie das Lieben lehren … Wir sind das letzte Land der Kunst auf der Welt, mit unseren Dörfern, unseren Trachten, unserem Stierkampf, unseren jahrhundertealten Riten, unseren Prozessionen, unseren Bräuchen. Bei uns lebt und vibriert die Vergangenheit noch, während anderswo nichts von ihr übrig geblieben ist … Und es ist diese noch lebendige, wenn auch halbtote Vergangenheit, die ich habe wiederaufleben lassen, die ich mit meiner Leidenschaft erfüllt habe, mit meinem Bedauern, meiner Zärtlichkeit und auch mit meiner Wut … Denn all dies, was unsere künstlerische Originalität ausmachte, verschwindet mit erschreckender Geschwindigkeit …

Ignacio Zuloaga, in: Jean Claude: »Un illuminé de génie. Il faut souffrir pour concevoir une œuvre«, in: *Le Petit Parisien*, 20.5.1914

Vorwort

Spricht man in Deutschland von spanischer Malerei, so fallen meist nur die Namen der alten Meister wie Diego Velázquez, El Greco und Francisco de Goya oder von einigen Leitfiguren der klassischen Moderne wie Pablo Picasso, Salvador Dalí oder Joan Miró. Doch jenseits dieser Fixsterne ist die Kenntnis der fraglos reichen kulturellen Tradition Spaniens – nicht nur in der Malerei – äußerst dürftig. Daher war es mir schon 2016 ein dringendes Anliegen, Werke des großartigen Joaquín Sorolla (1863–1923) hierzulande zu präsentieren. In Spanien ist er heute immer noch einer der beliebtesten Maler der frühen Moderne, in Deutschland hingegen war er bis zu unserer Ausstellung fast nur Fachspezialisten bekannt. Umso erfreulicher war damals die enorm positive Resonanz, auf die seine erste posthume Retrospektive im deutschsprachigen Raum bei Publikum und Presse stieß. Jetzt, sieben Jahre später, ist es höchste Zeit, den anderen herausragenden spanischen Maler aus dieser Epoche, Ignacio Zuloaga (1870–1945), mit *Mythos Spanien* sowohl in München als auch danach im Bucerius Kunst Forum in Hamburg einem breiten Publikum vorzustellen. Beiden Künstlern war zu Lebzeiten eine eindrucksvolle, internationale Karriere vergönnt, aber nicht zuletzt auch weil sie nicht in den rigiden Modernisten-Kanon der Nachkriegszeit passten, ist ihr Ruhm im Ausland seit ihrem Tod verblasst.

Im Vergleich zu den Gemälden Sorollas, der mit virtuosem, impressionistischem Pinselstrich das spanische Sonnenlicht eingefangen hat, bietet sich die Malerei Zuloagas gleichsam als Kontrastprogramm dar. Mit überwiegend dunklen Farben versuchte Letzterer nichts weniger, als der »spanischen Seele« auf der Leinwand Ausdruck zu verleihen. Dabei mied er Szenen badender Kinder und in Weiß gekleideter Damen bei ihren Vergnügungen in der Sommerfrische am Strand. Zuloaga fokussierte auf die Menschen, die seines Erachtens das ›wahre‹ Spanien verkörperten: stolze Toreros und temperamentvolle Flamencotänzerinnen, die einfache Landbevölkerung, Kleinwüchsige, Bettler und Prostituierte, Asketen und Büßer. Es sind vor allem Darstellungen solcher Personen, die Zuloagas Kunst kennzeichnen und mit denen er nicht nur an das Erbe von Altmeistern wie Velázquez, El Greco und Goya anknüpfte, sondern auch – wie kaum ein anderer Künstler – das Bild Spaniens im Ausland prägte. International bestens vernetzt, stellte er in ganz Europa, Russland und den USA aus und vermittelte so ein Bild Spaniens, das neben der heiteren, folkloristischen auch die weniger bekannte dunkle Seite des Landes zeigte. Im Rahmen einer Deutschlandreise, die er wohl anlässlich seiner Beteiligung an der *Internationalen Kunstausstellung* in Düsseldorf 1904 unternahm, besuchte Zuloaga auch die bayerische Hauptstadt und schickte eine Ansichtskarte des Hofbräuhauses an seinen Onkel in Segovia: »Mein Lieber, wir machen hier nichts anderes, als Bier zu trinken, und ich … Gerade habe ich den schönsten Tizian meines Lebens gesehen.« Es dürfte sich um das Gemälde *Die Dornenkrönung Christi* (um 1570) gehandelt haben, welches noch heute zu den berühmten Meisterwerken der Alten Pinakothek zählt. Die Postkarte weist Zuloaga als Mann von Welt aus, der das Leben zu genießen vermag und ebenso bei den Altmeistern seine Inspiration findet, um die großen Themen der Menschheit in eine neue Ära zu überführen. Die Aussagekraft seiner Werke ist bis heute unvermindert, und er verdient es, im Ausland aufs Neue entdeckt zu werden.

Schon 2017 gab es Diskussionen mit Kollegen aus dem Instituto Cervantes und mit Romanisten wie Ralf Junkerjürgen, den Kanon der spanischen Künstlerinnen und Künstler, die heutzutage in Deutschland bekannt sind, zu erweitern, wobei Zuloaga schon bald in den Fokus eines neuen Projekts rückte. Als Nerina Santorius und ich dann auf Carlos Alonso Pérez-Fajardo trafen, erhielt die Idee dieser Ausstellung unversehens neue, maßgebliche Impulse. Gemeinsam mit diesem großartigen Kenner des Künstlers, der viele Jahre das Museo Ignacio Zuloaga in Pedraza geleitet hat, konnte ein Wunschtraum nun plötzlich realisiert werden. Carlos'

Abb. 1 Hofbräuhaus, München, Postkarte von Ignacio Zuloaga an Daniel Zuloaga, Oktober 1904, Archivo Museo Zuloaga de Segovia. Junta de Castilla y León

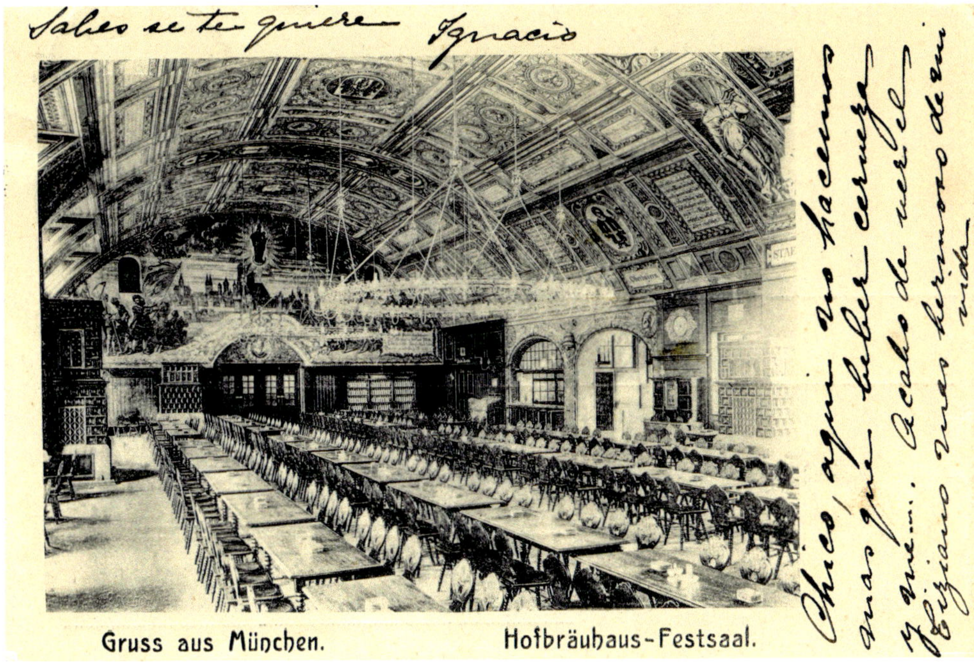

Abb. 1

schier grenzenloses Wissen, seine zahlreichen Kontakte und unerschöpfliche Energie haben dieses komplizierte Unterfangen erst ermöglicht. Vonseiten der Kunsthalle war es Nerina Santorius, die sich mit großer Intelligenz und Akribie die komplexe Kultur Spaniens um die Jahrhundertwende aneignete und die Beziehungen des Künstlers nach Deutschland erforschte. Ich bin beeindruckt, wie dieses engagierte Kuratorenteam die vielen Hürden während der Vorbereitung dieser Ausstellung gemeistert und dieses grandiose Resultat ermöglicht hat. Charlotte Ewers, Volontärin der Kunsthalle, hat das Duo höchst professionell unterstützt, und auch ihr gilt mein besonderer Dank. Da es uns in der Kunsthalle von Anfang an vor allem darum ging, unsere eigene Faszination für die Kunst Zuloagas mit so vielen Menschen wie möglich zu teilen, bin ich sehr froh, in Kathrin Baumstark, Direktorin des Bucerius Kunst Forums in Hamburg, eine weitere Mitstreiterin gefunden zu haben. Als wir ihr von unserem Projekt erzählten, war sie sofort begeistert, sogar in dem Maße, dass sie sich entschied, die Ausstellung auch in ihrem Haus zu zeigen. Gemeinsam mit der Kuratorin Katrin Dyballa sorgt sie dafür, dass Zuloagas Kunst jetzt vom tiefsten Süden bis in den höchsten Norden Deutschlands bewundert werden kann. Für die äußerst kollegiale und freundschaftliche Zusammenarbeit möchte ich mich bei ihnen und beim ganzen Team des Bucerius Kunst Forums bedanken.

Doch Begeisterung allein bringt keine Ausstellung zustande. Mein und Kathrin Baumstarks besonderer Dank gilt den vielen Museen und vor allem auch Privatleihgeber:innen in Spanien, Frankreich, Italien, Schweden, Polen, Deutschland, Mexiko, Argentinien und den USA, die uns ihre wertvollen Schätze für viele Monate anvertraut haben. In diesem Zusammenhang möchte ich auch Javier Novo González und Mikel Lertxundi Galiana meinen herzlichen Dank dafür aussprechen, dass sie uns mit großem Engagement beim Leihverkehr unterstützt und ihre umfassenden Kenntnisse zu Zuloaga mit uns geteilt haben.

Für diese erste monografische Publikation über Zuloaga in deutscher Sprache gilt unser Dank dem Deutschen Kunstverlag, insbesondere Luzie Diekmann, die das Projekt höchst zuverlässig und mit äußerster Sorgfalt betreut hat, sowie Kathleen Herfurth und Anja Haering. Die sehr schöne Gestaltung des Buchs verdanken wir Kathleen Bernsdorf. Herzlich danken möchten wir neben den bereits erwähnten Kurator:innen den weiteren Katalogautor:innen Katrin Dyballa, Charlotte Ewers, Ralf Junkerjürgen, Mikel Lertxundi Galiana, Helena Pereña, Johanna Schumm und Birgit Thiemann für ihre äußerst lesenswerten Aufsätze sowie der Übersetzerin Constanze Déus-Konrad und dem Lektor Holger Steinemann, der hier erneut sein beeindruckendes Sprachgefühl und seine Präzision unter Beweis gestellt hat.

Wie schon bei vergangenen Ausstellungen war auch dieses Projekt eine Kooperation mit der spanischen Botschaft in Berlin, dem Instituto Cervantes sowie dem spanischen Fremdenverkehrsamt München TURESPAÑA. Alle haben zu dem reichhaltigen Begleitprogramm beigetragen, das die Kunst Zuloagas in einem noch breiteren Kontext situiert hat. Unser besonderer Dank richtet sich zudem an die Junta de Castilla y León für ihre großzügige finanzielle Unterstützung der Ausstellung.

Auch im Namen von Kathrin Baumstark gilt unsere allerhöchste Dankbarkeit und Anerkennung jedoch den Mitarbeiter:innen der Kunsthalle München und der Hypo-Kulturstiftung sowie des Bucerius Kunst Forums. Nur mit Menschen, die als wahres Team gemeinsam an eine Sache glauben, sind derart komplexe Projekte wie diese Ausstellung zu realisieren. Es ist ein Privileg, mit solchen Kolleg:innen zusammenarbeiten zu dürfen. Ebenso möchte ich der HypoVereinsbank meinen besonderen Dank aussprechen, die die Kunsthalle seit ihrer Eröffnung 1985 stetig unterstützt hat. Beim Bucerius Kunst Forum gilt Gleiches für die ZEIT-Stiftung. Das Mäzenatentum dieser zwei Institutionen hat das kulturelle Leben in München und Hamburg maßgeblich bereichert, wofür ihnen höchstes Lob gebührt.

Roger Diederen
Direktor der Kunsthalle der Hypo-Kulturstiftung

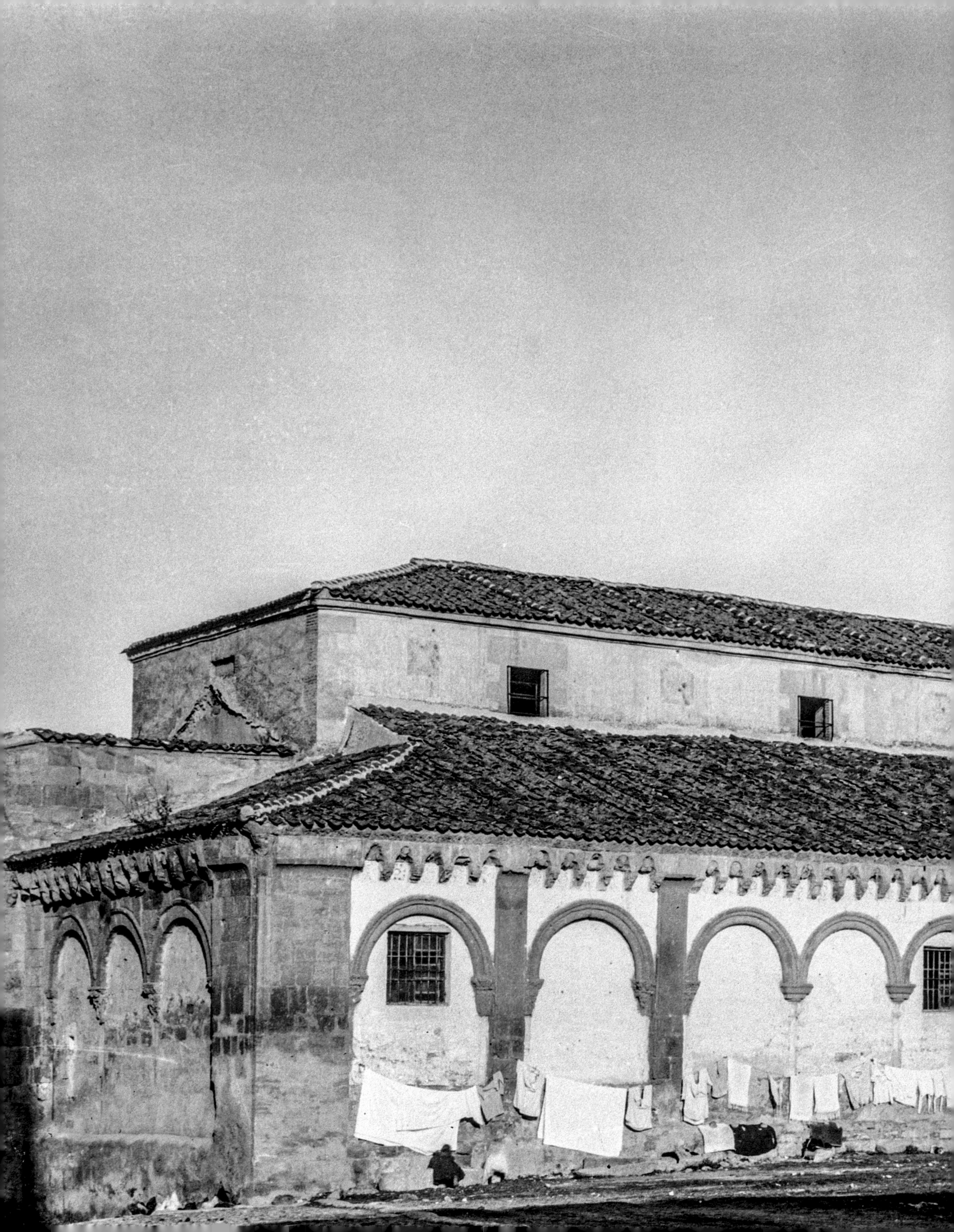

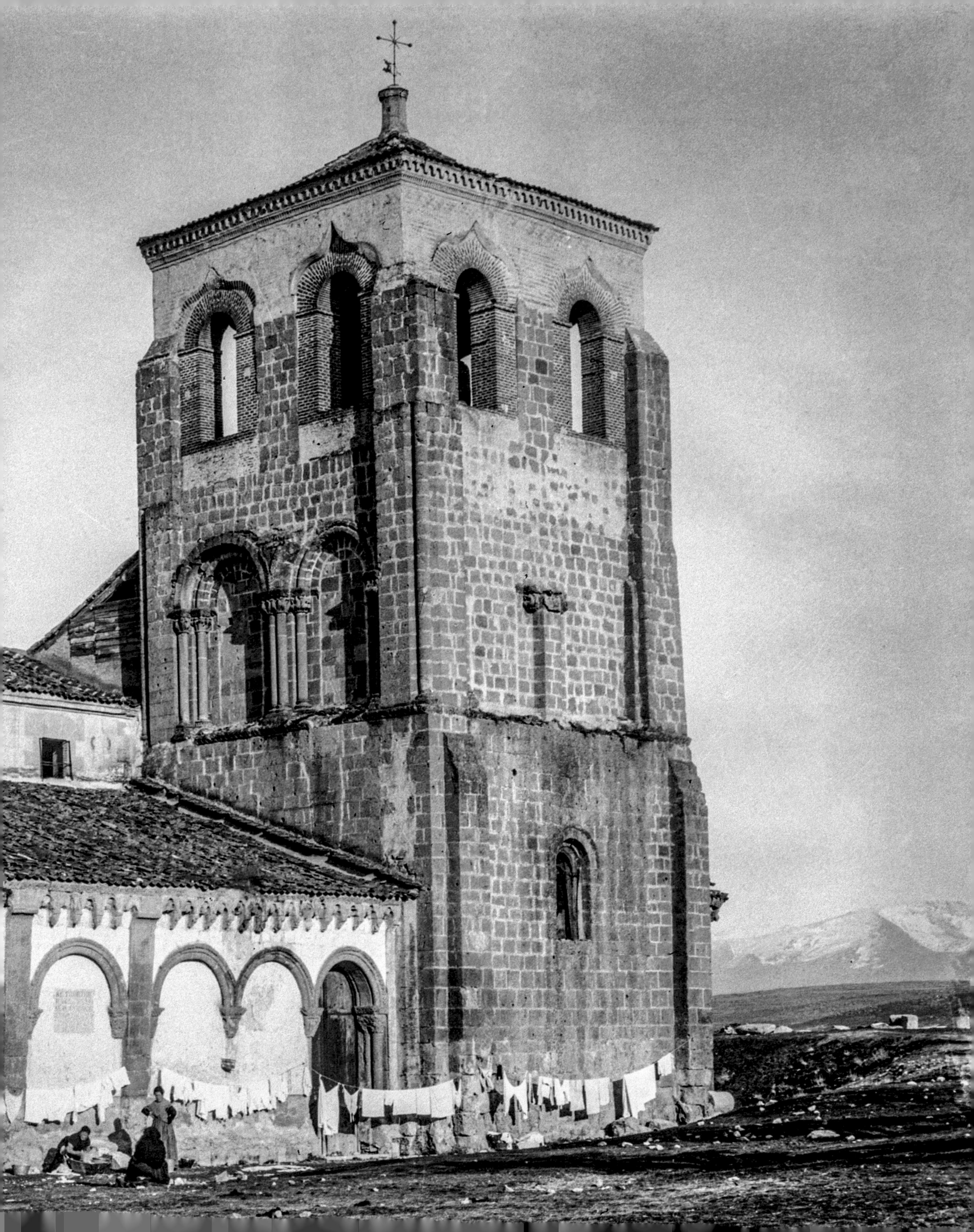

Ignacio Zuloaga und Deutschland

NERINA SANTORIUS

In seinem Buch *Voyage en Espagne* (Reise durch Spanien, 1843) berichtet der französische Schriftsteller Théophile Gautier eine charmante Anekdote von einer Begegnung mit seinem deutschen Kollegen Heinrich Heine in Paris im April 1840, die unser Ausstellungsthema *Mythos Spanien* auf den Punkt trifft. Als er Heine von seiner bevorstehenden Spanienreise in Kenntnis setzte, fragte dieser schelmisch: »Wie werden Sie das anstellen, etwas über Spanien zu erzählen, wenn Sie einmal dort waren?«[1] Heine selbst verzichtete auf den Abgleich mit der Realität – er schrieb über ein Land, das er nie mit eigenen Augen gesehen hatte. Auch Johann Gottfried Herder und August Wilhelm Schlegel, die das Spanienbild in Deutschland im 19. Jahrhundert maßgeblich prägten, haben die Iberische Halbinsel nie bereist. Spanien war ein romantisches Traumbild, das in Teilen das klassische Griechenland als kulturelles Ideal ablöste.[2] Die deutschen Romantiker verherrlichten das »edle Maurentum« der Bevölkerung und attestierten den Spaniern aufgrund dieser Nähe zum Orient das Potenzial zur Schaffung eines erneuerten Europas. Vor allem das Mittelalter, dessen Geist und Leben man in den Werken von Autoren wie Miguel de Cervantes und Pedro Calderón de la Barca vergegenwärtigt sah, wurde als heroische Epoche glorifiziert, in der sich der spanische Nationalcharakter ausgebildet habe. Der Volksgeist und der »hohe Nationalwert«, die Schlegel in dieser Literatur gespiegelt fand,[3] sollten um die Jahrhundertwende erneut eine entscheidende Rolle in den kulturellen Debatten in Deutschland spielen, und sie sollten auch die Rezeption Ignacio Zuloagas hierzulande wesentlich bestimmen.

Die Zuloaga-Rezeption in Deutschland

Als der renommierte Berliner Kunstsalon Schulte im Jahr 1900 erstmals in Deutschland Gemälde von Zuloaga präsentierte, feierte der Kritiker Paul Kurth das Wiedererwachen der spanischen Kunst. Nachdem das ernste, unnahbare Dämonium des großen Diego Velázquez dreieinhalb Jahrhunderte geschlafen habe, sei »der Ruf eines jungen Meisters« nun »über die Pyrenäen zu uns her« gedrungen.[4] Von Anfang an wurde Zuloaga in die Tradition von Malern wie Velázquez, Francisco de Goya und später El Greco gestellt und an ihnen gemessen. Sowohl dieses künstlerische Erbe als auch für seine Heimat als charakteristisch empfundene Bildmotive wie Toreros, Flamencotänzerinnen oder die lokale ländliche Bevölkerung machten Zuloaga im Ausland nicht nur zu einem bedeutenden künstlerischen Repräsentanten Spaniens, sondern geradezu zum wichtigsten Bildschöpfer seines Landes.

Abb. 1

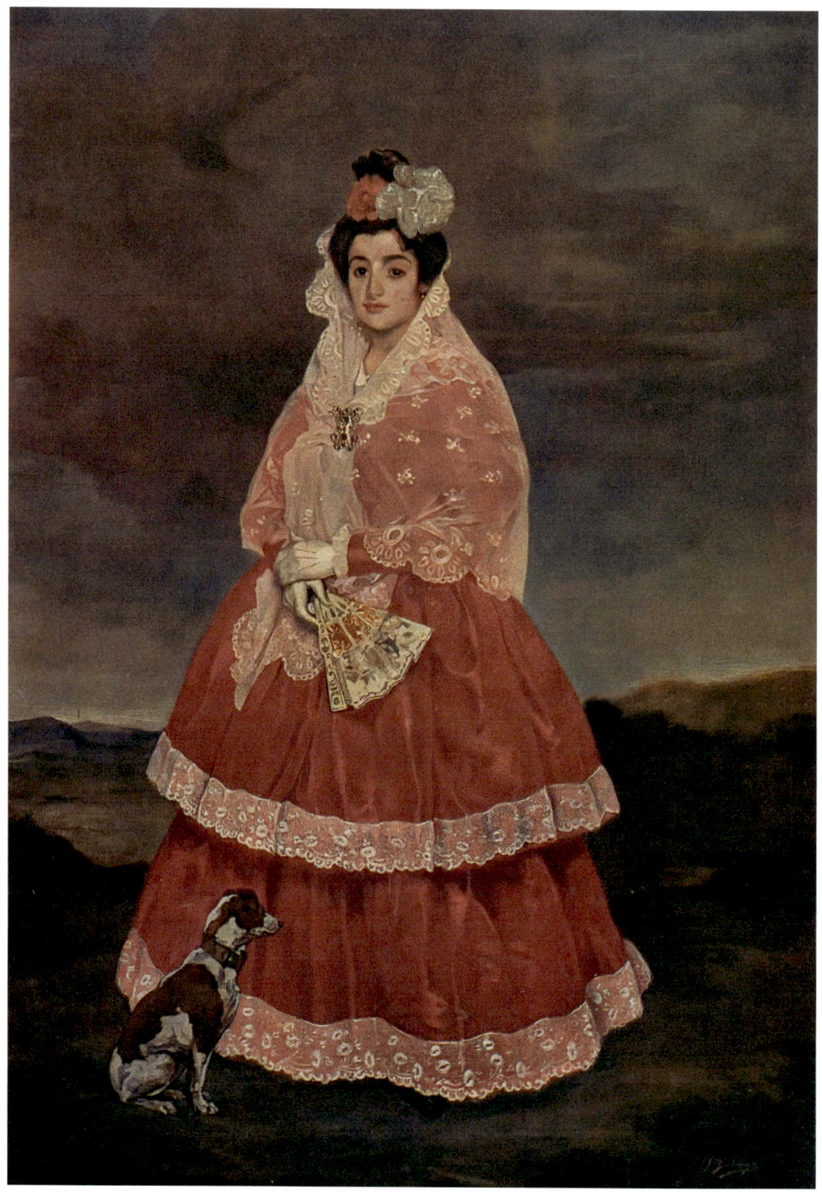

Abb. 1 Ignacio Zuloaga: *Die Schauspielerin Consuelo*, 1901, Öl auf Leinwand, 205,8 × 146,1 cm, The Art Institute of Chicago, abgedruckt in der Zeitschrift *Jugend*, 10, 9, 1905

In Deutschland wurde diese Rolle Zuloagas vor allem durch zahlreiche Ausstellungen in der Zeit vor dem Ersten Weltkrieg ermöglicht, in denen seine Werke zu sehen waren. Zweifellos haben sein ausgezeichnetes Talent fürs Netzwerken und für die Selbstvermarktung diese Erfolge zusätzlich befördert. Bereits die Schau im Berliner Kunstsalon Schulte sowie die Präsentation von sieben Gemälden in der *Internationalen Kunstausstellung Dresden* im Jahr 1901 hatten mehrere Ankäufe durch Museen nach sich gezogen, darunter Erwerbungen für die Berliner Nationalgalerie (*Pariserinnen [in Saint-Cloud]*; Kat. 20) und die Stuttgarter Staatsgalerie, sowie durch Privatsammler wie Karl Steinbart oder Philipp Johann Sparkuhle (Abb. 1; Kat. 47, 48).[5] 1902 und 1903 war Zuloaga in den Ausstellungen der Münchener Secession vertreten,[6] in der *Internationalen Kunstausstellung* in Düsseldorf von 1904 war seinen Bildern ein eigener Saal gewidmet – eine Ehre, die außer ihm lediglich Adolf Menzel und August Rodin zuteilwurde –, und 1912/13 fand noch einmal eine größere Schau in München mit 25 seiner Werke statt.[7] Auch deutsche Literat:innen und bildende Künstler:innen der Avantgarde wurden, wenn ihm nicht schon die Kunde von seinen Erfolgen in anderen Ländern vorausgeeilt war, bei solchen Anlässen auf ihn aufmerksam und ließen sich von seinen Gemälden inspirieren.

Von diesem Einfluss zeugen beispielsweise die Gedichte »Spanische Tänzerin« und »Corrida« von Rainer Maria Rilke, der eine tiefe Bewunderung für Zuloagas Malerei hegte und dessen Spanienbegeisterung in hohem Maße der Freundschaft mit dem Künstler und der Auseinandersetzung mit dessen Schaffen geschuldet war.[8] Die von 1901 bis 1904 in München existierende Künstlervereinigung Phalanx, der Wassily Kandinsky als Präsident vorstand, zeigte Zuloagas Werke in einer ihrer Ausstellungen.[9] Paul Klee gab an, »den spanischen Meistern Velazquez, Goya und Zuloaga um ein Erhebliches näher getreten« zu sein,[10] und äußerte sich lobend zu dem Gemälde *Meine Cousinen* (Kat. 44): »Tieftonige Malerei, daher grosse Effecte des Schmuckes, der Zähne etc. Figuren und Landschaft gut zusam[m]en.«[11] August Macke nannte Zuloaga in der Reihe von Künstlern, die ihn nach einer künstlerischen Krise wieder auf den Weg gebracht hätten.[12] Und in einem Tagebucheintrag aus dem Jahr 1906 hielt Paula Modersohn-Becker fest: »Man sagt, die Malerei habe den Schein darzustellen. Darin erreicht Zoloaga [sic] Großes. Doch die Art, in der er es erreicht, ist nüchtern. Es muß Mysterium sein.«[13]

Ebenfalls für das Jahr 1906 plante Hans Gregor, der damalige Direktor der Komischen Oper in Berlin, eine Zusammenarbeit mit Zuloaga: Dieser sollte die dekorative Ausstattung einer neuen, dem Realismus verpflichteten *Carmen*-Inszenierung übernehmen, die Gregor als deutlichen Bruch mit der französisch geprägten Darstellungstradition der Figur als ›Salondame‹ intendierte.[14] Es weist jedoch bislang nichts auf das Zustandekommen dieser Kooperation hin – stattdessen ließ Gregor sich einige Jahre später *Carmen*-Entwürfe seines Bühnenbildners Karl Walser an seine neue Wirkungsstätte in Wien schicken, um dort an den großen Erfolg der Berliner Inszenierung anzuknüpfen.[15]

Blicke auf Spanien – Selbstbild versus Fremdbild

Zuloaga war nicht der einzige spanische Künstler, dessen Werk um 1900 über eine große Präsenz in Deutschland verfügte. Joaquín Sorolla oder Hermenegildo Anglada Camarasa waren ebenfalls in zahlreichen Ausstellungen vertreten, bereits 1896 hatte Hugo von Tschudi Sorollas Gemälde *Valencianische Fischer* für die Berliner Nationalgalerie erworben.[16] Was machte Zuloagas Erfolg aus, und warum hat gerade er das deutsche Spanienbild so maßgeblich geprägt? Weder die Biografie des Malers noch dessen Œuvre legen diese Rolle auf den ersten Blick nahe. Der im baskischen Eibar als Sohn eines renommierten Kunstschmieds geborene Zuloaga, der als Kind eine französische Schule besucht hatte, war mit einer Französin verheiratet und verbrachte einen beträchtlichen Teil seines Lebens in Paris. Er war bestens in der kosmopolitischen High Society der Metropole, deren Mitglieder er vielfach porträtierte, vernetzt und pflegte Freundschaften mit Künstler:innen, Schriftsteller:innen und Musiker:innen wie Auguste Rodin, Eugène Carrière oder Erik Satie (Abb. 2). Es dürften jedoch gerade seine vielen Reisen und seine langen Aufenthalte im modernen Paris gewesen sein, die ihm eine neue Perspektive auf Spanien eröffneten. Des Raffinements der französischen Hauptstadt überdrüssig, übersiedelte Zuloaga Mitte der 1890er-Jahre zunächst nach Sevilla, wo er eigene Erfahrungen als Torero sammelte und sich bevorzugt in der Gemeinschaft der Gitanos, der spanischen Roma, bewegte. Später ließ er sich in Segovia nieder. Wie viele seiner Zeitgenossen sah Zuloaga das Archaische, Ursprüngliche des Landes – die kleinen Dörfer, die traditionelle Kleidung, Tanz und Stierkampf, religiöse Prozessionen, jahrhundertealte Sitten, Bräuche und Legenden – durch den Fortschritt und eine zunehmende Europäisierung Spaniens vom Verschwinden bedroht. Diese Ausdrucksformen der »spanischen Seele« wollte er in seinen Bildern bewahren. Zu Hause ent-

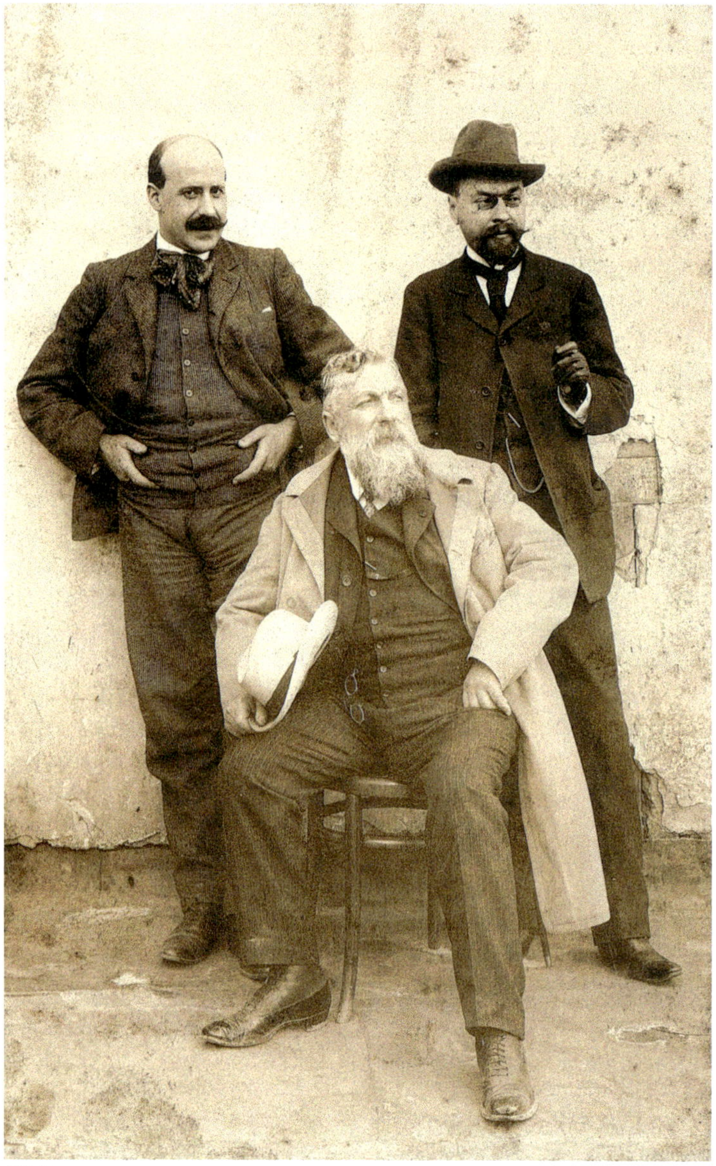

Abb. 2

zündeten sich jedoch an Zuloagas persönlicher Sichtweise auf Spanien, die viele Landsleute als unpatriotisch und vom Ausland geformt kritisierten, heftige Debatten. Die bereits kurz nach der Jahrhundertwende aufkommende »cuestión Zuloaga« – die Frage, wie wahr das Bild sei, das der Künstler von seiner Heimat zeichnete – erreichte um 1910 ihren Höhepunkt.[17] Aus den Vorwürfen sprach das Schamgefühl einer Nation, die nach der 1898 erlittenen Niederlage im Krieg gegen die USA und dem Verlust ihrer letzten bedeutenden Überseekolonien in einer tiefen Krise steckte und ihre Identität neu zu bestimmen suchte. Dem war Zuloagas Perspektive nicht gerade zuträglich: »Mein Spanien«, berichtete er 1914 in einem Interview, »ist nicht dasjenige, auf das meine Landsleute stolz sind. [...] Es ist die Heimat von Cervantes, der kargen und fahlen Mancha, rot und schwarz, es ist das raue und trostlose Segovia, Toledo, das einer Königin im Exil gleicht, aufrecht zwischen Ruinen, [...] es ist das arme Spanien des Glaubens, des Flehens, von strengem und düsterem Charakter, es ist die Rasse, die die tragische Größe unserer Geschichte begründet hat« (Abb. 3).[18] Dass man sich mit solch einem Bild der Heimat weder gern konfrontiert noch im Ausland repräsentiert sehen wollte, ist nachvollziehbar. So blieb Zuloaga die offizielle Anerkennung in Spanien lange verwehrt.

Zuloagas Erfolgsgeheimnis

Insbesondere in Deutschland traf der Künstler mit seinen Gemälden jedoch den Nerv der Zeit. Was den Spanier:innen als falsche Vorstellung ihrer selbst galt, wurde dort als umso wahrer angesehen. Von Anfang an war die Rezeption Zuloagas in Deutschland davon geprägt, dass man in seiner Malerei das »echte«, »wirkliche« Spanien zu finden glaubte – was mitunter, so muss man einschränken, einem extrem stereotypisierten Bild entsprach. Überraschenderweise galt diese Wahrnehmung des ›Realen‹ für die früheren, eher folkloristischen Szenen des ›weißen‹ Spanien (Kat. 17, 27) ebenso wie für die melancholischen, düsteren Darstellungen des ›schwarzen‹ Spanien (Kat. 40, 62). Letztere rückten um 1910 in den Fokus der Kritiker, als auch die von dem Kunsthistoriker Carl Justi befeuerte Begeisterung für Velázquez von einer vor allem durch Julius Meier-Graefe verbreiteten Faszination für das expressive, von Dramatik erfüllte Werk El Grecos abgelöst wurde.[19] Bildete der Eindruck, das »echte« Spanien in den Gemälden eingefangen zu finden, möglicherweise den gemeinsamen Nenner beider Perspektiven – der positiven wie der negativen, die sich in Zuloagas Heimat so unversöhnlich gegenüberstanden? In jedem Fall war dieser Effekt, im Vergleich zur spanischen Malerei früherer Generationen, ein Alleinstellungsmerkmal: Obwohl Motive wie der Tanz oder der Stierkampf dem Publikum in Deutschland bereits bekannt waren, fehlte den althergebrachten Genrebildern, die sich häufig durch vielfigurige, von einem heiteren, romantisch-pittoresken Ton getragene Szenen auszeichneten, offenbar der Authentizitätscharakter. Zuloaga setzte solchen Darstellungen monumentale, häufig auf wenige Personen reduzierte Kompositionen entgegen (Kat. 53–55), die Kritiker als ruhig, ernst und ehrlich beschrieben.[20] Zuloaga wurde eine tiefe »Kenntnis des spanischen Volkslebens« attestiert, das Erfassen des »ureigensten Wesens« seiner Landsleute und eine Vorliebe für das Volk der Straße.[21] Aus seinen Bildern spreche nicht »nur die Empfindungsweise einer Persönlichkeit, es spricht eine ganze Rasse, ein eigenartiges Volkstum daraus, die Bilder sind der stärkste Ausdruck des Heimatbewußtseins, des Stammesgefühls [...].«[22] Die Kritik spiegelt auch die Anerkennung dafür wider, dass Spanien trotz des politischen Bedeutungsverlusts seine »Volksseele« bewahrt

Abb. 2 Anonym: *Ignacio Zuloaga, Auguste Rodin und Iwan Schtschukin*, 1905, Fotografie, Privatsammlung

Abb. 3 Ignacio Zuloaga: *Die Flagellanten*, 1908, Öl auf Leinwand, 240,8 × 201,7 cm, Courtesy of The Hispanic Society Museum and Library, New York

habe.[23] Diese Wahrnehmung Zuloagas sagt viel über die gesellschaftliche Situation in Deutschland am Beginn des 20. Jahrhunderts aus. Hier hatte man zwar keinen Krieg verloren, aber die Suche nach einer nationalen Identität war dennoch drängend – und, wie in Spanien, aufs Engste mit kulturellen Fragen verknüpft.

Die Gründung des Deutschen Reiches 1871 – der Zusammenschluss von 25 Einzelstaaten – hatte ein politisches Gebilde hervorgebracht, das nicht von einer gemeinsamen Staatsidee getragen wurde. Durch die kühle Realpolitik und materialistische Ausrichtung von Staat und Gesellschaft im Reich war die Entwertung der deutschen Kultur vorangetrieben worden. Das traditionelle Bildungsbürgertum, desillusioniert und in seiner sozialen Position geschwächt, entwickelte eine ablehnende Haltung gegen-

Abb. 3

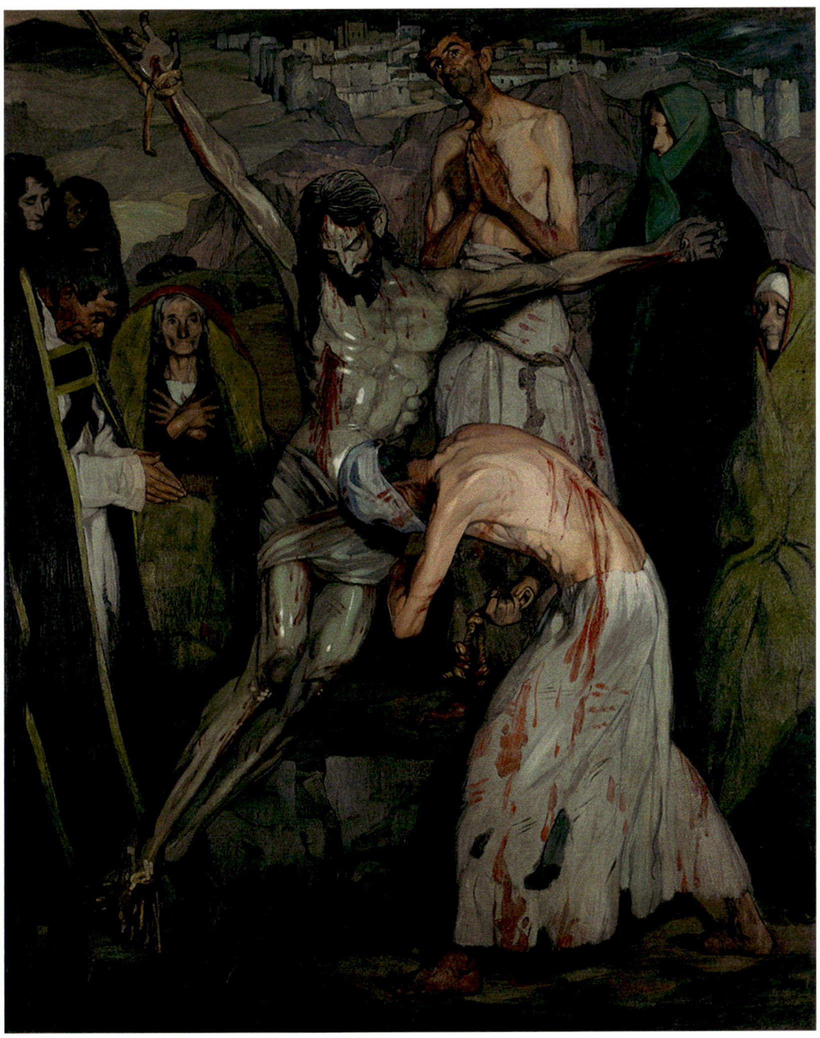

über Internationalismus und Urbanität, Fortschritt, Industrialisierung und Kapitalismus. Ein völkisch gesinnter Kreis von Kunst- und Kulturkritikern strebte eine kulturelle Erneuerung an, die einerseits unter Rekurs auf das nationale Erbe (zum Beispiel Albrecht Dürer) vonstattengehen sollte, andererseits auf die Abgrenzung von der italienischen und vor allem der französischen Kunst zielte. Zuloagas Erfolge in Deutschland fielen in diese Zeit erbitterter Auseinandersetzungen zwischen zwei kulturellen Lagern: der profranzösischen, avantgardistisch orientierten Seite um Figuren wie Julius Meier-Graefe, der in seiner 1904 erschienenen *Entwickelungsgeschichte der modernen Kunst* vor allem dem Impressionismus huldigte, und dem Milieu des in Heidelberg lehrenden, dem Wagner-Kreis angehörenden Henry Thode, der sich als Fürsprecher einer »eigenen« deutschen Kunst positionierte, als deren Hauptvertreter ihm die beiden Maler Arnold Böcklin und Hans Thoma galten.[24] Sicherlich gereichte es Zuloaga zum Vorteil, dass er keines der beiden Feindbilder bediente und gleichzeitig für beide Lager von Interesse war. Er feierte in Paris Erfolge, war aber – anders als beispielsweise Sorolla – nicht vom »impressionistischen Eroberungszug [...] mitgerissen« worden, sondern wurde als bodenständiger Künstler wahrgenommen, der das Wesentliche und Bleibende malen wolle.[25] Als Verehrer El Grecos, von dem er auch mehrere Werke besaß (S. 152, Abb. 1), war Zuloaga einer der zentralen Akteure bei der Wiederentdeckung dieses Künstlers für die Moderne, dessen geistig-mystische Kunst vor allem auch den deutschen und österreichischen Expressionismus prägte. Das Lob des Volkstümlichen, Schlichten und Echten in seinen Gemälden,[26] der »urgesunde[n] Vitalität«, die »kein Zeichen der Dekadenz kürzt«,[27] verweist dagegen eher auf das Gedankengut der konservativeren, völkisch-national gesinnten Gruppierungen. Auch die in mehreren Rezensionen offenkundig werdende Idee einer charakterlichen Entsprechung von Kunstwerk, Künstler und Volk, wie sie Julius Langbehn und Momme Nissen in ihrem ebenfalls 1904 publizierten Aufsatz »Dürer als Führer«[28] propagierten, ist hier zu verorten. Man verstand das Kunstwerk als Spiegel des Wesens des durch seine Volkszugehörigkeit bestimmten Künstlers.[29] Im Hinblick auf das eigene Land erachteten die beiden Autoren dieses Verhältnis als Voraussetzung für die Gesundung und Erneuerung der deutschen Kunst und des deutschen Volkes.

Aus den zeitgenössischen Kritiken geht hervor, dass Zuloagas Bilder als Inbegriff dessen angesehen wurden, wonach das kulturpessimistisch gestimmte Bildungsbürgertum in Deutschland strebte: eine nationalkulturelle Identität. Seine Malerei – »der farbige Abglanz des ganzen spanischen

Lebens, das allem geistigen und materiellen Elend zum Trotz von Glut und Leidenschaft zauberhaft erfüllt ist«[30] – spiegelte eine Haltung zur Heimat wider, die als Vorbild für die eigene Situation dienen konnte. Sie trug dazu bei, den exotistisch-romantischen, mythischen Sehnsuchtsort Spanien in die aktuelle Realität des frühen 20. Jahrhunderts zu transferieren, sodass das Land nach den glorreichen Zeiten des Siglo de Oro erneut ausländischen Künstler:innen und ganzen Nationen Orientierung zu bieten vermochte.

Kriegsjahre

Das Jahr 1914 beendete in zweierlei Hinsicht den bedeutendsten Abschnitt von Zuloagas Laufbahn: Er gab sein Atelier in Segovia auf, dessen kastilisches Umland sein Schaffen so stark geprägt hatte, und er verlor mit dem Ausbruch des Ersten Weltkriegs weitgehend die Möglichkeit, seine Werke in Europa öffentlich zu präsentieren, da der Ausstellungsbetrieb dort fast vollständig zum Erliegen kam. In den 1920er-Jahren, als man sich in Europa neuen Kunstströmungen zugewandt hatte, war Zuloaga vor allem in den USA erfolgreich, wo er auch zahlreiche Porträtaufträge erhielt. Immerhin fand 1926 in Madrid endlich eine Einzelausstellung mit seinen Werken statt, die ihm – auch wenn kritische Stimmen weiterhin Zuloagas Spanienbild missbilligten – die lang angestrebte Anerkennung in der Heimat brachte.[31]

Größte Anerkennung fand Zuloagas Malerei auch bei Francisco Franco, dessen Militärputsch im Juli 1936 den Spanischen Bürgerkrieg auslöste und der den Künstler bereits im Monat darauf für Propagandazwecke zu instrumentalisieren verstand: Er ließ die – frei erfundene – Nachricht kolportieren, die Republikaner hätten Zuloaga umgebracht. »Die Kommunisten ermordeten den grössten spanischen Maler der Gegenwart«, lautete die Unterzeile des Artikels in der von der Deutschen Arbeitsfront herausgegebenen Zeitung *Der Angriff*.[32] Es entbehrt nicht der Ironie, dass der in seiner Heimat drei Jahrzehnte lang als unpatriotisch gescholtene Zuloaga nun zum wichtigsten Maler des Regimes avancierte. Noch neun Jahre nach seinem Tod wurde ein 500-Peseten-Schein mit seinem Konterfei in Umlauf gebracht. Zuloagas folkloristische Themen und Darstellungen der Landbevölkerung spielten den Franquisten in die Hände, deren gegen Moderne und Fortschritt gerichtete Ideologie die »ewigen« Werte der spanischen Bauernschaft hochhielt und Tradition und Brauchtum feierte.[33] War der Maler ursprünglich liberal, zu Beginn des Krieges neutral gewesen, so bekannte er sich im Frühjahr 1937 öffentlich zur Sache der Nationalisten. Das Verhältnis Zuloagas zum Franco-Regime war komplex und kann hier nur angerissen werden.[34] Wie der Republikaner Gregorio Marañón erläuterte, war bei vielen Intellektuellen und Künstlern, die anfangs die Republik unterstützt hatten, darunter José Ortega y Gasset, Miguel de Unamuno und Zuloaga, die frühe Begeisterung einer großen Desillusion gewichen. Wer in Spanien eine nationalistische und eine marxistische Regierung erlebt habe, wisse, dass eine rote Diktatur teuflischere Pläne gegen die Freiheit hege als eine nationale: »Wir sind keine begeisterten Befürworter des Nationalismus.«[35] Was Zuloaga persönlich angeht, so büßte er, nachdem er bereits durch den Börsencrash in den USA 1929 viel Geld verloren hatte, aufgrund der Plünderung zahlreicher Bankfächer durch die Republikaner weitere Ersparnisse sowie ein Werk

Abb. 4

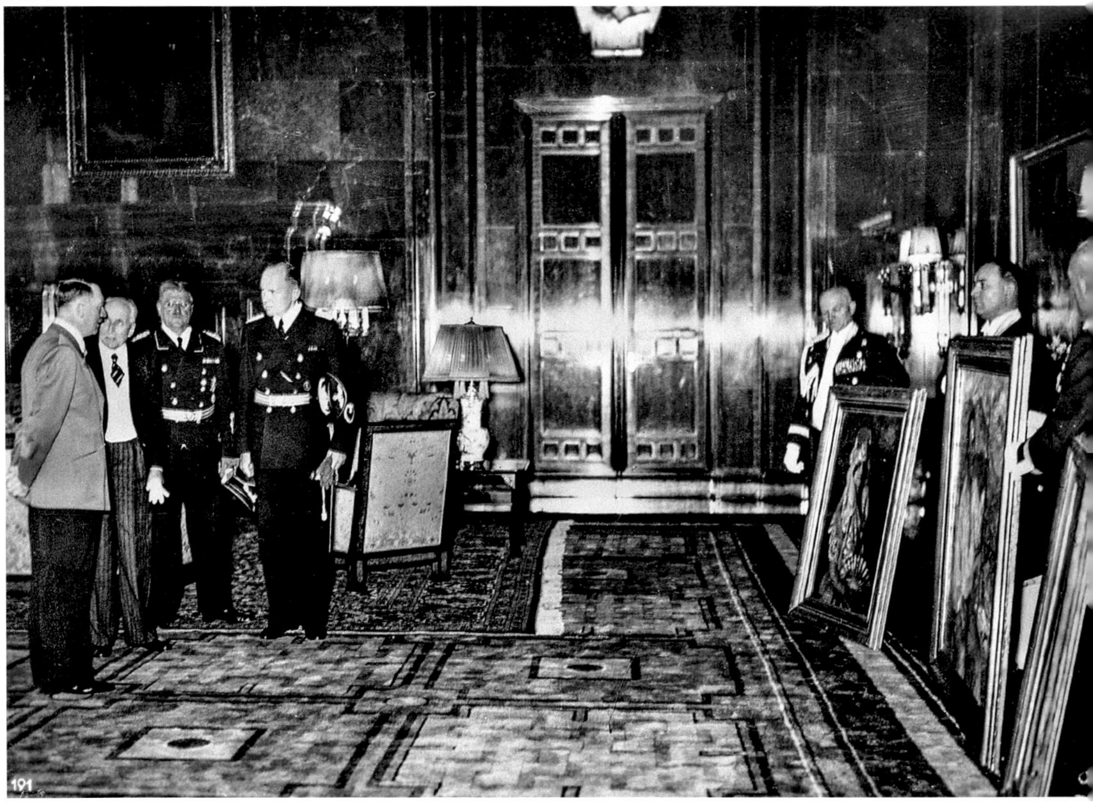

Abb. 4 Heinrich Hoffmann: *Empfang von Magaz y Pers, 4. Juli 1939*, fotografischer Abzug, Bayerische Staatsbibliothek München / Bildarchiv / Heinrich Hoffmann

Abb. 5 Ignacio Zuloaga: *Spanische Maja*, 1939, Öl auf Leinwand, 95 × 65 cm, Fundación Zuloaga, Madrid

El Grecos ein. Als die Franquisten im April 1937 bei einem Luftangriff mehr als die Hälfte seiner Heimatstadt Eibar zerstörten, darunter sein Geburtshaus, wurde in der Öffentlichkeit die Information verbreitet, dieser Gewaltakt ginge auf das Konto der Kommunisten – eine Annahme, die von einflussreichen Personen in Zuloagas Umfeld, wie dem Herzog von Alba, zusätzlich bekräftigt wurde.[36]

Der Künstler profitierte in seinen letzten Lebensjahren maßgeblich von seiner Nähe zum Regime, wurde aber auch mehrfach für politische Zwecke instrumentalisiert. Er fertigte Porträts von Franco und dessen Familie sowie von zahlreichen hohen Funktionären im Umfeld des Diktators. Anlässlich der Venedig-Biennale im Jahr 1938, die im Zeichen der Freundschaftsbekundungen Francos und Benito Mussolinis stand, erhielt er beispielsweise die für einen ausländischen Künstler höchste Auszeichnung, den Premio Mussolini. Im Juli 1939 machte Franco drei Gemälde Zuloagas Adolf Hitler zum Geschenk, vermutlich als Zeichen seiner Dankbarkeit für Hitlers Entsendung der Legion Condor (Abb. 4): Eines zeigt laut Quellen einen spanischen Bauern in einer Landschaft, die beiden anderen Spanierinnen in ihrer Nationaltracht. Die Auswahl solcher Motive bekräftigt noch einmal die bedeutende Rolle, die der Rückgriff auf das Volkstümliche, wie es bereits um die Jahrhundertwende in den Fokus kultureller Debatten gerückt war, in beiden Diktaturen spielte. Bislang ist nur das Bild *Spanische Maja* identifiziert und lokalisiert, das auf Heinrich Hoffmanns Foto von der Übergabe in Hitlers Arbeitszimmer an hinterer Position zu sehen ist (Abb. 5).[37] Als Gegengabe für die Kunstwerke sollte Franco »entweder eine große Mercedes-Benz-Limousine oder (für Franco als Generalissimus der spanischen Wehrmacht) einen dreiachsigen geländegängigen Personenkraftwagen [erhalten], wie ihn der Führer als Oberster Befehlshaber der Wehrmacht benutze«.[38] Länderstereotypen begegnen uns nicht nur in Zuloagas Gemälden.

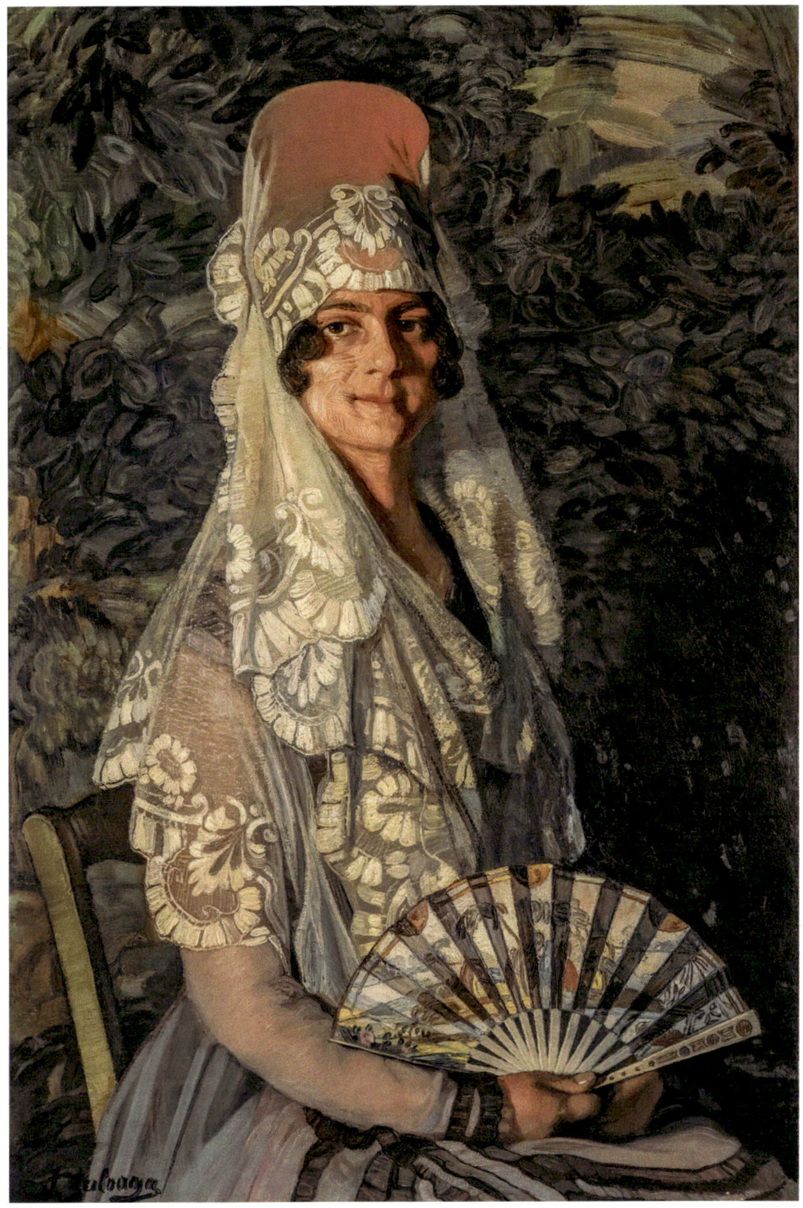

Abb. 5

Bilder der Tragödie

Die Rezeption des Künstlers wird teils bis heute durch dessen Verbindungen zum Franco-Regime bestimmt. Als diese Ära begann – sechs Jahre vor Zuloagas Tod –, war jener bereits Ende sechzig. Im Verhältnis zu seinem Gesamtœuvre und angesichts von Hauptwerken, die mehrheitlich vor dem Ersten Weltkrieg entstanden sind, ist diese Fokussierung seiner späten Porträts wenig repräsentativ.

Vergegenwärtigt man sich Zuloagas Malerei noch einmal im Kontext der politischen Lage Spaniens um die Jahrhundertwende und des intellektuellen Umfelds der Generation von 98, so zeichnet sie sich vor allem dadurch aus, dass der Künstler eine Bildsprache für die »rassische, nationale und geografische Tragödie«[39] gefunden hatte, als die die damalige Krise erlebt wurde. Der Pädagoge und Kunstkritiker Francisco Alcántara charakterisierte die spanische Bevölkerung in einem 1926 publizierten Artikel einmal als »tragediantes involuntarios«, unfreiwillige ›Tragödianten‹.[40] Unamuno widmete dem »tragischen Lebensgefühl« ein ganzes Buch.[41] Seine Beschäftigung mit der Thematik zeugt von der Auseinandersetzung mit Friedrich Nietzsche, der ein tragisches, unentfremdetes, zu den Ursprüngen zurückkehrendes Zeitalter in Aussicht gestellt und die Wiedergeburt der Tragödie prophezeit hatte. Nietzsche schrieb der Tragödie das singuläre Potenzial zu, Spiegel einer archaischen Realität zu sein – in einer Welt, in der, wie es sich aus heutiger Sicht darstellt, das Leben »durch Moral und Fortschritt, durch Wissenschaft und Religion lauter Bearbeitungen und Verfälschungen [...] ausgesetzt ist«.[42] In Anlehnung daran kann man Zuloagas Gemälden dahin gehend tragisches Potenzial zusprechen, dass auch sie eine archaische Realität spiegeln, und zwar in ebensolchem Widerstand gegen eine als »bearbeitet« und »verfälscht« empfundene Moderne. In unserer Gegenwart, die mehr denn je von solchen artifiziellen Adaptionen geprägt ist, verleiht ihnen diese Eigenschaft eine besondere Aktualität.

Tragisch sind Zuloagas Bilder von Kleinwüchsigen und gealterten Bauern, von Hexen, Picadores und Prostituierten auch darin, dass ihre Wirkung das Repertoire von Rührung und Mitleid, Schrecken und Furcht durchaus umfasste – und immer noch umfasst. 1910 schrieb Hermann Bahr über die Gemälde des Künstlers: »Hier ein paar alte Weiber, in grünen und gelben Mänteln, dort ein Zwerg, dann ein alter Mann mit einem alten Weib. [...] von einer Intensität, die jedes Stück gleichsam zu einem Staatsakt der Natur macht. Und unwillkürlich sagt man sich, zur Beruhigung: Es sind doch nur ein paar alte Weiber, was hast du denn? Aber was man da hat, ist das, daß man dabei spürt, wie fürchterlich es sein muß, so ein altes Weib oder ein Zwerg oder ein alter Mann und vielleicht überhaupt ein Mensch zu sein!«[43]

Dass Bahr hier von einem »Staatsakt der Natur« spricht, markiert die Stilhöhe der Malerei Zuloagas. Die Auseinandersetzung des Spaniers mit der Conditio humana, die den Bildern bis heute eine universelle Gültigkeit verleiht, beschränkte sich nicht auf die naturgetreue Wiedergabe der *tragediantes*. Er überhöhte seine Figuren, machte sie zum Teil des Mythos. Mythenbildung kann als kompensatorische Reaktion eines gesellschaftlichen Kollektivs auf eine Niederlage fungieren.[44] Insofern war der künstlerische Umgang Zuloagas mit der politischen Lage und der Identitätssuche Spaniens ein produktiver, bejahender – der außerhalb des Landes offenbar besser als solcher wahrgenommen werden konnte. Was man in seiner Heimat lange als Kritik an den herrschenden Zuständen missverstand, wurde im Ausland als Bewahrung der »Seele« Spaniens gewürdigt. Unamuno hat dafür treffende Worte gefunden: »Andere Völker haben der Welt vor allem Einrichtungen und Bücher hinterlassen, wir haben Seelen hinterlassen.«[45]

1 Théophile Gautier: *Voyage en Espagne*, Paris 1911, S. 17; dt. Übers. d. Verf.

2 Vgl. Dietrich Briesemeister: *Spanien aus deutscher Sicht. Deutsch-spanische Kulturbeziehungen gestern und heute*, Tübingen 2004, S. 460.

3 Ebd., S. 105, 465 f.

4 Paul Kurth: »Zuloaga«, in: *Neue Freie Presse*, 17. 11. 1900, S. 17 f. Die Metapher vom Erwachen Spaniens findet sich bereits einige Monate zuvor bei Julius Meier-Graefe: »Aujourd'hui, l'Espagne se réveille.« Julius Meier-Graefe: »Ignacio Zuloaga«, in: *L'Art décoratif*, 16, Januar 1900, S. 144.

5 Sparkuhle stellte *Die Schauspielerin Consuelo* zunächst dem Bremer Kunstverein als Leihgabe zur Verfügung, 1904 erwarb der Verein das Werk. Das Gemälde *Pariserinnen (in Saint-Cloud)* wurde 1906 gegen *Spanische Bauern* ausgetauscht. Dieses Werk sowie *Porträt des Picadors »El Coriano«* im Arp Museum Bahnhof Rolandseck / Sammlung Rau für UNICEF sind nach unserem Kenntnisstand die einzigen noch in öffentlichen Sammlungen befindlichen Gemälde Zuloagas in Deutschland.

6 1902 wurde *Die Schauspielerin Consuelo* (Art Institute of Chicago) gezeigt, 1903 *Die Familie des Gitano-Stierkämpfers* (The Hispanic Society

Museum and Library, New York). Zuloaga war korrespondierendes Mitglied der Berliner Secession (1901–1913) und der Münchener Secession (1906–1912); vgl. Bettina Best: *Secession und Secessionen. Idee und Organisation einer Kunstbewegung um die Jahrhundertwende*, München 2000, S. 331 f.

7 *Münchener Secession. Winter-Ausstellung: Josef Flossmann, Leo Samberger, Ignacio Zuloaga*, München, 1912. Darüber hinaus waren Arbeiten Zuloagas u. a. in Berlin, Bremen und in weiteren Ausstellungen in Dresden zu sehen.

8 Zu Rilke und Zuloaga siehe Justus Lange: »›Eine Quelle der Schönheit, der Freude, – der Ewigkeit‹. Rilkes Begegnung mit den Werken Ignacio Zuloagas in Dresden«, in: Erich Unglaub und Andrea Hübner (Hrsg.): *Rilkes Dresden. Das Buch der Bilder*, Frankfurt am Main und Leipzig 2008, S. 66–89.

9 Vgl. Gisela Kleine: *Gabriele Münter und Wassily Kandinsky. Biographie eines Paares*, Frankfurt am Main 1990, S. 196 f., 704. Kandinsky erwähnt Zuloaga auch 1902 in seiner Korrespondenz; siehe Wassily Kandinsky: *Gesammelte Schriften 1889–1916*, hrsg. von Helmut Friedel, München u. a. 2007, S. 224, 722.

10 Brief von Paul Klee an Lily Stumpf, 15. 6. 1905, in: Paul Klee: *Briefe an die Familie 1893–1940*, 2 Bde., hrsg. von Felix Klee, Bd. 1: *1893–1906*, Köln 1979, S. 508.

11 Paul Klee: *Tagebücher*, hrsg. von der Paul-Klee-Stiftung Kunstmuseum Bern, bearb. von Wolfgang Kersten, Stuttgart 1988, S. 217.

12 So schrieb er am 19. 5. 1907 an seine spätere Ehefrau Elisabeth: »Mir war zeitweise, als würde ich nichts mehr malen, weil ich den Humbug einsah, den so viele malen. Jetzt bin ich wieder neu gestärkt. Holbein, Velazquez, Goya, Manet, Monet, Japaner, Whistler, Turner, Liebermann, Zuloaga. Das sind *Maler.* [...] Endlich glaube ich, ich bin auf dem Wege.« August Macke: *Briefe an Elisabeth und die Freunde*, hrsg. von Werner Frese und Ernst-Gerhard Güse, München 1987, S. 120.

13 Paula Modersohn-Becker: »Tagebuchblätter«, 8. 5. 1906, https://www.projekt-gutenberg.org/modersoh/briefe/chap018.html (3. 5. 2023).

14 Vgl. Fritz Jacobsohn: *Hans Gregors Komische Oper 1905–1911*, Berlin 1911, S. 39–42.

15 Karl Walsers Bühnenbildentwürfe für *Carmen* befinden sich im Theatermuseum Wien. Da Walser zudem in einem Brief an Gregor betonte, dass er die Entwürfe »zu den gelungensten Arbeiten« zähle, die er »je für das Theater gemacht habe«, spricht viel für eine genuine Leistung Walsers, die nicht auf Skizzen von Zuloaga beruht; Brief von Karl Walser an Hans Gregor, April 1914, Staatsarchiv Wien, AT-OeStA/HHStA HA Oper290; vgl. Liselotte Regler: *Hans Gregor. Die Ära des letzten Hofoperndirektors in Wien*, Diss. Wien 2010, S. 118.

16 Die legendäre Rivalität zwischen Sorolla und Zuloaga war nicht allein persönlicher Natur, sondern kann als repräsentativ für regionale Konkurrenzen innerhalb Spaniens gelten, die durchaus militante Züge annahmen: »Dieser Kampf, den ich führe, ist bedeutend«, schrieb Ramiro de Maeztu an Zuloaga: »Entweder gewinnen sie, die Anhänger des Valencianers, die die Dinge mit Fotografenaugen sehen, oder wir gewinnen, die Basken, die die Dinge mit Künstleraugen sehen. Heute bestimmen die Valencianer, was das ideale Spanien ist. *Und das darf nicht sein.* Am Ende wird diese Macht bei uns liegen.« Zit. nach Javier Tusell: »La estética de fin de siglo«, in: *Paisaje y figura del 98*, hrsg. von dems. und Alvaro Martínez-Novilo, Ausst.-Kat. Fundación Central Hispano, Madrid, 1997, S. 17–74, hier S. 54.

17 Siehe dazu den Beitrag von Ralf Junkerjürgen im vorliegenden Band, S. 178–187.

18 Ignacio Zuloaga, zit. nach Jean Claude: »Un illuminé de génie«, in: *Le Petit Parisien*, 20. 5. 1914; dt. Übers. d. Verf.

19 Zu Zuloagas Rolle in der El-Greco-Rezeption in Deutschland siehe Michael Scholz-Hänsel und Birgit Thiemann: »›Crueles borrones‹ und deformierte Akte: Wie die Spanier El Greco ›entdeckten‹ und auch Picasso aus der ›Grecomanía‹ Gewinn zog«, in: *El Greco und die Moderne*, hrsg. von Beat Wismer und Michael Scholz-Hänsel, Ausst.-Kat. Museum Kunstpalast, Düsseldorf, Ostfildern 2012, S. 212–219; Birgit Thiemann: »›Vive Greco et Goya!‹ Ignacio Zuloaga als Sammler und Vermittler«, in: ebd., S. 374–385. Eine diesbezüglich relevante Schnittstelle zwischen den Netzwerken Meier-Graefes, Rilkes und Zuloagas bildeten Editha und Felix Klipstein, die Zuloaga 1909 in Segovia kennengelernt hatten; siehe Rolf Haaser: *Editha Klipstein und Rainer Maria Rilke im Sommer 1915*, Fernwald 2007, S. 116 f.

20 Vgl. z. B. Eugen von Jagow: »Berliner Plauderei«, in: *Allgemeine Zeitung*, 13. 10. 1900 (Morgenblatt), S. 1 f., hier S. 1; Kurth 1900 (wie Anm. 4); Hans Rosenhagen: »Von Ausstellungen und Sammlungen«, in: *Die Kunst für Alle*, 16, 4, 1900, S. 99–101, hier S. 99; H. Cosserat: »Die Winterausstellung der Sezession«, in: *Allgemeine Zeitung*, 11. 1. 1913, S. 30 f., hier S. 31.

21 Anonym: »Die internationale Kunstausstellung in Düsseldorf 1904. IV«, in: *Kölnische Zeitung*, 3. 6. 1904; Rosenhagen 1900 (wie Anm. 20), S. 99.

22 Anonym 1904 (wie Anm. 21).

23 Arthur Moeller van den Bruck: »Bemerkungen über Zuloaga«, in: *Jugend*, 10, 9, 1905, S. 160–162, hier S. 160.

24 Die Kontroverse um »ausländische« und deutsche Kunst fand im sogenannten Bremer Künstlerstreit von 1911 seine Fortsetzung; siehe *Van Gogh: Felder. Das »Mohnfeld« und der Künstlerstreit*, hrsg. von Wulf Herzogenrath und Dorothee Hansen, Ausst.-Kat. Kunsthalle Bremen, Ostfildern-Ruit 2002.

25 Cosserat 1913 (wie Anm. 20), S. 30 f.

26 Vgl. Anonym 1904 (wie Anm. 21).

27 Paul Kraemer: »Ignacio Zuloaga«, in: *Über Land und Meer*, 20, 1910, Titelseite und S. 502–504, hier S. 504.

28 Momme Nissen: »Dürer als Führer«, in: *Der Kunstwart*, 17, 15, 1904, S. 93–102.

29 Vgl. Nerina Santorius: »›Alles urdeutsch?‹ Hans Thoma und die Debatte um eine nationale Kunst«, in: *Hans Thoma. »Lieblingsmaler des deutschen Volkes«*, hrsg. von Felix Krämer und Max Hollein, Ausst.-Kat. Städel Museum, Frankfurt am Main, Köln 2013, S. 29–39, hier S. 34.

30 Kraemer 1910 (wie Anm. 27), S. 504.

31 Vgl. Javier Novo González: »Zuloaga después de Zuloaga (1925–1945)«, in: *Zuloaga 1870–1945*, bearb. von Mikel Lertxundi Galiana und dems., Ausst.-Kat. Museo de Bellas Artes de Bilbao 2019, S. 107–174, hier S. 117–119.

32 *Der Angriff*, 29./30. 8. 1936, S. 2.

33 Vgl. Kathrin Raminger: *Politik der Bilder. Offizielle Ausstellungen im Franquismus und ihre politischen Funktionen (1936–1951)*, Weimar 2011, S. 54.

34 Ausführlich dazu: Javier Novo: »Zuloaga en tiempos de guerra«, in: Ignacio Suárez-Zuloaga (Hrsg.): *El verdadero Ignacio Zuloaga*, Zumaia 2020, S. 59–70.

35 Gregorio Marañón, zit. nach ebd., S. 60.

36 Vgl. ebd., S. 62 f., 67.

37 Die in der spanischen Presse (Anonym: »Un gran artista«, in: *Hoy*, Madrid, 8, 1939, S. 58) verbreitete Nachricht, die Werke seien in Hitlers Residenz nach Berchtesgaden verbracht worden, ließ sich nicht verifizieren. Ich danke Sebastian Peters und Birgit Schwarz für ihre Unterstützung bei der Recherche. Möglicherweise befinden sich weitere Dokumente im Archiv der Fundación Zuloaga, zu dem wir leider keinen Zugang erhielten.

38 Mitteilung des stellvertretenden Protokollchefs Gustav Adolph von Halem an den Reichsminister des Auswärtigen Joachim von Ribbentrop vom 15. 7. 1939, National Archives, Washington, D. C., Records of the German Foreign Office, Mikrofilm T120, R170, 132404.

39 Francisco Alcántara: »Los cuadros de Ignacio Zuloaga«, in: *El Sol*, 13. 11. 1926.

40 Ebd.

41 Miguel de Unamuno: *Das tragische Lebensgefühl*, München 1925 (span. Originalausgabe: *El sentimiento trágico de la vida*, Madrid 1913).

42 Roland Galle: »Tragisch / Tragik«, in: Karlheinz Barck u. a. (Hrsg.): *Ästhetische Grundbegriffe*, Bd. 6, Stuttgart 2010, S. 117–171, hier S. 167.

43 Hermann Bahr: »Zuloaga«, in: ders.: *Essays*, hrsg. von Gottfried Schnödl, Weimar 2011, S. 83–89, hier S. 89.

44 Wolfgang Schivelbusch: *Die Kultur der Niederlage. Der amerikanische Süden 1865, Frankreich 1872, Deutschland 1918*, Reinbek 2012 (E-Book).

45 Unamuno 1925 (wie Anm. 41), S. 403.

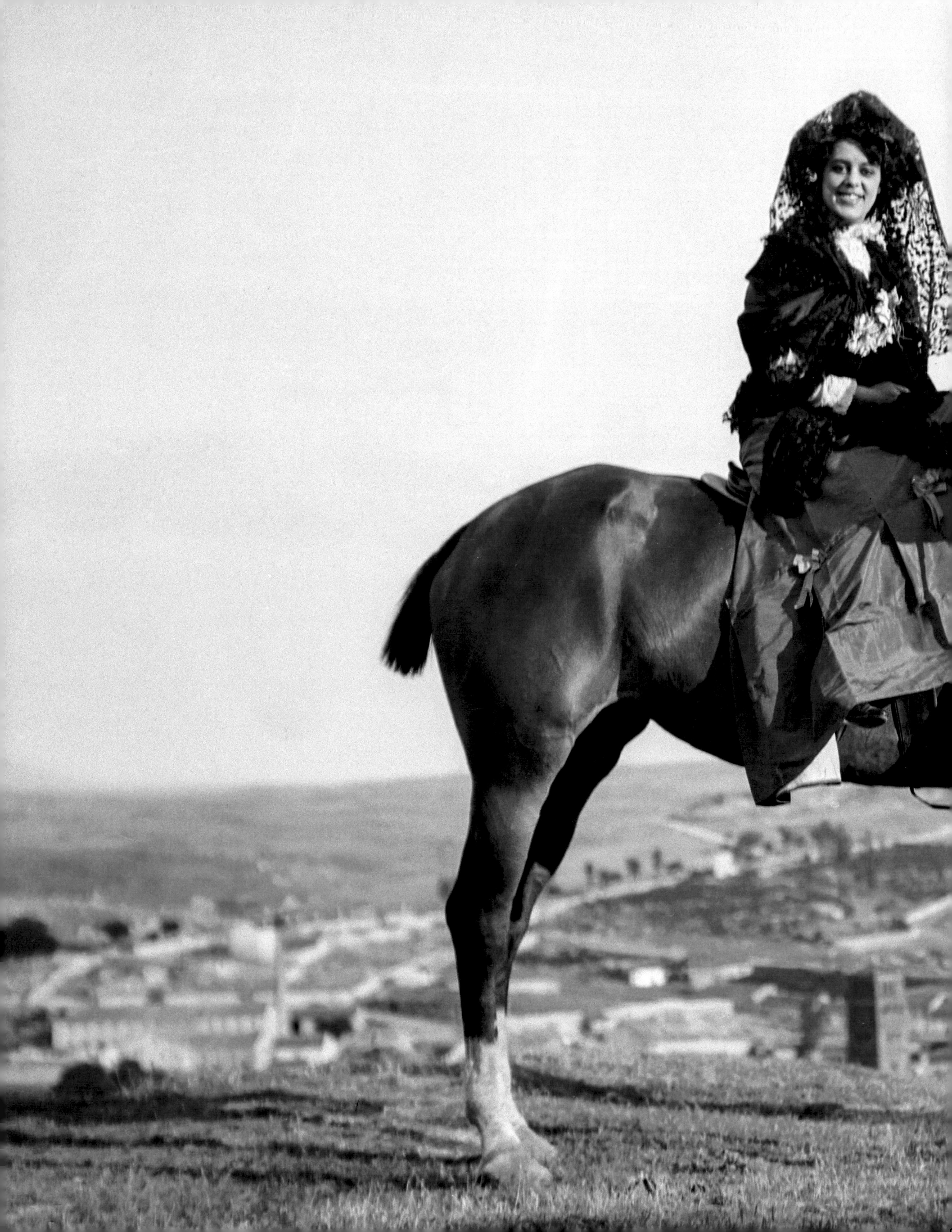

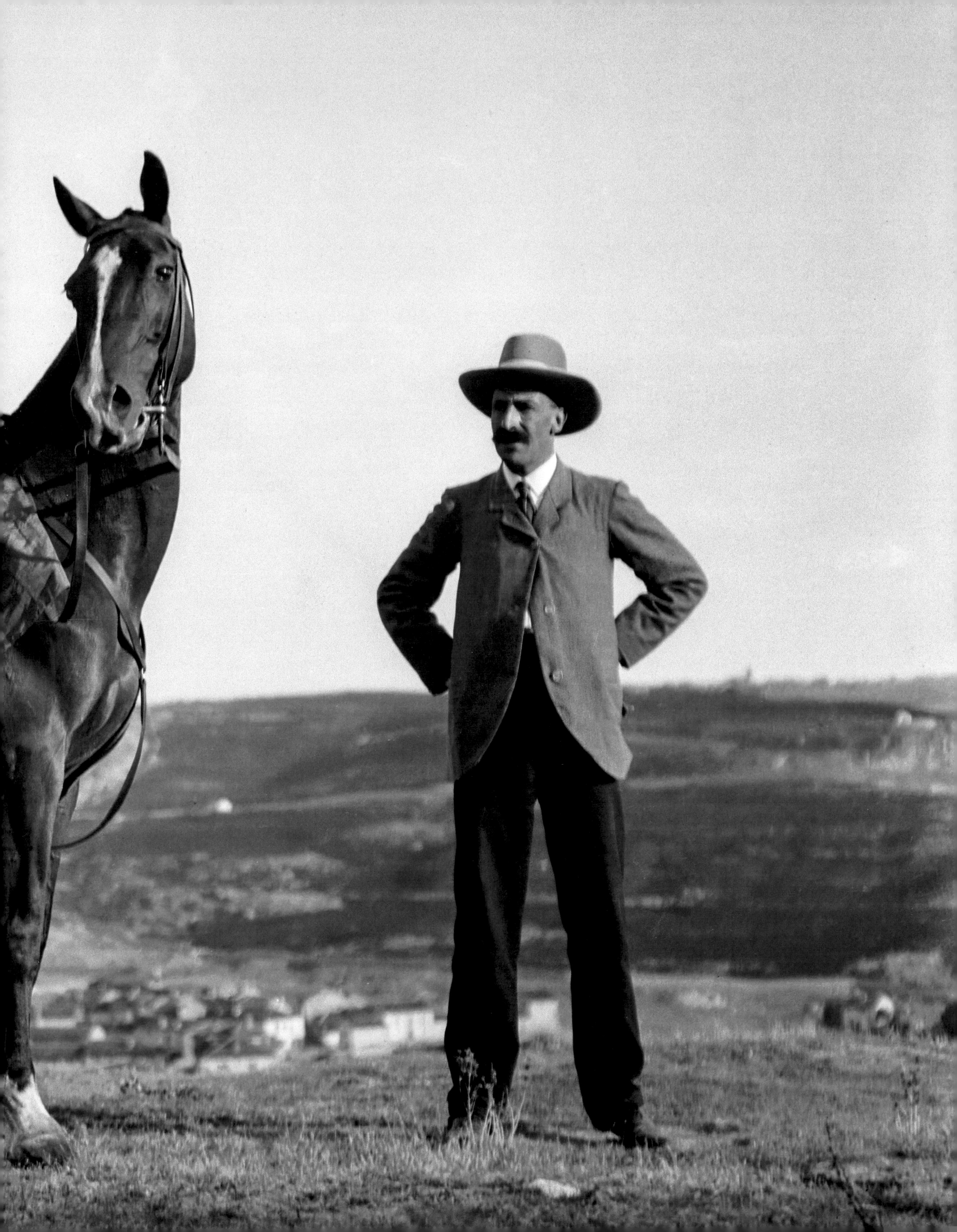

Ignacio Zuloaga und die Erschaffung des spanischen Mythos

CARLOS ALONSO PÉREZ-FAJARDO

Die pittoreske Malerei und ihr Einfluss auf das Fremdbild Spaniens

Am 26. November 1911 unterzeichneten der Maler Joaquín Sorolla und Archer M. Huntington einen Vertrag, in dem sich der Künstler zur Anfertigung einer Serie von großformatigen Ölgemälden mit Darstellungen der unterschiedlichen Regionen Spaniens verpflichtete, welche die Bibliothek der Hispanic Society in New York schmücken sollten. Das aus 14 Bildern bestehende Gesamtwerk, dem Sorolla den Titel *Panorama Spaniens* gab, ist als ein Streifzug quer durch die Landschaften der Iberischen Halbinsel konzipiert, der sich an dem im 19. Jahrhundert festgelegten Kanon der pittoresken spanischen Malerei orientiert: Szenen mit regionalen Typen, Riten, Traditionen und Bräuchen vor symbolträchtigem Hintergrund und im allgegenwärtigen und gleichmäßig erstrahlenden Licht der mediterranen Sonne (Abb. 1). Das Ziel, in Amerika die Vorstellung von Spanien als folkloristischem, in einer ruhmreichen Vergangenheit verwurzeltem, feierfreudigem, optimistischem und stets sonnenverwöhntem Land zu festigen, wurde von Sorolla präzise umgesetzt. Gleichsam eine Liebesbekundung an die Iberische Halbinsel, überwacht vom Auftraggeber, der den Maler dazu brachte, die unterschiedlichen Realitäten des Landes durch die Brille des Ethnologen und damit praktisch eines Fremden zu betrachten. Die Themenauswahl, bei der auch Szenen wieder verworfen wurden, die nicht den Vorstellungen des amerikanischen Mäzens entsprachen, und der Verzicht auf die blutigsten Sujets taten ihr Übriges.[1] Mit Landwirtschaft und Viehzucht verbundene Riten und Bräuche, Spiel und Tanz begegnen überall im spanischen Folklorismus, der sich mit dokumentarischer Treue in allen Gemälden des Zyklus manifestierte, auch wenn sich der Maler aus Valencia zum Beispiel die kompositorische Freiheit erlaubte, auf dem monumentalen Bild zu Ehren Kastiliens beide Teile der Meseta, sprich: die durch das Iberische Scheidegebirge getrennte nördliche und südliche Hälfte der Hochebene, in dem genrehaften Motiv eines (nicht wirklich existierenden) Brotfests zusammenzubringen. Der Erfolg des Ensembles gab Huntington recht, der intuitiv Sorolla gegenüber Ignacio Zuloaga, dem anderen großen Maler jener Zeit, den Vorzug gegeben hatte.

Zwei Jahre vor dieser Auftragsarbeit hatte die Hispanic Society zwei Ausstellungen ausgerichtet, um die Stile der beiden Künstler miteinander in Dialog treten zu lassen, deren Werke Spanien als unvermeidliches Leitmotiv durchzieht.[2] Doch die offensichtlichen stilistischen Unterschiede verblassen geradezu im Vergleich zu den konzeptuellen

Abb. 1

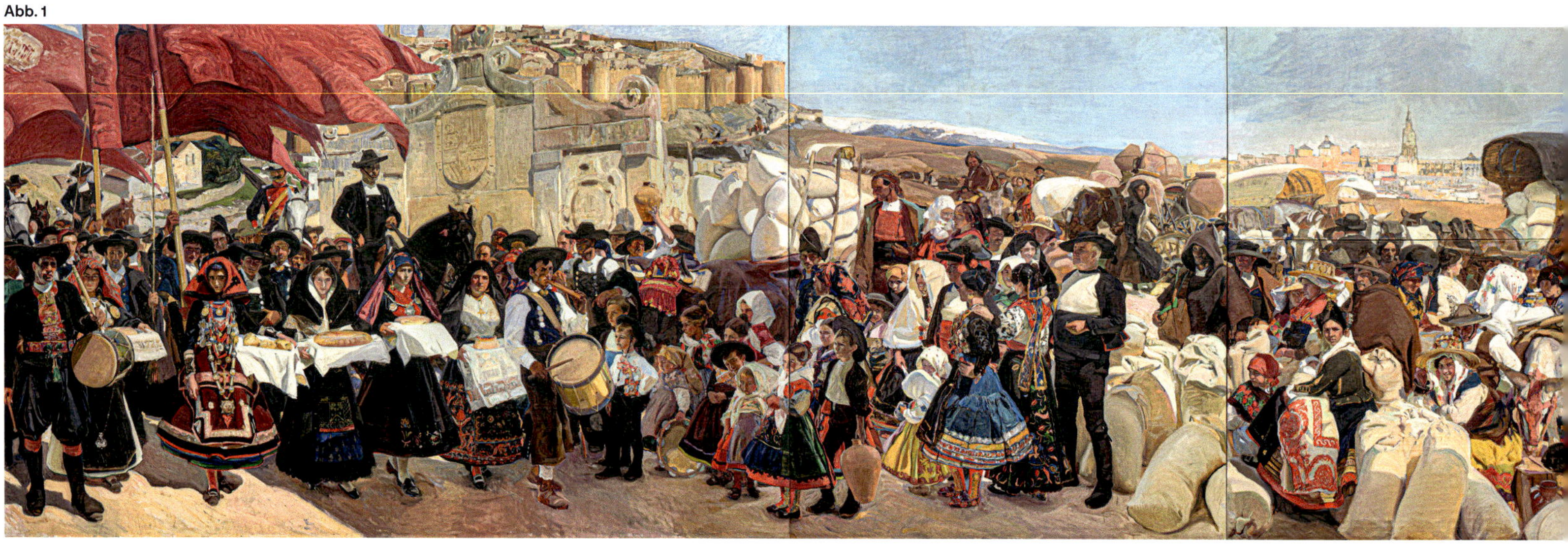

Abb. 1 Joaquín Sorolla: *Panorama Spaniens* (ehemals *Die Provinzen Spaniens*): *Kastilien*, 1913, Öl auf Leinwand, 355,5 × 1392 cm, Courtesy of The Hispanic Society Museum and Library, New York

Differenzen zwischen ihren Kunstauffassungen. So warf Zuloaga seinem Künstlerkollegen vor, dessen übertriebener Hang zur wirklichkeitsgetreuen Darstellung hindere ihn daran, die wahre Seele Spaniens zu verstehen (und anderen näherzubringen): »Seine Strände, die nackten Kinder, die Boote, das alles könnte auch Nizza, Civitavecchia oder Neapel statt Valencia sein. Für mich ist das weder Spanien, noch ist es Kunst.«[3] Sorolla wiederum bestätigte seinen Hang zur Wirklichkeitstreue, indem er das Werk *Die Familie des Gitano-Stierkämpfers* von Zuloaga als Montage mithilfe von professionellen Modellen bezeichnete.[4]

Sorolla setzte bei seinem umfänglichen Angebot an Bildfindungen auf die unfehlbare Wirkung von Stränden und Küsten, an denen sich Fischer- und Badeszenen unter der Sonne des Südens abspielen. Zuloaga hingegen reiste mit nur einem Zehntel der Menge an Gemälden, wie Sorolla sie mitgebracht hatte, einer kleinen Sammlung aus Porträts und anderen Darstellungen, nach Amerika. Die bedeutendsten Gemälde unter ihnen erwecken das Kastilien zum Leben, das sich ihm stets im Herbst während seiner Aufenthalte in Segovia offenbarte. Der Kritiker Leonard Williams wollte den Maler aus Valencia der Spanischen Schule zuordnen, indem er seinen Stil mit dem Realismus eines Diego Velázquez[5] in Verbindung brachte, während Christian Brinton Zuloaga als spanischen Maler und Maler Spaniens zu fassen suchte: »Sein Schaffen ist die Reinkarnation der Vergangenheit in Begriffen der Gegenwart. Er veranschaulicht besser als fast jeder andere das Prinzip des Atavismus in der Kunst. Er steht in hohem Maße für Kraft, Rasse, Nation, da er den Mut besitzt, sich selbst auszudrücken; und indem er sich selbst ausdrückt, ruft er jenes Erbe auf, an dem er nur einen geringen Anteil hat.«[6]

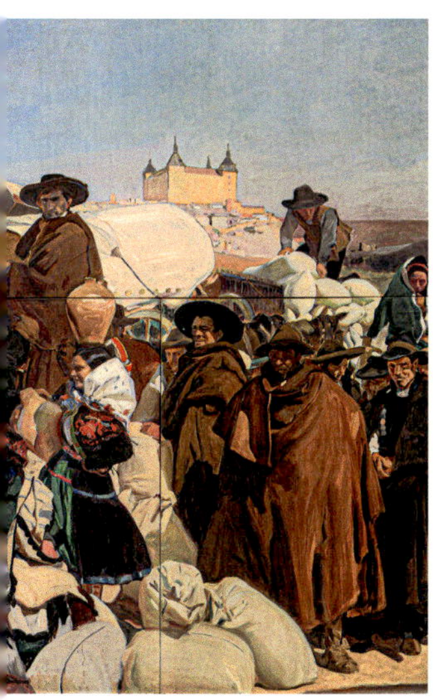

Sorollas Triumph sprach für sich. Seine Ausstellung zählte doppelt so viele Besucher:innen wie die Zuloagas (140 000 gegenüber 70 000). Der Unterschied bei den Verkaufszahlen war sogar noch größer. Die Ansammlung von Ausblicken aufs Mittelmeer, die sich im kalten New Yorker Januar eröffnete, begeisterte das amerikanische Publikum. Die Besucher:innen der Ausstellungen konnten zwei widersprüchliche Sichtweisen erleben und votierten für den einnehmenden Kostumbrismus und die leuchtende Virtuosität des Valencianers anstelle des entschiedenen, hintersinnigen, düsteren und herben Symbolismus des Basken, der im Erlebnis der Meseta wurzelte. Sie begeisterten sich für die Vorstellungen, die das Bild von Spanien bis heute bestimmen: Sonne, Folklore und Vergnügen.

Ein verdutzter Zuloaga, der es gewohnt war, vor dem anspruchsvollen Pariser Publikum zu triumphieren, tröstete sich über die kritische Aufnahme durch die Fachwelt schnell hinweg. Er ging davon aus, dass das amerikanische Publikum einfach noch nicht reif für seinen künstlerischen Ansatz sei. Mit Blick auf Sorolla sagte er: »Für ihn das Publikum und das Geld.«[7] Sorolla wiederum hatte Zuloaga einst vorgehalten, für die Franzosen zu malen.[8] So warfen beide die große Frage nach der Wahrnehmung ihres Landes im Ausland auf: Das Spanienbild hatte in erster Linie durch Fremde seine Gestalt erlangt und war durch deren Geschmack geprägt worden.

Geburt und Krise des pittoresken Spanien

Zu Beginn des 19. Jahrhunderts wurde Spanien, ein Land ohne klare Identität,[9] erstmals von englischen, nordamerikanischen, französischen und deutschen Reisenden besucht, die in der hispanoarabischen Exotik eine Alternative zur Grand Tour des Bürgertums sahen: Die orientalischen Sehnsüchte der europäischen Romantik fanden auf diese Weise ihre Befriedigung, ohne dass man den Kontinent verlassen musste, sodass Literaten wie Intellektuelle gleichermaßen neue Anregungen empfingen. Durch groß angelegte verlegerische Unternehmungen wie Alexandre de Labordes *Voyage pittoresque et historique de l'Espagne*[10] erhielt die Faszination für das Exotische – das in unmittelbarer Nähe jenseits der Pyrenäen auf der Iberischen Halbinsel anzutreffen war – zusätzliche Impulse. 1832 veröffentlichte der US-Amerikaner Washington Irving seine Erzählungen über die Alhambra und knüpfte so die Identität Spaniens endgültig an die Städte mit ausgeprägt maurischem Erbe.

Die Illustration dieser Kompendien des Pittoresken rief nicht wenige französische Maler und Lithografen auf den Plan. 1824 hielt Henri Pharamond Blanchard spanische Szenen im Auftrag von Baron Isidore Taylor fest.[11] Die Banditen und Straßenräuber in seinem Werk finden ihre Entsprechung in den Notizen Eugène Delacroix', die dieser zu Papier brachte, als er 1830 in Spanien unterwegs war. Nur zwei Jahre später bereiste der Schotte David Roberts die Iberische Halbinsel und fertigte Skizzen für seine Landschaften an. Das Bild, das seine Werke in übersteigerten und fantastischen Kompositionen von dem hispanoarabischen

Erbe des Landes heraufbeschwören, festigte die Vorstellung vom romantischen Spanien.

Der Erfolg von Blanchard und Roberts spornte bald die lokalen Künstler an, die, beflügelt durch finanzielle Aussichten, ähnliche Werke in ihr Repertoire aufnahmen. Maler wie José Domínguez Bécquer machten sich diese neue Goldader des spanischen Kostumbrismus mit Blick auf die ausländischen Besucher:innen zunutze. So avancierte auch Jenaro Pérez de Villaamil, ein persönlicher Freund von David Roberts, zu einer Leitfigur der nationalen, romantischen Landschaftsmalerei, indem er das historische und das folkloristische Erbe in seine Gemälde integrierte und sich von den Werken zeitgenössischer Maler wie Eugenio Lucas Velázquez entfernte, die noch der traditionellen Sittenschilderung im Stile Francisco de Goyas verhaftet waren.

1849 ließ sich Antoine d'Orléans, Herzog von Montpensier, mit seiner Gattin, der Infantin Luisa Fernanda, in Sevilla nieder und umgab sich an seinem Hof mit französischen Künstlern, Literaten und Malern, wodurch sich die Popularität der spanischen Stadt in Frankreich und Mitteleuropa steigerte.[12] Kurz zuvor hatte Prosper Merimée mit seiner 1845 erschienenen Geschichte von Carmen – der Gitana aus Sevilla, die mit ihrem Temperament und ihrer Sinnlichkeit Ausländer und Einheimische, Soldaten und Toreros bezaubert und ins Verderben treibt – in Europa für Aufsehen gesorgt und einen Archetyp der spanischen Frau geschaffen, der bis heute nachwirkt.

Bald nach der Jahrhundertmitte bediente sich, angeführt von Marià Fortuny, eine Generation von spanischen Landschaftsmalern der Motive und Themen der pittoresken Romantik der Iberischen Halbinsel und nutzte sie als Vorwand, um eine moderne Sprache des Lichts zu entwickeln. Fortunys Granada-Aufenthalte ab 1868[13] und seine Reisen nach Nordafrika, die eine durchschlagende Wirkung erzielten und internationale Erfolge nach sich zogen, trugen zu einem Paradigmenwechsel bei, indem mit der Tradition der düsteren spanischen Malerei gebrochen und die iberische Ikonografie um das natürliche Licht als Erkennungsmerkmal der Gemälde wie auch als Spezifikum des Spanienbilds im Ausland bereichert wurde.

Das institutionelle Spanien machte sich bald die unwiderstehliche Werbung für diese in alten Zeiten verwurzelte, wilde, mittelalterliche und arabische Welt zunutze, die von Gitanos, Toreros und Banditen bevölkert wurde. Die Teilnahme Spaniens an den Weltausstellungen hatte Einfluss auf dieses Stereotyp, das eine am Geschmack der Ausländer:innen orientierte künstlerische Produktion und ein entsprechendes Fremdbild des Landes beförderte. Die Übernahme des Mudéjarstils, der einst von unter christlicher Herrschaft lebenden Mauren entwickelt worden war, als Nationalstil bestimmte das Erscheinungsbild der spanischen Pavillons. Durch Monumente wie das zu Ehren des christlichen, ritterlichen und bäuerlichen Spanien für die Weltausstellung in Wien im Jahr 1873 errichtete wurde diese arabisierende Architektur mit dem staatlichen Katholizismus der Nation versöhnt.[14] In ähnlicher Weise festigten die dort gezeigten Gemälde dieses Gedankengut mit einer Mischung aus süßlichem Folklorismus[15] und historisierender Malerei, die fast ausnahmslos um die Epoche der katholischen Könige als vermeintlichem Inbegriff des Triumphs der Christenheit kreiste.[16]

In Frankreich machte sich jedoch schon seit einiger Zeit ein gewisser Überdruss gegenüber der Uniformität und Einseitigkeit des pittoresken Spanien bemerkbar. 1850 beauftragte der bereits erwähnte Antoine d'Orléans seinen Hofmaler Alfred Dehodencq mit der Anfertigung von »zwei ziemlich großen Gemälden, von denen eines die sinnliche und das andere die religiöse Seite Spaniens zeigen sollte« (Abb. 2 und 3).[17] Dabei bildet eine Flamenco-Szene am Mittag den Kontrast zu einer schwermütigen Karprozession in der Abenddämmerung. Das Ensemble zeugt von einem zunehmenden Interesse an den tragischen folkloristischen Auswüchsen des spanischen Charakters, die unter Schichten des Pittoresken ebenso verborgen liegen wie unter Klischees, die schon in jener Zeit erstmals abschätzig als »Espagnolades« bezeichnet wurden.

Die spanischen Werke von Édouard Manet zeigen Spuren dieser neuen Neigungen. So wirft sein prägnantes Bild *Toter Torero* (National Gallery of Art, Washington) existenzielle Fragen auf, die für die spanische Kunst und Folklore kennzeichnend sind. Manet kam 1865 nach Spanien, um Goya zu studieren, und entdeckte Velázquez. Mit Anbeginn des Impressionismus und der modernen Malerei hatte sich in Europa ein echtes Interesse für die spanische

Abb. 2

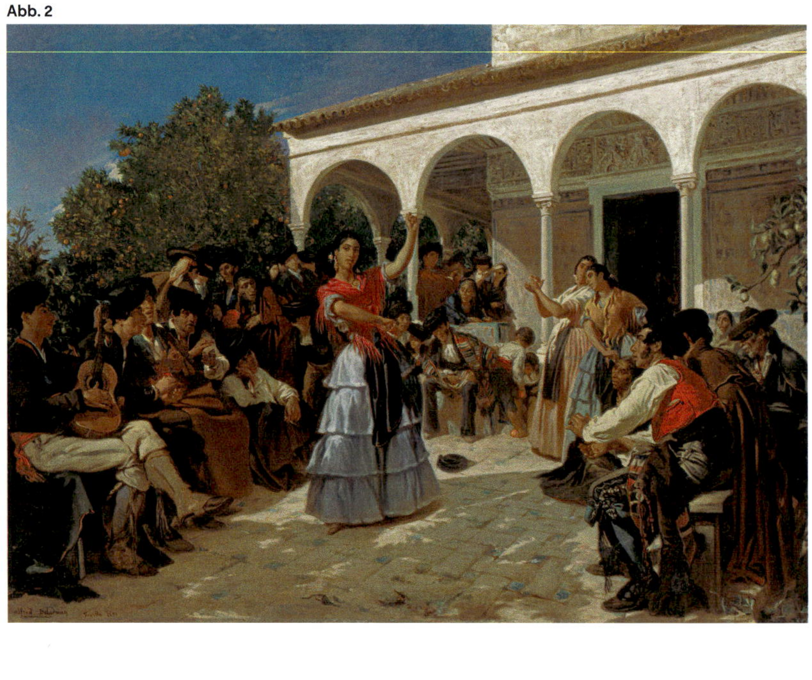

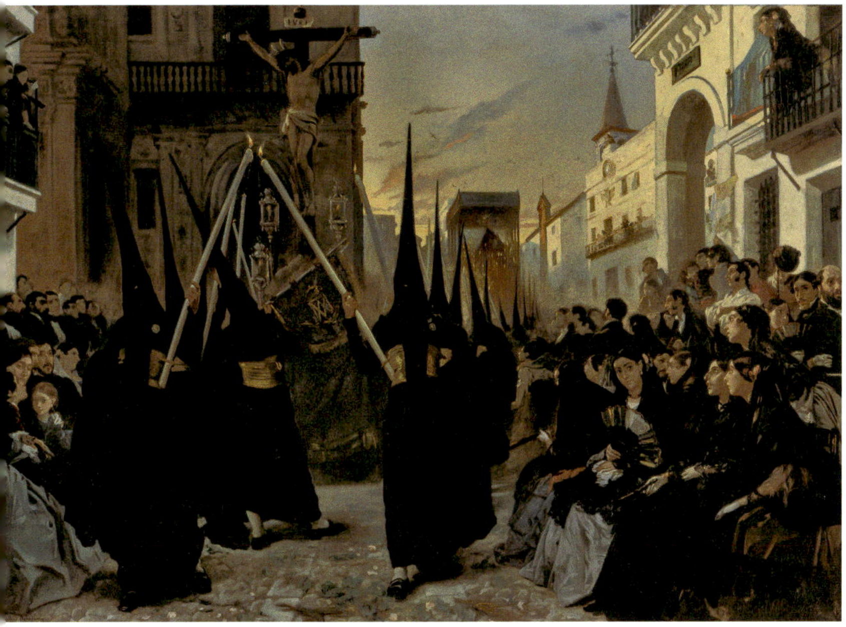

Abb. 3

Abb. 2 Alfred Dehodencq: *Ein Gitano-Tanz in den Gärten des Alcázar vor dem Pavillon Karls V.*, 1851, Öl auf Leinwand, 111,5 × 161,5 cm, Sammlung Carmen Thyssen-Bornemisza, als kostenlose Leihgabe im Museo Carmen Thyssen Málaga

Abb. 3 Alfred Dehodencq: *Eine Bruderschaft auf dem Weg durch die Calle Génova, Sevilla*, 1851, Öl auf Leinwand, 111,5 × 161,5 cm, Sammlung Carmen Thyssen-Bornemisza, als kostenlose Leihgabe im Museo Carmen Thyssen Málaga

Schule entwickelt, die aufgrund der dominierenden italienischen und holländischen Werke in den großen europäischen Kunstsammlungen bislang eher stiefmütterlich behandelt worden war.

Volkstümliches, Niederes und Existenzielles

Was die Kritiker des 19. Jahrhunderts in Europa in den Werken der alten Meister als spanischen Realismus ausgemacht hatten, war die innige Verbindung, die die spanische Kunst im Laufe der Jahrhunderte zwischen dem Volkstümlichen und dem Erhabenen geschaffen hatte. Oftmals diente das Erstere als Thema zur Entfaltung des Letzteren. So verfestigte sich eine bestimmte Art, die großen Fragen der Menschheit zu behandeln, indem sie von allem Überflüssigen und jeglicher Zeitgebundenheit befreit wurden. Die Vertreter der niedersten Gesellschaftsschichten teilten in den Zeiten Velázquez', Goyas und Zuloagas ein ähnliches Los. Sollte es etwas Unvergängliches in der kulturellen, ethnischen und nicht zuletzt auch philosophischen Identität eines Landes geben, so würde es in diesem weniger abgehobenen und umso authentischeren und aufrichtigeren Umfeld am ehesten sichtbar.

Das Volkstümliche und das Niedere verschafften der spanischen Kunst einen hohen Wiedererkennungswert. In der Literatur beispielsweise hatte sich die Romanproduktion einst, als sich die kastilische Vorherrschaft in der damals bekannten Welt auf dem Höhepunkt befand, den armseligen Existenzen der Besitzlosen und Verlierer:innen gewidmet. Sancho Panza, Lazarillo de Tormes oder auch die Celestina verkörperten die Leidenschaften, Sorgen und Sehnsüchte der unteren Klassen und bildeten so einen Topos des menschlichen Daseins in seiner Essenz, der die Ideale der höheren Gesellschaftsschichten aussparte, wenn nicht sogar ins Lächerliche zog.

Bei Velázquez oder Jusepe de Ribera tragen die Philosophen keine Togen und keine Lorbeerkränze, sondern lumpige Mäntel und ausgefranste Gewänder. Sie könnten einfach irgendjemand sein. Es findet sich keine Spur von Idealismus. Sogar Velázquez' Mars und Bacchus erscheinen müde, gewöhnlich, alltäglich. In der Tat bedarf ein großer Teil der barocken spanischen Genremalerei keiner bestimmten Szenen oder Typen, wie die anonymen Porträts des *Jungen mit dem Klumpfuß* von Ribera (1642, Musée du Louvre, Paris) oder der *Junge aus Vallecas* von Velázquez (1635–1645, Museo del Prado, Madrid) beweisen. Selbst die Darstellungen der königlichen Familie scheinen dieser Einfachheit verpflichtet, wie Velázquez' *Las Meninas* (1656, Museo del Prado, Madrid) zu erkennen geben. Dieses Werk ist das einzige in der höfischen Malerei, das Prinzessinnen, Kleinwüchsige und Hofmaler einander gleichstellt und den Wert des Individuums unabhängig von seinem Status geltend macht. Solche Bilder unterscheiden sich deutlich von den Repräsentationsporträts, die die Maler Ludwigs XIV. am Hof von Versailles perfektionierten. Die große spanische Kunst idealisierte das einfache und bescheidene Leben nicht, sondern neigte dazu, diese oft so bittere Wirklichkeit gleichermaßen in ihrer Großartigkeit wie in ihrem Elend zu zeigen. Murillo mischte seinen Bildern vagabundierender Kinder etwas Süßliches bei, während bei Francisco de Goya beide Extreme zur Darstellung gelangten, was sich von den beschaulichen volkstümlichen Szenen seiner Wandteppich-Entwürfe aus der Anfangszeit bis hin zu den späten *Pinturas negras*, den »schwarzen Gemälden«, erstreckt. Stierkämpfe, Tanzveranstaltungen, der Karneval, Hexen ... alle diese folkloristischen Manifestationen wurden bei Goya zum urtümlichsten Ausdruck der menschlichen Existenz.[18]

Folklore und Identität

Im 19. Jahrhundert bildeten sich die Nationalstaaten und ihre Identitäten heraus. Die jeweilige politische Macht zwang den Kolonialreichen, in die sie expandierte, in zentralistischer Manier die offiziellen ethnischen Ausdrucksformen ihrer Höfe auf. Doch im spanischen Einflussbereich verhielt es sich anders: Dort gab es eine Vielzahl an Höfen, Machtinstanzen und Gesetzgebungen auf beiden Seiten des Atlantiks und eine vielfältige kulturelle Identität, die lediglich durch die Sprache und den katholischen Glauben zusammengehalten wurde. Eine auf vielen Königreichen basierende Organisationsstruktur und eine multikulturelle Wirklichkeit sorgten dafür, dass die Bevölkerung in ihren lokalen Riten und Bräuchen verwurzelt blieb. Spanien ist ein stark folkloristisch geprägtes Land, in dem jede Gemeinschaft ihre Traditionen bewahrt und neue Riten aus den althergebrachten Gepflogenheiten ihrer Ahnen heraus entwickelt.[19]

Der Generation von Zuloaga gingen Denker voraus, die erstmals Überlegungen zu den Wechselwirkungen zwischen Folklore und Identität anstellten. Man begann, die volkstümlichen Traditionen als Fundament jeglicher qualitativ hochwertigen Kulturproduktion wertzuschätzen. Der Dichter Gustavo Adolfo Bécquer, Autor der bedeutendsten Sammlung von Volkslegenden des 19. Jahrhunderts, war der Sohn des ersten spanischen Folklore-Malers, José Domínguez Bécquer. Die Gebrüder Antonio und Manuel Machado, die zu den namhaftesten Dichtern der Generation von 98 zählen und als Verfasser höchst geistreicher Verse über das kastilische Volksempfinden gelten,[20] waren Söhne von Antonio Machado Álvarez, genannt Demófilo. Der Vater stand im Ruf, der bedeutendste Volkskundler des 19. Jahrhunderts zu sein, und zeichnete als Schriftsteller und Herausgeber für die *Biblioteca de las tradiciones populares españolas*[21] verantwortlich. So waren auch Manuel de Falla (Kat. 56), Isaac Albéniz und Enrique Granados, die herausragendsten Komponisten des spanischen musikalischen Nationalismus, Schüler von Felipe Pedrell, dem großen Musikethnologen und Komponisten, dem geistigen Vater der spanischen Musikgestaltung, der die traditionelle Musik der Iberischen Halbinsel von Tomás Luis de Victoria bis hin zum Flamenco erforschte. Bei Zuloaga verhält es sich nicht anders; er stammte aus einer Familie, die seit mehreren Generationen dem edelsten Handwerk des Landes nachgegangen war – der Goldschmiedekunst, die seit den Zeiten der Mauren das Volkswissen über die Metalle auf ein neues Niveau gehoben hatte. Die Zuloagas waren jahrzehntelang auch für die königliche Rüstkammer zuständig. Mit ihrem Fleiß führten sie die Kunst ihrer Vorfahren, die Tauschierung, die bereits die Rüstung des Kaisers auf den Gemälden Tizians zierte, zu neuen Höhen.

Die intellektuellen Bestrebungen zur Aufwertung und Anerkennung der spanischen Folklore und Tradition im 19. Jahrhundert hinterließen damit auch bei den Künstlern der nachfolgenden Generation ihre Spuren. Auf dem Weg vom Intellektuellen hin zum Emotionalen avancierte die Einbindung der Essenz des folkloristischen Gefühls über die Gemeinplätze hinaus zum Grundprinzip der spanischen Kunst. Die Darstellung dieser Werte entwickelte sich im Werk Ignacio Zuloagas analog zu seiner Malerei. Schon früh brachte er seine Schaffensperioden auf dem Montmartre in Paris mit Aufenthalten im Triana-Viertel, Sevillas Herz des Flamenco, in Einklang. Nach Zuloagas eigener Aussage dienten diese Phasen eher der persönlichen als der stilistischen Suche.[22] In Sevilla erlernte er den Stierkampf, und dort tauchte er in die Folklore der Gitanos ein. Sein kultureller Hintergrund war ein völlig anderer, doch die Kluft zwischen den nebligen Wäldern und den wilden Meeresstürmen der kantabrischen Küste einerseits und der stechenden Sonne südlich des Gebirgspasses von Despeñaperros andererseits wurde überwunden durch die allerorten anzutreffende Leidenschaft für die großen Themen, die Spanien seiner Ansicht nach schon immer definiert hatten: das ständige Bewusstsein des bevorstehenden Todes, das in der Folklore zum Ausdruck kommt, und angesichts dessen die Charakterstärke, sich ihm zu stellen – als einziger Gemütszustand, der den Spaniern zur Definition ihrer »Rasse« taugt.

Das Erbe der pittoresken Malerei des 19. Jahrhunderts sollte im Werk des baskischen Malers überdauern. Jahre nach seiner ersten Ankunft in Sevilla hatte Zuloagas Gemälde *Am Vorabend der Corrida* (S. 33, Abb. 1) große Berühmtheit erlangt.[23] Es schien die Vorgaben der Jurymitglieder zu erfüllen, die die Werke für die Weltausstellungen aussuchten, wurde jedoch nicht zu der Pariser Schau im Jahr 1900 zugelassen. Das für die fragliche Sektion zuständige Expertenkomitee bestand zu einem Großteil aus Malern, die in früheren Jahrzehnten auf dem Feld des Folklorismus und Historizismus bekannt und reich geworden waren. Zuloagas Enttäuschung und Verärgerung führten zu einer außergewöhnlichen Auseinandersetzung.[24] Die europäischen Kritiker stellten sich hinter Zuloaga, und selbst Joaquín Sorolla befürchtete, dass sein eigenes Werk daher nicht ausgewählt werden würde[25] – das düstere Bild *Trauriges Erbe*, mit dem er den Großen Preis der Ausstellung gewinnen und den Geschmackswandel gegenüber den »Espagnolades« des 19. Jahrhunderts endgültig vollziehen sollte. Dieser Zwist mit den offiziellen spanischen Institutionen schien Zuloaga darin zu bestärken, seiner Identität Ausdruck zu verleihen, indem er die Szenen der spanischen pittoresken Malerei[26] so weit modifizierte, dass sein ganz eigener Kompositionsstil daraus hervorging.

Duende

1898 entdeckte Zuloaga in Segovia die tragische und existenzielle Semantik, die für ihn Spanien ausmachte und die seit jeher auf der Iberischen Halbinsel als *duende* bezeichnet wird. *Duende* war ursprünglich auf Gesang und Tanz des Flamenco beschränkt, der sich in seinen schwermütigen Varianten als »Cante y baile hondo« (tiefer Gesang und Tanz) manifestierte. Doch spanische Intellektuelle und Künstler identifizierten das nur schwer fassbare Konzept bald als spirituelle Wurzel der spanischen Kultur, die der Folklore Leben einhaucht. Mit *duende* wird ein unkontrolliertes, poetisches Gefühl beschrieben, das aus der Sublimierung von Schmerz und Tragik erwächst. Eine Eigenschaft, mit der sich auch Federico García Lorca auseinandersetzte, für den sie stark mit dem Irrationalen, dem Erdverbundenen, dem Todesbewusstsein und einer teuflischen Note verknüpft war, sodass er sie einmal als ein Gefühl der Zugehörigkeit zu einer Kultur beschrieb: »Er [der *duende*] ist also keine Frage der Fähigkeit, sondern eines wahrhaft lebendigen Stils, man hat ihn im Blut, er geht auf die uralte Kultur unmittelbaren Schaffens zurück. [...] Spanien wird zu allen Zeiten vom *Duende* angetrieben. Als Land mit einer uralten Musik- und Tanztradition, wo der *Duende* am frühen Morgen die Zitronen auspresst, und als Land des Todes. Als Land, das sich dem Tod nicht verschließt.«[27]

Zuloaga war dieser Idee nicht abgeneigt und schrieb schließlich an Manuel de Falla: »Ich möchte mit Tiefgang malen.«[28] Dieser Anspruch verwischte endgültig die Grenzen zwischen dem Erhabenen und dem Volkstümlichen und schuf einen Topos, aus dem wiederum die Kultur hervorging. Die Vertreterinnen und Vertreter der unterschiedlichsten Disziplinen – von der Malerei und der Dichtkunst über die musikalische Komposition, den Gesang und den Tanz bis hin zum Stierkampf – teilten unverkennbare spanische Wurzeln, mit denen sich sowohl Bürger als auch Bauern identifizierten und die die Ausländer:innen verstanden. Federico García Lorca, Ignacio Zuloaga oder Manuel de Falla haben die Folklore über ihre Kunst zur Anschauung gebracht, und zwar nicht als etwas Volkstümliches, sondern als etwas ganz Eigenes, das das Fundament ihrer Identität bildete. Sie gehörten einer Generation an, die das Pittoreske überwunden hatte, um den Wesenskern dessen festzuschreiben, was gemeinhin als »spanisch« bezeichnet wird und was so schwer zu erklären wie leicht zu empfinden ist.

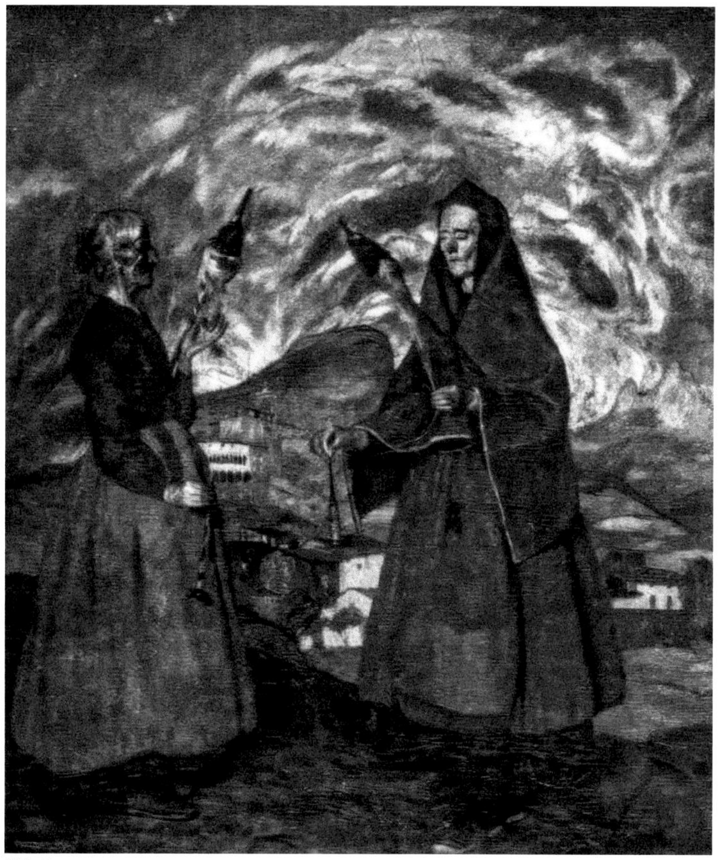

Abb. 4

Abb. 4 *Die Spinnerinnen*, ursprüngliche Fassung, 1911, abgedruckt in: *Vasárnapi újság*, Budapest, 22. 9. 1912, S. 766

Im Gegensatz zu Sorolla ahmte Zuloaga die Tradition nicht nach. In seinem Werk finden sich keine detailgetreuen Darstellungen festlicher Trachten. Was bei Sorolla Bewegung ist, fliegende Fransen und Tücher im kühlen Halbschatten der andalusischen Patios – etwa in seinem dem Flamenco gewidmeten Bild in der Hispanic Society –, das sind bei Zuloaga lächelnde Menschen und deren Blicke wie in *Gitano-Tanz* (vgl. S. 88, Abb. 1). In der Tat sind Zuloagas Darstellungen wenig feierlich. Die männlichen wie die weiblichen Figuren auf seinen Bildern erscheinen zumeist in Hirtentracht, als ob sie die tiefe Verbundenheit mit ihrem Land bekräftigen wollten, umgeben von einer Landschaft, die nichts Gutes verheißt. Bezüglich dieser gegensätzlichen Auffassungen von Spanien wies Miguel de Unamuno darauf hin, dass Sorolla die Realität »statistisch genau« abbilden wolle, während Zuloaga die Wahrheit in den Emotionen suche.[29] Dieser entfernte sich vom Anschaulichen, um aus dem Symbolischen zu schöpfen. Das verschollene Werk *Die Spinnerinnen*[30] verdeutlicht diese Vorgehensweise (Abb. 4): Die Moiren werden durch alte, ganz und gar kastilische Segovianerinnen verkörpert. Hinter ihnen erstreckt sich nicht die Meseta, sondern eine imposante Mauer, hinter der sich die Wallfahrtskirche der Virgen de la Peña im Ort Graus erhebt. Die Wahl des Bildhintergrunds erfolgte nicht zufällig. Zuloaga kannte die Enklave gut: Sie bildet das Tor zum Ribagorza-Gebiet. Dahinter liegen einige der Berge und Täler, die am stärksten mit dem Spanien der Zauberei und der

Folklore verbunden sind und in denen die Hexen aus Hocharagonien ihren Sabbat feierten; das Ganze ist demnach kurz vor der Grenze zu Frankreich lokalisiert, dem Land der Vernunft, dem der Maler seine Moiren als Schicksalsgöttinnen und Herrinnen über Leben und Tod gegenüberstellen wollte. Dieses Konzept gipfelte schließlich in dem schaurigen Gemälde *Die Hexen von San Millán* (S. 121, Abb. 4) – seit Goya vielleicht das eindrücklichste Werk, das die Hexerei zum Thema erkoren hat.[31]

In seinem Bestreben, das alte Spanien neu zu erschaffen, griff Zuloaga meist auf jenes Antlitz zurück, das, in eine Gattung überführt, die Form des Porträts (unbekannter oder bekannter Personen) annahm. So überwand er den anekdotenhaften Kostumbrismus und stellte sich in die Tradition der spanischen Malerei, die über die Frage nach der Abbildlichkeit des Porträts hinausschritt, um die Abgründe der Seele zum Vorschein zu bringen. Wenn der Baske den ernsten Blick der Gitana (Kat. 30), die bemerkenswerte Präsenz des Typs aus Segovia (Kat. 53), das vieldeutige Lächeln seiner drei Cousinen (Kat. 43, 44) oder die Unerschütterlichkeit von Francisco und dessen Frau (Kat. 54) auf die Leinwand bannte, dann malte er Spanien mit mehr Emphase im Ausdruck als bei den trostlosen Landschaften, aus denen die Protagonisten gleichsam hervortreten.

Wenn er sich für szenische Darstellungen entschied, scheinen die Figuren in einer theaterhaften Kulisse eingefroren zu sein. Inhalt und Form verschmelzen zu einem symbolischen und bedeutungsvollen Ganzen. Spanien, das sind die erstarrten Fanatiker, ihr verhärmter Ausdruck und die Mauern von Ávila in *Die Büßer von Roda* (Kat. 61) oder *Blutender Christus* (Kat. 62), der schwarze Himmel und das blutüberströmte weiße Pferd in *Das Opfer der Fiesta* (Kat. 40), der einäugige Kleinwüchsige und das Dorf auf den Felsen in *Gregorio in Sepúlveda* (S. 140, Abb. 1).

Dies war seine Art der tiefgründigen Malerei, bei der das Iberische nicht explizit aufgegriffen, aber wie eine tellurische Entladung spürbar wird. Um es mit den Worten Ortega y Gassets auszudrücken: »Durch manche Gemälde Zuloagas weht ein alles mit sich reißender, schrecklicher, barbarischer Wind; ein Odem, der heiß aus unwirtlichen Wüsten bläst oder kalt von den Gletschern hinabzuströmen scheint. Auf jeden Fall eine Strömung aus etwas so Kraftvollem, Substanziellem, Offensichtlichem und Notwendigem, dass sie das auf dem Gemälde Dargestellte erdrückt und auf sich selbst zurückwirft, ihm existenzielles Gewicht, Festigkeit und Notwendigkeit verleiht. Von einigen Gemälden Zuloagas könnte man sagen, sie sind wie Schluchten, aus denen eine ihnen überlegene und von ihnen unabhängige Dynamik tosend hervorbricht.«[32]

Diese düstere Sicht kann als Reaktion auf die romantische Tradition verstanden werden, die von den Ausländern begründet und von Sorolla perfektioniert worden war. Der Vergleich beider Sichtweisen offenbart den Kontrast zwischen dem wirklichkeitsnahen Abbild und der wahren Identität Spaniens oder, grob vereinfacht,[33] zwischen dem weißen und dem schwarzen Spanien. Die klare Ablehnung des Letzteren durch die spanischen Institutionen, die Debatten darüber, ob es opportun sei, dieses düstere und dunkle Bild des Landes im Ausland zu zeigen, sowie die Kraft, die die Malerei des Basken verströmt, und ebenso die hervorragenden internationalen Kritiken, die ihm zuteilwurden, mündeten in die »Zuloaga-Frage«, eine Kontroverse, die mit jeder Ausstellung des Malers bis heute aufs Neue entfacht wird.[34]

Die Verfechter dieser Idee des schwarzen Spanien unterscheiden sich in Nuancen, die aber von Bedeutung sind. Die Werke einiger enger Freunde und Bewunderer von Zuloaga wie Darío de Regoyos und José Gutiérrez Solana können zumeist vor dem Hintergrund der von der regenerationistischen Bewegung vorgebrachten Kritik gedeutet werden. Zuloagas Leben und Malerei bezeugen seine Faszination für diese Erscheinungsformen, der er auf dieselbe Weise Ausdruck verlieh, wie er der enormen Rohheit der Bilder Anerkennung zollte.[35]

Ungeachtet der Kontroversen, ist Zuloaga zweifellos in die Geschichte eingegangen, weil er das folkloristische Spanien, das Spanien des *duende*, das schwarze Spanien eher mit emotionalen als intellektuellen oder politisierenden Mitteln unsterblich gemacht hat, indem er, wie Christian Brinton es formulierte, in jedem Gemälde ein Stück seiner Seele zurückließ, um »wahr« zu malen.[36]

1923 erwarb die Hispanic Society mit *Die Flagellanten* (S. 15, Abb. 3) und *Das Opfer der Fiesta* zwei Musterbeispiele für das düstere Volksempfinden der Iberischen Halbinsel. In Archer M. Huntington reifte schließlich die Vorstellung, dass Spanien äußerlich nach Art der Kunst Sorollas, doch im Innersten seiner Seele nach derjenigen Zuloagas verfasst war. Heute sind diese Werke, neben dem *Kleinwüchsigen Gregorio* in Sankt Petersburg (S. 120, Abb. 3), den *Hexen von San Millán* in Buenos Aires (S. 121, Abb. 4), dem *Kardinal* in Bilbao (Kat. 67) oder dem *Blutenden Christus* in Madrid, maßgeblicher Bestandteil der Konstruktion eines spanischen Mythos, welcher das Pittoreske überwunden hat, um sich als Gefühl zu manifestieren. Zuloaga war auf persönlicher Ebene und ebenso über die Folklore zutiefst in diesem Gefühl verwurzelt – in dieser profunden und düsteren Wahrheit, die er als »spanisch« identifizierte und in der die Fundamente und Ausdrucksformen seiner Malerei gründeten.

1 José Luis Díez und Javier Barón: »Joaquín Sorolla, pintor«, in: *Joaquín Sorolla 1863–1923*, hrsg. von dens., Ausst.-Kat. Museo Nacional del Prado, Madrid, 2009, S. 19–142, hier S. 117.

2 Zu diesen Ausstellungen und ihren Folgen siehe *Sorolla/Zuloaga. Dos visiones para un cambio de siglo*, hrsg. von Francisco Calvo Seraller, Ausst.-Kat. Museo de Bellas Artes, Bilbao; Fundación Cultural MAPFRE Vida, Madrid 1998.

3 Brief von Ignacio Zuloaga an Archer M. Huntington, 26.11.1908, Archiv der Hispanic Society of America.

4 Howard Allison: »Zuloaga – Man and Artist«, in: *The Mentor*, Februar 1926, S. 41–43, hier S. 43.

5 Leonard Williams: »The Art of Joaquín Sorolla«, in: *Catalogue of Paintings by Joaquín Sorolla y Bastida*, hrsg. von dems., Ausst.-Kat. Hispanic Society of America, New York, 1909, S. 7–72, hier S. 47.

6 Christian Brinton: »Introduction«, in: *Catalogue of Paintings by Ignacio Zuloaga*, hrsg. von dems., Ausst.-Kat. Hispanic Society of America, New York, 1909, S. 7–110, hier S. 110.

7 Brief von Ignacio Zuloaga an Daniel Zuloaga, April/Mai 1909, in: Ignacio und Daniel Zuloaga: *Correspondencia de Ignacio Zuloaga con su tío Daniel*, hrsg. von Mariano Gómez de Caso Estrada, Segovia 2002, S. 239, Dok. 194.

8 Brief von Joaquín Sorolla an Pedro Gil Moreno de la Mora, 1.5.1903, in: Joaquín Sorolla: *Epistolarios de Joaquín Sorolla*, Bd. 1: *Correspondencia con Pedro Gil Moreno de Mora*, hrsg. von Facundo Tomás u. a., Barcelona 2007, S. 170.

9 Der spanischen Gesellschaft mangelte es zu diesem Zeitpunkt an Nationalbewusstsein. Trotz der bereits 300 Jahre zuvor erfolgten Gründung Spaniens durch die Vereinigung der Königreiche von Kastilien und Aragón wurde die Rede von den »zwei Spanien« erst dann durch den Singular ersetzt, als das Volk, seines Monarchen beraubt, zu den Waffen griff, um die napoleonischen Truppen während des Unabhängigkeitskriegs zu vertreiben.

10 Alexandre de Laborde: *Voyage pittoresque et historique de l'Espagne*, Paris 1806–1820.

11 Für Taylors Buch *Voyage pittoresque en Espagne, en Portugal et sur la Côte d'Afrique, de Tanger* à Tétouan, Paris 1826–1832.

12 Eine umfassende Studie liefert: Carlos G. Navarro: »Los Montpensier. Pinturas para una corte francesa en España«, in: *El gusto francés y su presencia en España (siglos XVII–XIX)*, hrsg. von Amaya Alzaga Ruiz, Ausst.-Kat. Fundación MAPFRE, Madrid, 2022, S. 223–229.

13 Fortuny reiste in Begleitung von Raimundo de Madrazo, Martín Rico u. a.

14 Manuel Viera: *El imaginario español en las Exposiciones Universales del siglo XIX. Exotismo y modernidad*, Madrid 2020, S. 223.

15 Als Beispiele mögen Werke dienen wie Manuel Castellanos *Patio mit Pferdestall in der Stierkampfarena, vor der Corrida* (1853, Museo del Prado, Madrid) oder José Jiménez Arandas *Ein Vorfall in der Stierkampfarena* (1870, Museo Carmen Thyssen Málaga).

16 Unter den wichtigsten Vertretern sind José Moreno Carbonero, Eduardo Rosales, José Casado del Alisal, Antonio Gisbert sowie Francisco Pradilla hervorzuheben. Letzterer veranschaulicht diese Idee von der katholischen Macht und der arabischen Assimilation in *Die Übergabe von Granada* (1882, Palacio del Senado, Madrid).

17 Paul Guinard, zit. nach Navarro 2022 (wie Anm. 12), S. 226.

18 In diesem Sinne trugen seine Darstellungen dazu bei, dass ein Großteil der spanischen Folklore als »goyesk« aufgefasst wurde.

19 Einige dieser ältesten Traditionen wie der Stier- und der Feuerkult verbreiteten sich bald bis in die Neue Welt.

20 Mit dem Gedichtband *Campos de Castilla* (1917) etablierte sich Antonio Machado in gewisser Weise als Nationaldichter Spaniens.

21 11 Bde., hrsg. von Antonio Machado y Álvarez, Sevilla und Madrid 1883–1886.

22 Mayi Milhou: *Ignacio Zuloaga et la France*, Bordeaux 1981, S. 112.

23 Dazu zählte u. a. die Auszeichnung in der *IV. Exposición de Bellas Artes é Industrias Artisticas* in Barcelona von 1898.

24 Brief von Ignacio Zuloaga an Antonio Gisbert, Juni 1900, Archivo de la Música de Barcelona.

25 Brief von Joaquín Sorolla an Pedro Gil Moreno de la Mora, 15.2.1900, in: Sorolla 2007 (wie Anm. 8), S. 131.

26 Siehe dazu den Beitrag des Verfassers im vorliegenden Band, S. 100–105.

27 Federico García Lorca: *Juego y teoría del duende/Spiel und Theorie des Duende*, Heidelberg 2023, S. 11, 25.

28 Brief von Ignacio Zuloaga an Manuel de Falla, 19.1.1922, Archivo Manuel de Falla.

29 Miguel de Unamuno: »De arte pictórica II«, in: *La Nación*, Buenos Aires, 8.8.1912, S. 4.

30 Zuloaga hat die Leinwand selbst beschnitten.

31 Siehe den Beitrag von Nerina Santorius im vorliegenden Band, S. 116–123, bes. S. 121 f.

32 José Ortega y Gasset: »La estética del ›enano Gregorio el Botero‹ II«, in: *El Imparcial*, 10.11.1911, S. 3.

33 Die Zuordnung Ignacio Zuloagas zu einer Kunstproduktion, die ausschließlich mit diesen Maximen des schwarzen Spanien verbunden ist, wird seinem Gesamtwerk nicht gerecht, da es auch eher pittoreske und luminose Bilder umfasst.

34 Für ein exemplarisches Beispiel siehe Peio H. Riaño: »Zuloaga: La españolada que hace fuerte a Puigdemont«, in: *El Español*, 26.9.2017, www.elespanol.com/cultura/arte/20170926/249725872_0.html (29.5.2023).

35 Brief von Ignacio Zuloaga an Daniel Zuloaga, 21.4.1905, in: Zuloaga 2002 (wie Anm. 7), S. 85, Dok. 58.

36 Brinton 1909 (wie Anm. 6), S. 110.

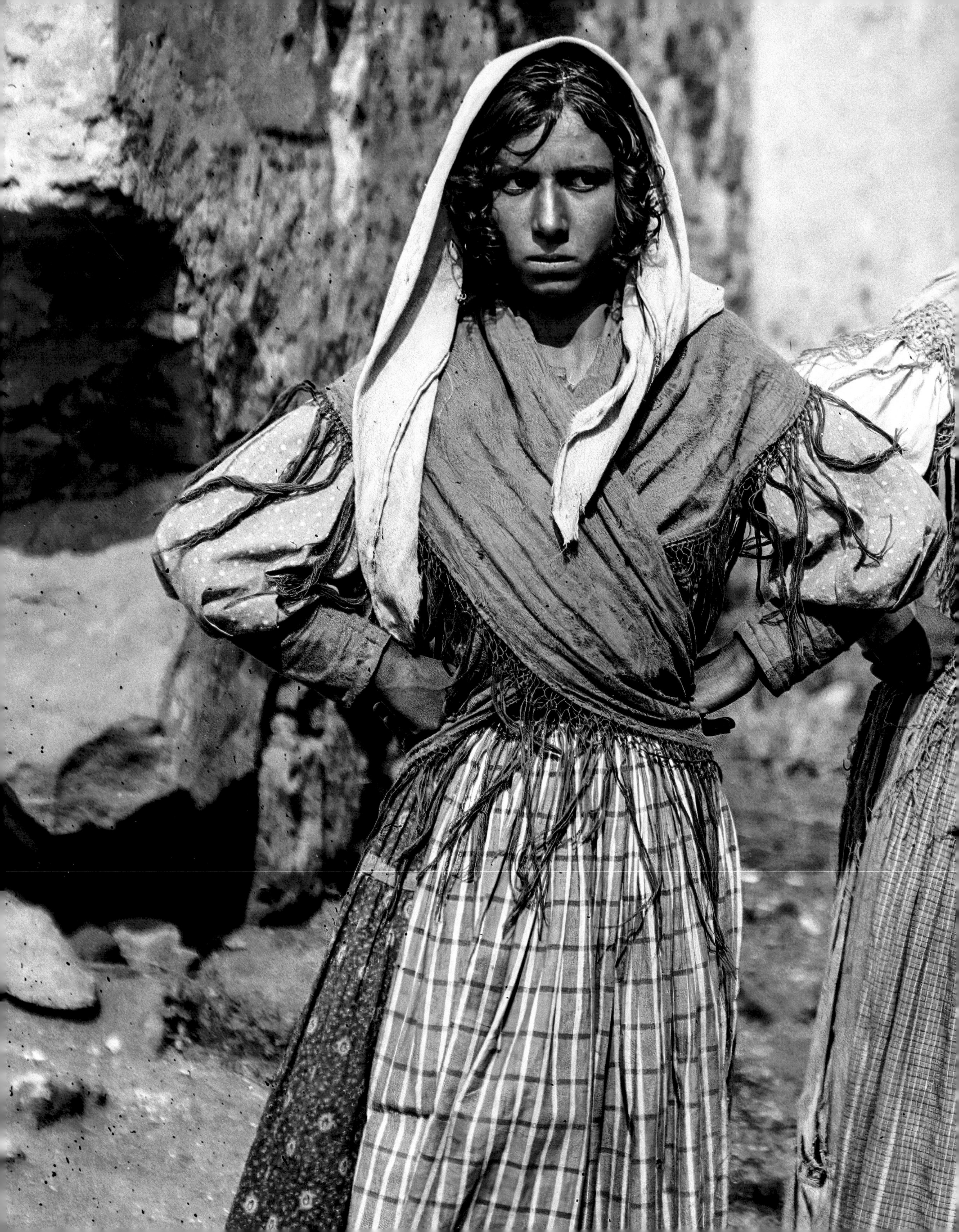

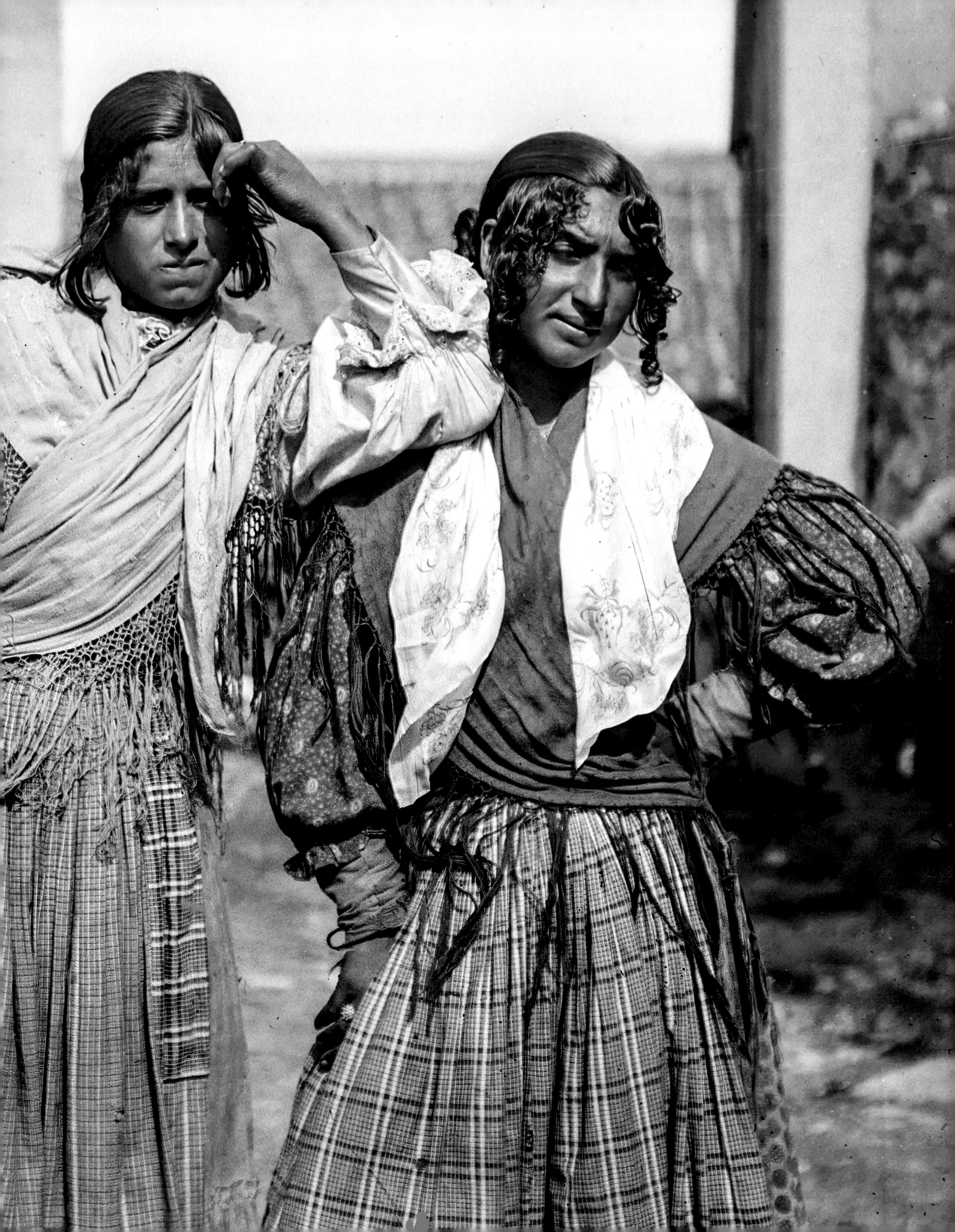

»›Carmen‹ machte ihn berühmt«

Das Spanierinnen-Stereotyp im Wandel von Prosper Merimée zu Ignacio Zuloaga

BIRGIT THIEMANN

»›Carmen‹ machte ihn berühmt!«, titelte *Die Tageszeitung* im Februar 2023 anlässlich des Todes des spanischen Filmemachers Carlos Saura und hob hervor, welch bemerkenswerten und anhaltenden Erfolg sein 1983 entstandener Tanzfilm *Carmen* im Ausland hatte, während er in Spanien längst wieder in Vergessenheit geraten war.[1] Auf raffinierte Weise werden in diesem Film, der in Deutschland eine regelrechte Flamencomanie entfacht hatte, Flamencomusik und -tanz mit Textfragmenten aus Prosper Merimées gleichnamiger Novelle und Passagen aus Georges Bizets Opernmusik kombiniert, wodurch die Vielschichtigkeit und Allgegenwärtigkeit des Carmen-Mythos zum Ausdruck kommt. 40 Jahre nach Entstehung lässt sich konstatieren, dass der Film aufgrund seines Erfolgs ebenfalls erheblichen Anteil am Fortleben dieses Mythos hatte.

Der französische Komponist Georges Bizet erlangte mit der Carmen-Figur sogar Weltruhm, wenngleich nur posthum, denn er verstarb bereits kurz nachdem seine Oper 1875 an der Pariser Opéra Comique uraufgeführt worden war. So hat er zwar den Skandal miterlebt, den seine Oper dort entfachte, nicht aber die Erfolgsgeschichte, die mit den Aufführungen 1878 in Wien und fünf Jahre später schließlich auch in Paris ihren Anfang nahm. Heute zählt Bizets Oper *Carmen* mit unzähligen Neuinterpretationen und Adaptionen zu den meistgespielten Werken der Operngeschichte, und ihre Titelfigur gilt als eine der erotischsten.

Der französische Autor Prosper Mérimée war erstmals 1830 in Spanien unterwegs gewesen. 1845 schuf er mit seiner Novelle *Carmen* den literarischen Prototyp der dunkelhaarigen, selbstbewussten Spanierin, mit der die Carmen-Rezeption Mitte des 19. Jahrhunderts einsetzte.[2] In den bildenden Künsten fand sich dieser Typus in der zweiten Hälfte des 19. Jahrhunderts neben, aber gleichermaßen auch in Verbindung mit den anderen Spanienklischees – insbesondere Stierkampf und Flamenco – zunehmend als beliebtes Sujet der Pariser Salons und bei international erfolgreichen Künstlern wie John Singer Sargent (*Carmencita*, 1890, Musée d'Orsay, Paris) wieder.[3]

Charakteristisch sind der direkte, aus dem Bild heraus auf den Betrachter zielende Blick sowie Accessoires, Kleidungs- und Versatzstücke, die mit Spanien assoziiert wurden. Interessanterweise begegnen uns auch im Œuvre von Ignacio Zuloaga zahllose derartige Frauendarstellungen.[4] Seine Bekanntheit verdankt er zu nicht unerheblichen Teilen diesem ›Autostereotyp‹. Einige wenige Male bezog sich Zuloaga, der um 1908 am Bühnenbild einer Carmen-Inszenierung beteiligt gewesen sein soll, explizit auf die *Carmen*-Oper. In *Lucienne Bréval als Carmen* (1908; Kat. 28) verwendete er keines der stereotypen Settings,[5] sondern das schlichte Ambiente des Wirtshauses des Lillas Pastia aus dem zweiten Opernakt.[6] Unverkennbar handelt es sich hier um eine Bühnensituation. Die schlaglichtartige Beleuchtung mit dem übergroßen Schatten im Hintergrund rückt die Inszenierung und damit das Konstrukt Carmen buchstäblich ins Licht. Die in einen schwarzen Mantón gehüllte Carmen-Figur erscheint durch die tänzerisch verdrehte Pose geradezu paradox unkonkret. Ob das chinesische Muster des Tuchs bewusst auf die spanische Redewendung »Me suena chino« – »Das klingt für mich chinesisch«, gleichbedeutend mit »Das kommt mir spanisch vor« – anspielen soll oder eine unfreiwillige Pointe darstellt, ist unklar. Die Wiedergabe dieses asiatisch anmutenden Dekors kann aber als klarer Verweis auf die zum ehemaligen spanischen Kolonialreich gehörenden Philippinen gelesen werden (vgl. hierzu auch das Bildnis der Cousine Cándida von 1905; Kat. 46).

Zuloagas Gemälde *Junge Gitana*, auch als *Carmen, die Gitana* bekannt (S. 89, Abb. 2), weckte die Begeisterung des jungen Rainer Maria Rilke, der 1900 erstmals Arbeiten des Künstlers gesehen hatte und zwei Jahre später in Briefen an jenen enthusiastisch von dessen Farbharmonie, der Weichheit der Stoffe, dem Reichtum der geblümten Kleider mit geheimnisvollen Schleiern und dem Glänzen der Zähne und der Spitzen schwärmte.[7] Neben der Carmen-Darstellung bezog sich Rilke mit seinem Lob auch auf *Am Vorabend der Corrida*, ein Schlüsselwerk in Zuloagas frühem Schaffen, das 1898 in dem ländlichen Alcalá de Guadaíra nahe Sevilla entstanden war (Abb. 1). Die Bildatmosphäre wird durch die differenziert wiedergegebene Kleidung der Frauen und die eigentümliche Führung der Blicke bestimmt, die alle im leeren Vordergrund enden. In der ursprünglichen Bildfassung, mit der Zuloaga 1898 den ersten Preis in der *Exposición de Bellas Artes é Industrias Artísticas* in Barcelona gewonnen hatte, war an dieser Stelle noch ein kleines Mädchen zu sehen gewesen. Für den spanischen Pavillon der Weltausstellung 1900 übermalte Zuloaga das Kind und schuf mittels der offensichtlichen Beziehungslosigkeit eine gesteigerte schwermütige Stimmung, die mit der nationalen Melancholie nach dem Verlust der letzten Kolonien 1898 korrespondierte.[8] Groß war die Enttäuschung, als diese Version seitens der spanischen Jury nicht für die Weltausstellung akzeptiert wurde, eine Entscheidung, die als sogenannte »Zuloaga-Affäre« die damalige Kunstkritik wie auch die Literaten der Generation von 98 über Jahre in zwei Lager spaltete.[9]

Dass eine andalusische Figurenszene vom damaligen Publikum als Allegorie der nationalen Tragödie verstanden wurde, hatte eine Vorgeschichte, die bis 1700 zurückreichte, als Philippe d'Anjou aus dem Haus der Bourbonen den spanischen Thron bestiegen hatte. Die spanische Oberschicht griff in der Folge zunehmend die landestypische Kleidung der einfachen Bevölkerung auf, um sich äußerlich von den *afrancesados*, den Parteigängern Frankreichs, und der bourbonischen Politik abzusetzen.[10] Besonders beliebt war die aus Andalusien stammende Tracht der *maja*. Sie stellte nicht die einzige, jedoch die in der zweiten Hälfte des 18. Jahrhunderts meistbeachtete andalusische Frauentracht dar, wenngleich sie sich nicht immer eindeutig von der Kleidung der Gitanas, der andalusischen Roma, unterschied.[11]

Abb. 1

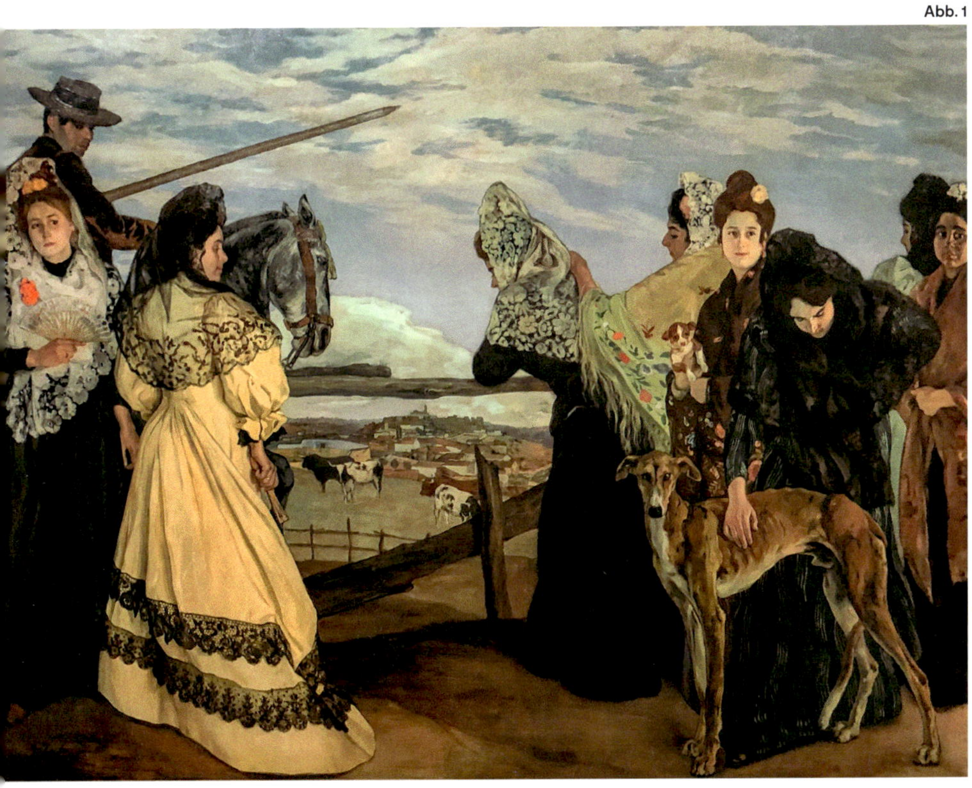

Abb. 1 Ignacio Zuloaga: *Am Vorabend der Corrida*, 1898, Öl auf Leinwand, 222 × 302 cm, Musées royaux des Beaux-Arts de Belgique, Brüssel

In der Orientierung an Andalusien manifestiert sich eine der frühen Facetten des sogenannten *casticismo*, einer für Spanien bis ins 20. Jahrhundert hinein prägenden Ideologie, die die »nationale Urwüchsigkeit« zum Leitbild erhob. Die theoretischen Grundlagen hierfür dürften in der von Jean-Jacques Rousseau 1750 propagierten Rückbesinnung auf die gesellschaftlichen Urzustände wurzeln.[12] Mit dem *majismo*, der romantischen Idealisierung der volkstümlichen Kultur Andalusiens als der ausgeprägtesten eigenständigen Kultur innerhalb Spaniens, fand sich hierfür eine ganz spezifisch spanische Ausprägung.[13]

Der *majo* und die *maja* stellten in der Folge auch einen außerordentlich populären Typus der Literatur und Bühnenkunst dar, der sich durch keckes, selbstbewusstes Auftreten, gepaart mit offen zur Schau getragenem Stolz auf das eigene Spaniertum, und wenig keusche Umgangsformen auszeichnete. Im Verlauf der ersten Hälfte des 19. Jahrhunderts lässt sich dabei eine immer aufwendigere Ausstaffierung der *maja* beobachten. Den Rock zierten zunehmend Verzierungen wie Volants und/oder Fransen.

Ab der Jahrhundertmitte setzte dann das ausländische Interesse für die Gitanos ein. Deren Frauentracht hatte sich zusehends von derjenigen der *maja* differenziert. Als auffälligstes Merkmal galten die weit geschnittenen, volantbesetzten Röcke; in der zweiten Jahrhunderthälfte kamen die signifikanten Mantones, große, kunstvoll bestickte Schultertücher mit Fransen, hinzu, wie sie auch Zuloaga gerne malte. Mit dem allmählichen Verschwinden der realen *majas* in den andalusischen Städten rückte die Kultur der Gitanos vermehrt in den Brennpunkt des *casticismo*.

Zuloaga vereint in *Am Vorabend der Corrida* Frauen in klassischer andalusischer Kleidung und Mantilla mit solchen, die nach Gitana-Art gekleidet sind. Im Gegensatz zu der goyesk anmutenden *Schauspielerin Consuelo* (1901; S. 12, Abb. 1) mit ihrem altertümlich wirkenden, glockenartig ausgestellten Rock tragen die Frauen, vor allem die gelb Gewandete, hier Kleider mit A-förmiger Silhouette und keulenförmigen Ärmeln entsprechend der zeitgenössischen französischen Mode. Durch diese modische Aktualisierung und die lebensgroße Darstellung erreichte Zuloaga eine figürliche Präsenz und Ausstrahlung, die insbesondere die Frauen als Zeitgenossinnen und somit als repräsentative Vertreterinnen Spaniens erscheinen ließen, was José Ortega y Gasset zufolge das Skandalöse seiner Werke ausmachte.[14]

Zuloaga reiste ab 1892 wiederholt für längere Aufenthalte nach Andalusien. Dort setzte er sich intensiv mit der Kultur der Gitanos auseinander, erlernte deren Sprache und begeisterte sich für Stierkampf und Flamenco. In diesen Jahren finden sich zahlreiche Darstellungen von Gitanas (Kat. 30–33).[15] Mit einigen seiner Modelle verband Zuloaga eine lebenslange Freundschaft.[16] Im Gegensatz zu dem romantischen Spanierinnen-Bild vieler ausländischer Künstler setzte er Gitanas nicht pauschal mit den Andalusierinnen gleich, sondern nahm mittels der Kleidung eine Differenzierung vor, zeigte sozusagen die Diversität (vgl. *Andalusische Tänzerinnen*, Kat. 27, oder *Andalusierin und junge Dame*, Kat. 32). Mit seiner Unvoreingenommenheit und Begeisterung für die Gitanas fand Zuloaga aber eher beim ausländischen Publikum, das in Spanien ohnehin das Exotische zu sehen bereit war, Gefallen. Bei seinen Landsleuten hingegen rief der nationale Habitus in Verbindung mit einer ethnischen Minderheit eher Unbehagen und Ablehnung hervor. Die inländische Akzeptanz kam erst mit Zuloagas Hinwendung zu kastilischen Motiven, die mit der romantischen Außenwahrnehmung brachen, wie etwa in *Frauen von Sepúlveda* (1909; Kat. 55) oder den familiären Darstellungen seiner Cousinen (Kat. 17, 43–46).

Das Bildschema mit Figuren vor angedeuteter kastilischer Landschaft oder einem Dorf im Hintergrund kam ab den 1910er-Jahren verstärkt in Zuloagas Auftragsporträts zum Einsatz. Wie schon im Bildnis der *Schauspielerin Consuelo* griff er dabei einen Porträttypus von Francisco de Goya auf (vgl. dessen Porträts der Herzogin von Alba von 1795, Colección de Alba, Madrid, und 1797, The Hispanic Society Museum and Library, New York, oder der Gräfin de la Solana, um 1794/95, Musée du Louvre, Paris), bei dem die Frauen selbstbewusst vor einer Landschaft mit tief liegendem Horizont wiedergegeben sind. Die leicht monumentalisierende Untersicht steigert dabei die Wirkung der selbstbewussten Pose und der eleganten Kleidung, selbst wenn die Figur sitzend gezeigt wird wie im *Porträt der Doña Rosita Gutiérrez* (1915; Kat. 18).

Einen wichtigen Faktor für die Genese des Spanierinnen-Stereotyps stellte das wachsende Interesse an spanischer Kunst in Frankreich im 19. Jahrhundert dar. Die 1838 vom Bürgerkönig Louis-Philippe im Pariser Louvre eröffnete und zehn Jahre bestehende *Galerie espagnole* bot erstmals einen größeren Überblick im Ausland und war somit ein Meilenstein in der Rezeptionsgeschichte der spanischen Malerei. Édouard Manet sah diese Präsentation als Jugendlicher und errang seinen ersten künstlerischen Erfolg im Pariser

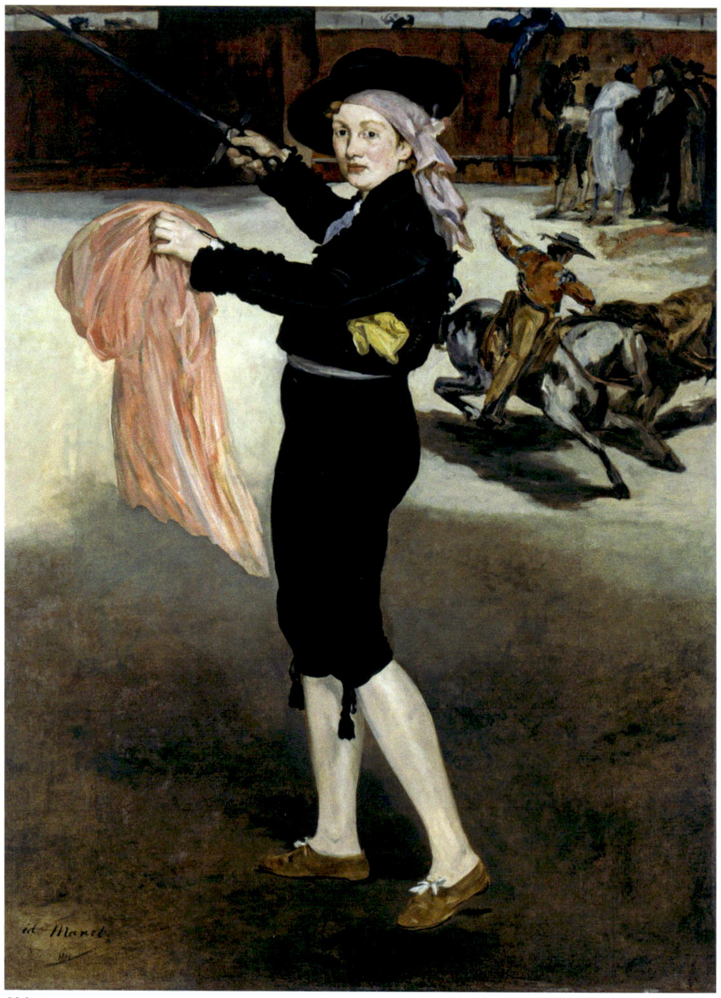

Abb. 2

Salon mit dem Bildnis eines *Spanischen Sängers* (1860, The Metropolitan Museum of Art, New York).[17] Hierdurch motiviert, schuf er, mehrheitlich vor seiner Spanienreise 1865, weitere Gemälde mit spanischen Sujets. So porträtierte er 1862 die spanische Tänzerin Lola Melea, bekannt als Lola de Valence (Musée d'Orsay, Paris), als diese mit dem Ensemble des Teatro Español in Paris gastierte. Die damalige Kritik hob die auffällig männlichen Gesichtszüge hervor und thematisierte diese in diversen Karikaturen.[18] Verweise auf Maskulinität spielten fortan im Zusammenhang mit dem Spanierinnen-Stereotyp – nicht nur bei Manet – eine zentrale Rolle.

Im selben Jahr malte Manet Victorine Meurent, eine angehende Künstlerin, die ihm häufig Modell saß, als degenschwingende Torera (Abb. 2). Die gezierte Geste, mit der das flattrige, roséfarbene Tuch gehalten wird, lässt gar nicht erst die Frage aufkommen, ob hier eine echte Stierkämpferin dargestellt ist. Auch die eigenartig gekippte, an Goyas Grafikserie *Tauromaquia* angelehnte Stierkampfszene im Hintergrund und letztlich der Bildtitel, *Mademoiselle V... im Kostüm einer Stierkämpferin*, weisen das Werk als Kostümbild aus. Da Meurent einer Röntgenuntersuchung zufolge ursprünglich mit beiden Händen eine große *capa* hielt, wie sie beim echten Stierkampf üblich ist, muss davon ausgegangen werden, dass Manet die Dargestellte bewusst nicht allzu realistisch als Stierkämpferin erscheinen lassen, sondern die männliche Verkleidung anschaulich machen wollte.[19]

Derartiges Crossdressing findet sich auch in Zuloagas Œuvre. 1911 malte er die als Stierkämpferin gekleidete Gitana Agustina,[20] 1914 die Schauspielerin Marcelle Souty als Stierkämpfer (Abb. 3). Wie bei Manet verweisen Bildsetting und Titel deutlich auf eine Verkleidung, obwohl Zuloaga wie auch seinen spanischen Künstlerkollegen durchaus die real existenten Stierkämpferinnen bekannt waren.[21] Der Madrider Maler und Autor José Gutiérrez Solana beispielsweise widmete den Stierkämperinnen im Rahmen seines Erzählbands über Madrid und dessen Bräuche ein eigenes Kapitel.[22] Mit misogyner Ausdrucksweise zielte Solana darauf ab, die Übertritte auf männliches Terrain zu verurteilen. Zuloaga dagegen platzierte Souty nicht in einer Arena, sondern in einem Innenraum auf gemustertem Teppich, und inszenierte derart eine mehrfache Maskerade: die Schauspielerin in der Rolle des Torero, die als Spanierin verkleidete Französin, eine in Männerkleidung erscheinende Frau.

Abb. 3

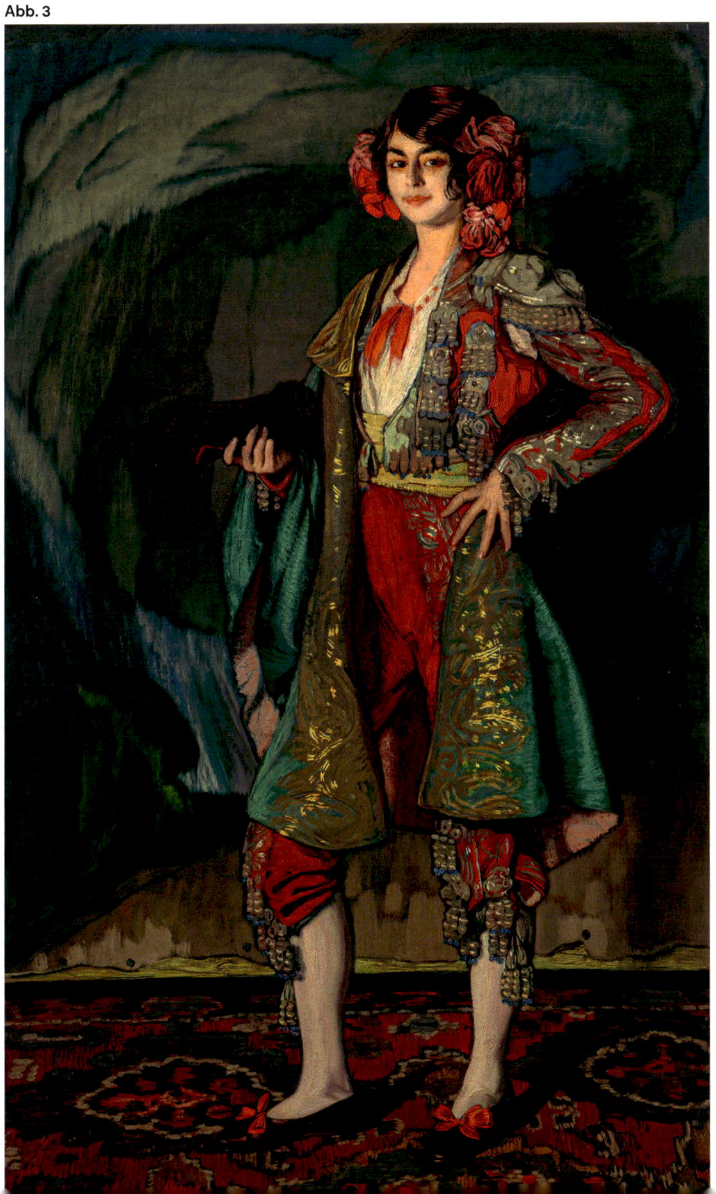

Abb. 2 Édouard Manet: *Mademoiselle V... im Kostüm einer Stierkämpferin*, 1862, Öl auf Leinwand, 165,1 × 127,6 cm, The Metropolitan Museum of Art, New York, H. O. Havemeyer Collection, Nachlass Mrs. H. O. Havemeyer, 1929

Abb. 3 Ignacio Zuloaga: *Merceditas* (auch *Marcelle Souty im Stierkämpfer-Kostüm*), 1911–1913, Öl auf Leinwand, 195,9 × 121,6 cm, Chester Dale Collection, National Gallery of Art, Washington

Souty begegnet uns in Zuloagas Œuvre einige weitere Male: stehend in elegantem schwarzem Hosenanzug und auf einem Sofa liegend, mal in raffiniertem schwarz-weißem Kleid (beide 1915) und mal als Akt (1921; Abb. 4).[23]

Motivisch knüpft Zuloaga bei der Aktdarstellung offensichtlich an Goyas enigmatisches Gemäldepaar der *Nackten Maja* (1795–1800; Abb. 5) und der *Bekleideten Maja* an (entstanden zwischen 1800 und 1807, beide Museo del Prado, Madrid). Eine Reproduktion der Letzteren hing übrigens 1902 in seinem Madrider Atelier.[24] Die beiden *Majas* wurden in Frankreich erstmals 1843 erwähnt, 1859 in Paris durch Kopien bekannt und schließlich 1900 zum ersten Mal im Rahmen einer Goya-Ausstellung im Prado in Madrid öffentlich präsentiert. Besonders die Frage, wen Goya auf den Bildern verewigt habe, erregte die Gemüter – im Allgemeinen wurde zum damaligen Zeitpunkt angenommen, dass es sich um die Herzogin von Alba handele, mit der Goya ein Verhältnis nachgesagt wurde.[25] Auch Manet faszinierten diese Gemälde.[26] In Anspielung auf die als selbstbestimmt und exzentrisch geltende Herzogin von Alba schuf er 1862 ein drittes, für das Spanierinnen-Stereotyp prägendes Gemälde: *Liegende junge Frau in spanischem Kostüm* (Yale University Art Gallery, New Haven).[27] Noch deutlicher als beim Torrero-Kostüm wird hier mit einer eng anliegenden Kniebundhose eine sexualisierende Konnotation ins Bild gebracht: Solche Hosen galten als typisches Kleidungsstück von Kurtisanen.[28] Beinkleider als Symbol sexueller Selbstbestimmung in Kombination mit spanischen Versatzstücken wie Bolerojacke, Fächer und Orangen – mit diesem Bildamalgam schuf Manet eine Verbindung zu dem damals in Literatur und Theater präsenten Typus der selbstbestimmten *femme moderne*. Im Zuge dieser Rezeption, die die Spanierin als selbstbewusste, wie Kurtisanen sexuell eigenständig agierende *femme moderne* interpretierte, erhielt die Bezeichnung *maja*, die ursprünglich für eine adrett gekleidete junge Frau geläufig war, eine eindeutig sexuelle Konnotation.[29]

Goyas, Manets und Zuloagas ›Sofa-Damen‹ repräsentieren allesamt den Typus der dunkelhaarigen, selbstbewusst aus dem Bild blickenden Frau in entspannter Pose. Im Gegensatz zu den Vorbildern wählte Zuloaga aber meist eine aufrechtere Position ohne die hinter dem Nacken angewinkelten Arme (nur bei *Roter Akt*, 1921, Museu Nacional

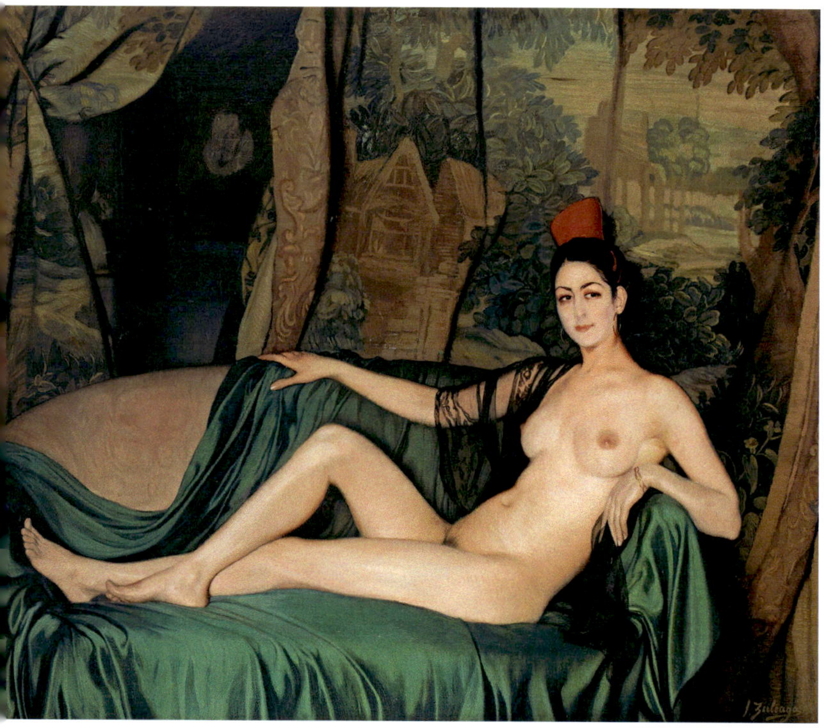

Abb. 4

Abb. 4 Ignacio Zuloaga: *Madame Souty, auf einer Couch liegend* (*Madame Souty*), 1921, Öl auf Leinwand, 145 × 177 cm, Privatsammlung

Abb. 5 Francisco de Goya: *Die nackte Maja*, 1795–1800, Öl auf Leinwand, 97,3 × 190,6 cm, Museo Nacional del Prado, Madrid

d'Art de Catalunya, Barcelona, wurde die Haltung von Goyas *Maja* komplett übernommen). Und anstelle des dunklen, diffus gehaltenen Hintergrunds bei Goya und Manet lässt sich bei Zuloaga anhand der schweren Vorhänge, der angedeuteten Gemälde und der gemalten Landschaftshintergründe klar die Atelierszenerie erkennen. Die Dargestellte ist somit nicht nur Objekt einer voyeuristischen Szene, sondern – dem Anschein nach – aktive Teilnehmerin an einer Inszenierung. Das Spanierinnen-Stereotyp war also keineswegs, wie oft angenommen, ein rein ausländisches Produkt. Vielmehr handelte es sich um ein komplexes, intermediales Phänomen, an dem von spanischer Seite unmittelbar und durch Präfigurationen mitgewirkt wurde.

Die kollektive Vorstellung von Spanierinnen beförderten zunächst einmal in Paris aktive Bühnenkünstlerinnen wie Adela Guerrero (1851 porträtiert von Gustave Courbet), Petra Camarra (1852 porträtiert von Théodore Chassériau) oder die bereits erwähnte Lola de Valence. In diesem Zusammenhang darf schließlich die geradezu legendäre Pseudospanierin Lola Montez, mit bürgerlichem Namen Elizabeth Rosanna Gilbert, nicht unerwähnt bleiben. Die gebürtige Irin wurde ab 1843 mit spanischen Tanzdarbietungen, mehr aber noch durch ihre exaltierten Auftritte bekannt. Um sich als ›authentische‹ Spanierin zu inszenieren, bediente sie sich des gesamten Carmen-Repertoires, einschließlich des Rauchens und des Dolchs im Strumpfband. Sie partizipierte auf raffinierte Weise an dem Spanierinnen-Hype,[30] war dessen Nutznießerin, letztlich aber auch dessen Opfer. Kurzzeitige Erfolge eröffneten ihr den Zutritt zur mondänen und aristokratischen Welt. Ihre Liaison mit dem bayerischen König Ludwig I. brachte ihr 1847 sogar den Adelstitel einer Gräfin ein, führte 1848 aber schließlich auch zu Ludwigs Abdankung und zum Ausbruch der Julirevolution in München.[31] Wie auch die aus Spanien stammende Kaiserin Eugénie war Montez Objekt einer aggressiven, sexualisierenden Presse, die den Nährboden für ein weiteres wirkmächtiges Frauenstereotyp des 19. Jahrhunderts, die Femme fatale, schuf.[32]

Das romantisch-kostumbristische Bild der (Süd-)Spanierin, das im Zuge der Wiederentdeckung des maurischen Erbes im Nachbarland zunächst in der Literatur auftauchte, fand im urbanen Kontext von Paris über die Begeisterung für den spanischen Tanz Eingang in die bildende Kunst und erfuhr über Künstler wie Manet eine intellektuelle Umdeutung in Richtung der *femme moderne,* aber gleichermaßen auch eine sexuelle Aufladung. Zuloagas Spanierinnen-Darstellungen dagegen sensibilisieren einerseits für die Notwendigkeit, kulturelle und ethnische Unterscheidungen vorzunehmen.[33] Andererseits erweisen sie sich als raffinierte Inszenierungen, die die Brüchigkeit und die Konstruiertheit des Spanienbilds zum Ausdruck bringen. Vexierbildern gleich, wird hier somit der beständige Widerspruch von Schein und Sein ins Bild gesetzt. Zuloagas Figuren, ganz besonders aber seine ›Spanierinnen‹, beschwören somit nicht ein vergangenes, romantisches Spanien, sondern sind als Allegorien für ein Land lesbar, das im Taumel der Moderne auf der Suche nach einer eigenen Identität war.

Abb. 5

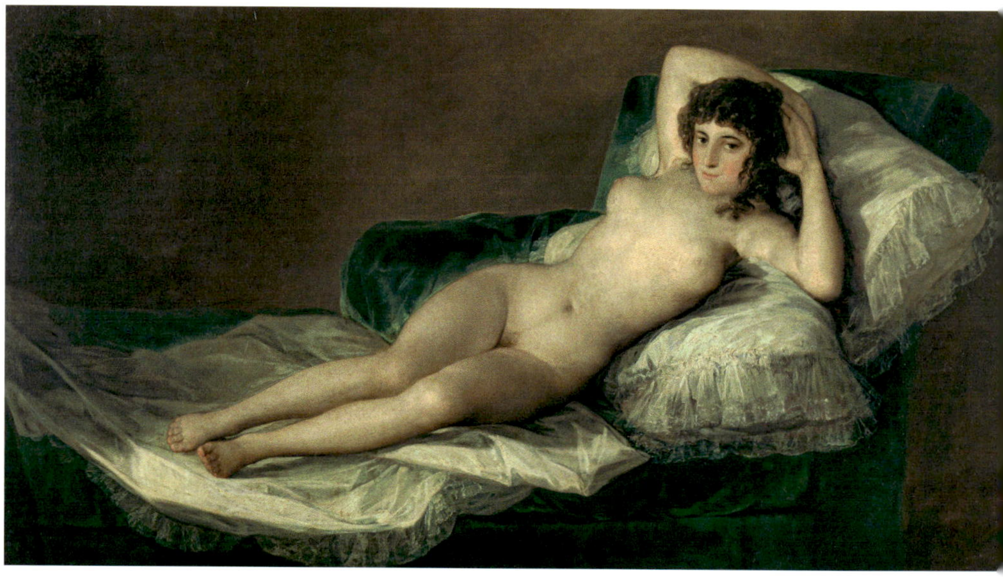

1 *Die Tageszeitung*, 11./12.2.2023, S. 12. Die filmischen Adaptionen setzten 1907 ein; vgl. dazu u.a. Kirsten Möller, Inge Stephan und Alexandra Tacke (Hrsg.): *Carmen. Ein Mythos in Literatur, Film und Kunst,* Köln u.a. 2011.

2 Prosper Merimée: *Carmen*, Paris 1845; 2. Aufl.: 1853 (mit einem Epilog über andalusische Roma). Als Grundlage soll Merimée eine spanische Erzählung gedient haben, die er bei seinem ersten Spanienaufenthalt kennengelernt hatte.

3 Vgl. Dominique Lobstein: »Ein spanischer Traum. Die Spanien-Abbildungen in den Pariser Salons 1845–1865«, in: *Blicke auf Carmen. Goya, Courbet, Manet, Nadar, Picasso*, hrsg. von Peter Pakesch und Verena Formanek, Ausst.-Kat. Landesmuseum Joanneum Graz, Köln 1999, S. 167–199.

4 Vgl. Kap. 3, 4 und 6 im vorliegenden Band.

5 Ein weiteres Gemälde zeigt die schweizerisch-französische Sopranistin Lucienne Bréval als Carmen vor einer angedeuteten Landschaft sitzend; vgl. Enrique Lafuente Ferrari: *La vida y el arte de Ignacio Zuloaga* (1950), Barcelona 1990, Nr. 304.

6 Die Sevillaner Tabakfabrik als eines der ersten großen Arbeiterinnenkollektive Europas beflügelte ähnlich wie die Stierkampfarena und das Schmugglermilieu die Fantasien, wobei alle drei Szenerien nicht der sozialhistorischen Grundlage entbehren; zum soziokulturellen Hintergrund des Spanierinnen-Stereotyps vgl. Ulrich Herzog: *Wer ist Carmen?*, Kiel 1984.

7 Zum Verhältnis Rilkes zu Zuloaga vgl. Birgit Thiemann: »Ignacio Zuloaga. Ein Maler als Vermittler im interkulturellen Austausch«, in: Gisela Noehles-Doerk (Hrsg.): *Kunst in Spanien im Blick des Fremden. Reiseerfahrungen vom Mittelalter bis in die Gegenwart*, Frankfurt am Main 1996, S. 229–244.

8 Abbildung der Erstfassung in: Miquel Utrillo: »Historia de un cuadro del ›Cau Ferrat‹«, in: *Anales y Boletín de los Museos de Arte de Barcelona*, 1–3, Winter 1943, S. 6–16, hier S. 16; hierzu vgl. Birgit Thiemann, »Die Spanierin. Nationaltracht als Form weiblicher Mythisierung und deren Überschreitung im Cross-Dressing der Torera«, in: *Frauen – Kunst – Wissenschaft*, 17, 1994, S. 53–71.

9 Vgl. Lafuente Ferrari 1990 (wie Anm. 5), S. 309. Zum spanischen Beitrag zur Weltausstellung 1900 in Paris vgl. José Vallejo Prieto: »Zuloaga, pintor jondo«, in: *Zuloaga. Soul of Spain*, hrsg. von Carlos Alonso Pérez-Fajardo und Aleksandra Murre, Ausst.-Kat. Eesti Kunstimuuseum Mikkel, Tallinn, 2021, S. 115–123, hier S. 115 ff.; *Zuloaga entre lo gitano y el flamenco*, Ausst.-Kat. Hospital Real, Granada, Motril 2022, S. 51 f.

10 Zur spanischen Nationaltracht vgl. Birgit Thiemann: »Spanische Kleidung im 18. und 19. Jahrhundert – Goya und darüber hinaus«, in: *Kleider machen Politik. Zur Repräsentation von Nationalstaat und Politik durch Kleidung in Europa vom 18. bis zum 20. Jahrhundert*, hrsg. von Siegfried Müller, Ausst.-Kat. Landesmuseum für Kunst und Kulturgeschichte Oldenburg, Oldenburg 2002, S. 69–76; Susannah Worth: *Andalusian Dress and the Andalusian Image of Spain: 1759–1936*, Diss. Ann Arbor 1990 (Microfiche).

11 Vgl. Worth 1990 (wie Anm. 10), bes. S. 48–60.

12 Jean-Jacques Rousseau: *Discours sur les sciences e les arts*, 1750. Dieser Traktat wurde in Spanien rege rezipiert und fand eine eigene spanische Entsprechung in Juan Meléndez Valdés' *Elogio de la vida campestre* (1799).

13 Zur »Erdverbundenheit« der andalusischen Kultur vgl. José Ortega y Gasset: »Theorie Andalusiens« (1927), in: ders.: *Gesammelte Werke,* Bd. 4, Stuttgart 1996, S. 435–446.

14 Ders.: »Una exposición Zuloaga?«, in: *El Imparcial*, 4.5.1910; zit. nach Lafuente Ferrari 1990 (wie Anm. 5), S. 316.

15 Siehe dazu den Beitrag von Charlotte Ewers in diesem Band, S. 86–91.

16 Die Tänzerin Agustina Escudero Heredia (vgl. auch Anm. 20) unterstützte er auch bei der Ausbildung ihrer Kinder; vgl. Ignacio Suárez-Zuloaga Gáldiz: »El amor de Ignacio Zuloaga hacia los gitanos y el flamenco«, in: Ausst.-Kat. Granada 2022 (wie Anm. 9), S. 41–70.

17 Zu Manets Werken mit Spanien-Bezug vgl. *Manet 1832–1883*, hrsg. von Françoise Cachin, Ausst.-Kat. Galeries nationales du Grand Palais, Paris; The Metropolitan Museum of Art, New York, Paris 1983; *Manet en el Prado*, hrsg. von Manuela B. Mena Marqués, Ausst.-Kat. Museo Nacional del Prado, Madrid, 2003.

18 Für die französische Rezeption vgl. die grundlegende Arbeit von Manja Wilkens: *»… er vergaß sich zuweilen soweit, mich ›die Spanierin‹, ›die Fremde‹, zu nennen!« Das Bild der spanischen Frau im Frankreich des Zweiten Kaiserreichs. Eine klischeegeschichtliche Untersuchung*, Diss. München 1993, Frankfurt am Main 1994, S. 115 f.

19 Vgl. Charles S. Moffett, in: Ausst.-Kat. Paris/New York 1983 (wie Anm. 17), S. 113.

20 Vgl. Lafuente Ferrari 1990 (wie Anm. 5), Nr. 340; eine Fotografie dieses Gemäldes widmete Zuloaga seinem Dichterfreund Ramón María del Valle-Inclán, einem der wenigen Vertreter der 98er-Generation, die sich wie er für den Stierkampf begeisterten (zu sehen in der Ausstellung *Valle-Inclán íntimo,* Colegio de Fonseca, Santiago de Compostela, 2023).

21 Vgl. Thiemann 1994 (wie Anm. 8); jüngst auch thematisiert in der Ausstellung *Una mirada femenina del toreo*, Patio de Cristal, Real Casa de Correos, Madrid, 2011.

22 José Gutiérrez Solana: »Las mujeres toreras«, in: ders.: *Madrid. Escenas y costumbres. Segunda serie*, Madrid 1918; Wiederabdruck in: ders.: *Obra literaria*, Madrid 1961, S. 267–270.

23 Lafuente Ferrari 1990 (wie Anm. 5), Nr. 386, 400, 426, 427, 476.

24 Eine Fotografie von 1902 zeigt seine Frau Valentine Dethomas unter der Reproduktion der *Maja vestida* auf einem Sofa ausgestreckt; abgebildet in: Jesús María de Arozamena: *Ignacio Zuloaga, el pintor, el hombre*, San Sebastián 1970.

25 Vgl. Manja Wilkens: »Goyas *Majas* und die *femme moderne*. Zur Rezeptionsgeschiche von Goyas *nackter* und *bekleideter Maja* in der französischen Kunstliteratur des 19. Jahrhunderts«, in: *Mitteilungen der Carl Justi-Vereinigung*, 4, 1992, S. 24–54, hier S. 28 f.

26 Nadar fertigte auf Bitten Charles Baudelaires fotografische Reproduktionen der in Paris ausgestellten Gemäldekopien an, die auch ihrem gemeinsamen Freund Manet bekannt gewesen sein dürften; vgl. ebd., S. 39.

27 Manet hatte dieses Gemälde seinem Freund, dem Fotografen Nadar, gewidmet. Die Identität der Dargestellten ist nicht bekannt, es soll sich aber um dessen Mätresse gehandelt haben; vgl. Moffett 1983 (wie Anm. 19).

28 Bereits im Venedig des 16. Jahrhunderts waren Kniebundhosen ein beliebtes Kleidungselement bei Kurtisanen; vgl. Marjorie Garber: *Verhüllte Interessen*, Frankfurt am Main 1993, S. 125 f.; Wilkens 1992 (wie Anm. 25), S. 44 f.

29 Wilkens 1992 (wie Anm. 25), S. 43–45; Janis A. Tomlinson: »Burn It, Hide It, Flaunt It. Goya's Majas and the Censorial Mind«, in: *Art Journal*, 50, 4, 1991, S. 59–64.

30 Vgl. Birgit Thiemann: »Carmen, Stierkampf und Flamenco – Spanienklischees des 19. Jahrhunderts?«, in: Karin Hellwig (Hrsg.): *Spanien und Deutschland. Kulturtransfer im 19. Jahrhundert*, Frankfurt am Main 2007, S. 89–104; Claudia Jeschke: »Das Foyer als Bühne. Die spanische Tänzerin Lola Montez«, in: Hans-Peter Bayerdörfer und Eckhart Hellmuth (Hrsg.): *Exotica. Konsum und Inszenierung des Fremden im 19. Jahrhundert*, Münster 2003, S. 113–138.

31 Vgl. *Lola Montez oder eine Revolution in München,* bearb. von Thomas Weidner, Ausst.-Kat. Münchner Stadtmuseum, München, Eurasburg 1998.

32 Vgl. *Femme Fatale. Blick – Macht – Gender*, hrsg. von Markus Bertsch, Ausst.-Kat. Hamburger Kunsthalle, Hamburg, Bielefeld 2023.

33 Zur Frage der ethnischen Differenzierung und der Nationalallegorie vgl. Miriam Oesterreich: »Das ›andere‹ Europa – Die Konstruktion nationaler Identität im 19. Jahrhundert und der orientalisierte Körper der ›Spanierin‹«, in: *Miradas. Zeitschrift für Kunst und Kulturgeschichte der Amérikas und der iberischen Halbinsel*, 4, 2018, S. 29–43; https://journals.ub.uni-heidelberg.de/index.php/miradas/issue/view/5275/991 (27.4.2023).

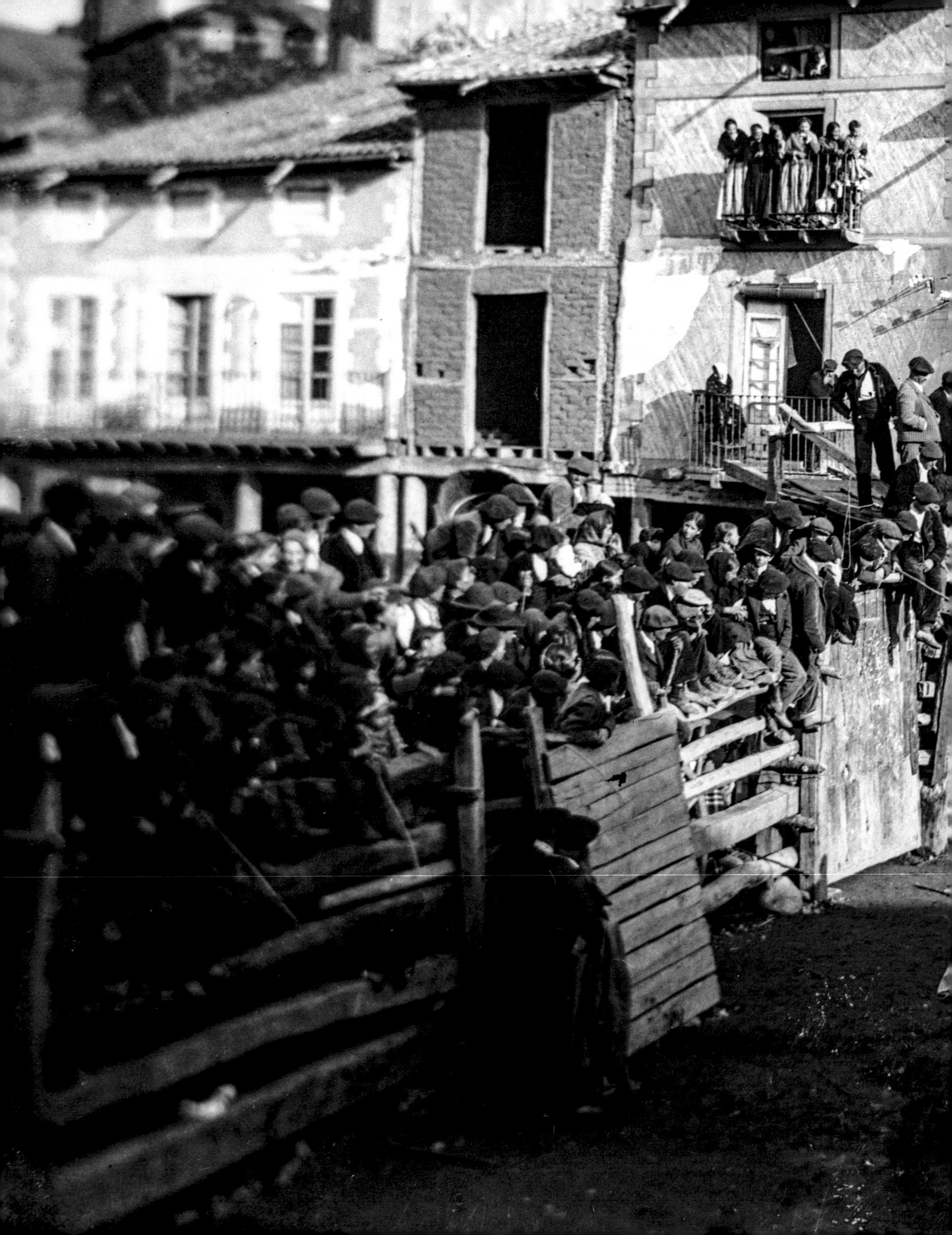

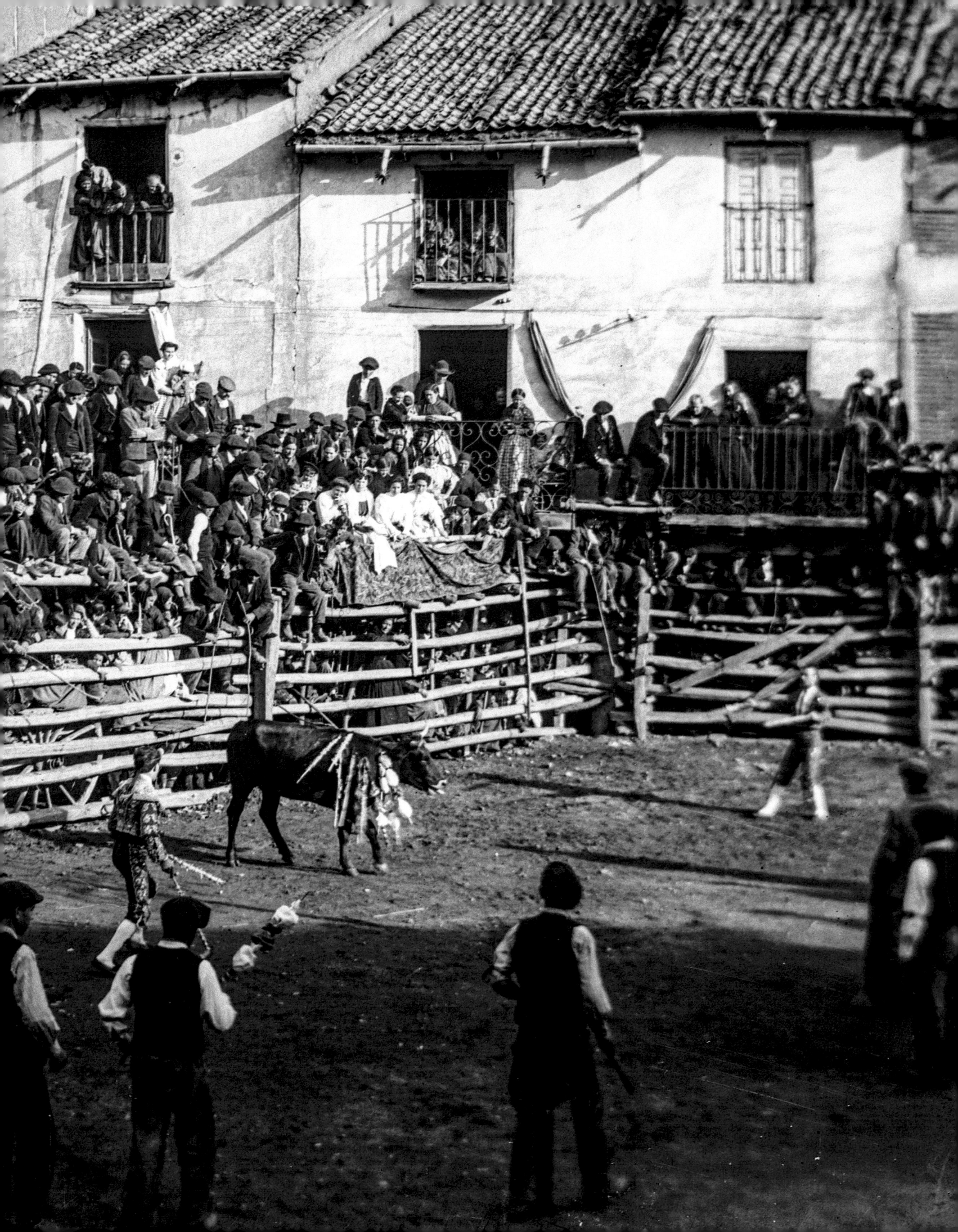

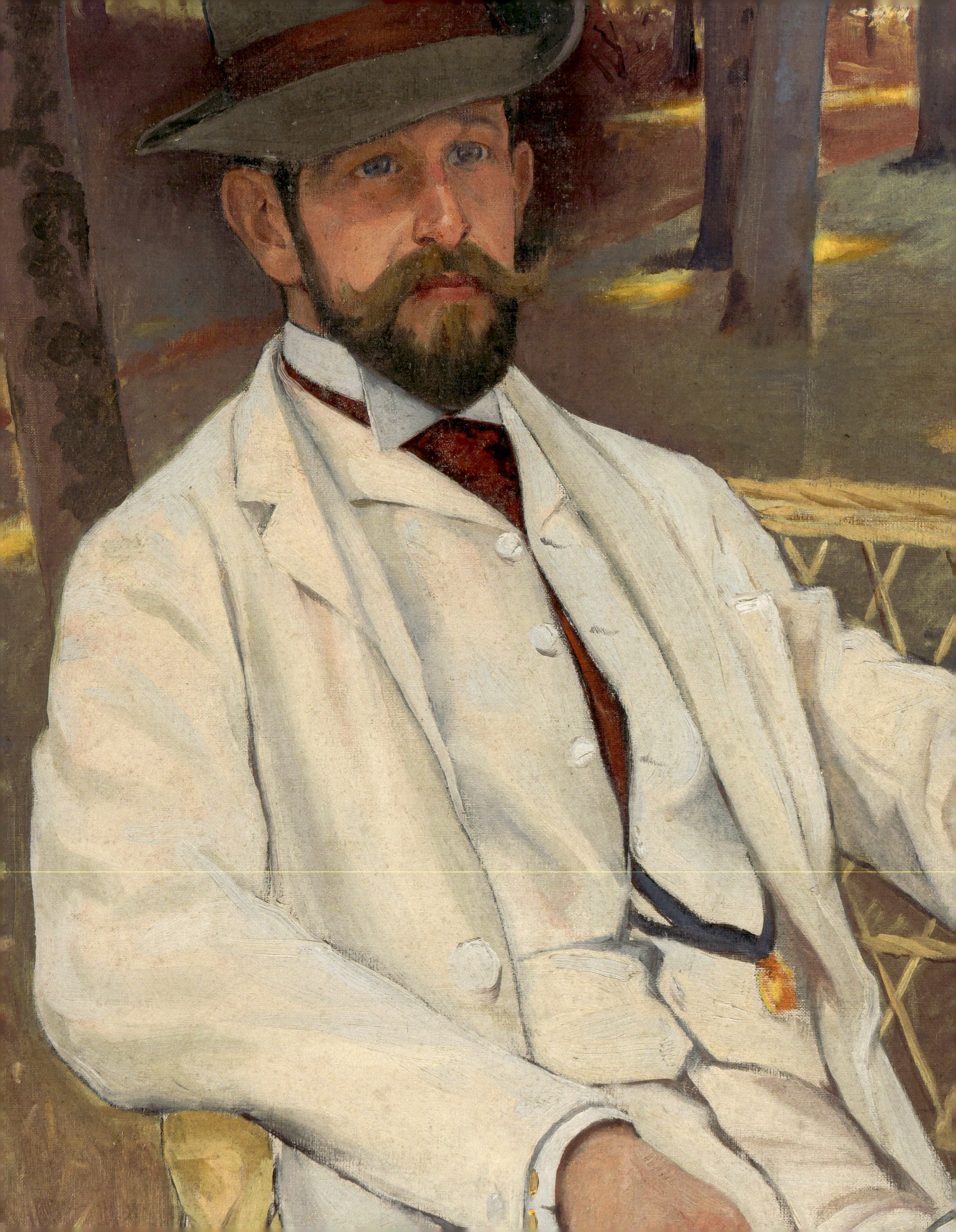

Ignacio Zuloagas frühe Jahre

MIKEL LERTXUNDI GALIANA

Die frühen Jahre eines Malers sind für gewöhnlich Jahre des suchenden Erkundens, in denen sich ein Spannungsfeld zwischen dem eigenen Ausdruck und Anregungen durch andere Künstler auftut. Bei Ignacio Zuloaga äußerte sich diese Suche hin und wieder in heftiger Frustration. Von dem Wunsch getrieben, Anerkennung zu erlangen und dabei seinen eigenen Weg zu gehen, setzte er sich mit den Einflüssen der Moderne auseinander, die in den 1890er-Jahren in Paris auf ihn einströmten. Dies sorgte dafür, dass er mitunter als ziellos umherirrender Künstler gesehen wurde. Während dieses andauernden Prozesses gelangte er jedoch immer wieder zu einzelnen formalen und konzeptuellen Erkenntnissen, die es ihm erlaubten, seine durch das Gewirr innovativer Ausdrucksformen entstandene Unsicherheit abzulegen, und die ihn nach und nach zur Nüchternheit, Transzendenz und Tragik der spanischen Malereitradition führten.

Es gibt praktisch nichts, anhand dessen sich das Jugendwerk Zuloagas rekonstruieren ließe, das im baskischen Eibar, seiner Heimatstadt, und während seines ersten Ausbildungsaufenthalts in Madrid (1886/87) entstand. Die wenigen bekannten frühen Bilder jedoch zeugen von einem sehr um die Komposition bemühten Maler und geben harte Linien und Schatten sowie einige falsche Proportionen zu erkennen, wie sie so typisch für Anfänger sind. Alles weist darauf hin, dass Zuloaga sich in Rom (1888/89) der Strömung der leuchtenden und von dichten Pinselstrichen beherrschten Malerei verschrieb, derer sich Mariano Fortuny zur Darstellung orientalistischer und dem 18. Jahrhundert entlehnter Figuren bedient hatte und die noch über zehn Jahre nach dessen Tod nachwirkten – auch wenn es sich hier um einen eher flüchtigen Einfluss handelte. Die acht Monate in der Ewigen Stadt beförderten jedoch, obwohl sie bei Zuloaga zu Ernüchterung angesichts der großen künstlerischen Konkurrenz führten, seine Reifung als Maler. Er wagte sich erstmals an große Formate und Ganzkörperdarstellungen, die das Gemälde bis zum Rand ausfüllen, und nahm damit bereits Lösungen vorweg, die sein künftiges Werk prägen sollten. So entfernte er sich mit *Schmied* (1889) und wenig später *Verletzter Schmied* (1890) von den üblichen Themen der spanisch-römischen Schule, um die zeitgenössische Realität der Arbeiterklasse in einer Bildsprache einzufangen, die dem Naturalismus des 17. Jahrhunderts nahestand. Zweifelsohne rührte die Inspiration für solche Themen aus der Welt der Metallschmiedekunst, in der er als Sohn eines Damaszierers und Waffenschmieds seine Kindheit verbracht hatte. In der Tat wird sein Interesse für das Einfangen der Atmosphäre, die Darstellung der Werkstatt und die Monumentalität der Figuren in dem rund fünf Jahre später entstandenen Porträt seines Vaters, *Don Plácido Zuloaga in seiner Werkstatt* (1895; Kat. 11), offenkundig, auch wenn hier die gräulichen Farbtöne, die Geschmeidigkeit der Ölfarben und das Geheimnis von Licht und Schatten bereits durch den Filter der Pariser Moderne gesehen sind.

Zuloaga traf Ende 1889 oder Anfang 1890 in der französischen Hauptstadt ein, wo er sich an der Société de la Palette immatrikulierte, einer freien Kunstakademie unter der Leitung von Henri Gervex am Boulevard de Clichy. Dort schloss er mehrere Freundschaften, die für die Ausrichtung seines Schaffens in den frühen 1890er-Jahren bestimmend wurden, darunter mit seinen Kommilitonen Pablo Uranga, Ramón Casas, Santiago Rusiñol und Maxime Dethomas sowie mit Eugène Carrière, der hin und wieder seine Übungsarbeiten in der Akademie korrigierte. Gemeinsam mit ihnen erkundete er die Kreise der kulturellen Moderne und machte die Bekanntschaft zahlreicher Persönlichkeiten, unter ihnen Erik Satie, Edgar Degas und Henri de Toulouse-Lautrec, bevor er in der Galerie Le Barc de Boutteville – anlässlich der *Expositions des peintres impressionnistes et symbolistes* (1892, 1893, 1894) und seiner ersten Einzelausstellung (1895) – sowie in den Salons der Société des Artistes Indépendants (1892, 1893) und der Société Nationale des Beaux-Arts auf sich aufmerksam machte. Jedoch vor allem dank der künstlerischen Impulse, die er durch seine Freunde erhielt, näherte sich Zuloaga in unterschiedlichem Maße den Formensprachen der Naturalisten, Impressionisten, Neoimpressionisten und Symbolisten an, die er sich in einer bestimmten Reihenfolge zu eigen machte, auch wenn mitunter keine lineare Entwicklung erkennbar ist und sich die Einflüsse überlappen.

Bereits 1890 führten die Verbindungen zu Rusiñol, Casas, Dethomas und Maurice Lobre zu einem naturalistischen Blick auf seine unmittelbare Umgebung, das heißt den Norden von Paris mit seinen Boulevards und dem Montmartre. Es war eine Welt am Rand der Gesellschaft, die Zuloaga mit einfachen Typen des zeitgenössischen Lebens bevölkerte, eine Welt, in der er Straßenkehrern, Stadtstreichern, Kippensammlern, Zuhältern und Prostituierten die Hauptrollen zuwies. Von seinen katalanischen und französischen Freunden übernahm er die Neigung zu kompositorischer Einfachheit, die vor allem in Bildern mit einer einzigen einsamen und in sich gekehrten Figur zum Ausdruck kommt. Auf den wenigen Gemälden, die mehrere Personen zeigen, kommunizieren diese in der Regel nicht untereinander, was sich auch in seinen späteren Werken fortsetzt. Andererseits sind die Szenen in dieser Schaffensperiode auch durch eine gewisse Monochromie geprägt, die den eintönigen Wintertagen geschuldet ist. Es dominieren graue, blaue und braune Töne, das Bestreben, die Atmosphäre einzufangen, sowie die Wiederholung bestimmter Kompositionsschemata und Typendarstellungen. Viele dieser Gemälde sind durch das gekennzeichnet, was Casas und Rusiñol aus dem Werk von James McNeill Whistler übernommen hatten. Offenkundig ist jedoch auch der Einfluss Degas' auf Zuloaga, anfangs möglicherweise über zwei seiner Anhänger, Gervex und Jean-François Raffaëlli, vermittelt.

So ist es auch ein von Gervex abgemilderter Degas, dessen Einflüsse in *Gegenüber vom Moulin Rouge* (Kat. 2) sichtbar werden. Dieses Gemälde greift zudem ein gängiges Thema der künstlerischen und literarischen Moderne des ausgehenden 19. Jahrhunderts auf: das Café als Treffpunkt für das Geschäft mit der Lust. Es zeigt eine Prostituierte, die gerade von ihrem Freier verlassen wurde und in Gedanken versunken auf den Boulevard de Clichy hinausblickt. Die leicht steife Haltung der Figur weicht in späteren Werken einer größeren Natürlichkeit, zum Beispiel in *Mein Vater und meine Schwester in Paris* (Kat. 1), das wahrscheinlich vor einem weiteren Pariser Vergnügungstempel, dem Moulin de la Galette, angesiedelt ist, wo die Protagonisten die Stadt zu ihren Füßen betrachten.

Abb. 1 Jean-François Raffaëlli: *La Gazette d'Asnières*, 1879, Öl auf Holz, 31,8 × 40,5 cm, verkauft bei Sotheby's New York in der Auktion vom 4.11.2010

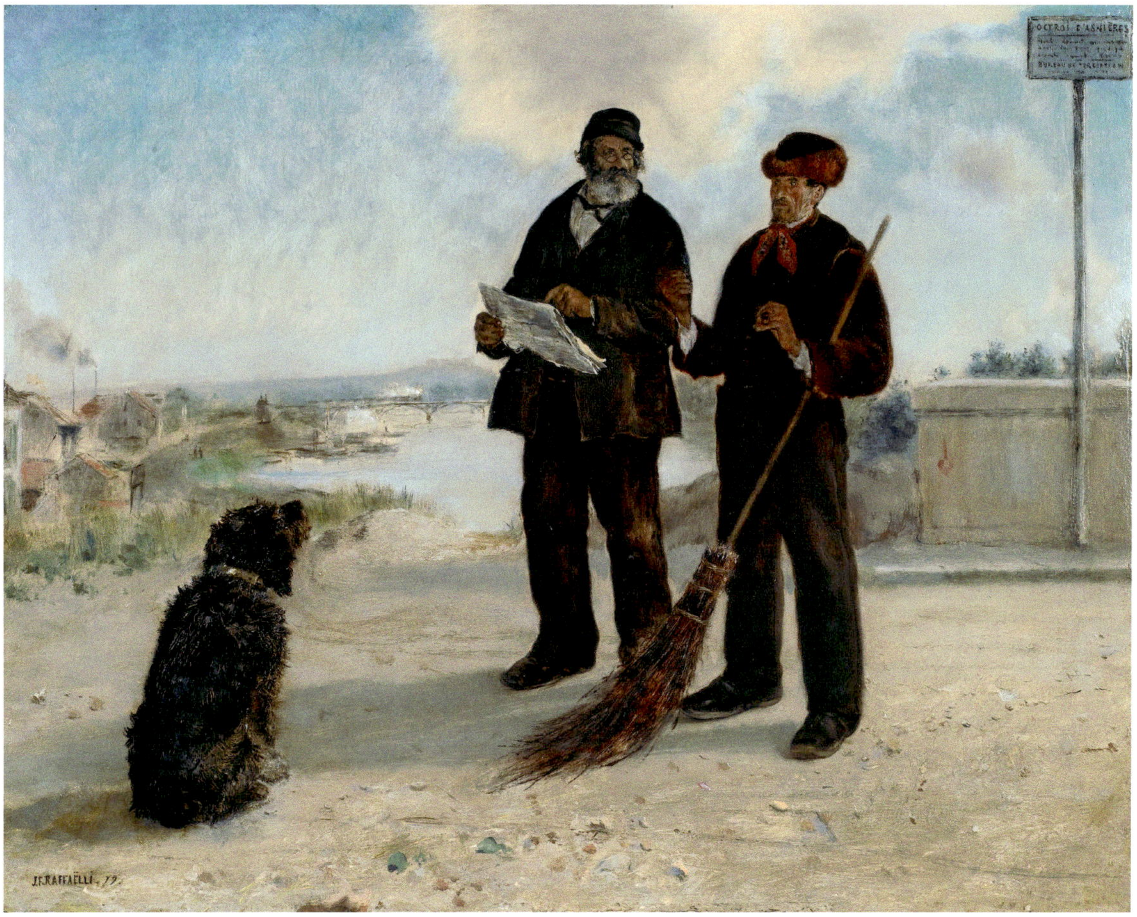

Abb. 1

Die bereits erwähnte Annäherung an Konzepte, die schon ein Jahrzehnt zuvor von Raffaëlli angeregt worden waren, macht sich ebenfalls in Zuloagas Werken der frühen 1890er-Jahre bemerkbar. Die Verbindung beschränkt sich dabei nicht nur auf sein Interesse für die Randzonen der Gesellschaft, sondern äußert sich auch in kompositorischen und gestalterischen Lösungen, die denen des Franzosen verpflichtet sind, darunter *Ein Straßenkehrer* (Kat. 4), das unverkennbar auf das Gemälde *La Gazette d'Asnières* (Abb. 1) zurückgeht. Diese Verwandtschaft springt auch in anderen Werken ins Auge, in denen Zuloaga eine in einem trostlosen Außenbezirk platzierte, in dunklen Tönen gemalte Ganzfigur vor einem Hintergrund heller Farbharmonien in Erscheinung treten lässt. Viel von seiner Zugewandtheit zu den einfachen Menschen findet sich auch in *Wandermusikant in Rouen* von 1891 (Kat. 3) wieder, auch wenn er hier mehr die historische Architektur der französischen Stadt betont, die den Anlass für die in Begleitung von Casas und Rusiñol unternommene Reise geboten hatte. Sie suchten dort nach einem literarischen Modell, das sie aus der Lektüre von Gustave Flauberts *Madame de Bovary* herausdestilliert hatten.

Dieses naturalistische Erbe bestand in den Jahren 1891 und 1892 neben den sehr ausgeprägten impressionistischen Einflüssen fort. Letztere wurden, wenngleich sie in Spanien in ästhetischer Hinsicht nach wie vor gering geschätzt wurden, von Zuloaga und einer kleinen Gruppe baskischer Erneuerer, die seit Mitte der 1890er-Jahre den Anschluss an die modernen Entwicklungen suchten, vehement verteidigt. Aus Aufzeichnungen geht hervor, dass Zuloaga 1891 mehrere japanisch inspirierte Landschaften mit blauen und rosafarbenen Bäumen malte, doch in der ersten Hälfte des darauffolgenden Jahres griff er aktuellere

Bezüge auf, vielleicht nachdem er von der Ausstellung der *Pappel*-Gemälde von Claude Monet in der Galerie Durand-Ruel und der Gedenkausstellung der Société des Artistes Indépendants für den kurz zuvor verstorbenen Georges Seurat erfahren hatte. Während eines Aufenthalts in Bermeo, einer in der spanischen Provinz Biskaya gelegenen Hafenstadt, im Frühjahr und Sommer 1892 malte er verschiedene durch und durch impressionistische Bilder, in die er auch pointillistische Elemente einfließen ließ,[1] doch sollten diese alle seinem zerstörerischen Furor zum Opfer fallen, den er später gegenüber seinen jugendlichen Gehversuchen an den Tag legte. Anhand einiger weniger Beispiele aus demselben Jahr lassen sich jedoch die vielfältigen Wege des Malers erkennen, die dieser in so kurzer Zeit eingeschlagen hatte: die Porträts der Eheleute Orueta-Rivero (Kat. 5, 6) und das des Conde de Campo Alegre (Kat. 7) veranschaulichen sein rasches Arbeiten im Freien. Seine Berührungspunkte mit der Pariser Welt zeigen sich sowohl in kompositorischer Hinsicht (unbefangene Posen oder hohe Horizontlinien) als auch in gestalterischen Aspekten: in den klaren Farben, im zeichnerischen Umriss der Porträtierten oder in der Verwendung stark verdünnter Ölfarben im Hintergrund, die Transparenz erzeugen und dafür sorgen, dass die pastoser gemalten Figuren sich umso mehr abheben. Manche dieser Merkmale erinnern an den bewunderten Degas. Sie begegnen nur selten, da Zuloaga sich in seinem späteren Werk nicht nur vom Impressionismus abwandte, sondern sich sogar explizit gegen ihn aussprach.

Die Neigung zum Konkreten in dieser Phase wandelte sich ab 1893 zusehends ins Subjektive, was im Gegensatz zu seinen anfänglichen, dem Naturalismus und Impressionismus verpflichteten Experimenten stand. Alle Entschlossenheit der Freilichtmalerei des Vorjahrs löste sich auf, um einer symbolistischen Träumerei Platz zu machen. Zuloaga ersetzte auch die Schauplätze im Freien durch Innenräume mit Halbschatten und neutralem Hintergrund, helle durch dunkle Töne, die Vielfalt der Farben durch eine Tendenz zur Monochromie, die auf Erdtönen basierte (nur gelegentlich durch rote, grüne, ockerfarbene oder blaue Tupfer gebrochen). An die Stelle eines natürlichen Lichteinfalls trat eine kontrastreiche und theatralische Beleuchtung, die das Volumen der Figuren definiert, und die deskriptive Gestaltungsweise wurde durch die Synthese der Formen verdrängt. Diese Auflistung von Merkmalen deutet auf Carrière und Whistler als Vorbilder hin, auf die Zuloaga seine Entwicklung hin zu einem stark atmosphärisch geprägten Symbolismus stützte.[2] Letztlich reihte sich Zuloaga ein in den allgemeinen Trend der jungen Maler der frühen 1890er-Jahre in Europa, die sich an beiden Vorbildern, mehr jedoch am US-Amerikaner, orientierten und Werke schufen, in denen das Emo-

Abb. 2

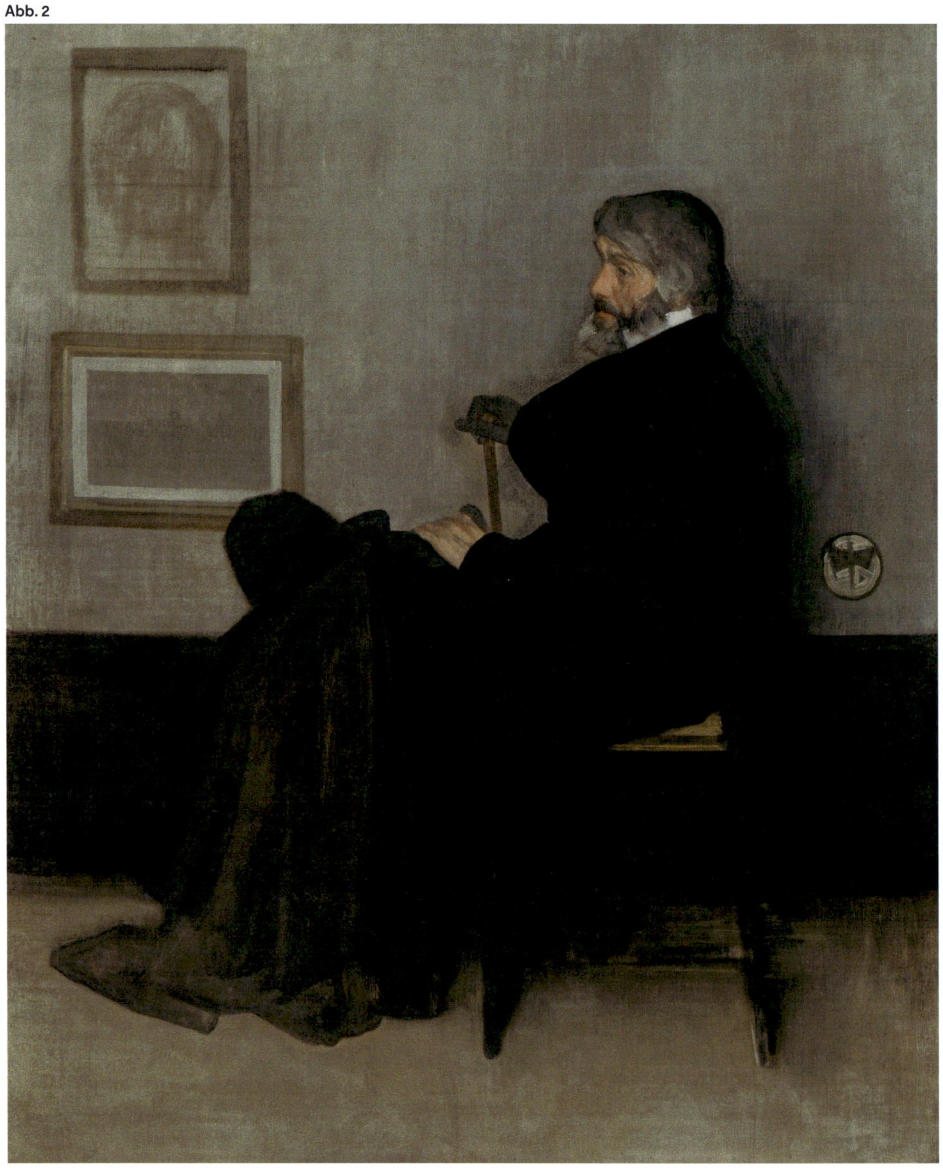

Abb. 2 James McNeill Whistler: *Arrangement in Grau und Schwarz, Nr. 2: Porträt des Thomas Carlyle*, 1872/73, Öl auf Leinwand, 171,1 × 143,5 cm, Kelvingrove Art Gallery and Museum, Glasgow

tionale dominierte und die »Darstellung des Menschen, der im Hintergrund der Gemälde nur verschwommen und düster in Erscheinung tritt, von Melancholie und Introspektion kündet«.[3] Diese Definition trifft auf einige der Mitte des Jahrzehnts entstandenen Gemälde Zuloagas zu, auf denen einzeln und ganz ohne hierarchische Ordnung volkstümliche Figuren, aber auch wichtige Personen aus der Kulturgeschichte auftauchen, zum Beispiel in *Porträt meiner Concierge* (um 1893), *Porträt des P. Uranga* (um 1893), dem höchst eindrücklichen *Porträt Erik Saties* (um 1893/94) oder dem etwas späteren Doppelbildnis *Charles Morice und seine Frau* (Kat. 9), bei dem die differierenden Pinselstriche, mit denen die Personen gemalt sind, darauf hindeuten könnten, dass sie zu unterschiedlichen Zeitpunkten ausgeführt wurden. Interessanterweise sollte Zuloaga 1897, also in einer späteren Phase seines Schaffens, in der er den geschwungenen Pinselstrich bei einem gleichzeitig größeren Farbenreichtum beibehielt, mit Émile Bernard (Kat. 10) auch einen der bedeutendsten symbolistischen Maler während dessen Aufenthalt in Sevilla porträtieren, wo beide Freundschaft miteinander schlossen.

Der Einfluss der intimistischen Porträts von Carrière wird in einigen der genannten Werke sichtbar, auch wenn die Reminiszenzen an Whistler ebenfalls in ihnen nachklingen. Der geheimnisvolle Grundton mancher der 1896 in Sevilla entstandenen Kompositionen lässt keinen Zweifel an diesen Verbindungen aufkommen, die sich bereits zuvor deutlich im Einsatz konkreter Modelle gezeigt hatten. Dies ist der Fall beim *Porträt des Alfred Morrison* (Kat. 8), welches Zuloaga 1894 während eines London-Aufenthalts schuf und für dessen Kompositionsschema und Geist er Anleihen bei Whistlers *Porträt des Thomas Carlyle* (Abb. 2) nahm.

Gleichzeitig mit diesen Experimenten näherte sich Zuloaga nach und nach der Malerei der Spanischen Schule an. Um die Jahrhundertwende gelang ihm die Entwicklung einer eigenen Bildsprache, in die er auch künstlerische Lösungen der Moderne integrierte. Es sollte allerdings nicht vergessen werden, dass viele Versuche auf diesem Weg ihn ebenfalls in die Nähe der Klassiker rückten. Bei Carrière und Whistler erkannte er das Erbe von Diego Velázquez' Interesse am Atmosphärischen, und im Symbolismus eine Subjektivität, die an die manieristischen Deformationen von El Greco erinnert. Für Zuloagas vollständige Reifung waren jedoch die Reisen durch Spanien maßgeblich, die er in der zweiten Hälfte der 1890er-Jahre unternahm. Sein Bestreben, »Spanien spanisch zu malen«, fand während seiner Aufenthalte in Sevilla und vor allem in Segovia seine Erfüllung, wo er in eine urtümliche Welt eintauchte, in der die Zeit stehen geblieben zu sein schien.

1 Vgl. Fernando de Amárica: »Cosas de Zuloaga: al azar de los recuerdos y colores que se van borrando…«, in: *Boletín de la Real Sociedad Vascongada de Amigos del País*, 1, 1950, S. 43–53.

2 Mikel Lertxundi: »El artista que a sí mismo no se halla: la búsqueda de juventud de Ignacio Zuloaga«, in: Ignacio Suarez-Zuloaga (Hrsg.): *El verdadero Ignacio Zuloaga*, Zumaia 2020, S. 101–114.

3 Raimon Casellas: »Barcelona: 2.ª Exposición General de Bellas Artes: los pintores de la vida humana (figuras y escenas de interior)«, in: *La vanguardia*, 12. 7. 1894, S. 4.

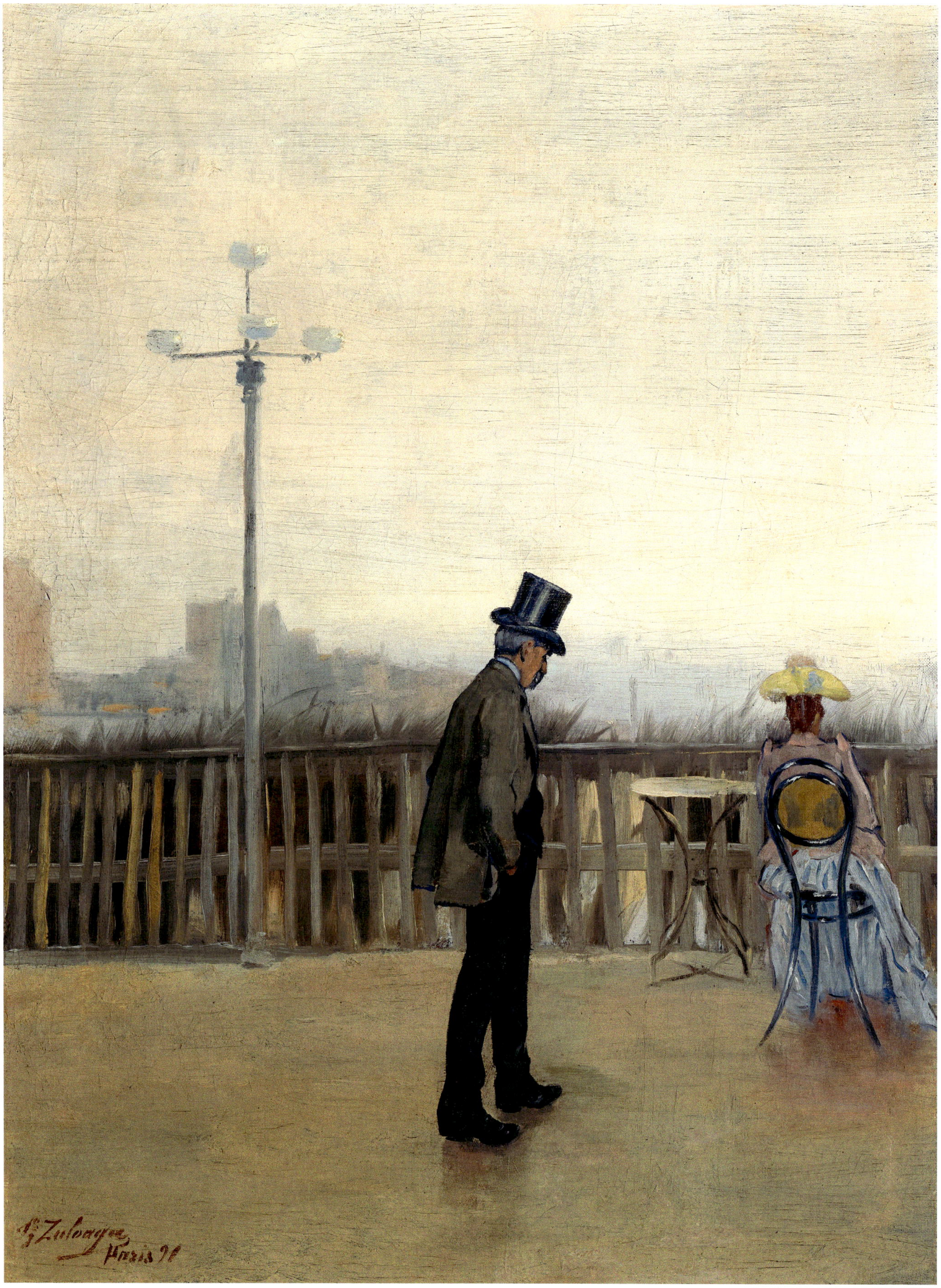

Kat. 1 *Mein Vater und meine Schwester in Paris*, 1891, Öl auf Leinwand, 63 × 48 cm, Privatsammlung

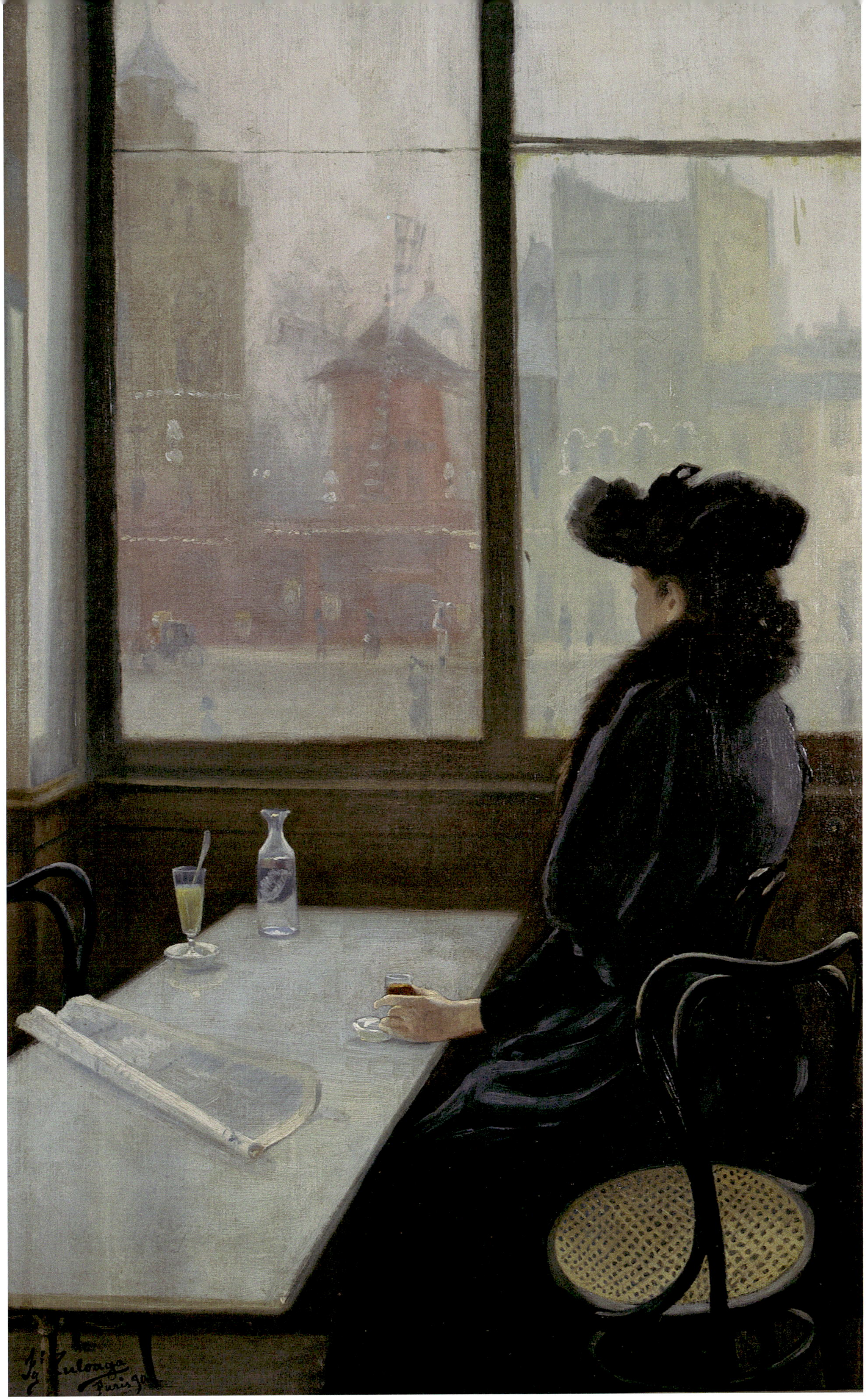

Kat. 2 *Gegenüber vom Moulin Rouge*, 1890, Öl auf Leinwand, 73,3 × 45,3 cm, Sammlung Museo Franz Mayer, Mexiko-Stadt

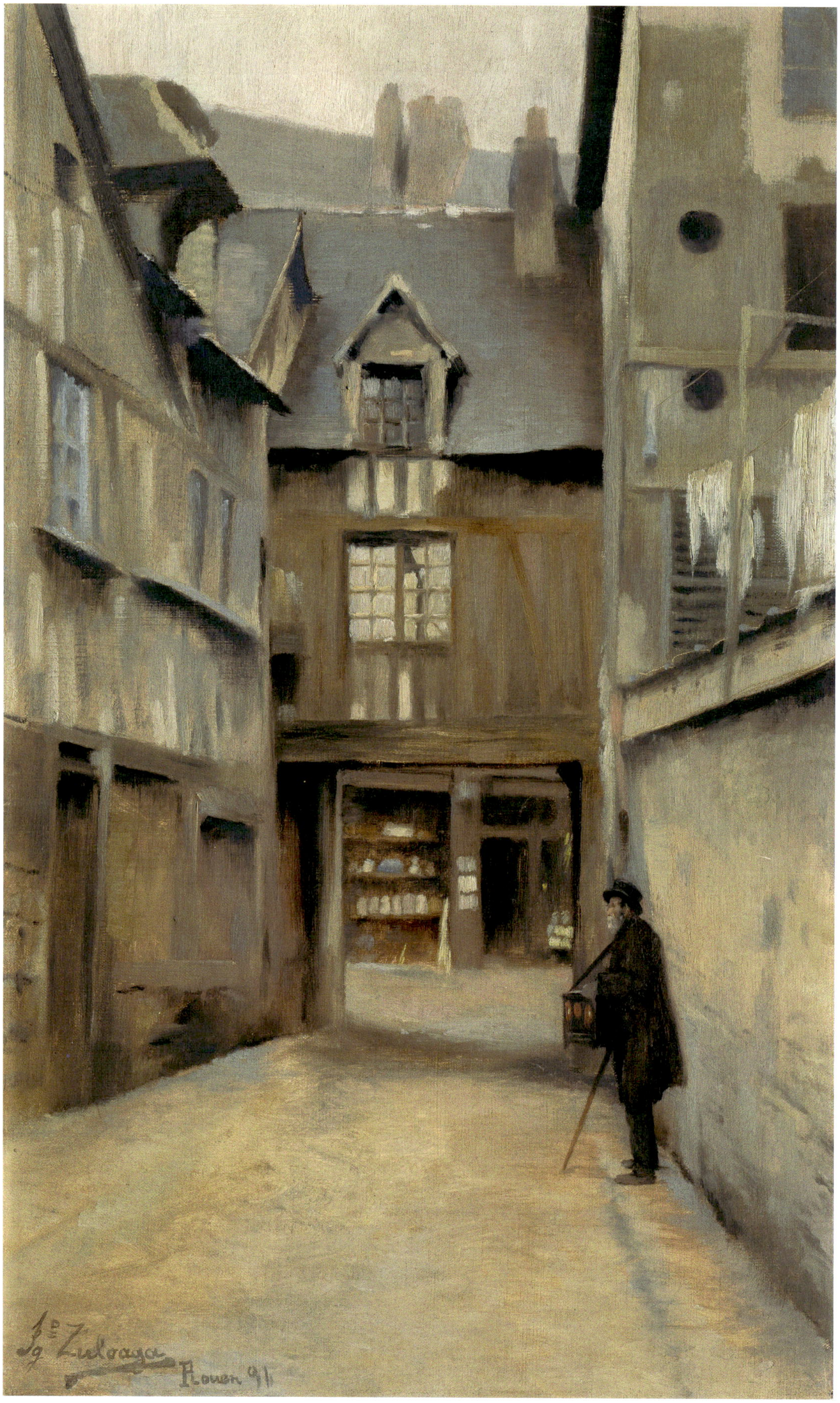

Kat. 3 *Wandermusikant in Rouen*, 1891, Öl auf Leinwand, 61 × 38 cm, Privatsammlung, Bilbao, Courtesy Galería Michel Mejuto, Bilbao

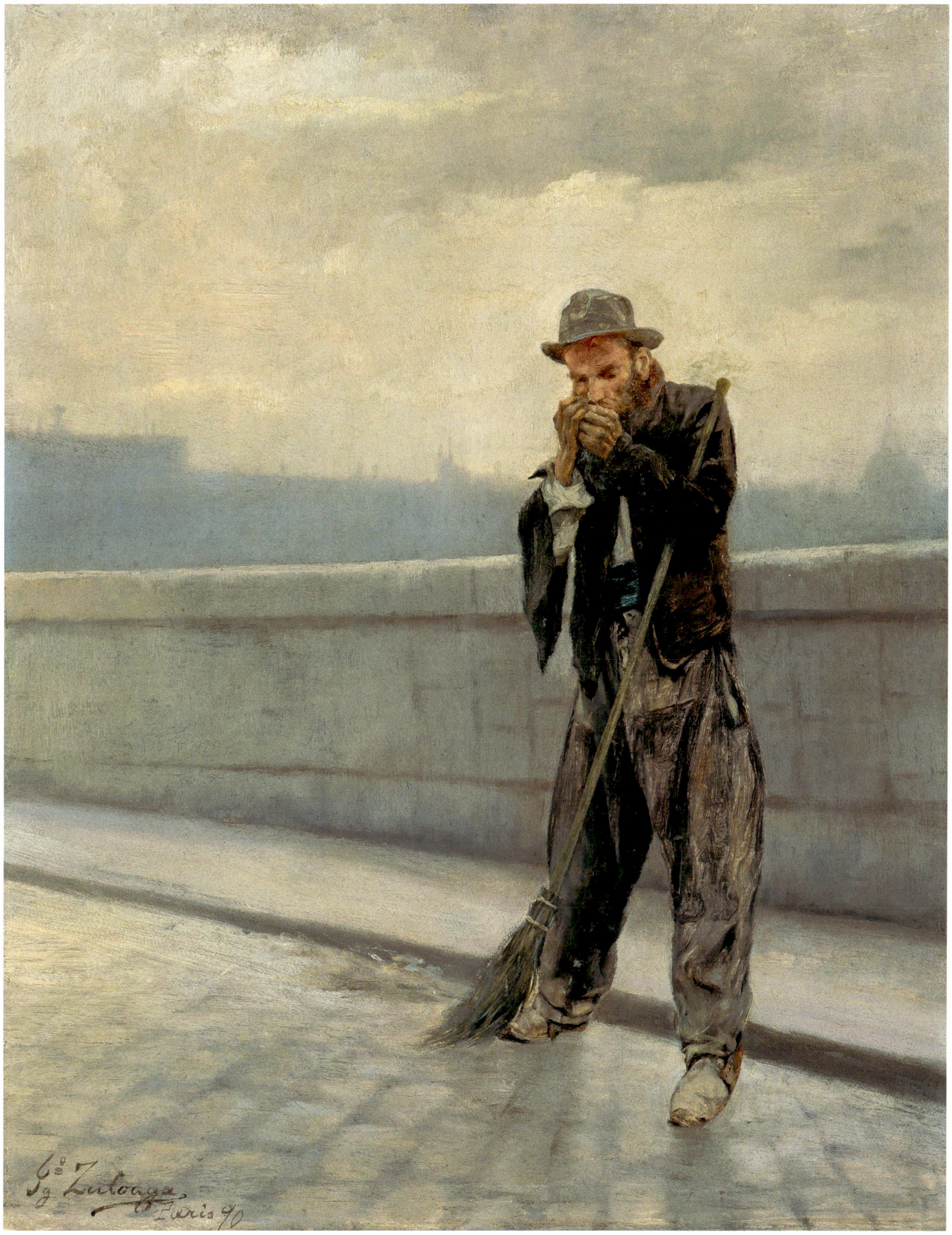

Kat. 4 *Ein Straßenkehrer*, 1890, Öl auf Tafel, 43 × 34,5 cm, Privatsammlung

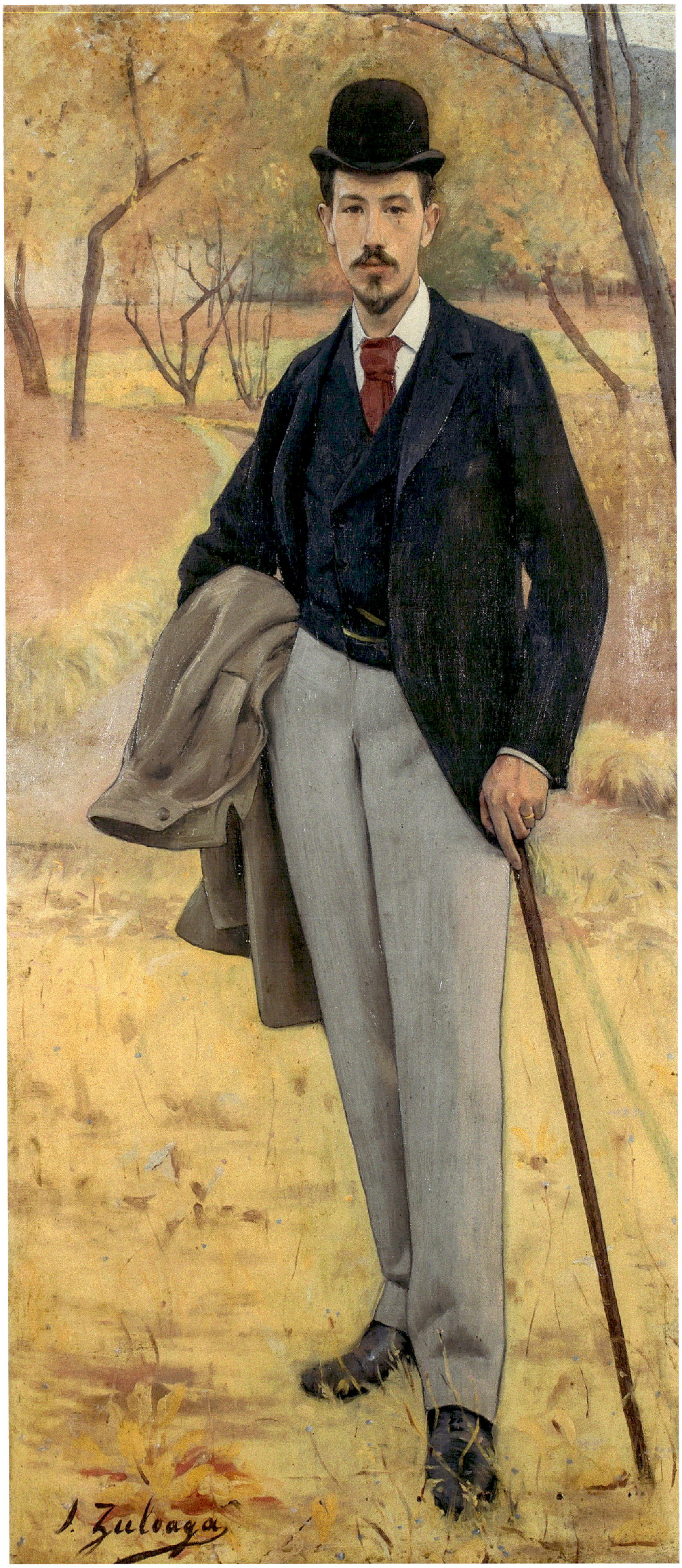

Kat. 5 *Porträt des José Orueta Pérez de Nenín*, 1892,
Öl auf Leinwand, 134 × 61 cm, Privatsammlung

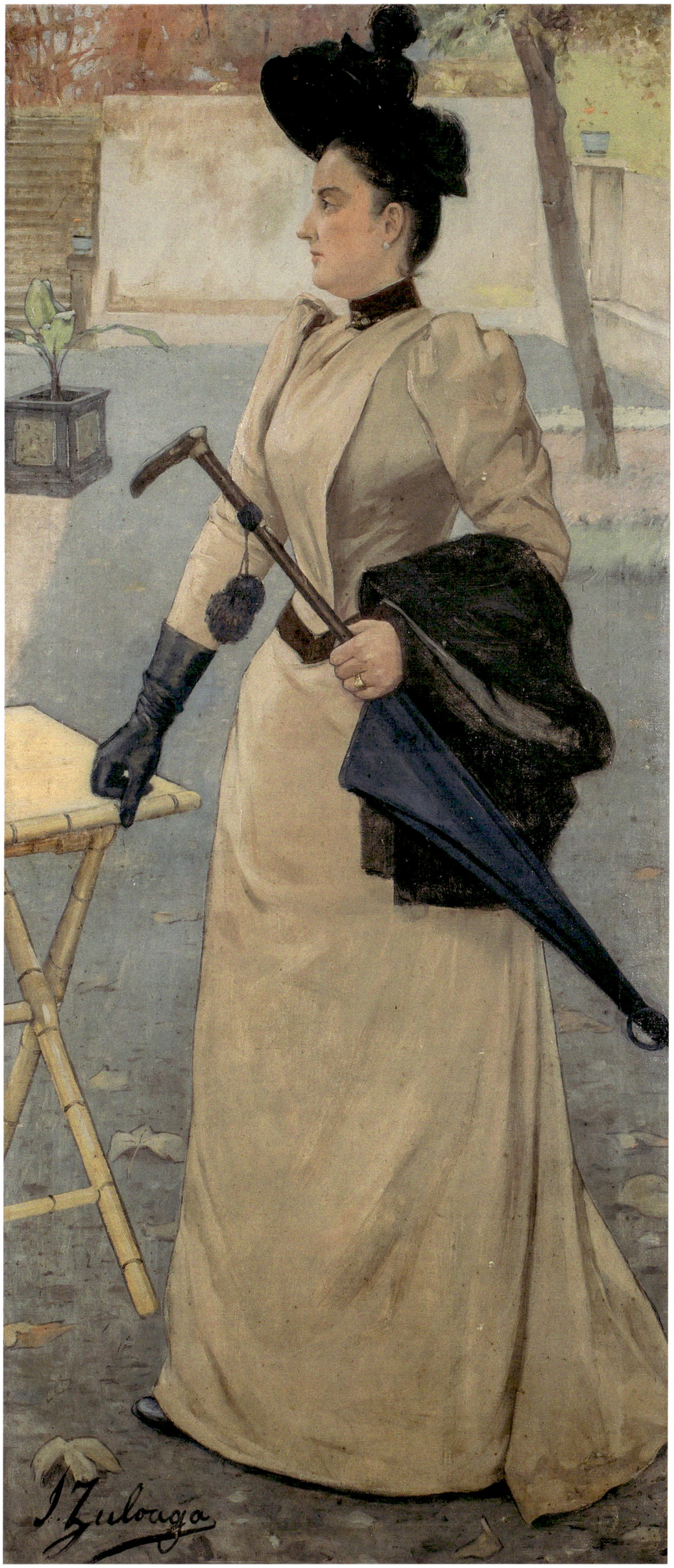

Kat. 6 *Porträt der Aurora Rivero Sagasti de Orueta*, 1892, Öl auf Leinwand, 145 × 72 cm, Privatsammlung

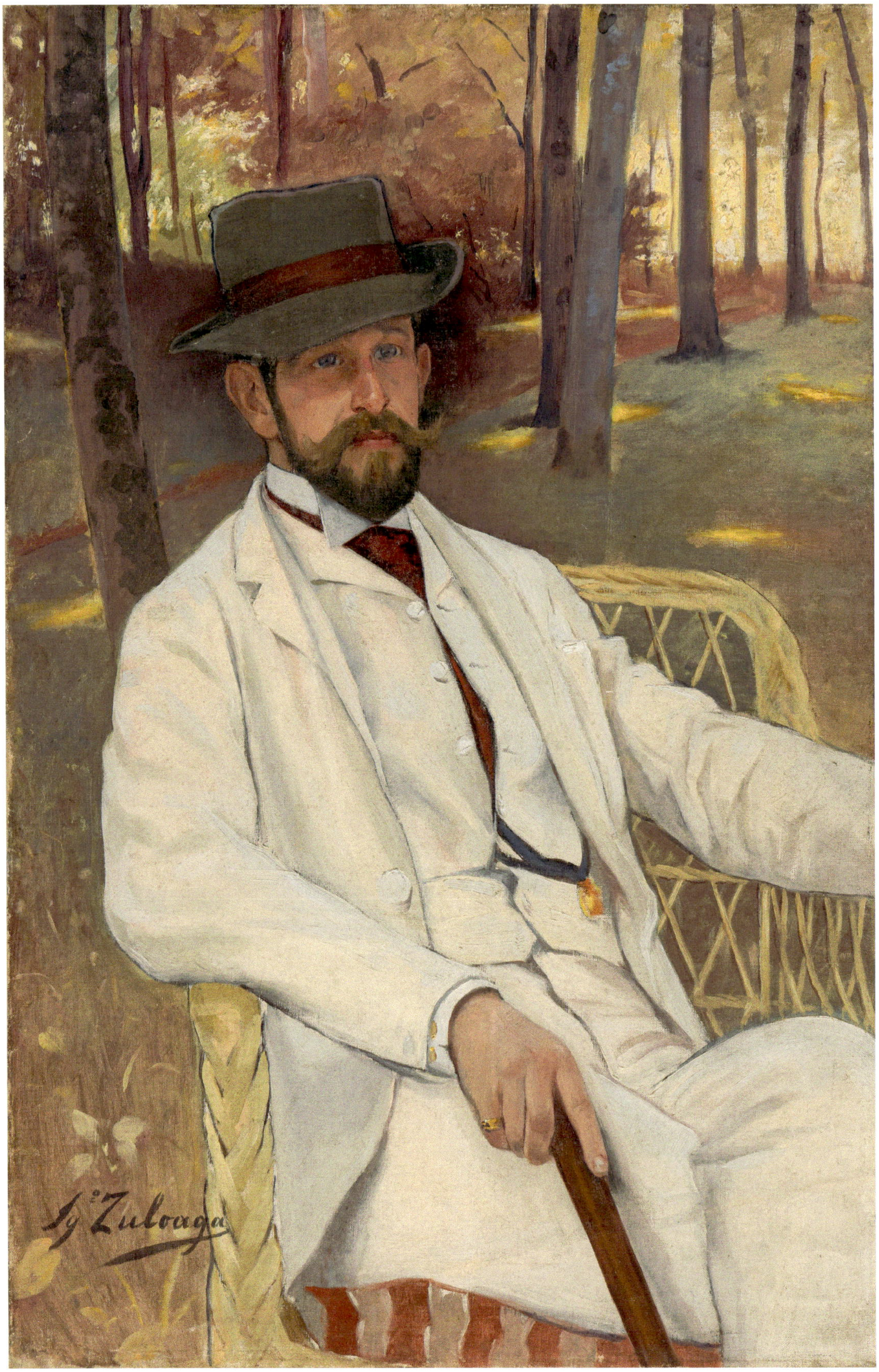

Kat. 7 *Porträt des Grafen von Campo Alegre*, um 1892, Öl auf Leinwand, 91,5 × 60,5 cm, Museo de Bellas Artes de Bilbao. Ersitzung 1939

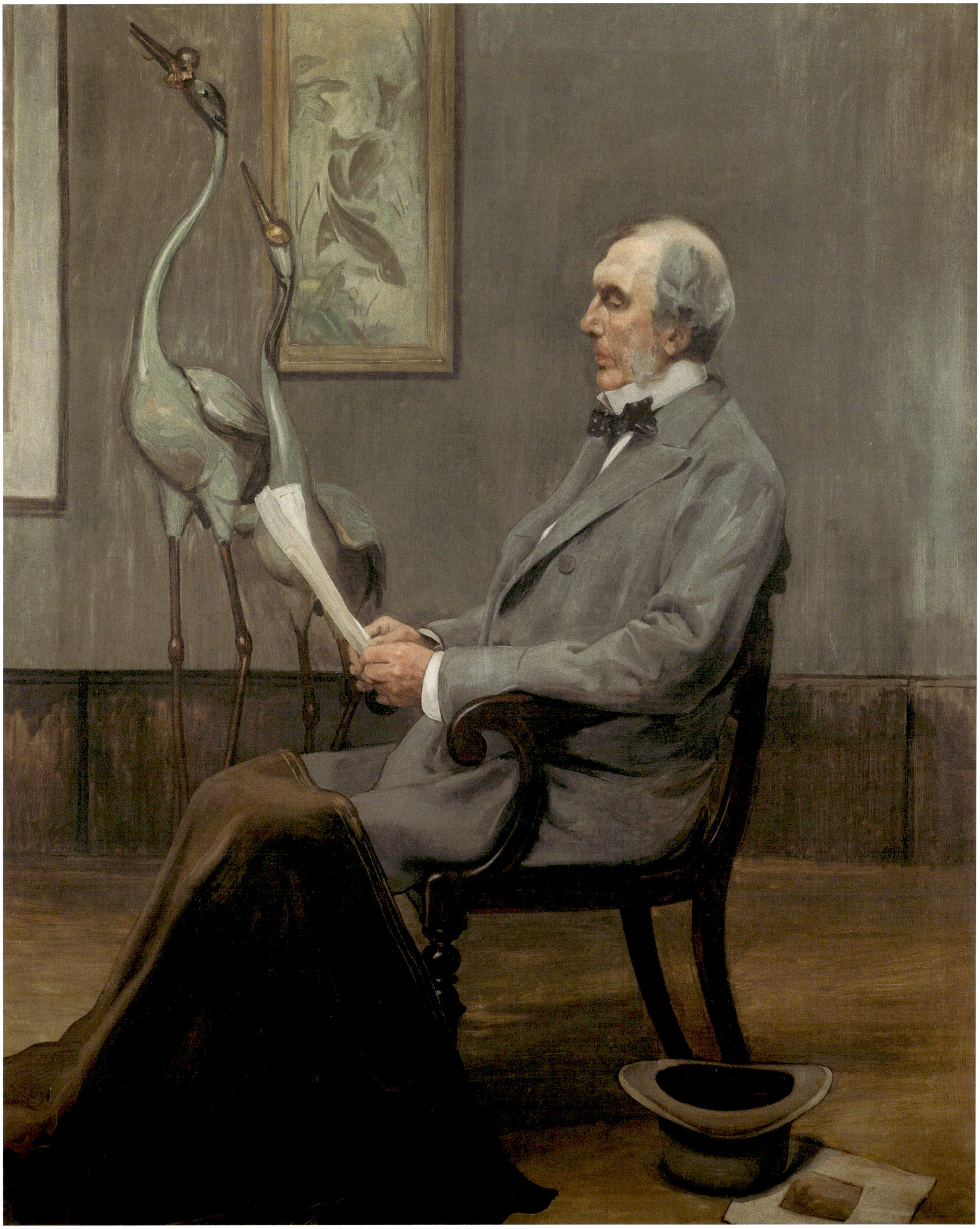

Kat. 8 *Porträt Alfred Morrisons*, 1894, Öl auf Leinwand, 183 × 153 cm, Morrison Family Collection

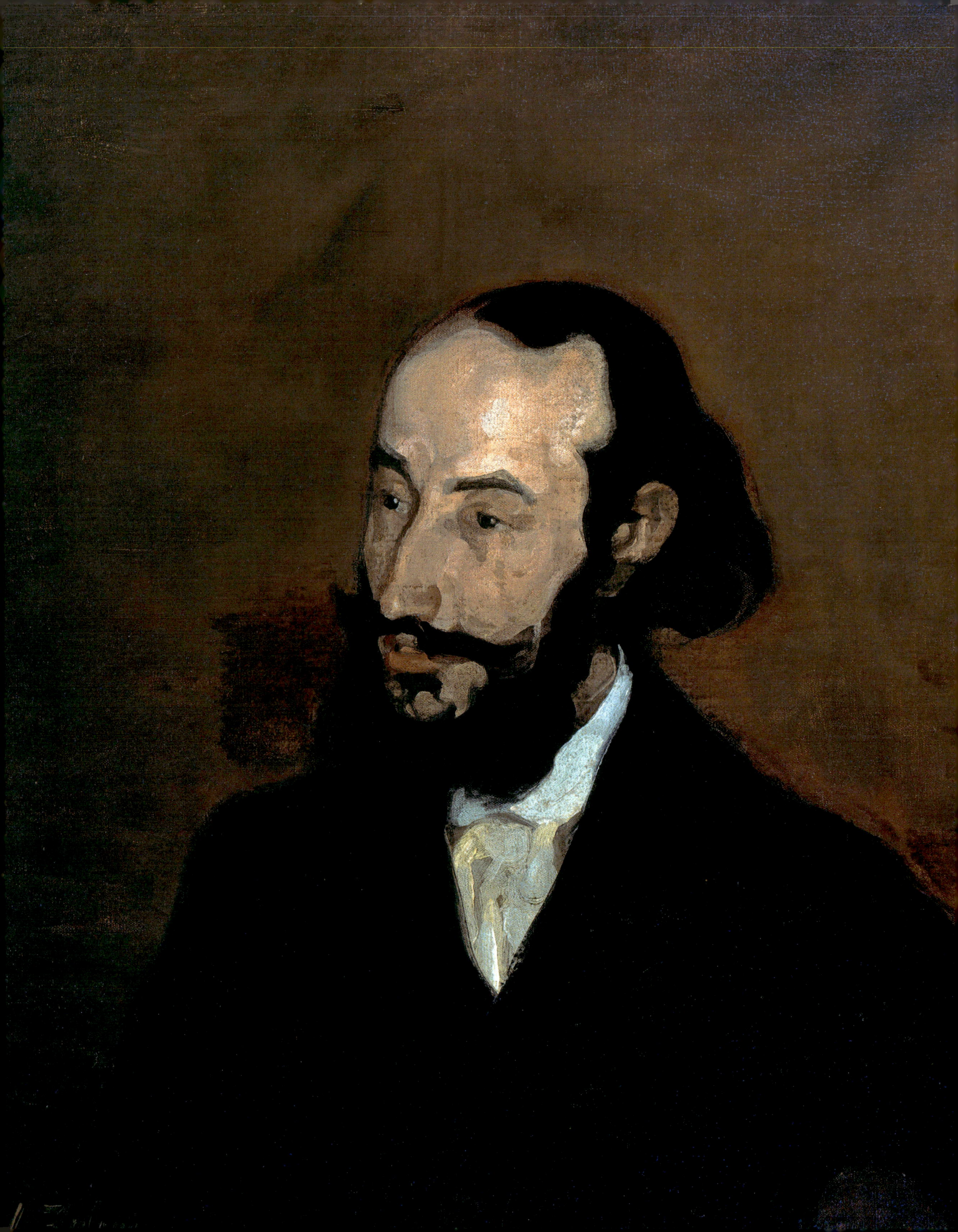

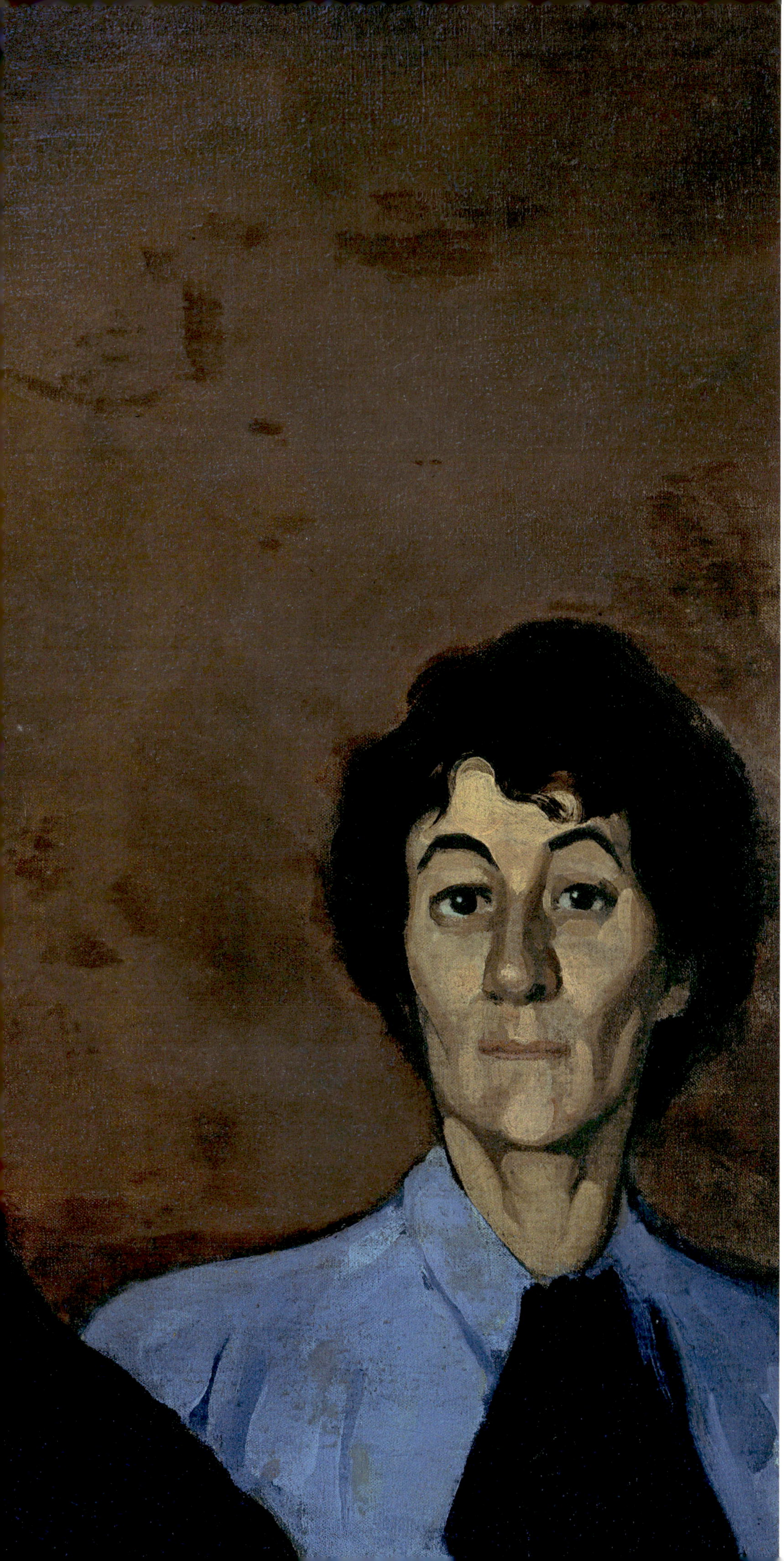

Kat. 9 *Charles Morice und seine Frau*, 1895–1898, Öl auf Leinwand, 70 × 90 cm, Privatsammlung

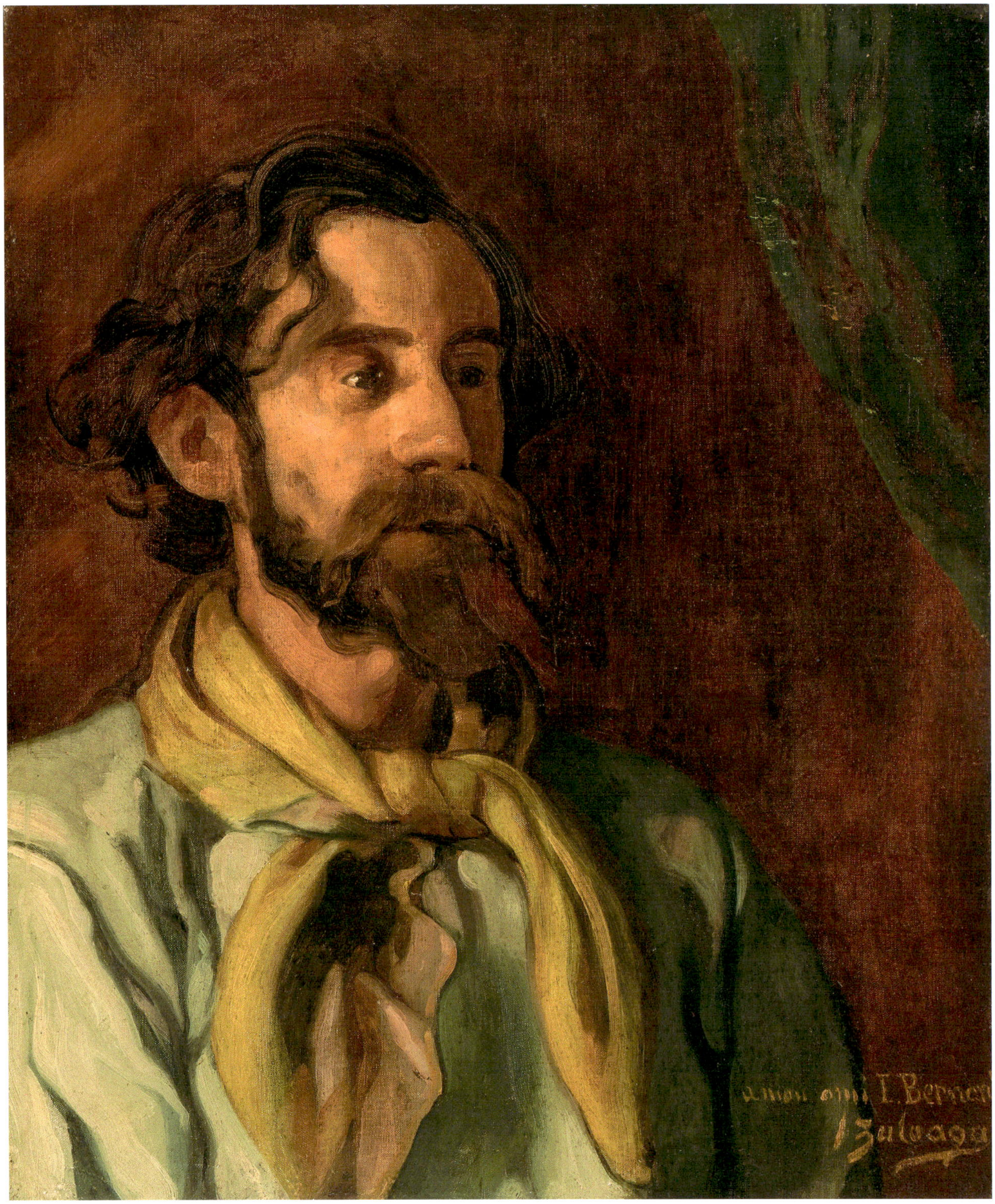

Kat. 10 *Porträt Émile Bernards*, 1897, Öl auf Leinwand, 55 × 46,5 cm, Privatsammlung, Bilbao, Spanien

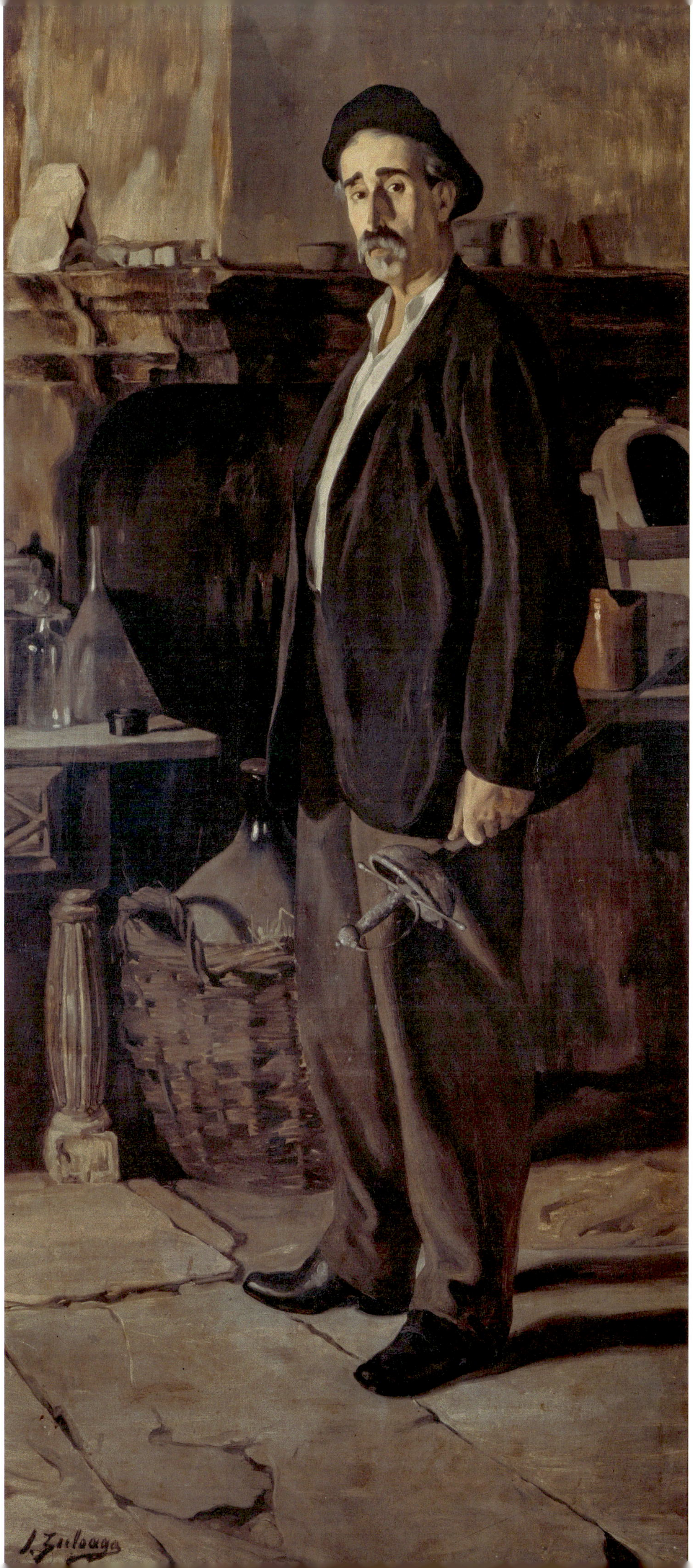

Kat. 11 *Don Plácido Zuloaga in seiner Werkstatt*, 1895, Öl auf Leinwand, 219 × 100 cm, Museo Nacional Centro de Arte Reina Sofía, Madrid

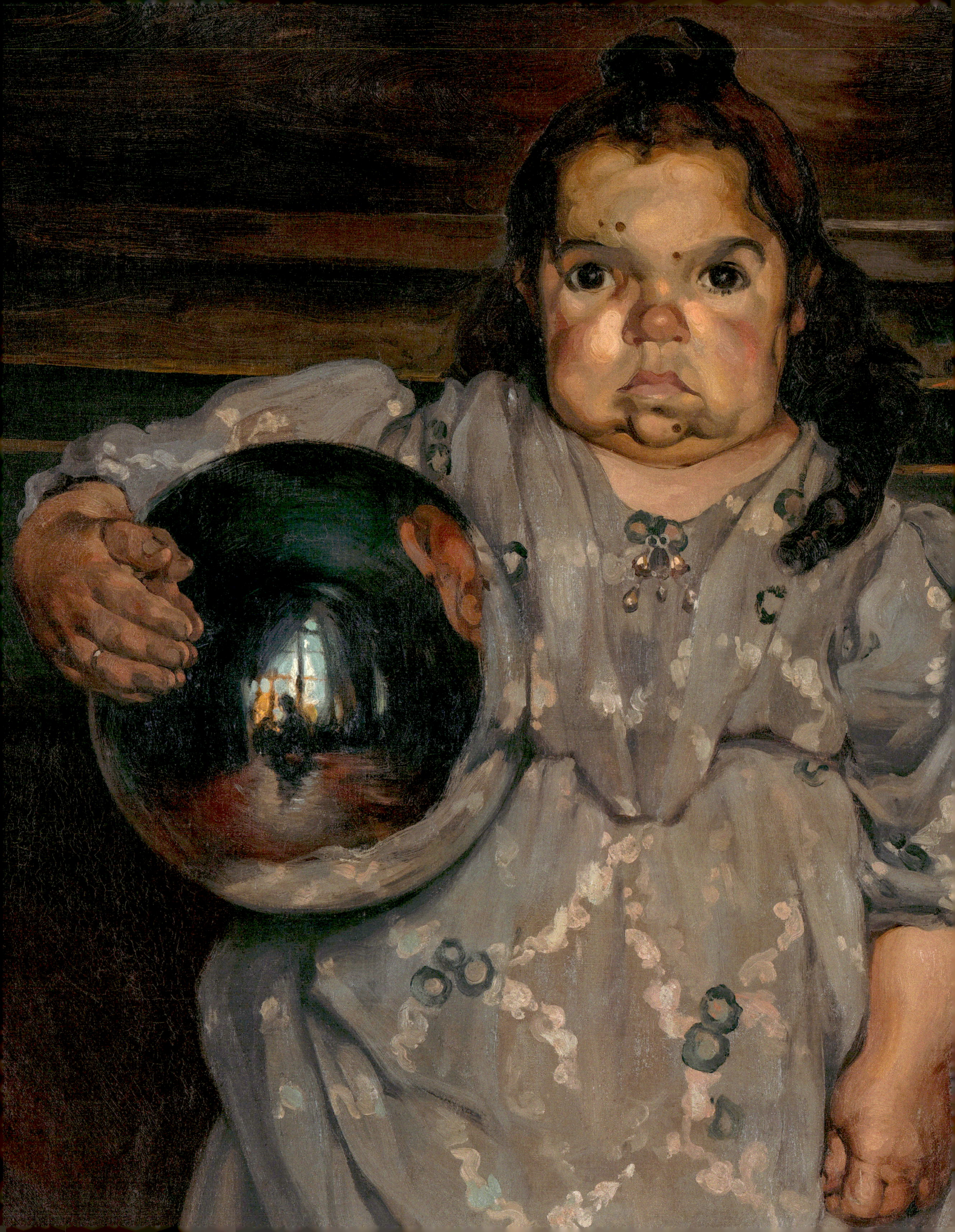

Ignacio Zuloaga im Spiegel von Spaniens alten Meistern

Velázquez, El Greco und Goya

KATRIN DYBALLA

»Denn mein persönliches Spanien ist [...] das Spanien, für das man sich bei uns schämt, das arme Spanien des Glaubens, des Flehens, von strengem und düsterem Charakter, es ist die Rasse, welche die tragische Größe unserer Geschichte begründet hat [...]. Bei uns lebt und vibriert die Vergangenheit noch, während anderswo nichts von ihr übrig geblieben ist ... Und es ist diese noch lebendige, wenn auch halb tote Vergangenheit, die ich habe wiederaufleben lassen, die ich mit meiner Leidenschaft erfüllt habe, mit meinem Bedauern, meiner Zärtlichkeit und auch mit meiner Wut ...«[1] Mit diesen Worten bekannte sich Ignacio Zuloaga zu seinem Spanien. Tief in seiner Heimat verwurzelt und aus einer traditionsreichen Kunsthandwerkerfamilie stammend, fühlte er sich auch den großen Künstlern des Siglo de Oro verbunden, allen voran El Greco (um 1541–1614) und Diego Velázquez (1599–1660), und ebenso dem wenige Generationen vor ihm tätigen Francisco de Goya (1746–1828). Man darf in diesen alten Meistern sogar den Ausgangspunkt seines künstlerischen Schaffens sehen. Denn es waren die Werke von El Greco und Velázquez, die Zuloaga 1887, im Alter von 16 oder 17 Jahren, im Museo del Prado kopierte und die seinen Entschluss, gegen den Willen des Vaters Maler zu werden, festigten.[2] Zwei Jahre später, nach einem sechsmonatigen Studienaufenthalt in Rom, belegte er an der privaten Académie de la Palette in Paris Abendkurse, um sich künstlerisch weiterzubilden.[3] Dort traf er auf Santiago Rusiñol, der einer der führenden Künstler des Modernisme werden sollte, und besuchte mit ihm in den Jahren 1893/94 häufig und regelmäßig den Louvre. Zuloagas flammende Begeisterung für El Greco griff auf Rusiñol über, und zusammen mit ihren Ateliergenossen Pablo Uranga und Josep Maria Jordà riefen sie enthusiastisch aus: »Loco El Greco!« – »Verrückt, dieser El Greco!«[4] 1894 kaufte zunächst Rusiñol zwei Werke des alten Meisters,[5] darunter einen *Reuigen Petrus*, den Zuloaga eifrig in einer Zeichnung kopierte.[6] Zuloaga konnte erst nach seinen ersten künstlerischen Erfolgen – etwa dem ersten Preis für das Gemälde *Am Vorabend der Corrida* (S. 33, Abb. 1), das bei einer Ausstellung in Barcelona zu sehen war – nachziehen. 1899 erwarb er einen Greco, der den Grundstein seiner Kunstsammlung bilden sollte.[7] 1903 besaß er schon elf Werke des Künstlers, die er – statt seiner eigenen Arbeiten – den Besucherinnen und Besuchern seines Ateliers mit Vorliebe präsentierte, wie er selbst in einem Brief an Paul Lafond gestand.[8]

Doch bis dahin lag noch ein beträchtlicher Weg vor ihm. 1895 kehrte Zuloaga dem weltlichen Paris den Rücken, wie es etwa zur selben Zeit auch seine Künstlerfreunde Paul Gauguin und Émile Bernard taten, um in anderen Kulturen das Ursprüngliche und Wesentliche der Kunst für sich zu ergründen. Die Fülle der unterschiedlichen Stile und Maler, denen Zuloaga in Paris begegnet war – Impressionismus, Symbolismus und Postimpressionismus, Edgar Degas, Gauguin,

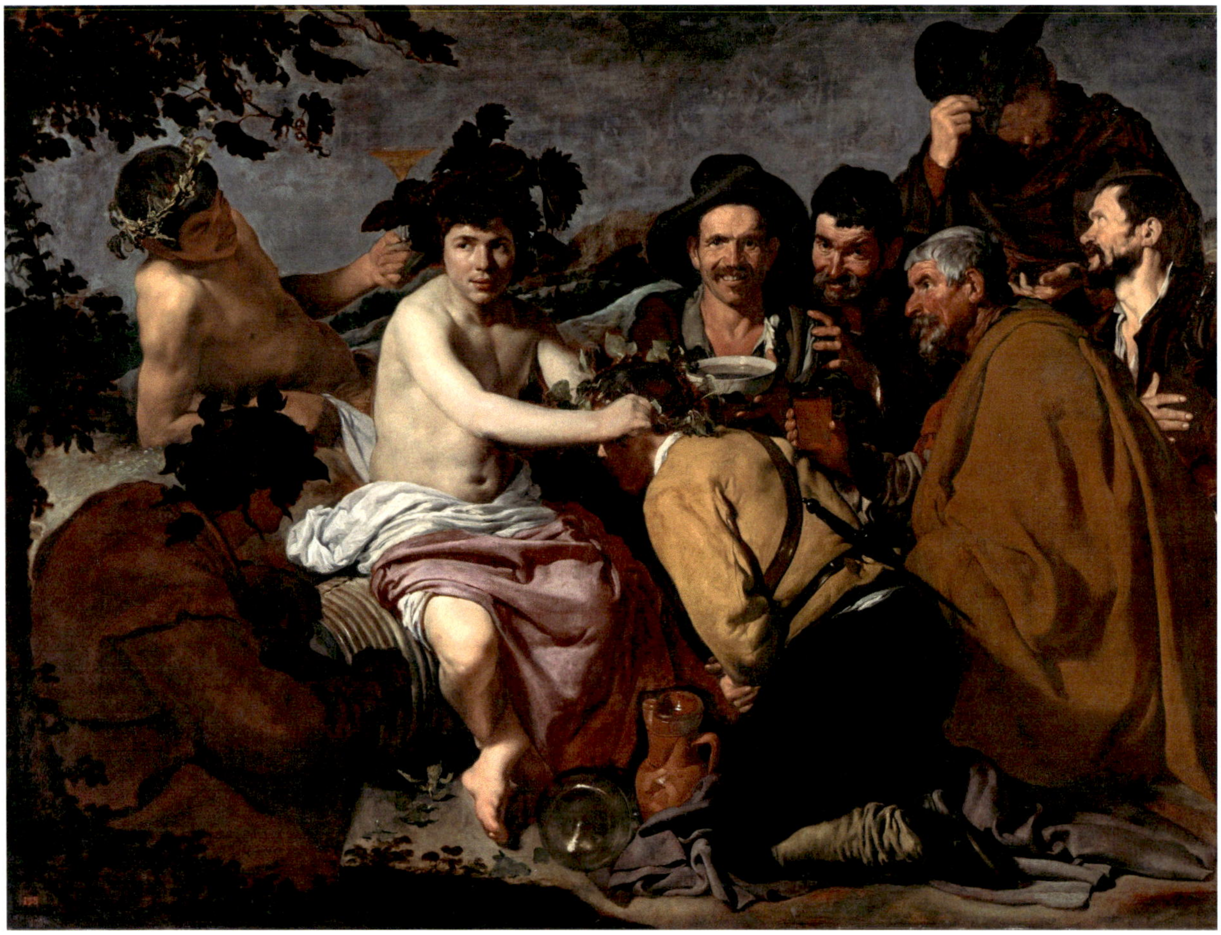

Abb. 1

Pierre Puvis de Chavannes, Henri de Toulouse-Lautrec und Bernard – ließen ihn nicht zu seinem eigenen Stil finden. So zog er sich in das »urspanische« Sevilla zurück, zu den Wurzeln seiner Kultur. Dort mischte er sich unter das einfache Volk und hielt neben diesem auch Gitanos, Tänzerinnen sowie Stierkämpfer in seinen Bildern fest (Kat. 27–42). Zur Bestätigung seiner Identität rekurrierte Zuloaga aber zugleich auch auf die Gemälde der spanischen alten Meister.[9] Dabei war es vor allem der emotionale und religiöse, mitunter übersteigerte Ausdruck ihrer Werke; er suchte nicht das Glatte oder die Perfektion. Ihn fesselten jene Menschen, die üblicherweise nicht im Fokus der künstlerischen Darstellung standen, aber schon bei Jusepe de Ribera und Velázquez als bildwürdig gegolten hatten. Bereits als Jugendlicher hatte er im Prado Zeichnungen nach den Hofnarren-Bildnissen von Velázquez gefertigt.[10] Zuloagas *Kleinwüchsige Doña Mercedes* (Kat. 16) gemahnt nicht allein durch das Motiv, sondern ebenso durch die Spiegelung in der von der Porträtierten gehaltenen Kugel an Velázquez' berühmtes Gemälde *Las Meninas* (1656, Museo del Prado, Madrid). Die Darstellung des einfachen Volkes in Zuloagas *Die Verteilung des Weins* (Kat. 12) wiederum erinnert an Velázquez' *Bacchus*-Bild (Abb. 1), wo der Weingott einfache Bauern am Trinkmahl teilhaben lässt – nicht umsonst ist das Gemälde unter dem Titel *Los borrachos* (*Die Betrunkenen*), bekannt. Auch stellte sich Zuloaga mit *Mein Porträt* (1897, Fundación Zuloaga, Madrid) in die Tradition von Velázquez, der etwa mit seinem im Prado bewahrten Bildnis des Kardinal-Infanten Ferdinand von Österreich genau dieses Sujet eines Jägers mit Flinte und Hund vorgebildet hatte. Allerdings räumte Zuloaga später seinem Malerfreund Bernard gegenüber ein, dass ihn Francisco de Zurbarán (1598–1664) viel mehr überzeugt habe, da er charakterfester, naiver und dadurch spanischer als Velázquez gewesen sei.[11]

Abb. 1 Diego Velázquez: *Der Triumph des Bacchus oder Die Betrunkenen*, 1628/29, Öl auf Leinwand, 165 × 225 cm, Museo Nacional del Prado, Madrid

Abb. 2 Francisco de Goya: *Königin María Luisa mit Mantilla*, 1799, Öl auf Leinwand, 210 × 130 cm, Patrimonio Nacional, Palacio Real de Madrid

Zuloagas Faszination für den in Toledo wirkenden Greco hingegen blieb ungebrochen. Für ihn war der aus Griechenland stammende Maler der *maître des maîtres*, da er in das Innerste der Porträtierten vorgedrungen sei und zugleich seine persönlichen Gefühle zur Anschauung gebracht habe – ein brillanter Interpret der spanischen Seele.[12] Von dieser Wertschätzung zeugt etwa Zuloagas Gemälde *Der Anachoret* von 1907 (Kat. 15).[13] Der Ausdruck der langen, überstreckten Figur des Mönchs kulminiert in dem kleinen, ausgezehrten Kopf, dessen weit aufgerissene Augen verklärt gen Himmel blicken. Ein unnatürlich anmutendes, helles Wolkenband hinterfängt den Bruder wie eine Gloriole. Unverkennbar erinnert diese Gestaltung an die expressive Figurenauffassung Grecos. Vorbilder mögen dessen hochformatige Gemälde *Der heilige Sebastian* (um 1610/14) und *Der heilige Bernhardin von Siena* (1603) aus dem Prado gewesen sein, aber auch der *Reuige Petrus* (um 1595–1614) aus dem Besitz von Rusiñol, der monatelang im gemeinsamen Pariser Atelier stand und sich heute im Museu del Cau Ferrat in Sitges befindet. Der für El Greco typische niedrige Horizont und die in die hügelige Landschaft eingebettete Stadtansicht von Toledo dürften Zuloaga insbesondere für *Helle Toledaner Landschaft* und *Barrès vor Toledo* (Kat. 76, 77) inspirierend gewirkt haben. Dabei gemahnen auch viele der anderen wolkenreichen Himmelsdarstellungen, etwa in Bildern wie *Der Kardinal*, *Porträt der Doña Rosita Gutiérrez*, *Das Opfer der Fiesta* und *Porträt Enrique Larretas* (Kat. 67, 18, 40, 75) an jene El Grecos. Eine offensichtliche Hommage an den griechischstämmigen Künstler schließlich ist Zuloagas unvollendetes Gemälde *Meine Freunde* (S. 181, Abb. 1). Im Bildhintergrund adaptierte er Grecos *Die Öffnung des fünften Siegels* (S. 152, Abb. 1), das er für seine Kunstsammlung erworben hatte und das bis ans Lebensende in seinem Besitz blieb.

Abb. 2

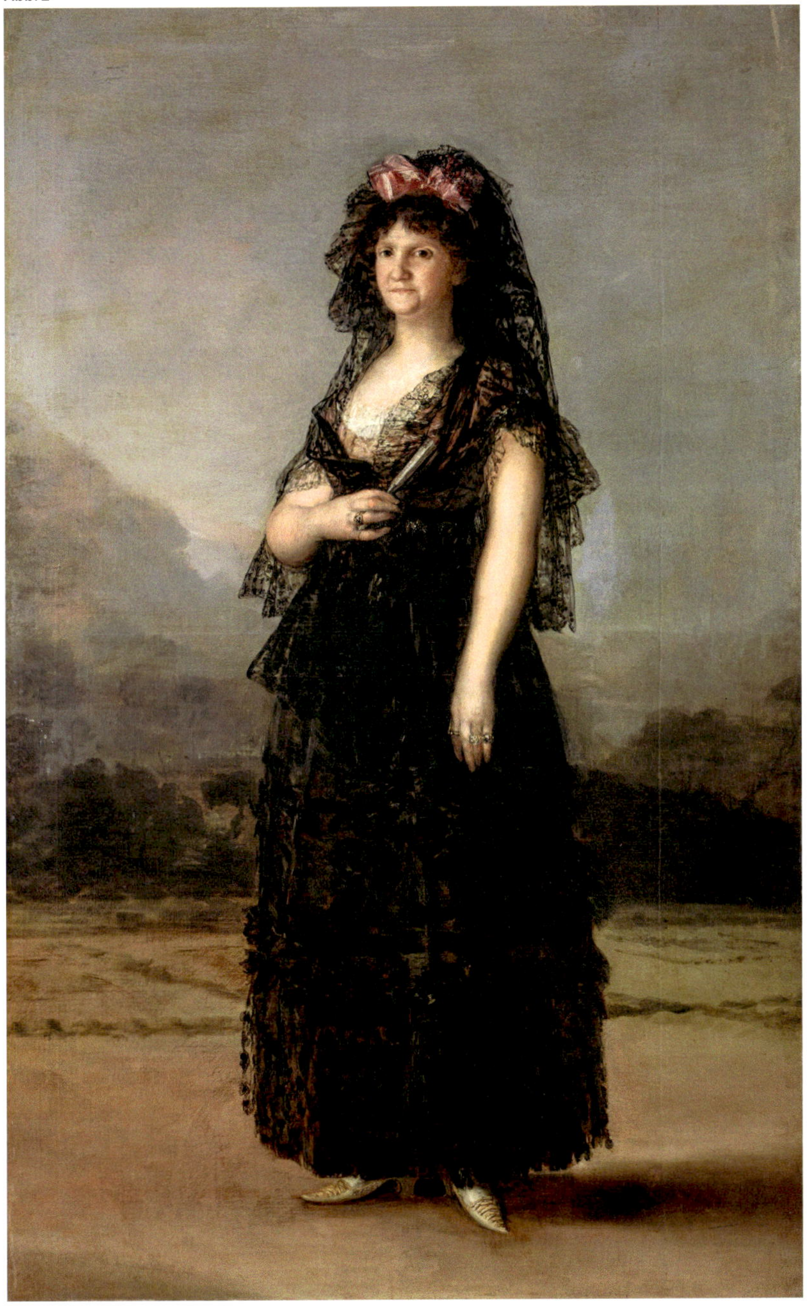

Neben El Greco verehrte Zuolaga jedoch auch Goya sehr, wie er 1895 in einem Brief an den französischen Maler Maxime Dethomas beschwor: »vive Greco et Goya!«[14] Für Goyas Andenken setzte er sich außergewöhnlich stark ein: 1907 ließ er an dessen letzter Wohnstätte in Bordeaux eine Gedenktafel anbringen, und fünf Jahre später wollte er dies ebenso an Goyas Geburtshaus in dem bei Saragossa gelegenen Fuendetodos tun, was schließlich am 4. Mai 1913 geschah.[15] Mehr noch, er kaufte das Haus einer dort noch wohnenden Nachfahrin Goyas ab und verwandelte es in ein Museum.[16] So wurde er von seinen Landsleuten als »Heraldo de Aragón« gefeiert.[17] Auch die Bewunderung für Goya ist in Zuloagas Gemälden unverkennbar. Obschon diese im Vergleich zu jener für El Greco und Velázquez weniger häufig explizit ist, scheint sie doch stets durch – etwa in seinem Gemälde *Porträts. Mein Onkel und meine beiden Cousinen* (Kat. 17). Im *Porträt der Doña Rosita Gutiérrez* (Kat. 18) wird sie besonders deutlich: Auf ihrem Fächer ist die *Nackte Maja* von Goya zu sehen (S. 36, Abb. 5). Die Protagonistinnen sind mit traditioneller schwarzer Tracht, Spitze und Fächer ausstaffiert, wie es vielfach auch in den Porträts von Goya zu sehen ist, am eindrücklichsten im Bildnis der *Königin María Luisa mit Mantilla* (Abb. 2), zu nennen wären aber auch dessen Porträts der *Doña Antonia Zárate* (1805/06, National Gallery of Ireland, Dublin) oder der *Herzogin von Alba* (1797, The Hispanic Society Museum and Library, New York). Zudem hielt Zuloaga in seinem Notizbuch fest: »Ich muss alle Härte aus den Gesichtern der Frauen nehmen; an Goya denken, der nur die Augen dunkel gemalt hat.«[18] Darüber hinaus habe Goya es vermocht, seine Figuren in eine »magia del ambiente« einzuhüllen.[19] Auch Zuloaga umgab seine Figuren mit einer magischen und ganz besonderen Atmosphäre, die sie in eine eigene Welt versetzt, von der die Betrachtenden ausgeschlossen sind. Nicht immer, aber häufig ist es – wie in Goyas *Pinturas negras* – eine düstere Aura.

Zuloagas Gemälde *Die Hexen von San Millán* (S. 121, Abb. 4) lässt ferner Assoziationen zu Goyas gesellschaftskritischem grafischem Zyklus der *Caprichos* zu. In erster Linie die Hockende des 44. Blattes, betitelt mit *Sie spinnen fein*, scheint vorbildhaft für Zuloagas am Boden sitzende Hexe gewesen zu sein.[20] Vor allem aber war es Zuloaga wichtig, seine Dargestellten würdevoll im Bild festzuhalten. Dies galt für ihn umso mehr, wenn er seine Figuren – wie es auch seine Wegbereiter getan hatten – durch Verkürzung und Stilisierung (ver)formte. Hier galt seine Maxime: »Ausdrucksstark zeichnen, aber vor allem ohne in die Karikatur zu verfallen.«[21] Dabei vermochte es Zuloaga, auch kleinwüchsige Menschen würdig darzustellen, wie es etwa bei der *Doña Mercedes*, aber auch beim *Don Pedro* (Kat. 14), der Jusepe de Riberas *Junge mit dem Klumpfuß* (1642) aus dem Louvre in Erinnerung ruft, augenscheinlich wird. Obgleich Zuloaga unverkennbar an eine glorreiche Epoche anknüpfte und sich in die Tradition der spanischen alten Meister stellte, adaptierte er diese nicht einfach, sondern übersetzte die Sujets in eine neue Bildsprache. Schon früh international anerkannt, wurde ihm von allen Seiten großes Lob zuteil. John Singer Sargent, einer der erfolgreichsten Maler in jenen Tagen, schwärmte für die Fremdartigkeit und Kraft seiner Schöpfungen, worin sich Zuloaga von seinen Vorgängern unterschied; und auch Hans Rosenhagen verwies auf die Neuerungen hinsichtlich der Malweise und der Wahl des Kolorits.[22] So war Ignacio Zuloaga vor allem ein moderner Künstler seiner Zeit.

Für den wertvollen Austausch und die inspirierenden Anregungen bedanke ich mich bei Nerina Santorius und Carlos Alonso.

1 Ignacio Zuloaga, zit. nach Jean Claude: »Un illuminé de génie. Il faut souffrir pour concevoir une œuvre«, in: *Le Petit Parisien*, 20.5.1914, S. 1.

2 Die häufig zu lesende Anekdote, Zuloaga habe sich zusammen mit seinem Vater in Madrid aufgehalten, kann nicht belegt werden; vgl. Mikel Lertxundi Galiana: »Zuloaga antes de Zuloaga (1870–1898)«, in: *Zuloaga 1870–1945*, bearb. von dems. und Javier Novo González, Ausst.-Kat. Museo de Bellas Artes de Bilbao 2019, S. 15–51, hier S. 17. Unzweifelhaft ist jedoch, dass sich Zuloaga in Madrid bzw. im Prado aufhielt und dort die alten Meister studierte; vgl. Enrique Lafuente Ferrari: *La vida y el arte de Ignacio Zuloaga* (1950), Barcelona 1990, S. 39.

3 Leyre Bozal Chamorro und Pablo Jiménez Burillo: »Zuloaga en el París de la Belle Époque«, in: *Zuloaga en el París de la Belle Époque, 1899–1914*, hrsg. von dens., Ausst.-Kat. Fundación MAPFRE, Madrid, 2017, S. 10–25, hier S. 14.

4 Vgl. Birgit Thiemann: »›Vive Greco et Goya!‹ Ignacio Zuloaga als Sammler und Vermittler«, in: *El Greco und die Moderne*, hrsg. von Beat Wismer und Michael Scholz-Hänsel, Ausst.-Kat. Museum Kunstpalast, Düsseldorf, Ostfildern 2012, S. 374–385, hier S. 374; Santiago Rusiñol: »El Greco en Casa«, in: *La vanguardia*, 8.3.1894, S. 4 f.

5 Eric Storm: *The Discovery of El Greco. The Nationalization of Culture versus the Rise of Modern Art (1860–1914)*, Brighton, Chicago und Toronto 2016, S. 80.

6 Thiemann 2012 (wie Anm. 4), S. 377.

7 Zuloagas Sammlung alter Meister umfasste vor allem Gemälde von El Greco, Zurbarán und Goya. Heute ist seine Sammlung in Zumaia und Pedraza ausgestellt. Zur Sammlung vgl. Matías Díaz Padrón: »Ignacio Zuloaga, The Collector«, in: *Ignacio Zuloaga, 1870–1945*, Ausst.-Kat. Museo de Bellas Artes de Bilbao u. a., Vitoria 1990, S. 95–123.

8 Der Brief datiert vom 30.8.1901; siehe Paul Lafond: »Les Greco de la collection I. Zuloaga«, in: *Bulletin de l'art ancien et moderne*, 143, 1902, S. 181 f.

9 Vgl. Carlos Alonso Pérez-Fajardo: »Ignacio Zuloaga: Carácter y emoción«, in: *Zuloaga. Carácter y emoción*, hrsg. von der Fundación Bancaja, Valencia, Ausst.-Kat. Fundación Bancaja, Valencia, 2018, S. 13–71, hier S. 14, 24.

10 Lafuente Ferrari 1990 (wie Anm. 2), S. 39; Thiemann 2012 (wie Anm. 4), S. 374.

11 »Je le [Zurbarán] trouve plus ferme que Velasquez, plus naïf, Espagnol. Velasquez est de tous les pays (c'est le complément).« Ignacio Zuloaga, zit. nach Ghislaine Plessier: *Ignacio Zuloaga et ses amis français*, Paris 1955, S. 19.

12 Vgl. Storm 2016 (wie Anm. 5), S. 83, S. 101, Anm. 9 (mit Verweis auf die Briefe Ignacio Zuloagas an Paul Lafond).

13 Vgl. Mikel Lertxundi Galiana: »La escuela española«, in: Ausst.-Kat. Bilbao 2019 (wie Anm. 2), S. 261 f., hier S. 262.

14 Ignacio Zuloaga, zit. nach Thiemann 2012 (wie Anm. 4), S. 377; vgl. Mayi Milhou: *Ignacio Zuloaga et la France*, Bordeaux 1981.

15 Alberto Castán Chocarro: *Señas de identidad. Pintura y regionalismo en Aragón (1898–1939)*, Saragossa 2016, S. 206.

16 Ebd.

17 Ebd., S. 215.

18 Ignacio Zuloaga, zit. nach Lafuente Ferrari 1990 (wie Anm. 2), S. 211.

19 Ebd.

20 Für diesen Hinweis danke ich Nerina Santorius.

21 Ignacio Zuloaga, zit. nach Lafuente Ferrari 1990 (wie Anm. 2), S. 211.

22 John Singer Sargent: »Ignacio Zuloaga«, in: *The International Studio*, 60, 238, 1916, S. XXXVII f., hier S. XXXVII; Hans Rosenhagen: »Von Ausstellungen und Sammlungen«, in: *Die Kunst für Alle*, 16, 4, 15.11.1900, S. 99–101, hier S. 99.

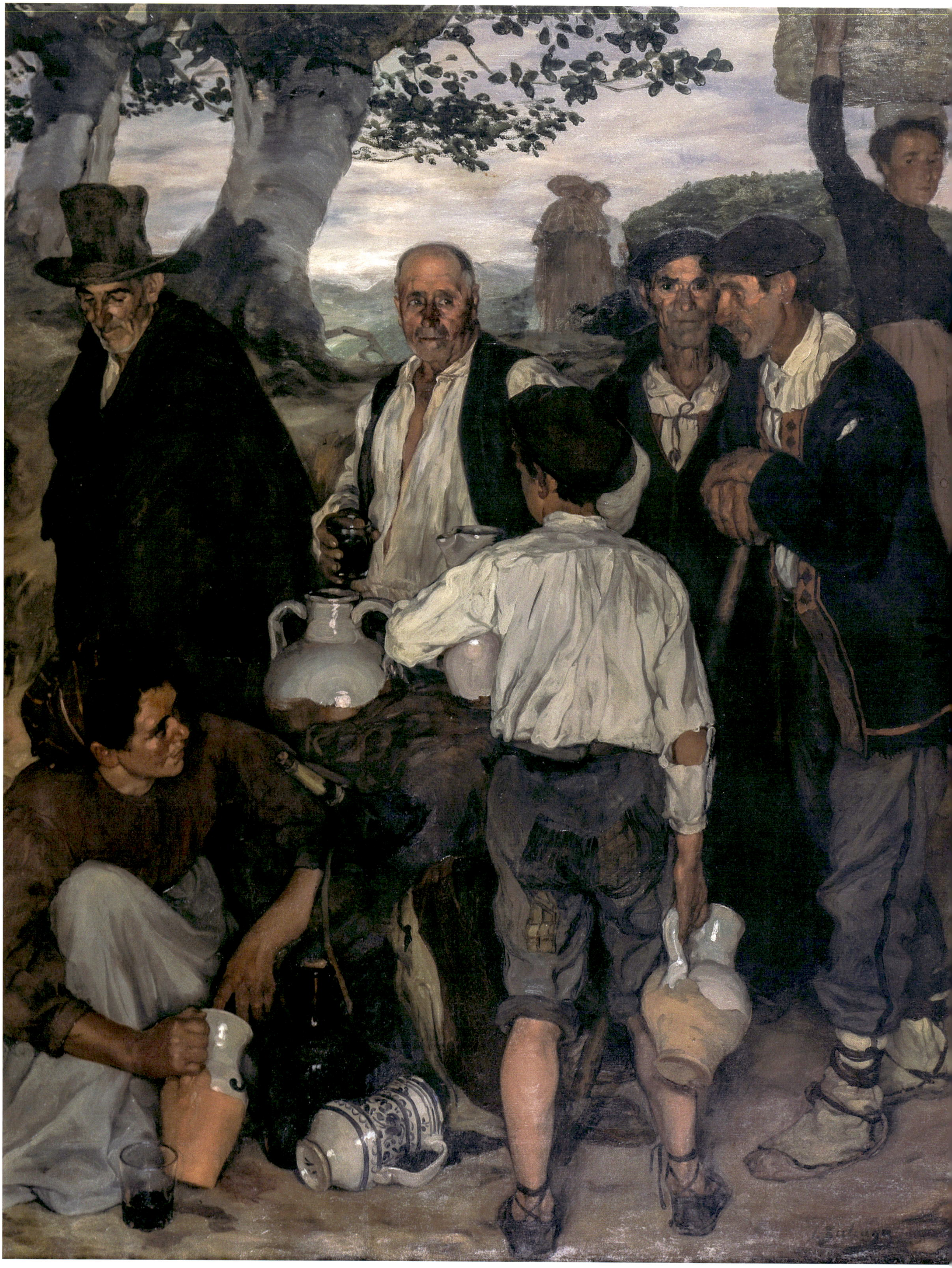

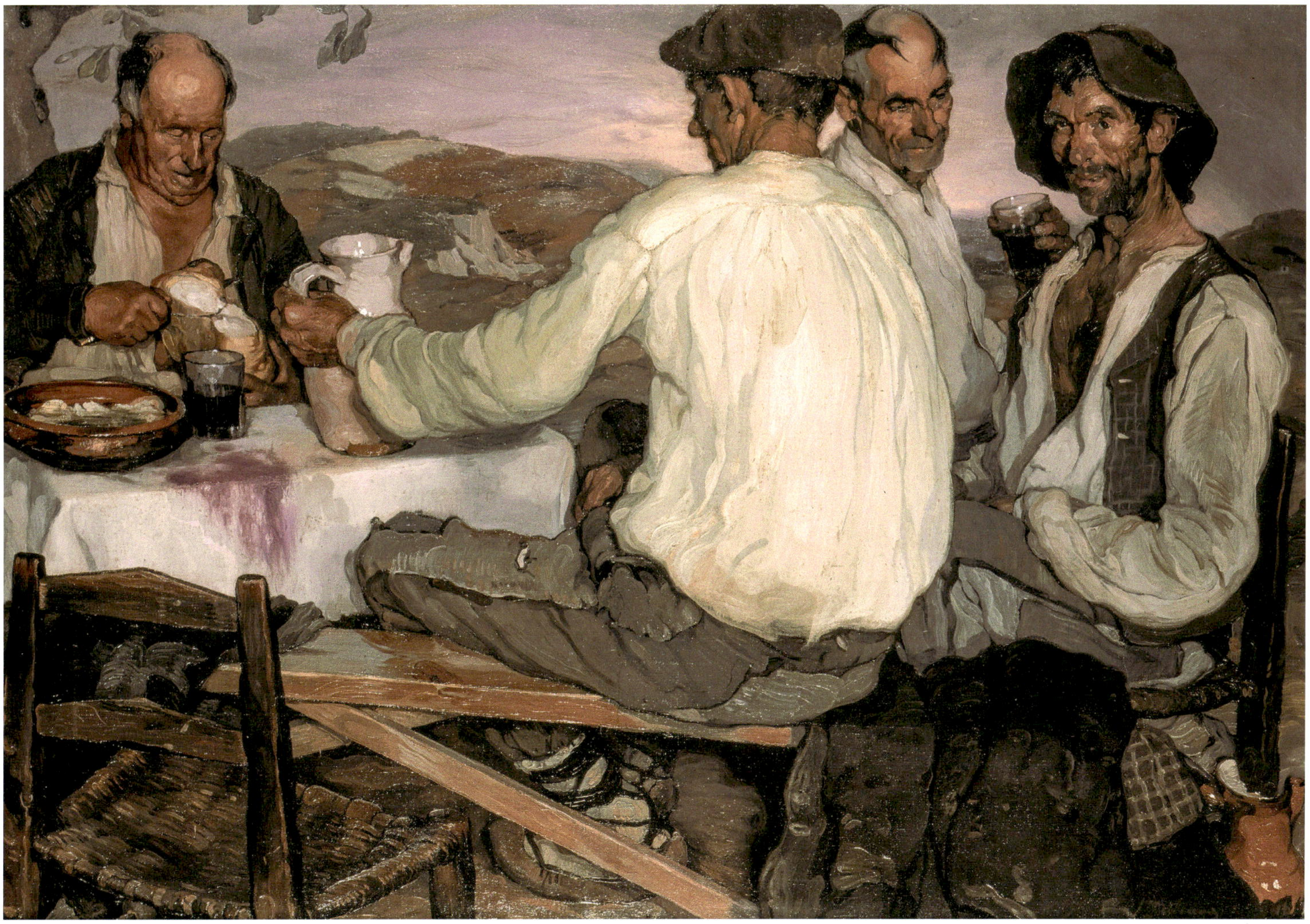

Kat. 13 *Spanische Bauern*, 1905, Öl auf Leinwand, 123 × 182 cm,
Staatliche Museen zu Berlin, Nationalgalerie

Kat. 12 *Die Verteilung des Weins*, um 1900, Öl auf Leinwand, 162 × 107 cm,
Museu del Cau Ferrat, Sitges. Sammlung Santiago Rusiñol

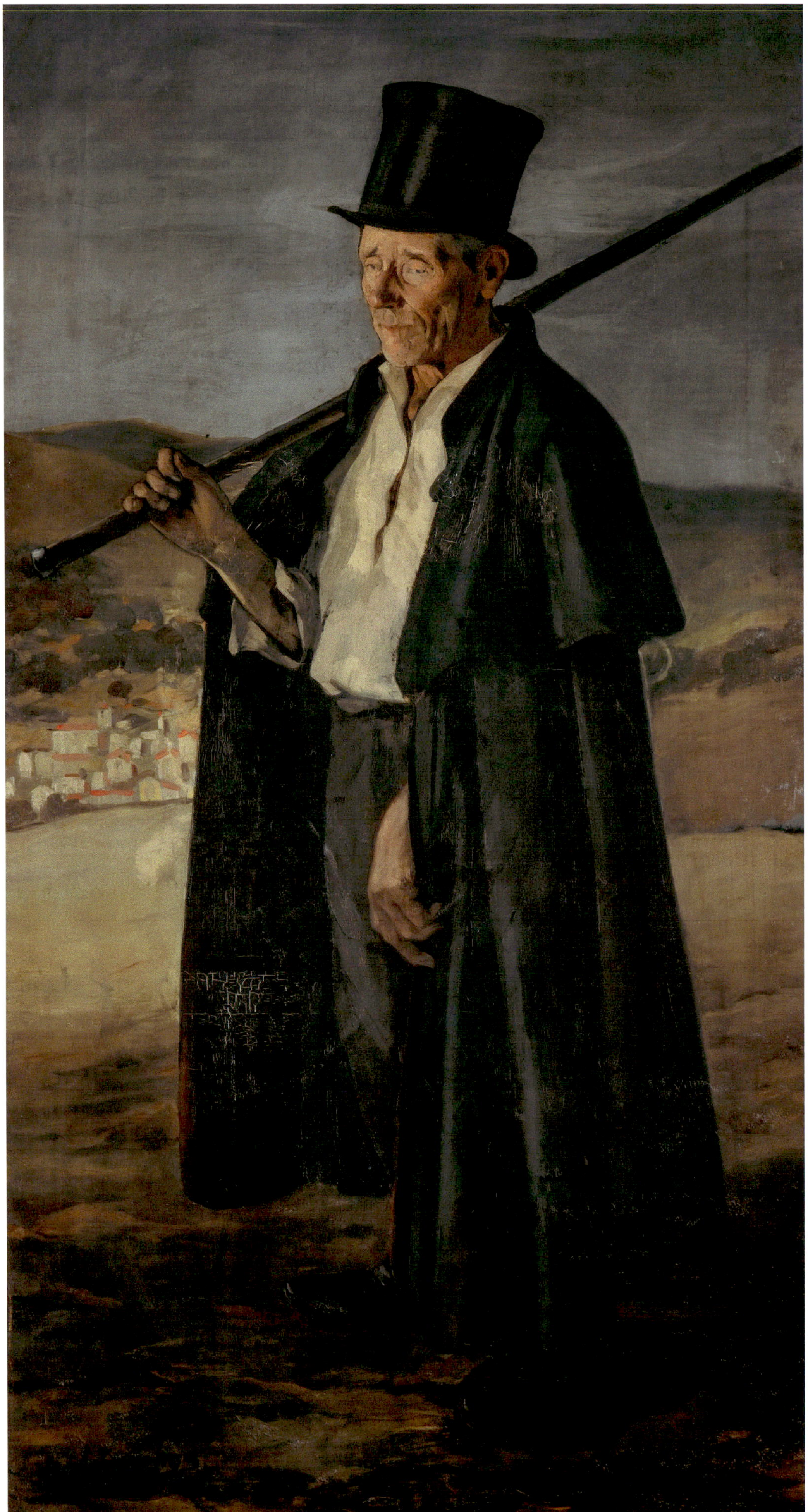

Kat. 14 *Der kleinwüchsige Don Pedro*, 1894, Öl auf Leinwand, 184 × 100 cm, Musée des Beaux-Arts de la Ville de Tournai

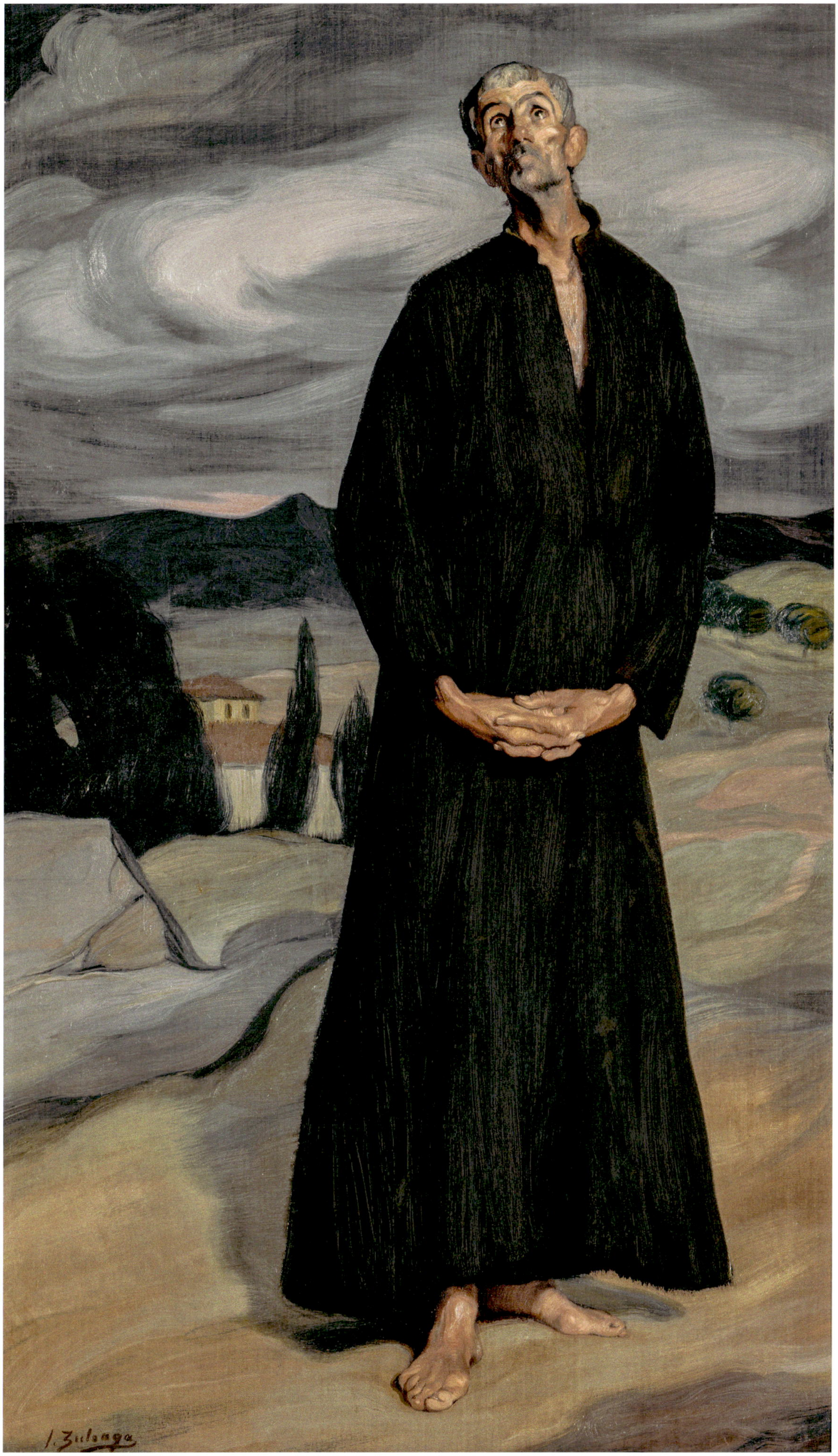

Kat. 15 *Der Anachoret,* 1907, Öl auf Leinwand, 190 × 115,5 cm, Musée d'Orsay, Paris, Vermächtnis Paul Cosson, 1926

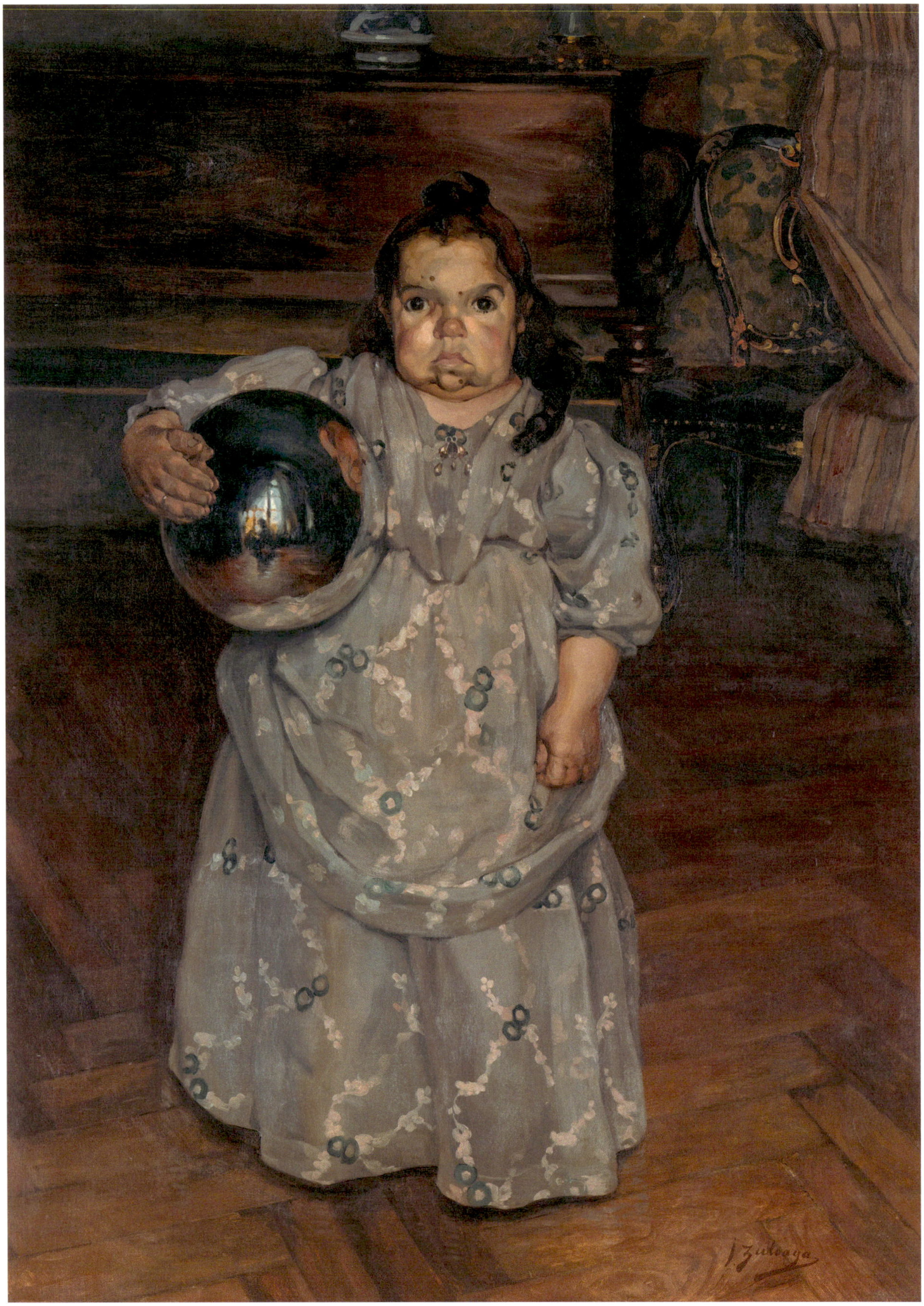

Kat. 16 *Die kleinwüchsige Doña Mercedes*, 1899, Öl auf Leinwand, 130 × 97 cm, Musée d'Orsay, Paris, 1901 erworben

Kat. 17 *Porträts. Mein Onkel und meine beiden Cousinen*, 1899, Öl auf Leinwand, 209 × 167 cm, Musée d'Orsay, Paris, 1899 erworben

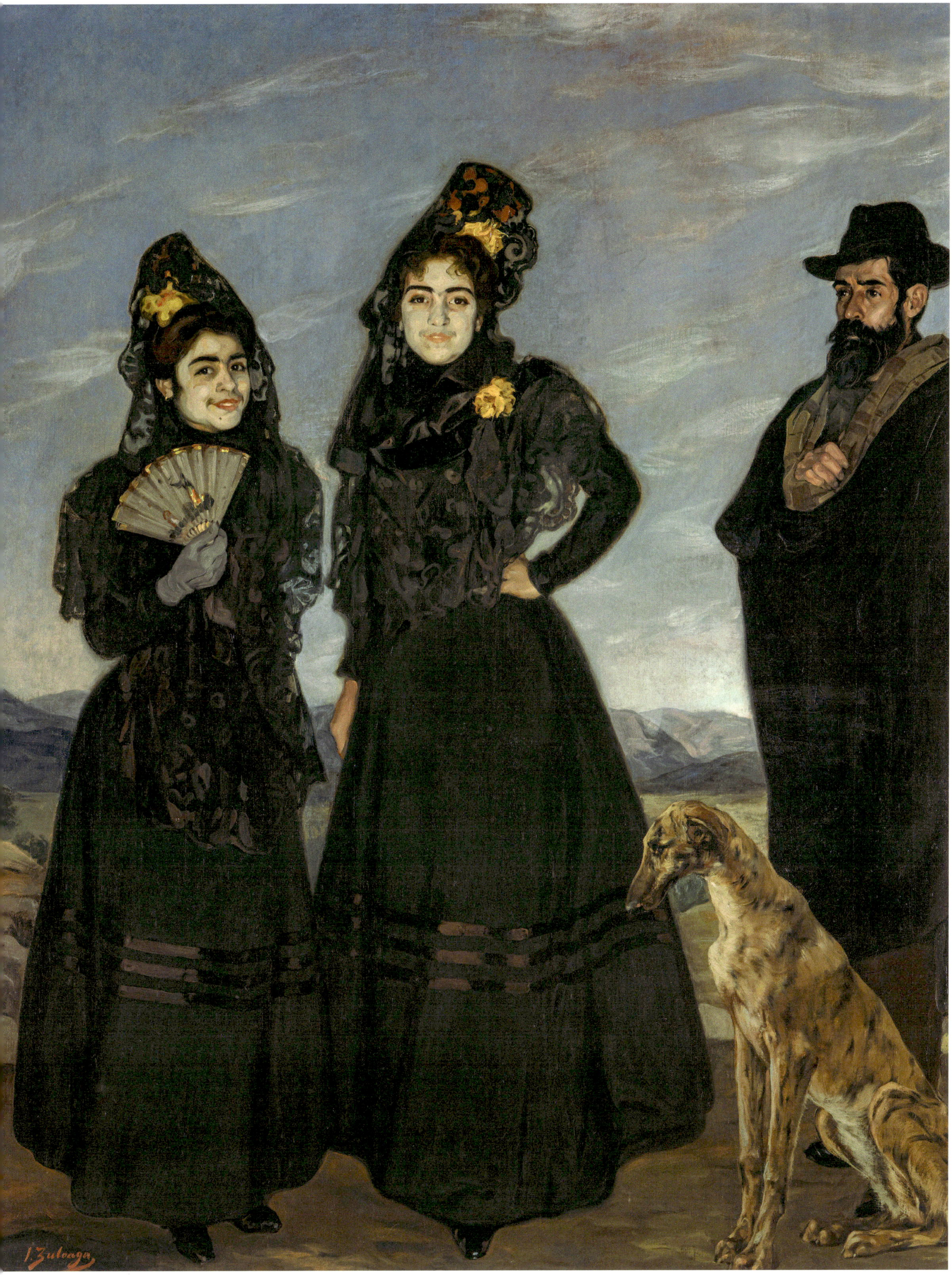
I. Zuloaga

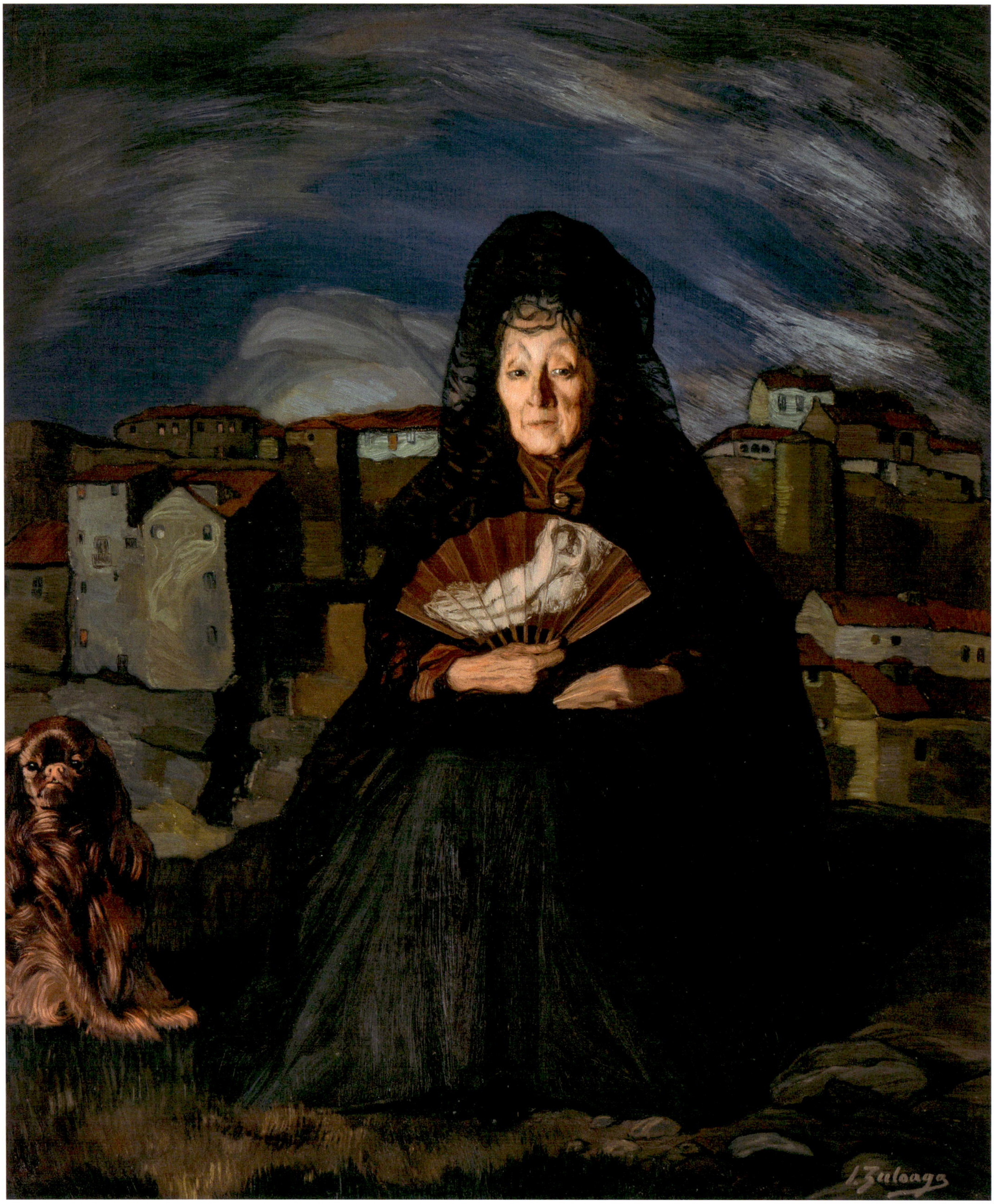

Kat. 18 *Porträt der Doña Rosita Gutiérrez*, 1914/15, Öl auf Leinwand, 166,5 × 140 cm, Museo de Bellas Artes de Bilbao. 1915 durch öffentliche Subskription erworben

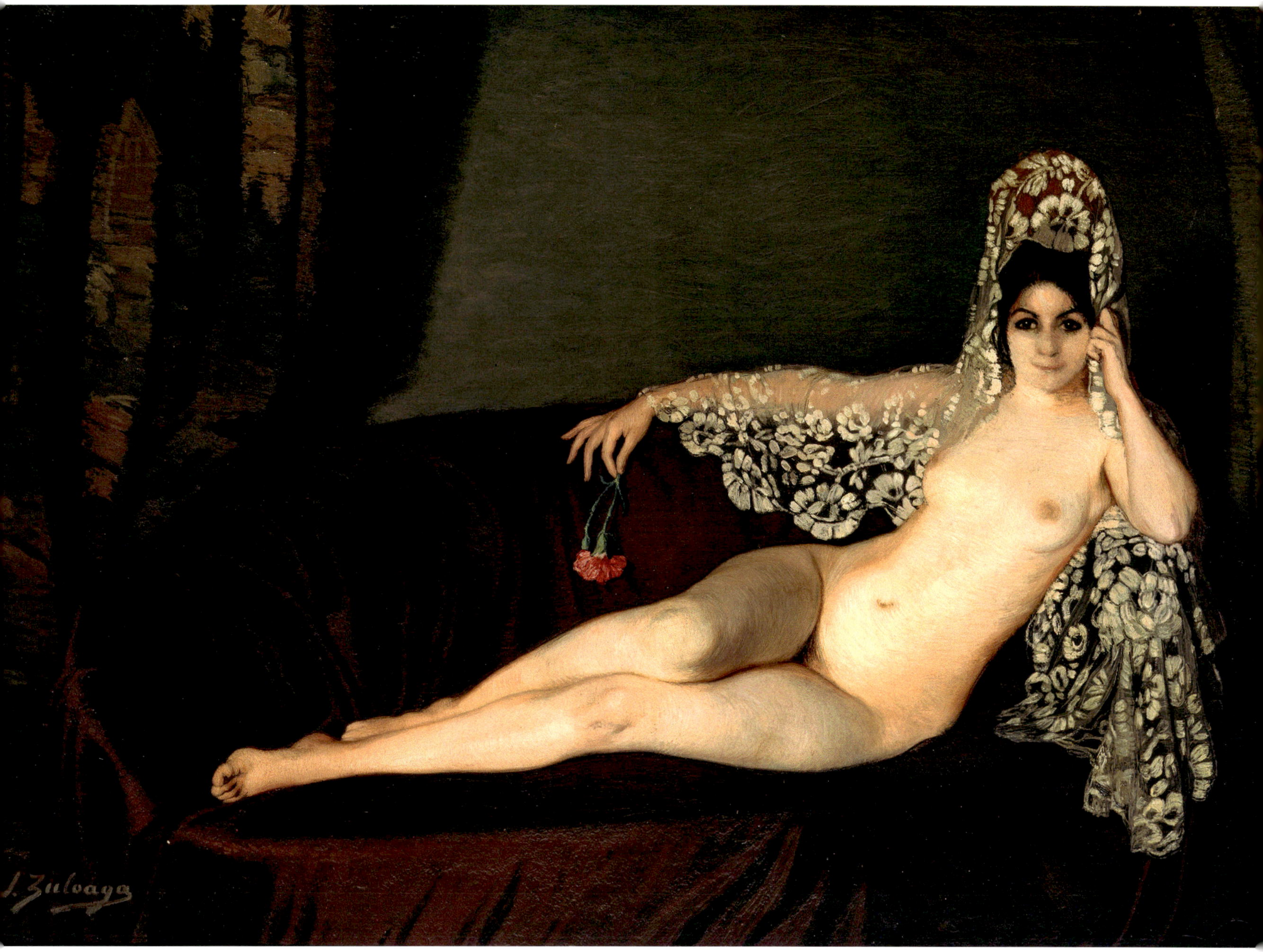

Kat. 19 *Akt mit Nelke*, 1915, Öl auf Leinwand, 131 × 184 cm, Museo Nacional Centro de Arte Reina Sofía, Madrid

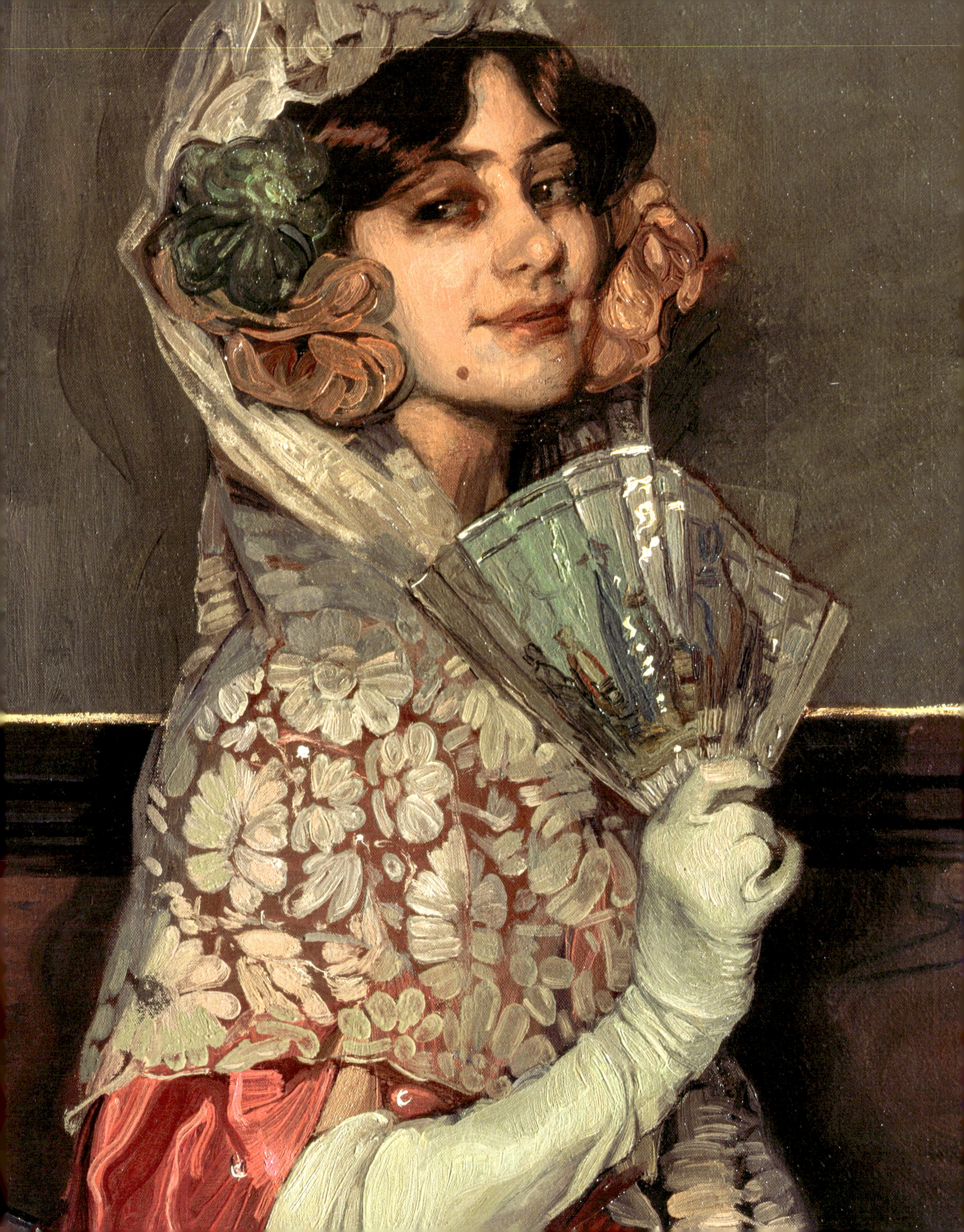

Die Kunst der Verführung

Ignacio Zuloagas Prostitutionsszenen

MIKEL LERTXUNDI GALIANA

Unter den jüngsten Beiträgen, die unser Wissen über Ignacio Zuloaga bereichert haben, war einer der interessantesten die Neucodierung einer umfangreichen Gruppe von Werken, deren Bedeutung im Laufe der Jahrzehnte verfälscht worden war.[1] Themen rund um die Prostitution nahmen nach der 1889 oder 1890 erfolgten Ankunft des Malers in Paris einen breiten Raum in seiner Produktion ein. Nicht selten jedoch blieb die korrekte Lesart eines Bildes hinter seiner vordergründigen Darstellung von Szenen von zeitgenössischer Eleganz oder solchen, die im Sinne des Kostumbrismus auf die Schilderung der Sitten abzielten, verborgen. Die frühesten Beispiele reihen sich ein in Zuloagas Annäherung an den Naturalismus, die er zu Beginn der 1890er-Jahre am Rande der Gesellschaft im Norden von Paris vollzog. Auch das Gemälde *Gegenüber vom Moulin Rouge* (Kat. 2) zum Beispiel wirft die Frage nach der Lesart auf. Es verdeutlicht aber auch die Verwirrung, die aufgrund der Tatsache aufkam, dass manche bis dato leicht verständlichen Deutungsschlüssel an Gültigkeit zu verlieren begannen. Bis das Bild 2019 seinen ursprünglichen Titel zurückerhielt, war es als *Dame im Café* bekannt gewesen, obwohl im 19. Jahrhundert »eine ehrbare Dame solche Etablissements niemals ohne Begleitung aufgesucht hätte«.[2] Aus der damaligen Zeit kennen wir – zumindest in dokumentarischer Form – Werke, in denen Zuloaga das Freudenmilieu weit schonungsloser porträtierte. Gemälde wie *Wenig Glück* und *Die äußeren Boulevards*, die beide um 1892 entstanden, erinnerten die Kritiker seiner Zeit an Vertreter aus anderen Disziplinen, etwa an Autoren wie Émile Zola oder Aristide Bruant.[3] Ersteres zeigt eine entwürdigte Frau, die ihrem Beruf im Morgengrauen nachgeht, Letzteres einen furchteinflößenden Zuhälter.

Bei seinen weiteren Erkundungen des Sujets in Sevilla um die Mitte des Jahrzehnts überführte er die naturalistische Wahrhaftigkeit der Pariser Werke in eine gewisse Doppeldeutigkeit. Der Einfluss James McNeill Whistlers, der bei Zuloaga sichtbar wird, verleiht dessen Szenen mit von Schatten heimgesuchten Frauen einen Hauch von symbolistischer Träumerei. Um 1896 schuf er *Gespräch* (Sammlung Z Espacio Cultural, Zumaia), *Intimes Gespräch* (Verbleib unbekannt) und *Freundinnen* (Kat. 26). Trotz ihrer unterschiedlichen Formate teilen die drei Werke dieselben kompositorischen Elemente und denselben Geist, denn sie alle zeigen Frauenpaare in kahlen Innenräumen mit leicht vertikal gekipptem, in Aufsicht gegebenem Boden, ein atmosphärisches Interesse am Halbdunkel und sanfte Harmonien aus dominierenden Grautönen, aus denen gelbe und rosafarbene Nuancen zaghaft hervorstechen. Etwas Rätselhaftes geschieht auf diesen Bildern. Als *Freundinnen* kurz nach seiner Entstehung ausgestellt wurde, verstörten der unbestimmte Raum und die unbestimmte Handlung so manchen Kritiker, der nicht verstand, was hier eigentlich dargestellt war – oder vielleicht doch, woher gerade sein Unbehagen rührte. Der ungenierte Blick, den eine der

Freundinnen dem Betrachter aus der Bildebene heraus zuwirft – möglicherweise ein frivoles Angebot –, könnte helfen, sich das Thema in gewisser Weise zu erschließen.

Ein solches Unbehagen beim Betrachter auszulösen, war durchaus Absicht in diesen für Zuloaga beruflich so bedeutenden Jahren. Wahrscheinlich waren seine Bestrebungen einer vertieften künstlerischen Auseinandersetzung mit dem Thema, abgesehen von seiner Faszination für die Welt der Prostitution, von der Lust an der Provokation motiviert, die Aufmerksamkeit auf sein Werk lenken sollte. So schrieb der Künstler beispielsweise 1898 von Sevilla aus an Manuel Losada, einen anderen baskischen Maler, mit dem er in Paris eine Wohnung geteilt und gemeinsam Erfahrungen gesammelt hatte, dass er gerade etwas male, das man als eine erste Version von *Die Straße der Liebe* (Abb. 1) verstehen kann, sowie ein weiteres Werk mit der Darstellung der »Herrin eines H...hauses [Hurenhauses], die mit ihrem Papagei spielt«. Zudem sah er voraus, dass es wohl »zu einem Aufruhr kommt, wenn dieses Bild gezeigt wird. Mal seh'n, ob sie mich dann in den Kerker werfen.«[4]

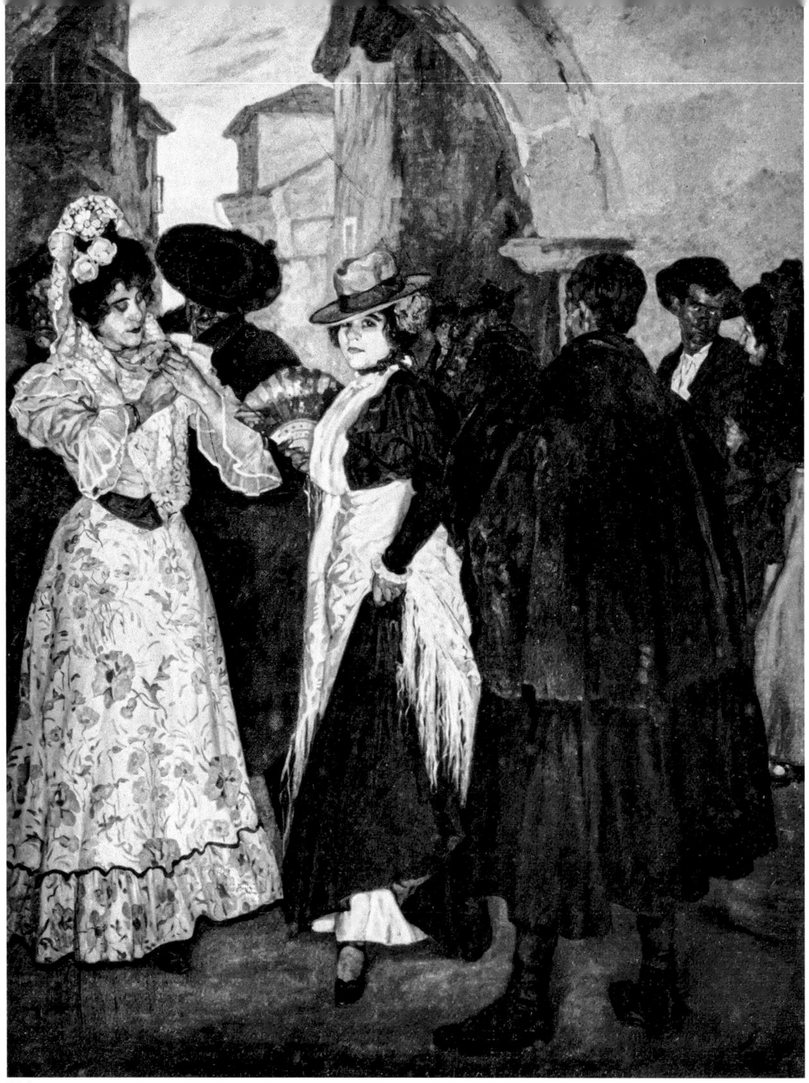

Abb. 1

Mehrere bald darauf in Paris entstandene Werke zeugen weiterhin von einer gewissen Lust an der Brüskierung. Doch die Subtilität so mancher Codes, die seinerzeit eine klare Einordnung ermöglichten, führte dazu, dass seine Szenen der käuflichen Liebe in urbanem Ambiente später nur noch als züchtige Spaziergänge oder als harmloses Picknick im Park verstanden wurden. Näherinnen[5] (früher ein Synonym für Kurtisanen) als Hauptpersonen, die alte Kupplerin, die roten Kleider (die Farbe Rot deutete in der naturalistischen Literatur und Malerei häufig auf das älteste Gewerbe der Welt hin) und der starre Blick eines der Modelle (der wohl dem Absinthkonsum geschuldet ist) lassen das wahre Thema von *Pariserinnen (in Saint-Cloud)* (Kat. 20), *Tante Luisa* (Kat. 21) und *Mittagessen im Wald* (Kat. 22) erahnen. Ersteres Gemälde, über dessen tatsächlichen Inhalt in den Folgejahrzehnten Unkenntnis bestand, wurde seinerzeit von Sammlern immer wieder abgelehnt: Es erregte Anstoß bei dem baskischen Unternehmer Alejandro Anitua, seinem ursprünglichen Adressaten, der beschloss, es an den Maler zurückzugeben – nicht ohne vorher in einem Brief an Joaquín Sorolla seine Ablehnung kundzutun –, und der spätere Besitzer, die Königliche Nationalgalerie in Berlin, sah sich veranlasst, es nachträglich gegen *Spanische Bauern* (Kat. 13) zu tauschen.

Diese drei Werke sind zudem hervorragende Beispiele für den Einfluss, den Édouard Manet in diesen ersten Jahren des neuen Jahrhunderts auf Zuloaga ausübte: Außer an der Darstellung des modernen Lebens erkennt man dies an der Bedeutung der Figuren im Vordergrund, dem Aufbau des Bildes mittels umfangreicher Farbmassen und den breiten und spontanen Pinselstrichen. Alles Eigenschaften, die in *Der Schwerenöter* aus dem Jahr

Abb. 1 Ignacio Zuloaga: *Die Straße der Liebe*, abgedruckt in: *Le Figaro illustré*, 161, August 1903

Abb. 2 Ignacio Zuloaga: *Der Schwerenöter*, 1906, Öl auf Leinwand, 195 × 184 cm, Galleria Nazionale d'Arte Moderna e Contemporanea, Rom

1906 (Abb. 2) ebenfalls sichtbar werden, einem etwas späteren Rückgriff auf frühere Werke desselben Themas: Zu sehen ist ein lüsterner alter Mann, der zwei Prostituierte in klarer Absicht verfolgt. »Der wache Ausdruck der jungen Frauen, die dem Müßiggang zu frönen scheinen, verrät uns mit einem einzigen Blick mehr als ein ganzes Kapitel von Flaubert, Zola oder Maupassant«, behauptete ein zeitgenössischer Kritiker.[6] Dies beweist eindeutig, dass damals kein Zweifel an den Rollen der Figuren Zuloagas bestand – oder zumindest nicht unter Eingeweihten.[7]

Wenn der Künstler das Thema in spanischen Szenen entfaltete, brachte er Doppeldeutiges und Eindeutiges miteinander in Einklang. Bereits unter seinen frühesten Werken finden sich nicht wenige, die ebenfalls aus dem Repertoire von Begehren und Verführung schöpfen. Die Verbindung zur Prostitution jedoch bleibt eher vage. In den meisten Fällen arbeitete Zuloaga das Klischee der verführerischen Spanierin heraus, die den Betrachter mit ihrem ausdrucksstarken Blick und einem Lächeln anspricht oder fesselt und Botschaften der Anziehung und des Begehrens aussendet. Mit der von dem Kritiker Gustave Geffroy formulierten Wendung von den »Augen, die vor Verheißung und Arglist funkeln«[8] lässt sich eine umfangreiche Gruppe von Gemälden beschreiben. Unter diesen sticht *Die mit dem Fächer* (Kat. 25) aufgrund seiner Qualität besonders hervor, doch gehören auch verschiedene Porträts dazu, die Zuloaga von seinen Cousinen anfertigte (Kat. 45, 46).

Abb. 2

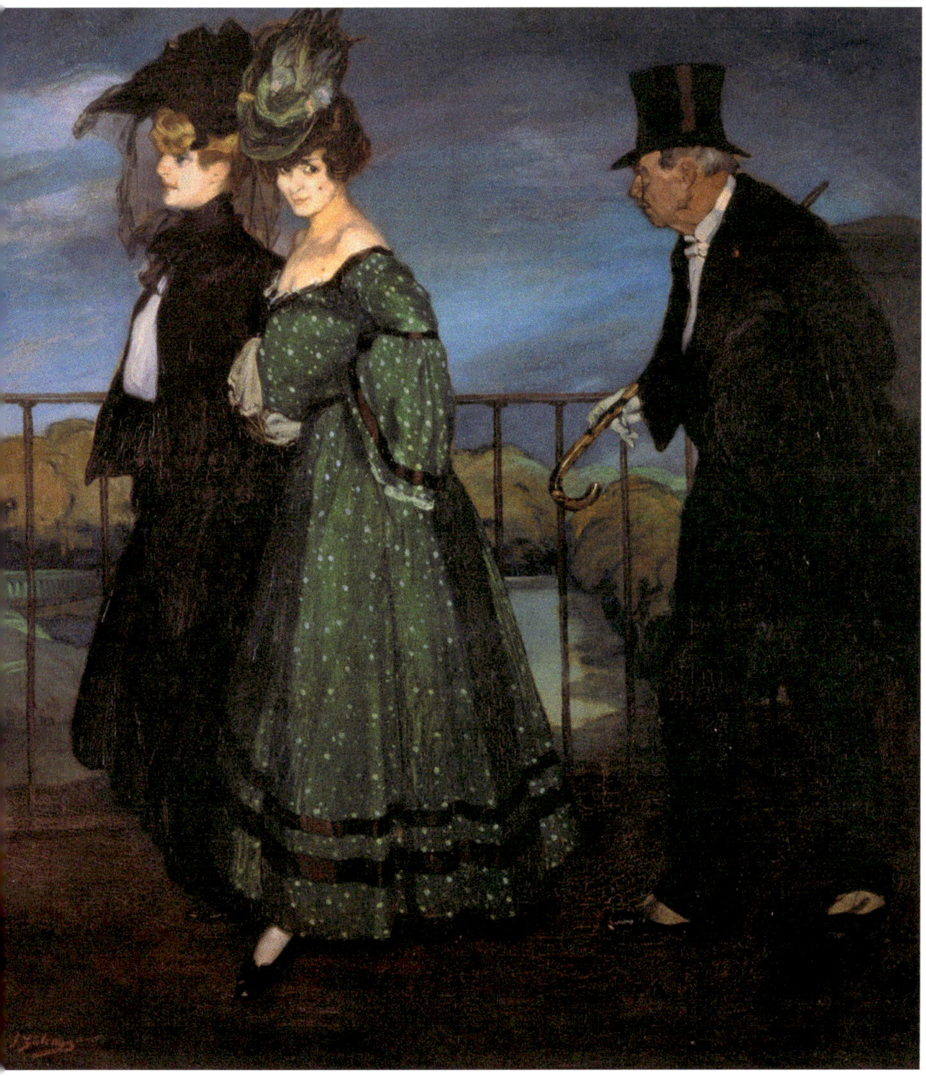

All diese ambivalenten Andeutungen gewinnen in einer weiteren Gruppe von Bildern aus jener Zeit an Klarheit, darunter etwa *Die Straße der Leidenschaften* (Abb. 3), eine überarbeitete Version von *Die Straße der Liebe* aus dem Jahr 1900. Beide zeigen eine Abfolge von Szenen, die sich scheinbar unabhängig voneinander abspielen. In dieser Verdichtung liegt jedoch die Kraft einer Neuschöpfung, die über die Wirklichkeit hinausweist, um sie zu übertreffen. Zuloaga präsentiert von links nach rechts ein Paar, das sich handelseinig zu werden sucht, gefolgt von zwei Frauen, die hoffen, die Aufmerksamkeit eines Betrachters außerhalb des Bildes auf sich ziehen zu können, und ihn mit theatralischer Pose, direktem Blick und dem Heben des Rocks zur Teilnahme auffordern, und schließlich einem zweiten Paar, bei dem sich die durch Überredung erzielte Übereinkunft bereits in körperlichen Handlungen manifestiert. Weitere Figuren durchmessen das Bild in Leserichtung: der bucklige Gitarrenspieler und der alte Blumenhändler.[9] Praktisch alle Modelle, die in dieser Szene begegnen, sind auch in Zuloagas sevillanischen und segovianischen Bildern vom Beginn des neuen Jahrhunderts auszumachen, auch wenn sie sich hier ausnahmsweise mit einem als kastilisch erkennbaren, nur leicht abgewandelten Hintergrund verbinden, der Ortschaft Lerma.

Zeitlich lediglich etwas später, wenn auch vom Bedeutungsgehalt weit entfernt anzusetzen ist *Die*

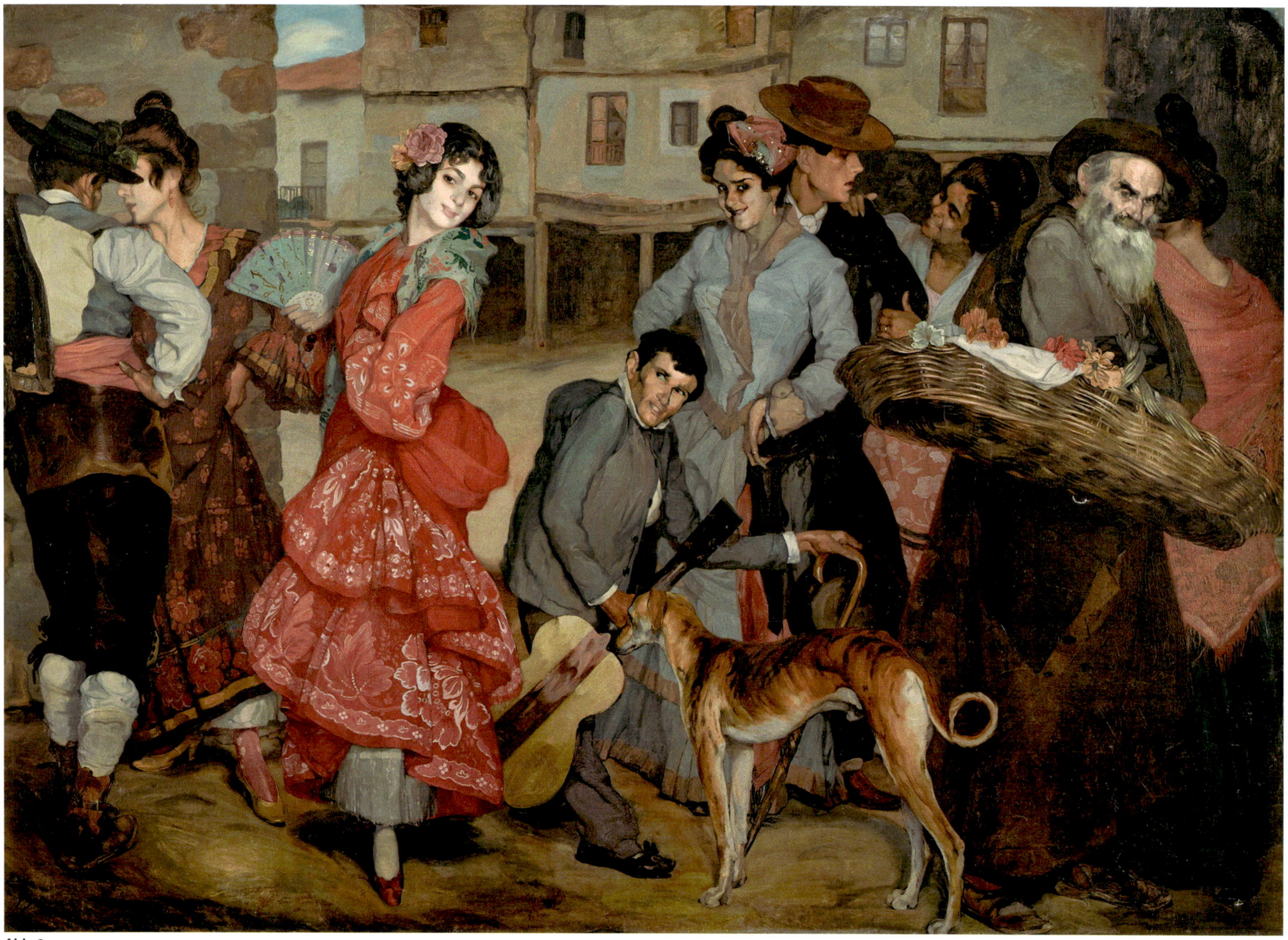

Abb. 3

Kupplerin (Celestina) (Kat. 24). Das Thema der Kuppelei hat hier die pittoresken Züge abgestreift, die ihm auf mehreren um die Jahrhundertwende geschaffenen Bildern anhafteten. Dies führt zu einer großen Tiefe, wie sie das reife Werk des Künstlers kennzeichnen sollte. Bordellsujets waren in der modernen französischen Malerei sehr beliebt – vor allem bei einigen Kollegen, mit denen Zuloaga Umgang pflegte, darunter Edgar Degas und Henri de Toulouse-Lautrec. An ihnen hat er sich offenbar für die schonungslose Darstellung der täglichen Arbeit einer Kurtisane orientiert. Halb nackt und ausgezehrt, scheint diese wohl über ihre vergängliche Schönheit nachzudenken. Sie bringt zudem einen gewissen Überdruss angesichts des neuen Tages zum Ausdruck, für den sie sich vorbereiten muss. Das Lächeln, die Blicke, die ganze trügerische Freude an der Verführung, all dies verliert sich in der Intimität dieser düsteren Atmosphäre, wodurch sich die schäbige und schmerzvolle Kehrseite ihres Berufs offenbart.

Trotz allem finden sich in Zuloagas nachfolgenden Gemälden verschlüsselte Botschaften, manchmal nur wie zu seinem eigenen Vergnügen. Das *Porträt der Doña Rosita Gutiérrez* (Kat. 18) zum Beispiel wurde durch öffentliche Subskription für das Museo de Bellas Artes de Bilbao erworben, doch zweifellos in absoluter Unkenntnis des eigentlich dargestellten Motivs. Gelesen wurde es als Abbild der spanischen Urwüchsigkeit, während es sich, wie Zuloaga einem seiner Biografen ver-

Abb. 3 Ignacio Zuloaga: *Die Straße der Leidenschaften*, 1904, Öl auf Leinwand, 202 × 296 cm, Privatsammlung

riet, in Wirklichkeit um eine in Paris lebende Dirne, »Kupplerin und Vermittlerin von Kurtisanen« handelte.[10]

Um die Jahrhundertwende war Zuloaga natürlich nicht der einzige spanische Künstler, der die Prostitution darstellte. Sein Erfolg beflügelte viele andere, sein Repertoire an Ausdrucksformen, darunter sowohl die mehrdeutigen als auch die schonungslosen, zu übernehmen. Nicht selten jedoch verblasst die Inszenierung der doppeldeutigen und sinnlichen Verführung bei seinen Nachahmern zu einer leeren Hülle, die vielleicht noch pittoresk und exotisch anmutet, der sie aber im Unterschied zu Zuloaga selbst kein Leben einzuhauchen vermochten.

1 Vgl. Mikel Lertxundi Galiana: »Zuloaga antes de Zuloaga (1870–1898)«, in: *Zuloaga 1870–1945*, bearb. von dems. und Javier Novo González, Ausst.-Kat. Museo de Bellas Artes de Bilbao 2019, S. 15–51; ders.: »París«, in: ebd., S. 177 f.; ders.: »La calle de las pasiones«, in: ebd., S. 221 f.

2 Isolde Pludermacher und Claire Dupin de Beyssat (Hrsg.): *Abécédaire de la prostitution au XIXe siècle. Splendeurs et misères*, Paris 2015, S. 17.

3 Jules Parisot: »Los vascongados en el Extranjero«, in: *La voz de Guipúzcoa*, San Sebastián, 19. 4. 1892, S. 1; Jules Christophe: »Salon des Artistes Indépendants«, in: *La Plume. Revue littéraire et artistique bi-mensuelle*, Paris, März 1892, S. 156–158.

4 Brief von Ignacio Zuloaga an Manuel Losada, Sevilla, 6. 11. 1898, Privatarchiv.

5 »Zwei Grisetten oder Näherinnen, mit erkennbaren Spuren des Lasters« waren nach seiner Aussage auf den Bildern zu sehen; Brief von Alejandro Anitua an Joaquín Sorolla, Lekeitio, 16. 9. 1900, Archiv des Museo Sorolla, Madrid, CS/0213.

6 Sebastián Cruset: »La exposición Zuloaga en Nueva York«, in: *La Ilustración artística*, Barcelona, 14. 6. 1909, S. 398.

7 So berichtet der Journalist Luis Araquistain über den Besuch der Zuloaga-Ausstellung in München durch die spanische Infantin María de la Paz de Borbón, Gattin von Ludwig Ferdinand von Bayern, Anfang des Jahres 1913: »Sie ist eine biedere Dame ohne intellektuelle Ansprüche. [...] Sie ist vor einem Gemälde stehen geblieben, das Christus und eine Prostituierte darstellt; Zuloaga hatte es vor Jahren in Toledo gemalt. Und die gute Infantin meinte im Ton eines freundlichen Vorwurfs, ohne des sozialen Status oder des Alters der Dargestellten gewahr zu werden: – Was für ein Mann! Wer kommt nur auf den Gedanken, dieses arme ›Mädchen‹ zusammen mit unserem Herrn abzubilden? Zuloaga grinst verschlagen und fährt unverändert offenherzig mit der Erläuterung einiger Besonderheiten seiner Werke fort.« Luis Araquistain: »Un día con Ignacio Zuloaga: el hombre y la obra«, in: *Fray Mocho*, Buenos Aires, 48, 7. 3. 1913, S. 47 f.

8 Gustave Geffroy: »Les Salons de 1899. VIII. Evenepoel et Zuloaga«, in: *Le Journal*, Paris, 30. 4. 1899, S. 1 [5].

9 Lertxundi Galiana: »La calle de las pasiones« (wie Anm. 1), S. 222.

10 Brief von Ignacio Zuloaga an Christian Brinton, Zumaia, 4. 9. 1916; zit. nach Mikel Lertxundi Galiana und Javier Novo González: »Zuloaga (1898–1924)« in: Ausst.-Kat. Bilbao 2019 (wie Anm. 1), S. 53–105, hier S. 103, Anm. 199.

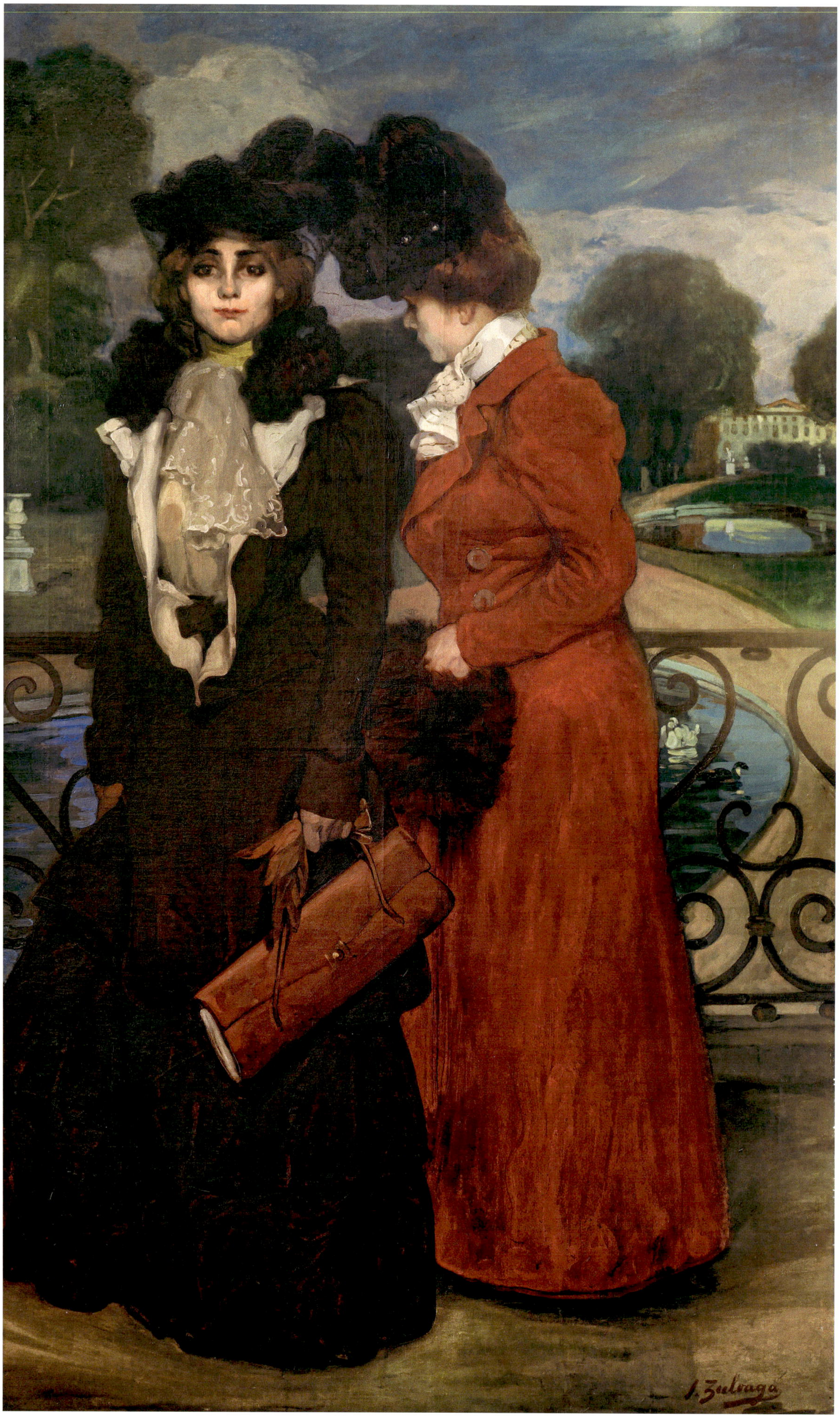

Kat. 20 *Pariserinnen (in Saint-Cloud)*, 1900, 185 × 115 cm, San Telmo Museoa, Donostia / San Sebastián

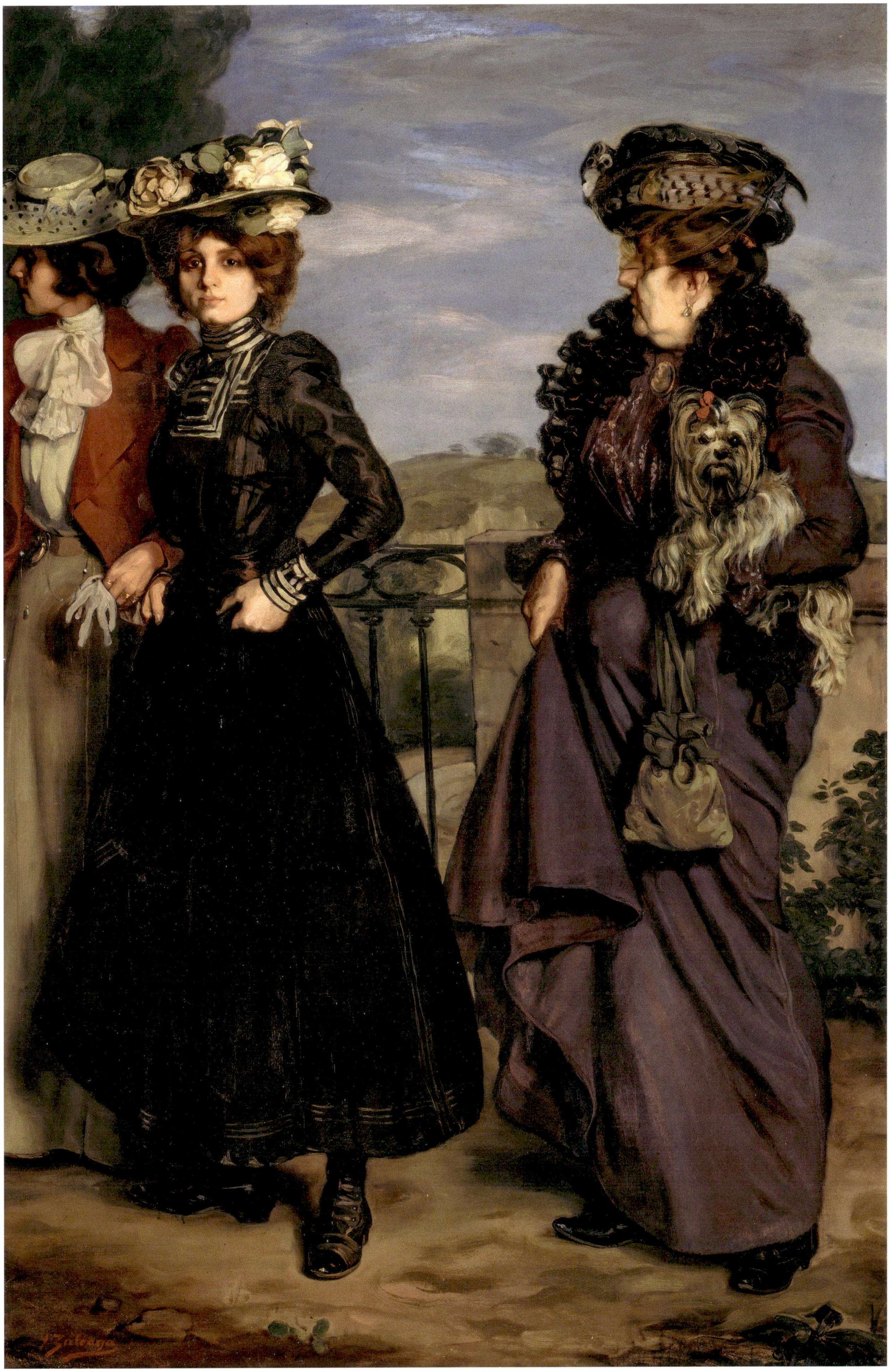

Kat. 21 *Tante Luisa*, 1901, Öl auf Leinwand, 199,5 × 134 cm, Fondazione Musei Civici di Venezia, Galleria Internazionale d’Arte Moderna di Ca’ Pesaro

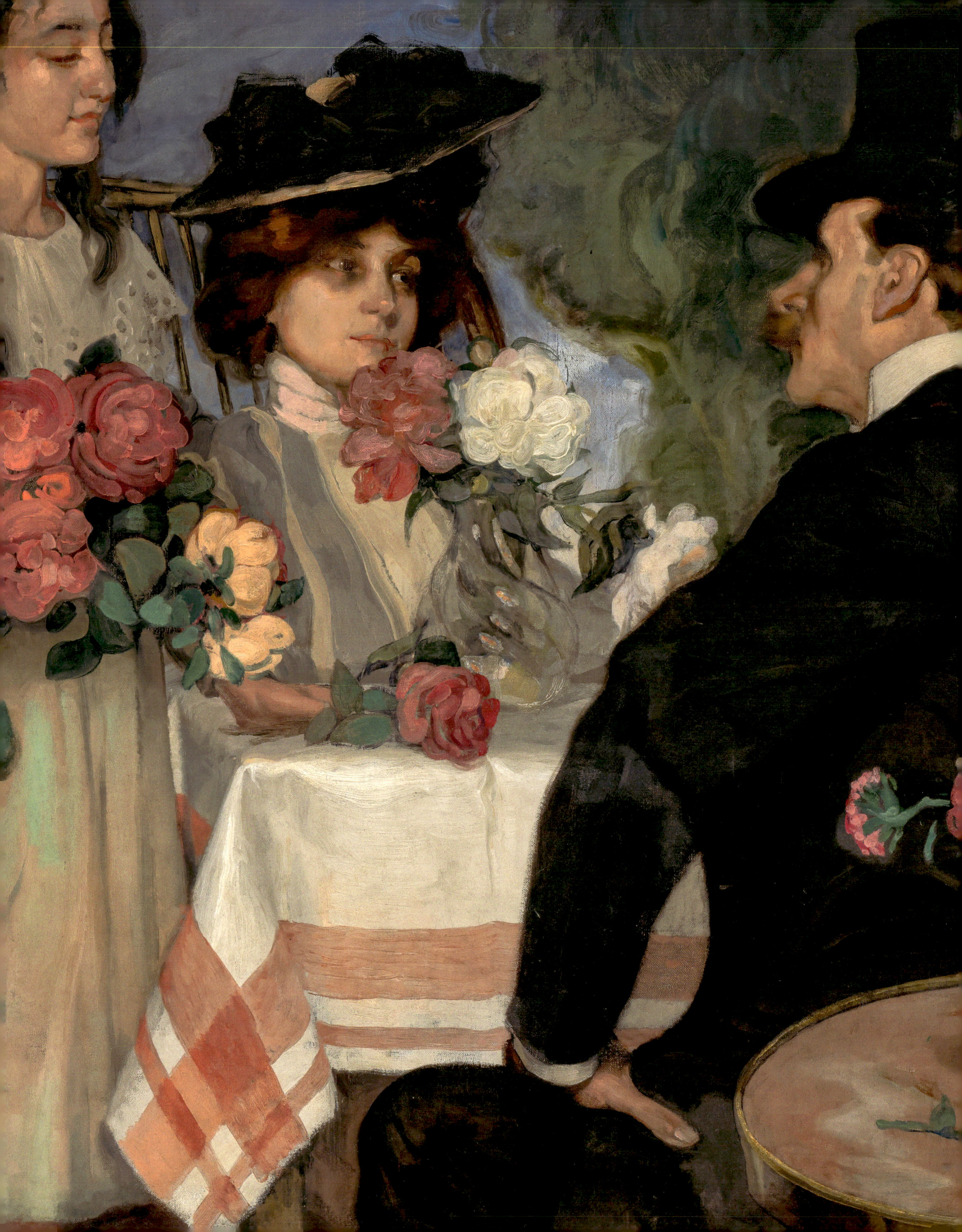

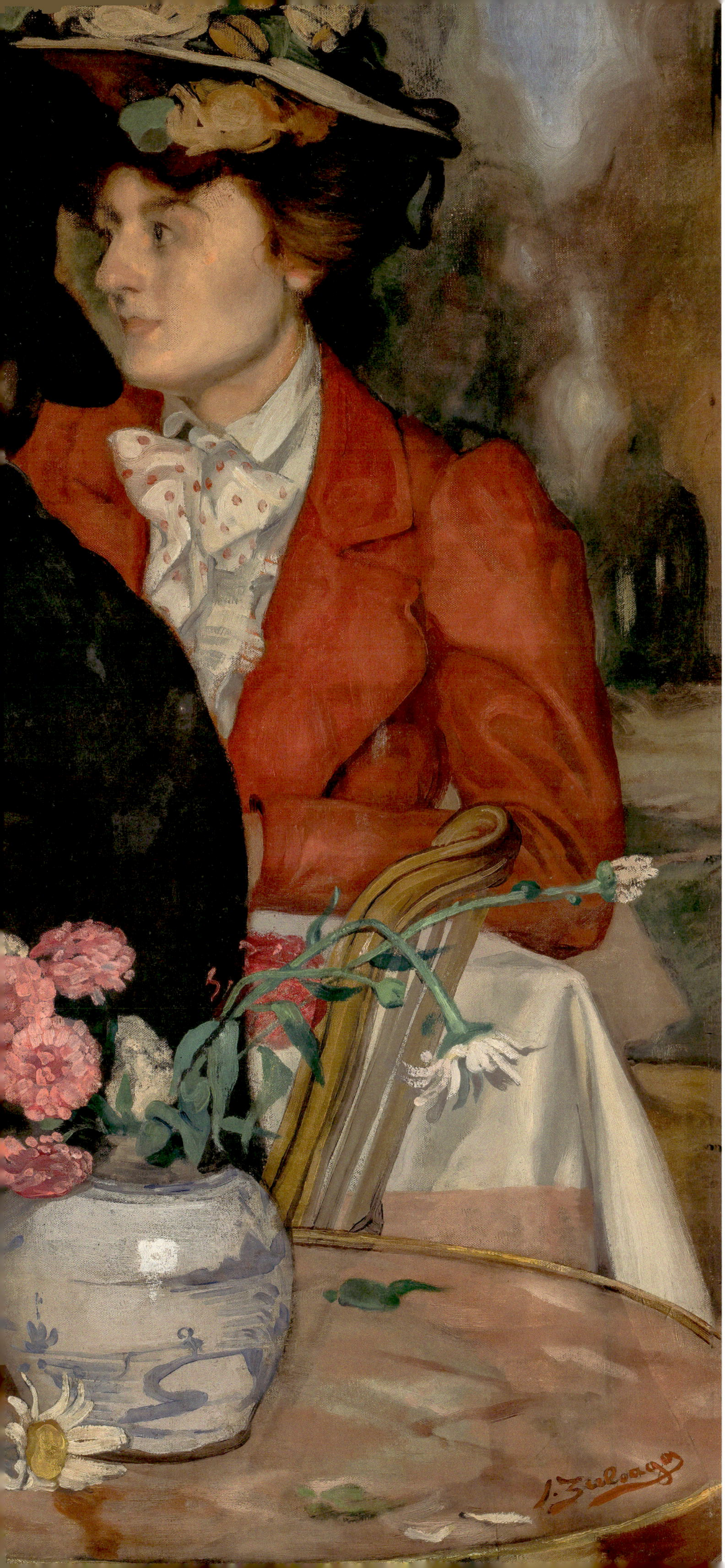

Kat. 22 *Mittagessen im Wald*, 1901, Öl auf Leinwand, 89 × 116 cm, Privatsammlung

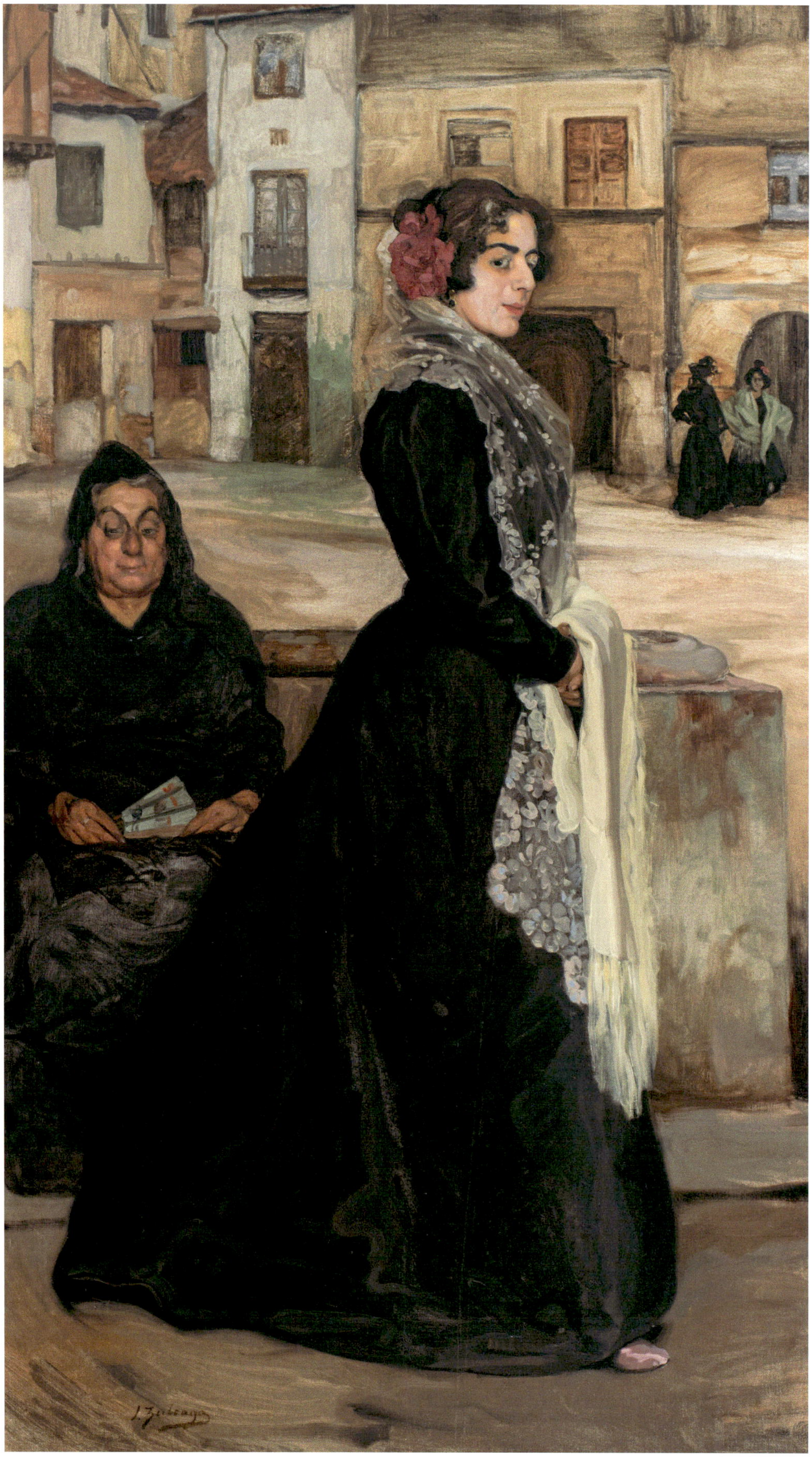

Kat. 23 *Lola, die Gitana*, um 1901, Öl auf Leinwand, 195,5 × 115 cm, Raczyński-Stiftung am Nationalmuseum in Posen

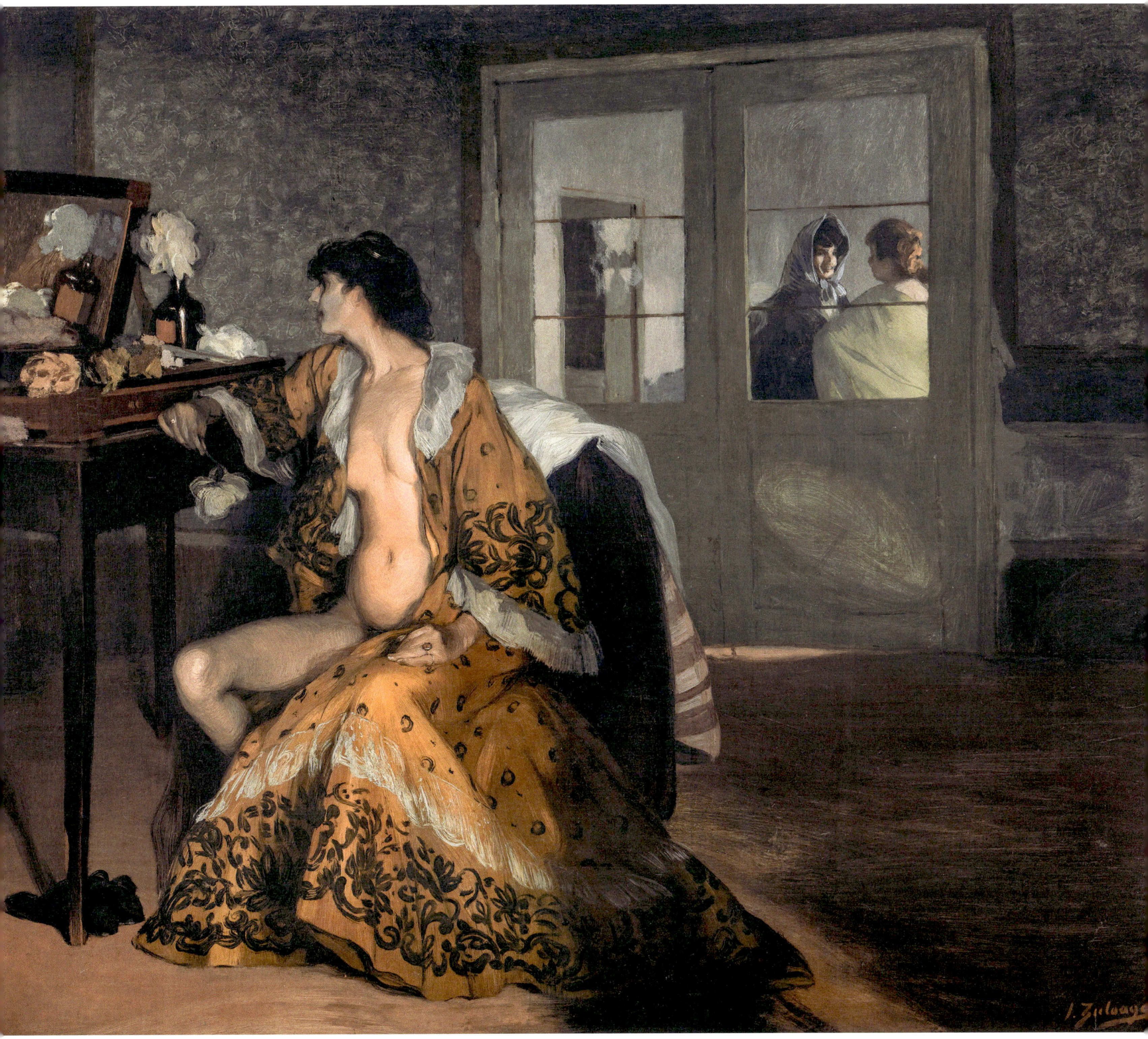

Kat. 24 *Die Kupplerin (Celestina)*, 1906, Öl auf Leinwand, 151 × 180,5 cm, Museo Nacional Centro de Arte Reina Sofía, Madrid

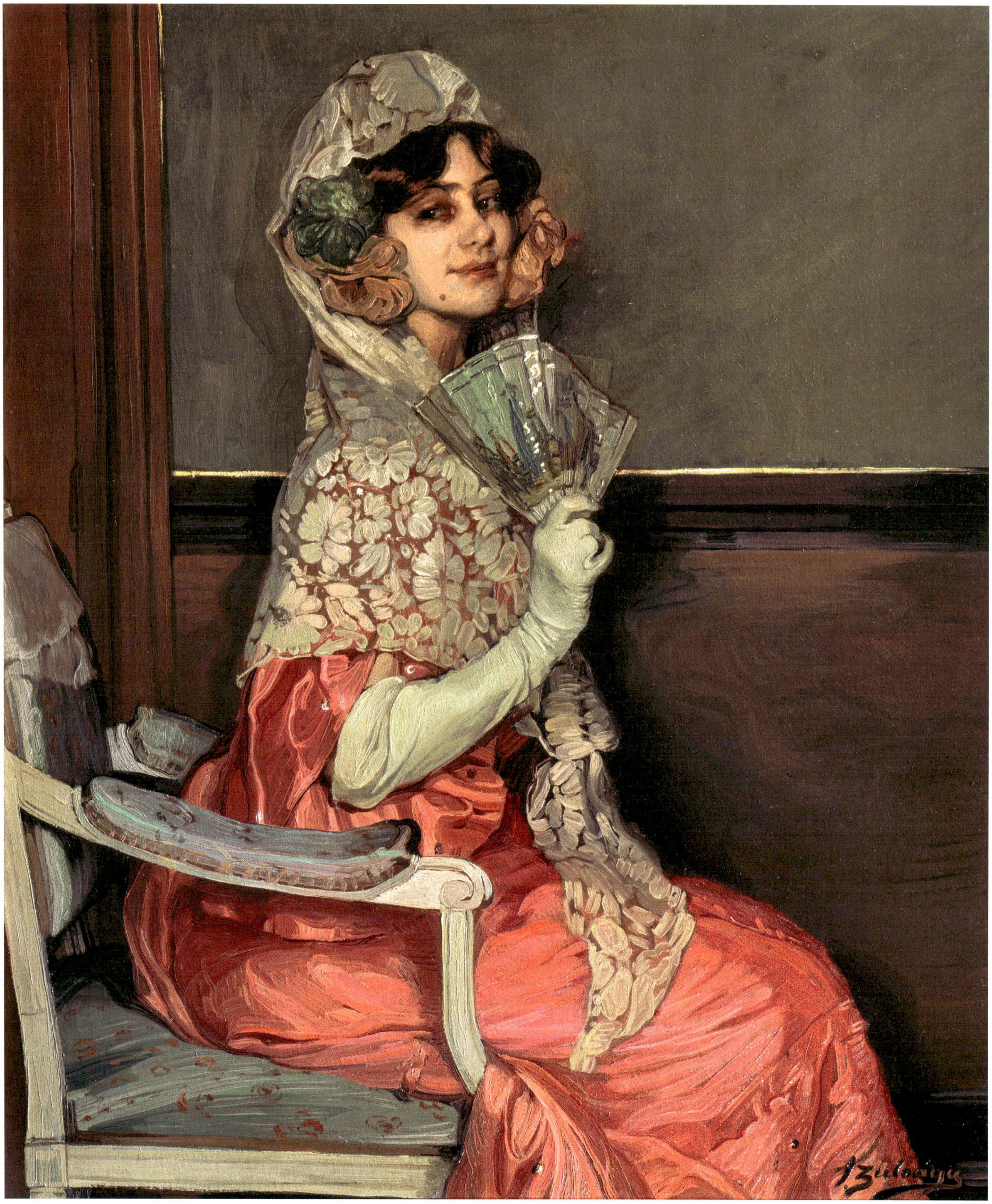

Kat. 25 *Die mit dem Fächer*, 1906, Öl auf Leinwand, 115 × 100 cm, Sammlung Casacuberta Marsans

Kat. 26 *Freundinnen*, um 1896, Öl auf Leinwand, 221 × 170 cm, Museu Nacional d’Art de Catalunya, erworben in der *3ª Exposición de Bellas Artes é Industrias Artísticas*, Barcelona, 1896

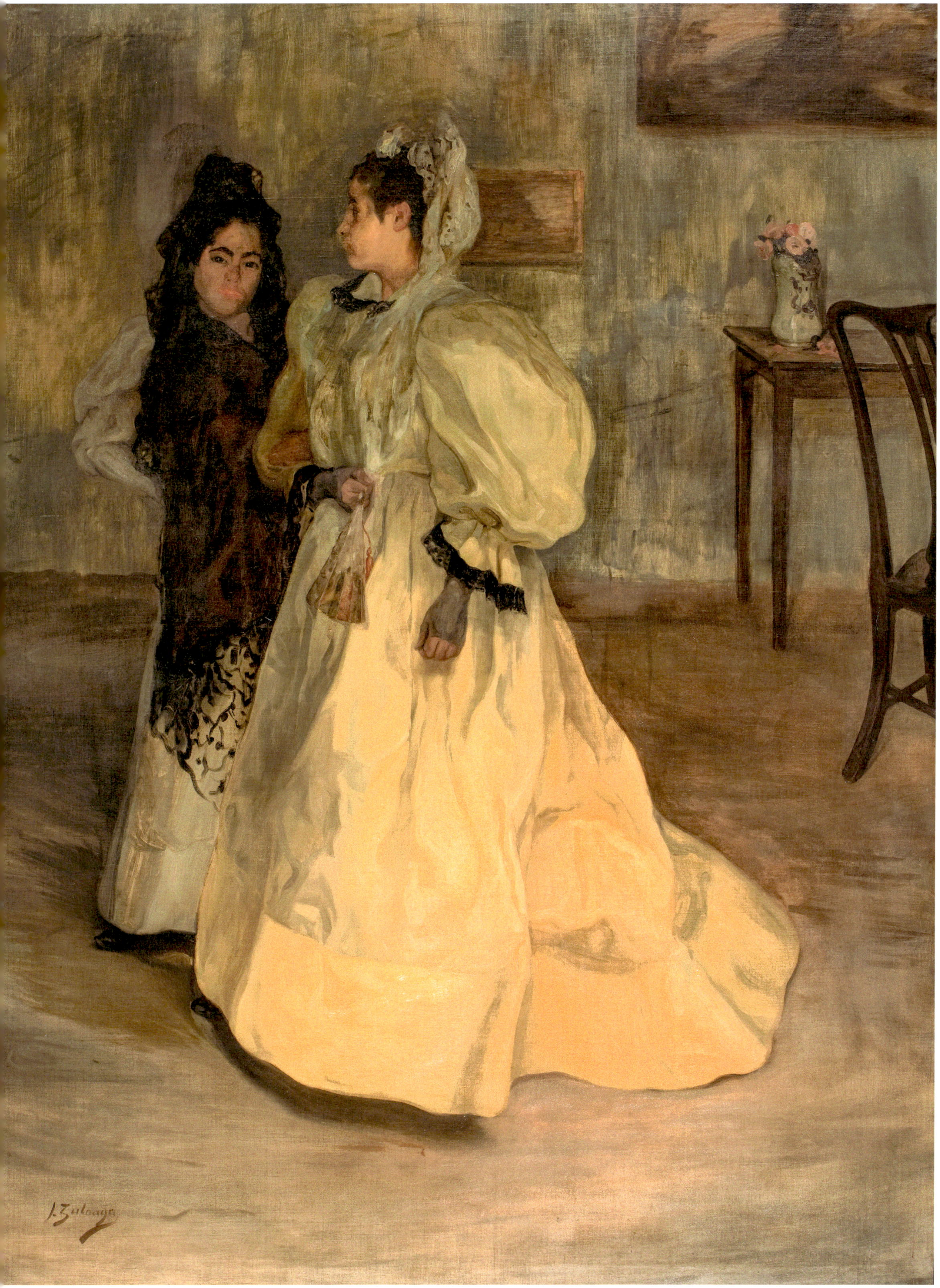

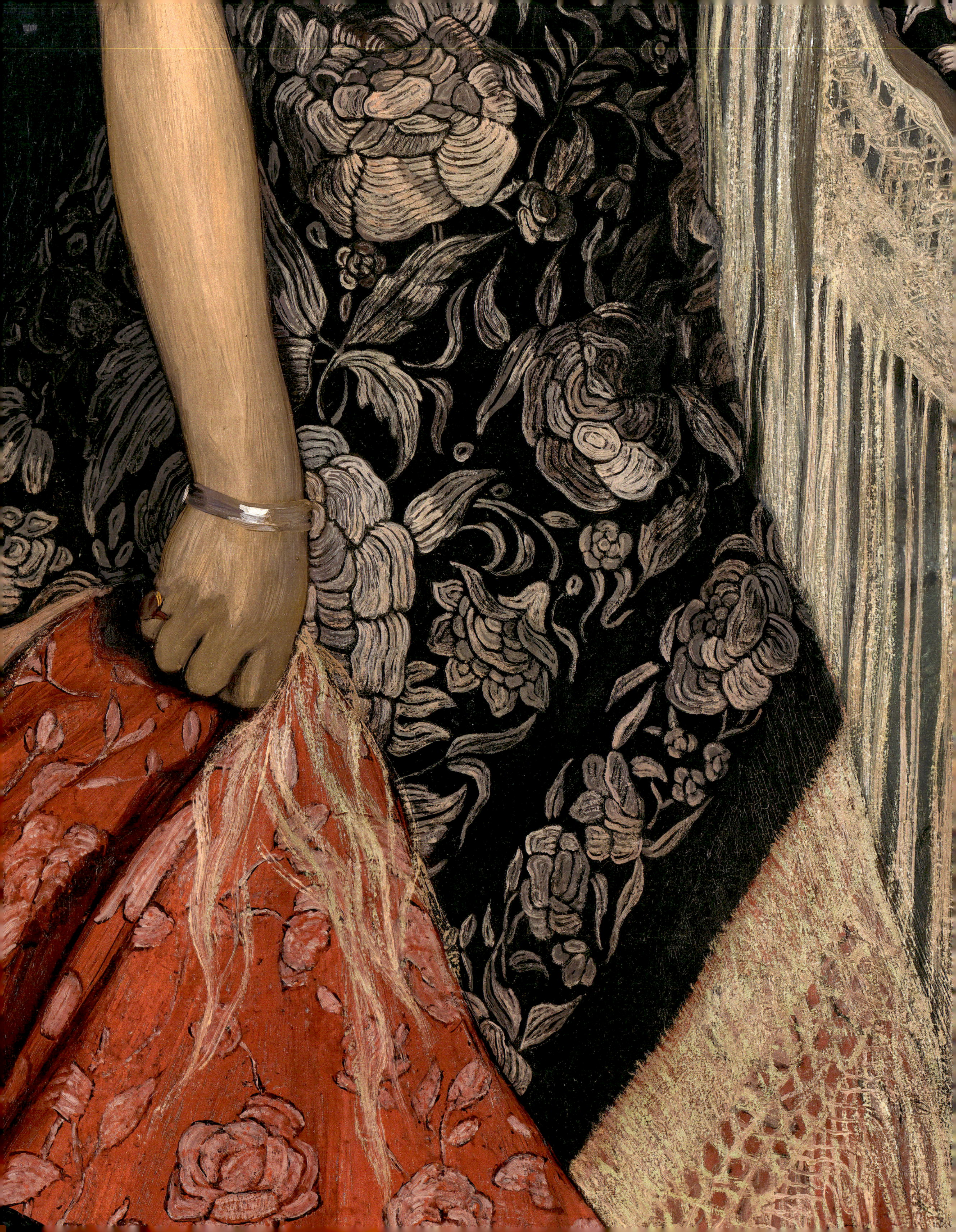

Von Tänzerinnen und Wahrsagerinnen

Ignacio Zuloaga auf Spurensuche im südlichen Spanien

CHARLOTTE EWERS

Das Jahr 1925 startete für Ignacio Zuloaga mit einem fulminanten Erfolg: Zu seiner Einzelausstellung in den Reinhardt Galleries in New York hatten sich neben namhaften Politikern und Kunstmäzen:innen auch persönliche Bekannte wie die Stummfilmschauspielerin Julia Hoyt und die Ehefrau des berühmten Stierkämpfers Juan Belmonte zusammengefunden, um die 52 präsentierten Werke zu bewundern. Zuloaga traf mit seinen Darstellungen einer inszenierten »echten« spanischen Lebensweise anscheinend gerade bei einer wohlhabenden Klientel außerhalb seines Heimatlands einen Nerv. Wer Rang und Namen hatte, wollte sich von dem spanischen Maler porträtieren lassen oder eines seiner Werke für die private Kunstsammlung erwerben.[1] Dazu gehörte auch Alvan T. Fuller, Gouverneur von Massachusetts und Automobilmagnat, der Zuloaga bereits während einer Spanienreise kennengelernt hatte. Für seine neu gegründete Kunstsammlung erwarb er gleich drei Gemälde von Zuloaga: *Baskischer Dorfbewohner*, *Angustias mit weißer Mantilla* und *Gitano-Tanz*.[2]

In *Gitano-Tanz* (vgl. Abb. 1) ist eine lebhafte Gesellschaft von sieben Frauen und einem Gitarrenspieler zu Tanz und Musik zusammengekommen. Die für die Gitanas, spanische Roma, typische Tracht aus bunten Volantröcken und Mantones[3] sowie die Musikinstrumente wecken Assoziationen an eine Flamenco-Aufführung. Doch bei genauerem Hinsehen wird deutlich, dass hier keine klassische Bühnenszene dargestellt ist und die beiden Gruppen aus auftretenden Gitanos und Zuschauerinnen miteinander verschmelzen. So bewegt sich zu den Klängen der beiden Musizierenden mit Tamburin und Gitarre auf der linken Seite des Bildes nicht nur eine Tänzerin im Rhythmus der Melodie, sondern auch zwei Frauen auf der rechten Seite beteiligen sich an der Darbietung. Lediglich die Damen im Hintergrund der Szene stimmen nicht in die Musik mit ein, zwei von ihnen tauschen Geheimnisse untereinander aus. Ihre Blicke sind wie die der meisten anderen auf die Tänzerin gerichtet, welche selbst aus dem Bildraum hinausschaut. Gemeinsam mit der Frau im hellblauen Kleid, die vielleicht für einen Augenblick ihr Kastagnettenspiel unterbrochen hat, scheint sie Zuschauer:innen außerhalb des Geschehens zu suchen, um sie in das Fest miteinzubeziehen.

Zuloaga platzierte die Szene auf einer Terrasse mit Blick über das Darro-Tal auf die Gebäude der Alhambra in Granada. Diese Verortung lässt darauf schließen, dass es sich um Sacromonte handelt, einen Stadtteil, dem sich insbesondere Gitanos eng verbunden fühlten. Es ist die einzige uns bekannte Tanzszene Zuloagas, deren Geschehen sich eindeutig in Andalusien lokalisieren lässt – der Heimat des Flamencos. Denn wenn auch dessen Herkunft umstritten ist, so ist doch belegt,[4] dass es sich dabei um einen aus Südspanien stammenden Tanz handelt, der vor allem von den dort ansässigen Gitanos mitgeprägt wurde.[5] In der ursprünglichen Fassung des Gemäldes öffnete sich der Blick über die

Terrasse noch in die Ferne. Erst nachträglich fügte Zuloaga die städtische Festungsarchitektur zur Begrenzung des Hintergrunds hinzu, sodass der Fokus verstärkt auf die Begebenheiten im Vordergrund gelenkt wurde (Abb. 1).

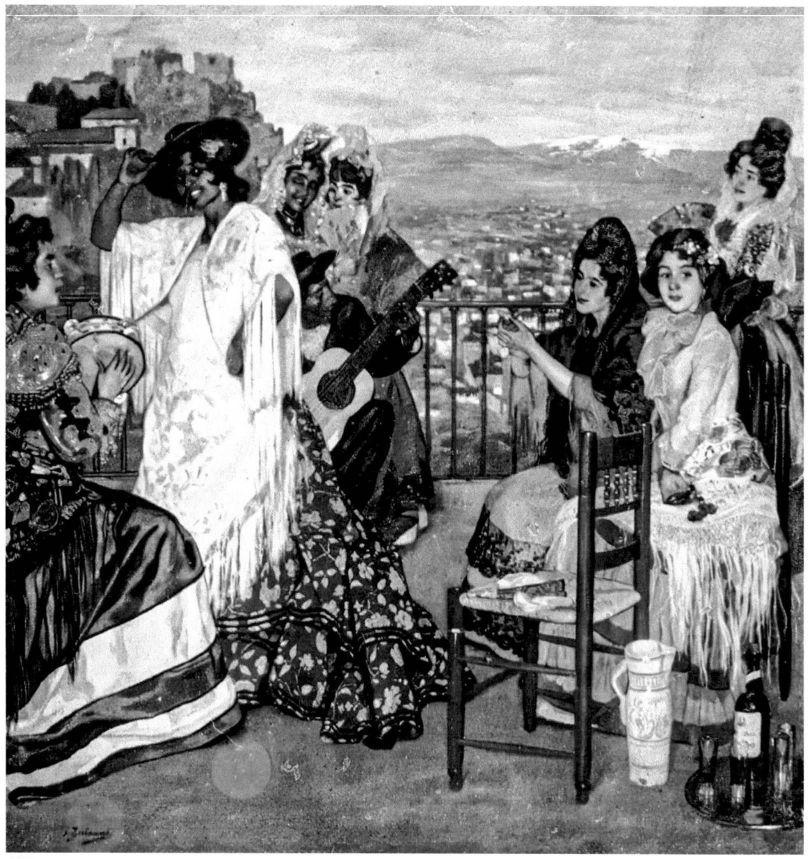

Abb. 1

Die Aufhebung der Grenze zwischen den Performenden und dem Publikum lässt sich im Hinblick auf Zuloagas persönliche Nähe zu den Gitanos lesen. Deren vor allem in Andalusien verbreitete Kultur, insbesondere der Flamenco und der Stierkampf, gehörte für Zuloaga – wie die Traditionen der Landbevölkerung in Kastilien – zum ursprünglichen Spanien, welches er in seiner Kunst bewahren wollte.[6] Um in die Welt dieser Sitten, Bräuche und Mythen einzutauchen, hielt er sich ab 1892 wiederholt in Sevilla in einer Gemeinschaft von Gitanos auf. Hier führte er, wie er es selbst in einem Brief an seinen zukünftigen Schwager beschrieb, »das Leben eines echten Gitanos«, ließ das moderne Paris mit seinen Bequemlichkeiten hinter sich, um »auf Spanisch und Spanien« zu malen.[7] Bis 1904 kehrte der Künstler regelmäßig dorthin zurück, lernte Caló, die Sprache der iberischen Roma, und ließ sich zum Stierkämpfer ausbilden. Er knüpfte Freundschaften mit den Gallo-Ortegas, einer Stierkämpfer-Dynastie, die ihn zu seinem Gemälde *Familie des Gitano-Stierkämpfers* (1903, The Hispanic Society Museum and Library, New York) inspirierte, sowie mit der Tänzerin Agustina Escudero Herida, deren Tochter Pepita García Escudero er Jahre später in *La Faraonica (Gitana in Blau)* (1919, Privatsammlung) ebenfalls porträtierte.[8]

Zunächst im privaten Ambiente praktiziert, hatte sich der Flamenco ab der zweiten Hälfte des 19. Jahrhunderts auch im öffentlichen Raum, in den sogenannten *café cantantes*, zu einer »Kunstform im Dialog mit Musik und Gesang« sowie Tanz entwickelt.[9] Ob *Gitano-Tanz* eine öffentliche oder eine private Aufführung zeigt, ist nicht eindeutig zu bestimmen. Jedoch ist auffällig, dass es sich bei dem Gemälde um das einzige Werk Zuloagas handelt, welches eine Tanzszene draußen und abseits einer Bühne wiedergibt.

Von den *café cantantes* ausgehend, hielt der Flamenco schließlich Einzug in das Theater, wo immer professioneller werdende Flamenco-Stars auftraten.[10] Die Internationalisierung des spanischen Tanzes wurde sicherlich durch den 1878 erfolgten Durchbruch der französischen Oper *Carmen* in Wien maßgeblich vorangetrieben. Diese Entwicklung entflammte auch das europaweite Interesse an Zuloagas Darstellungen von Tänzerinnen, wie es sich in der zeitgenössischen Rezeption seiner Werke widerspiegelte. So fanden zwei der insgesamt 18 meist großformatigen Gemälde in dem Zuloaga gewidmeten Raum der *Internationalen Kunstausstellung* in Düsseldorf von 1904, den man als »Schlager ersten Ranges« feierte, größere Beachtung: Die Bühnenszenen *Junge Gitana* (1902) und *Andalusische Tänzerinnen* (1903) wurden zu den »besonders in [...] Erscheinung tretenden Werke[n]« gezählt.[11]

Das Werk *Junge Gitana* (Abb. 2), auch unter den Titeln *Die Tänzerin Carmen, die Gitana*[12] oder *Carmen, die Gitana*[13] bekannt, zeigt eine im künstlichen Licht

Abb. 1 Ignacio Zuloaga: *Gitano-Tanz* (frühere Fassung), 1903, abgedruckt in: *Paris illustré*, 43, August 1905, S. 14

Abb. 2 Ignacio Zuloaga: *Junge Gitana*, 1902, Öl auf Leinwand, 182 × 102 cm, Museo Nacional de Bellas Artes, Buenos Aires, Argentinien

dargestellte Tänzerin »in selbstbewußt kokettierende[r] Pose«.[14] Ihre Kostümierung aus rotem Rock, Hemd und Schultertuch entspricht der Kleidung der Carmen in Prosper Mérimées gleichnamiger Novelle.[15] Die junge Gitana steht vor einem Vorhang mit dem Motiv einer szenischen Landschaft, der die Bühnensituation und damit auch das Inszenierte der Bildfindung betont, und schaut mit in die Hüften gestemmten Armen herausfordernd in Richtung Publikum. Während andere Gitano-Bilder Zuloagas Rückgriff auf Personen oder Erfahrungen aus seiner unmittelbaren Umgebung erkennen lassen und damit einen eindeutigen Realitätsbezug aufweisen, rezipierte der Künstler hier zweifelsfrei die beliebte französische Opernfigur, die die Vorstellung von Spanien im Ausland so maßgeblich geprägt hat. Diese Mischung aus Realität und Mythos, aus Innen- und Außenperspektive zeichnet die Roma-Darstellungen in Zuloagas Œuvre aus.

Einige Jahre später wiederum ließ der Künstler die aus der Schweiz stammende Opernsängerin Lucienne Bréval, ein gefeierter Star der Pariser Oper, in einem ähnlichen Setting als Carmen auftreten. Das Gemälde *Lucienne Bréval als Carmen* (Kat. 28), eines der drei Werke, mit denen Zuloaga im Pariser Salon von 1908 vertreten war, stieß in der Pariser Presse ausschließlich auf Begeisterung: Von dem französischen Literaturkritiker Fernand Gregh wurde es als besonders authentisch empfunden, da es »Wahrheit und Poesie« vereine.[16]

Diese Rezeption war insofern bemerkenswert, als Lucienne Bréval bis dato noch nie als Carmen aufgetreten war. Erst im darauffolgenden Jahr konsultierte die Sängerin den Künstler, um sich mit ihm über ihre Kostüme für die bevorstehende Carmen-Inszenierung auszutauschen. Als Inspiration diente das Gemälde, welches schließlich auch von der Pariser Presse aufgegriffen wurde, um über die Operninszenierung zu berichten.[17] So ist hier nicht nur Zuloagas Bezugnahme auf Opernmotive zu beobachten, sondern eine gegenseitige Befruchtung beider Gattungen.

Abb. 2

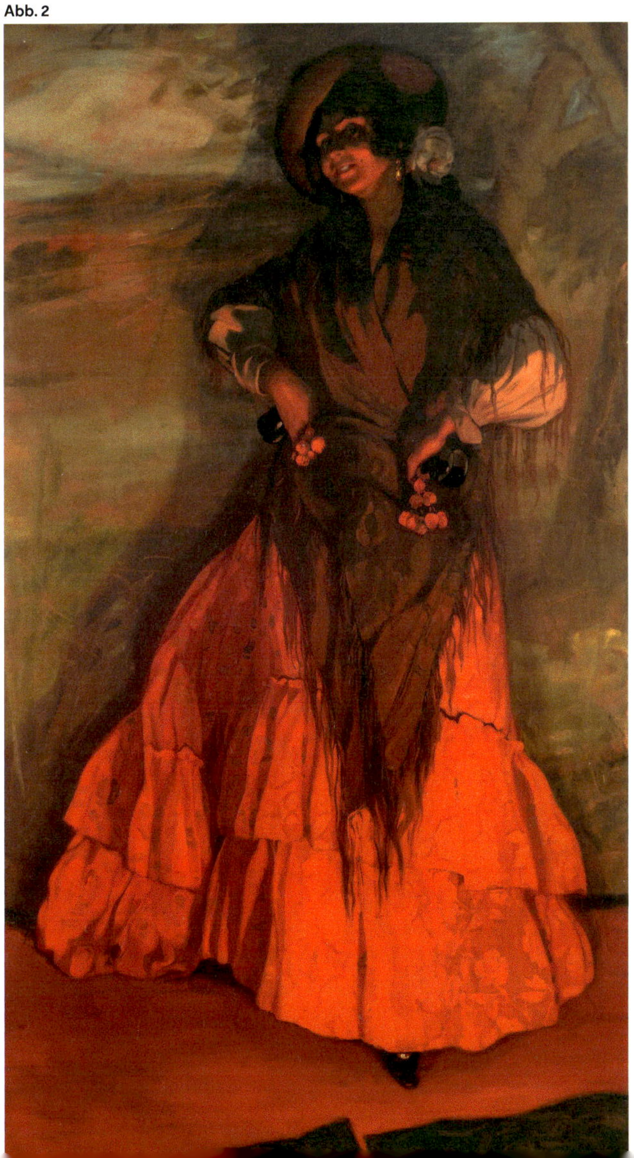

Erst ab etwa 1908 begegnen uns international berühmte Tänzerinnen und Theaterschauspielerinnen wie Lucienne Bréval, La Faraonica oder Carmen Tórtola Valencia in Zuloagas Bildern. In seinem Frühwerk waren es hauptsächlich noch anonyme Schaustellerinnen und Gitanas gewesen, die er porträtierte. Die Frauen, welche ihm für Gemälde wie *Junge Gitana*, *Gitano-Tanz* oder auch *Das größte Glück* und *Andalusierin und junge Dame* (Kat. 31, 32) Modell standen, waren zunächst kaum bekannte Tänzerinnen, welche in kleinen Theatern auftraten,[18] oder andalusische Gitanas, die dem damals finanziell schwach aufgestellten Künstler vermutlich »für wenig Geld oder [...] auch aus reiner Gefälligkeit Modell saßen«.[19] Neben dem Beruf der Flamencotänzerin war auch jener der Wahrsagerin eine verbreitete Tätigkeit unter den andalusischen Gitanas.[20]

Dieses Motiv griff Zuloaga in *Das größte Glück* (Kat. 31) auf: Theatralisch beugt sich die Kartenlegerin, gehüllt in einen reich verzierten Manila-Schal, über einen Holztisch und präsentiert ihrer Kundin das goldene Ass. Die frohe Botschaft, die das größte Glück verheißt, wird von der elegant gekleideten Dame ohne große Regung entgegengenommen; lediglich ein kleines Lächeln umspielt ihre Lippen. Das Lächeln der Gitana wiederum ist breit und wirkt aufgesetzt, als wäre sie selbst dem großen Glück viel näher. Doch Zuloaga hat hier keine zufällige Begegnung der Kartenlegerin mit der wohlhabenden Dame ins Bild gesetzt. Der Sonnenuntergang im Hintergrund entpuppt sich als Teil eines anderen Gemäldes – der Künstler weist das Geschehen als in seinem Atelier inszeniert aus und spielt auf diese Weise auch mit dem Stereotyp der Gitana als Wahrsagerin.

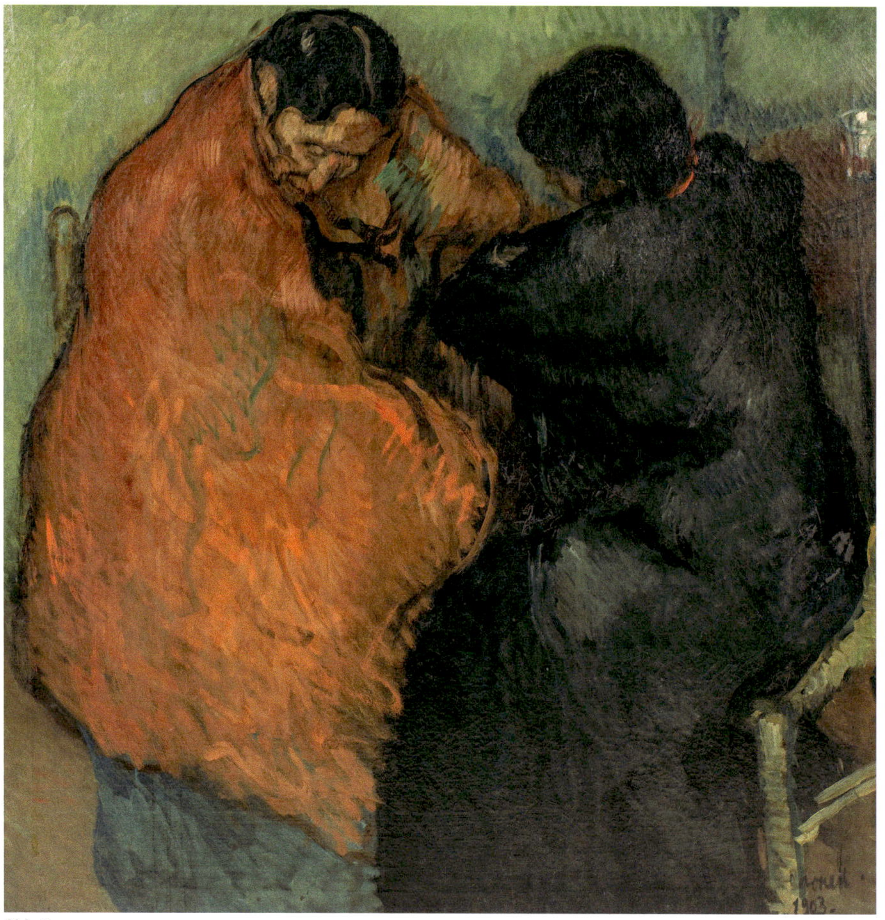

Abb. 3

Die Rollenverteilung des ungleichen Paares wird in dem Gemälde *Andalusierin und junge Dame* (Kat. 32) erneut aufgegriffen, in dem die Gitana die elegante Dame mit verführerischem Lächeln dazu animiert, ihr zu folgen.[21] Eine buchstäblich führende Position hat auch die in der Mode des vorangegangenen Jahrhunderts gekleidete[22] junge Roma in *Die Gitana* (Kat. 33) inne. Da jeweils offenbleibt, welcher Art die von den Roma-Figuren gehegten Absichten sind, ist den Szenen eine gewisse Rätselhaftigkeit und Ambivalenz zu eigen. Mit dieser Mythisierung bedient Zuloaga die beim ausländischen Publikum vorherrschende romantisch-exotische Vorstellung von Spanien, während er gleichzeitig das Inszenierte der Kompositionen offenlegt. Eindeutig ist dagegen die dominierende Rolle, die Zuloaga den Gitanas in seiner Malerei zuweist. Diese erlangen ihre Bildwürdigkeit nicht als soziale Randfiguren, sondern treten – auch jenseits des Carmen-Stereotyps – als ermächtigte Protagonistinnen auf. Dies zeigt sich besonders im Vergleich mit den Gitana-Darstellungen von Zuloagas katalanischem Künstlerkollegen Isidre Nonell (Abb. 3). Bei seinen düsteren Gemälden von anonymen Roma-Frauen, die Niedergeschlagenheit und Bitterkeit ausstrahlen, nahm Nonell das Unbehagen des zeitgenössischen Publikums in Kauf,[23] um Kritik an den gesellschaftlichen Missständen zu üben.

Wie sein Zeitgenosse Nonell musste auch Zuloaga im Heimatland um die Anerkennung seiner Werke kämpfen. Im Ausland jedoch konnte der Baske mit seinen Tänzerinnen und Gitanas vor allem zu Lebzeiten große Erfolge verzeichnen, sodass sich seine Bilder heute in Sammlungen auf der ganzen Welt befinden. Im Anschluss an die Düsseldorfer Kunstausstellung ging *Die Gitana* etwa nach Stockholm, und Archer M. Huntington behielt *Lucienne Bréval als Carmen* nach Zuloagas 1909 in der Hispanic Society ausgerichteter Ausstellung in New York. In der Metropole lebt das Erbe des Künstlers auch heute noch fort: Zu Tanz, Gesang und Musik finden sich Größen und Newcomer der Flamencoszene alljährlich zum weltweit größten Flamenco-Festival zusammen, um die Vielfalt und Schönheit dieser Kunstform zu zelebrieren.

Abb. 3 Isidre Nonell: *Zwei Gitanas*, 1903, Öl auf Leinwand, 136 × 136 cm, Museu Nacional d'Art de Catalunya, Barcelona, Plandiura Collection, erworben 1932

1 Für weitere Informationen zur Porträtmalerei von Ignacio Zuloaga siehe auch den Beitrag von Helena Pereña im vorliegenden Band, S. 164–169.

2 Javier Novo González: »Zuloaga después de Zuloaga (1925–1945)«, in: *Zuloaga 1870–1945*, bearb. von Mikel Lertxundi Galiana und dems., Ausst.-Kat. Museo de Bellas Artes de Bilbao 2019, S. 107–174, hier S. 110 f.

3 Vgl. Birgit Thiemann: »Spanische Kleidung im 18. und 19. Jahrhundert – Goya und darüber hinaus«, in: *Kleider machen Politik. Zur Repräsentation von Nationalstaat und Politik durch Kleidung in Europa vom 18. bis zum 20. Jahrhundert*, hrsg. von Siegfried Müller, Ausst.-Kat. Landesmuseum für Kunst und Kulturgeschichte Oldenburg, Oldenburg 2002, S. 69–76, hier S. 72.

4 Voneinander abweichende Quellen haben zu unterschiedlichen Einschätzungen bezüglich der Entstehung des Flamencos geführt. Der Einfluss der Region Andalusien und der Ethnie der Gitanos ist jedoch unumstritten; vgl. Gerhard Steingress: *Cante flamenco. Zur Kultursoziologie der andalusischen Moderne*, Berlin 2013, S. 97; Stefan Quast: *Zur Sozialgeschichte des Flamencos und seinen gegenwärtigen Erscheinungsformen*, Magisterarbeit Gießen 2002, Göttingen 2008, S. 20–22.

5 Frank Reza Links: *Zwischen Flamenco und Charleston. Der Tanz in Literatur, Stummfilm und Malerei im Spanien der Moderne*, Bielefeld 2016, S. 79.

6 Vgl. die Aussagen Ignacio Zuloagas in: Jean Claude: »Un illuminé génie. Il faut souffrir pour concevoir une œuvre«, in: *Le Petit Parisien*, 20. 5. 1914.

7 Brief von Ignacio Zuloaga an Maxime Dethomas; zit. nach Mavi Milhou: *Zuloaga et la France*, Bordeaux 1981, S. 112.

8 Vgl. José Romero Portillo: *Ignacio Zuloaga en Sevilla*, Sevilla 2015, S. 57, 69.

9 Links 2016 (wie Anm. 5), S. 79.

10 Vgl. Ralf Junkerjürgen: »Julio Romero de Torres. Cante jondo (1923/30)«, in: ders. und Helmut C. Jacobs (Hrsg.): *Meisterwerke der spanischen Malerei in Einzeldarstellungen*, Berlin 2018, S. 340–355, hier S. 345.

11 H[ermann] Board: »Die Internationale Kunstausstellung zu Düsseldorf«, in: *Die Kunst für alle. Malerei, Plastik, Graphik, Architektur*, 19, 23, 1. 9. 1904, S. 533–553, hier S. 534.

12 Vgl. Enrique Lafuente Ferrari: *La vida y el arte de Ignacio Zuloaga* (1950), Barcelona 1990, S. 497; Mikel Lertxundi Galiana und Javier Novo González: »Zuloaga (1898–1924)«, in: Ausst.-Kat. Bilbao 2019 (wie Anm. 2), S. 53–105, hier S. 60; Birgit Thiemann: »Carmen in der Malerei von Sargent und Zuloaga. Funktionalisierte Weiblichkeits-Imaginationen und Spanien-Mythos«, in: *kritische berichte*, 3, 96, 1996, S. 37–48, hier S. 42.

13 Vgl. Sofía Barrón: »Carácter y emoción. Figura y paisaje en la obra de Ignacio Zuloaga«, in: *Zuloaga. Carácter y emoción*, hrsg. von der Fundación Bancaja, Ausst.-Kat. Fundación Bancaja, Valencia, 2018, S. 97–159, hier S. 132.

14 Thiemann 1996 (wie Anm. 12), S. 43.

15 Prosper Mérimée: »Carmen«, in: *Revue des Deux Mondes (1829–1971)*, 12, 1, 1. 10. 1845, S. 5–88, hier S. 22.

16 Fernand Gregh: »Les Salons de 1908«, in: *La Revue de Paris*, 5, 1908, S. 641–663, hier S. 645.

17 http://hispanicsociety.emuseum.com/objects/2128/lucienne-breval-as-carmen?ctx=7f797a50-9601-4ff2-8661-c337f617e8ad&idx=7 (28. 3. 2023); vgl. *Comoedia*, Paris, 18. 12. 1909, S. 1; *Musica-Noël*, Paris, 1. 12. 1909, Titelblatt.

18 Idoia Murga Castro: »Música y pintura encarnadas. Las bailarinas de Falla y Zuloaga«, in: *Ignacio Zuloaga y Manuel de Falla. Historia de una amistad*, bearb. von Pablo Melendo Beltrán und José Vallejo Prieto, Ausst.-Kat. CentroCentro Cibeles, Madrid, 2015, S. 91–119, hier S. 92 f.

19 Thiemann 1996 (wie Anm. 12), S. 44 f.

20 Ignacio Suárez-Zuloaga Gáldiz: »El amor de Ignacio Zuloaga hacia los gitanos y el flamenco«, in: *Zuloaga. Entre lo gitano y el flamenco*, Ausst.-Kat. Hospital Real, Granada, Motril 2022, S. 41–70, hier S. 59; vgl. Maria Papapavlou: *Der Flamenco als Präsentation von Differenz. Gitanos und Mehrheitsbevölkerung Westandalusiens in ethnologischer Perspektive*, Göttingen 2000, S. 4, 13, 83.

21 Ursprünglich wurde das Gemälde als *Gitana und Andalusierin* ausgestellt; vgl. Henri Frantz: »A Modern Spanish Painter. Ignacio Zuloaga«, in: *International Studio*, 20, 1903, S. 158–169, hier S. 166; Arsène Alexandre: »Ignacio Zuloaga«, in: *Le Figaro illustré*, 161, August 1903, S. 1–24, hier S. 21. Im Mai 2016 wurde es schließlich unter seinem heutigen Titel *Andalusierin und junge Dame* versteigert.

22 Thiemann 2002 (wie Anm. 3), S. 69 f.

23 Cristina Mendoza: »Painting«, in: *Modernisme in the MNAC Collections*, Barcelona 2010, S. 15–75, hier S. 66.

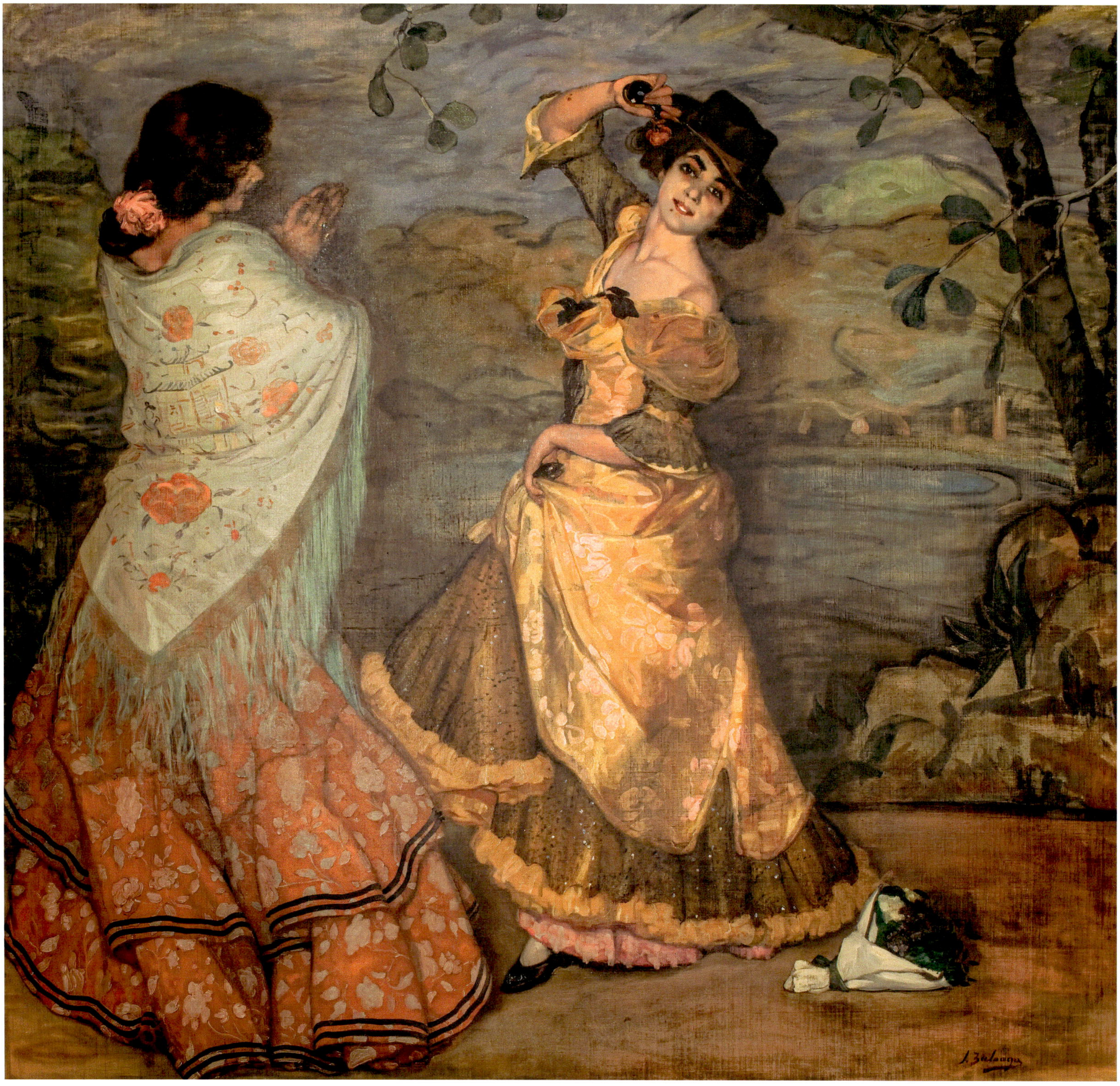

Kat. 27 *Andalusische Tänzerinnen*, 1903, Öl auf Leinwand, 196 × 206 cm, Sammlung Casacuberta Marsans

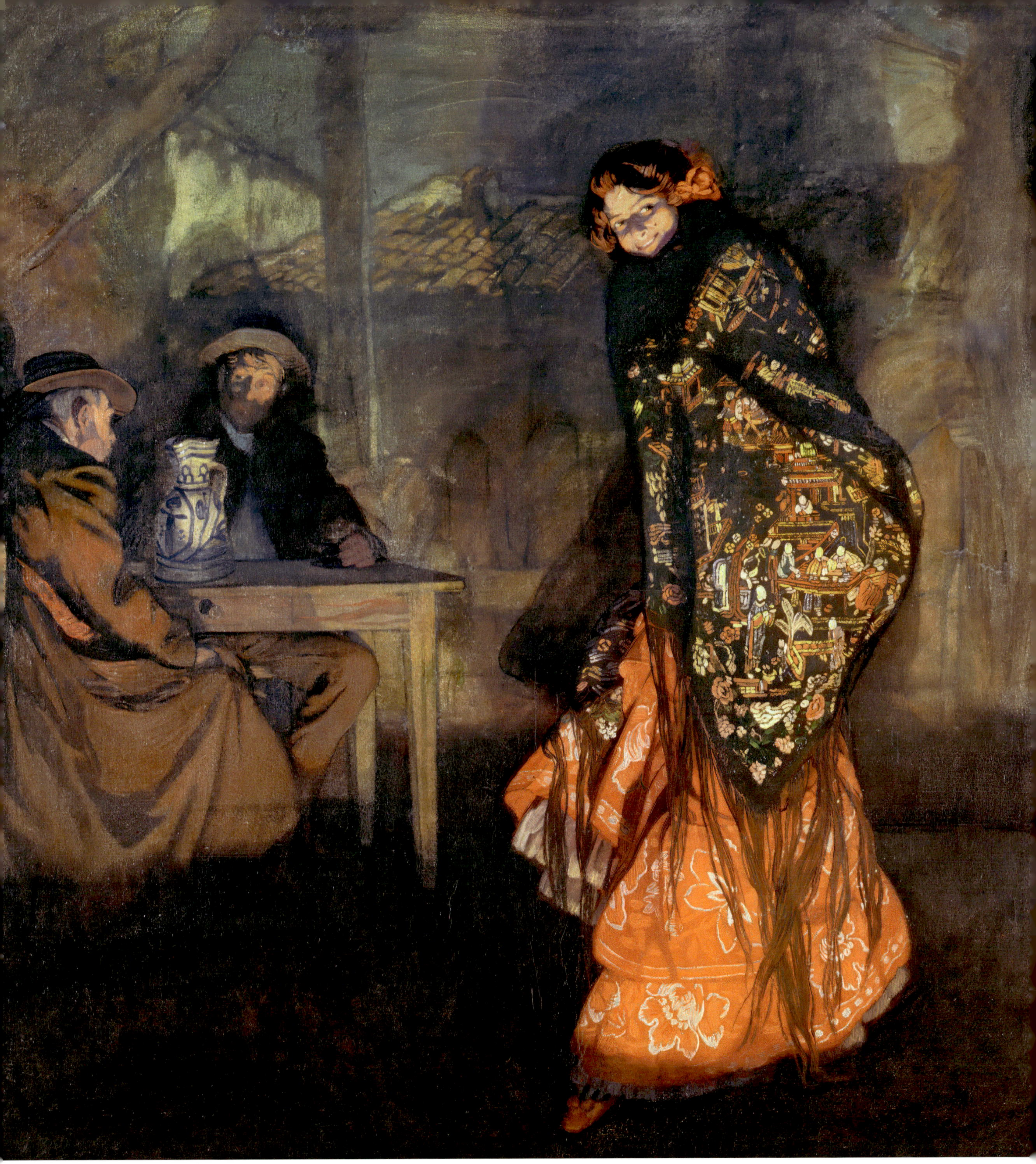

Kat. 28 *Lucienne Bréval als Carmen*, 1908, Öl auf Leinwand, 206 × 192 cm, Courtesy of The Hispanic Society Museum and Library, New York

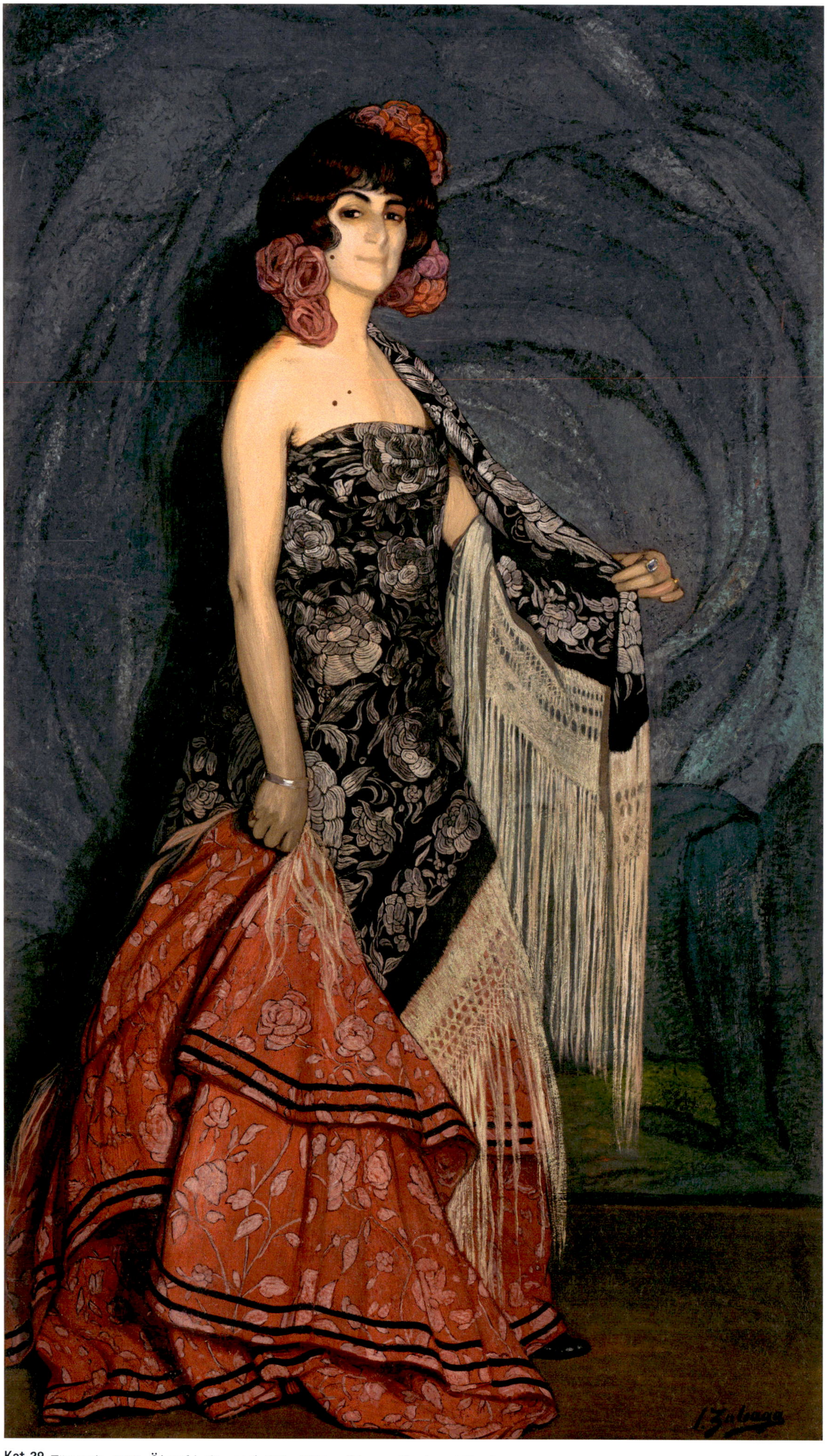

Kat. 29 *Tänzerin*, 1912, Öl auf Leinwand, 196 × 117 cm, Museo Nacional Centro de Arte Reina Sofía, als Leihgabe im Museo de Bellas Artes de Sevilla

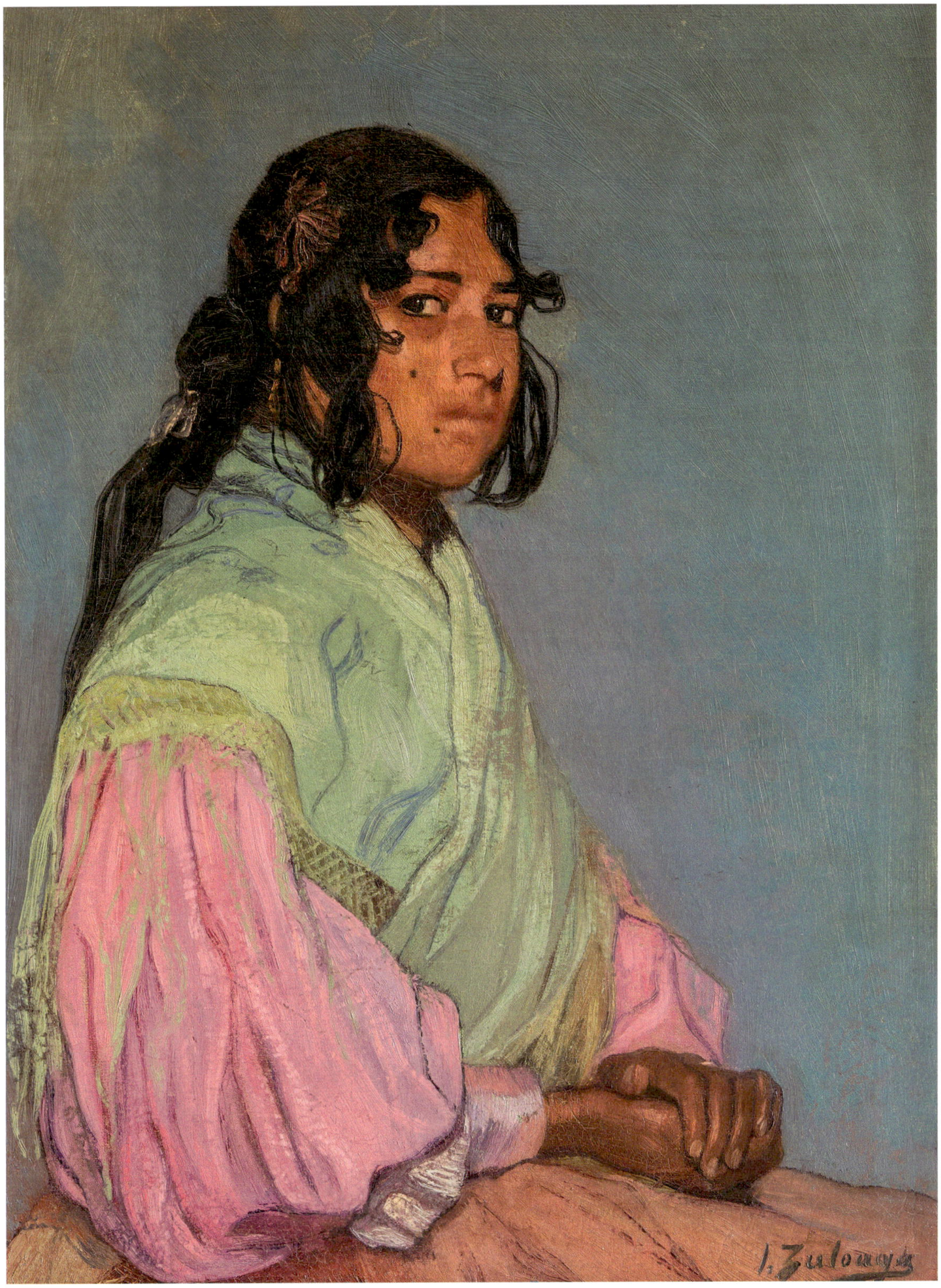

Kat. 30 *Junge Gitana*, 1900, Öl auf Leinwand, 80 × 60 cm,
Sammlung Dr. Moreno Torres – Spanien

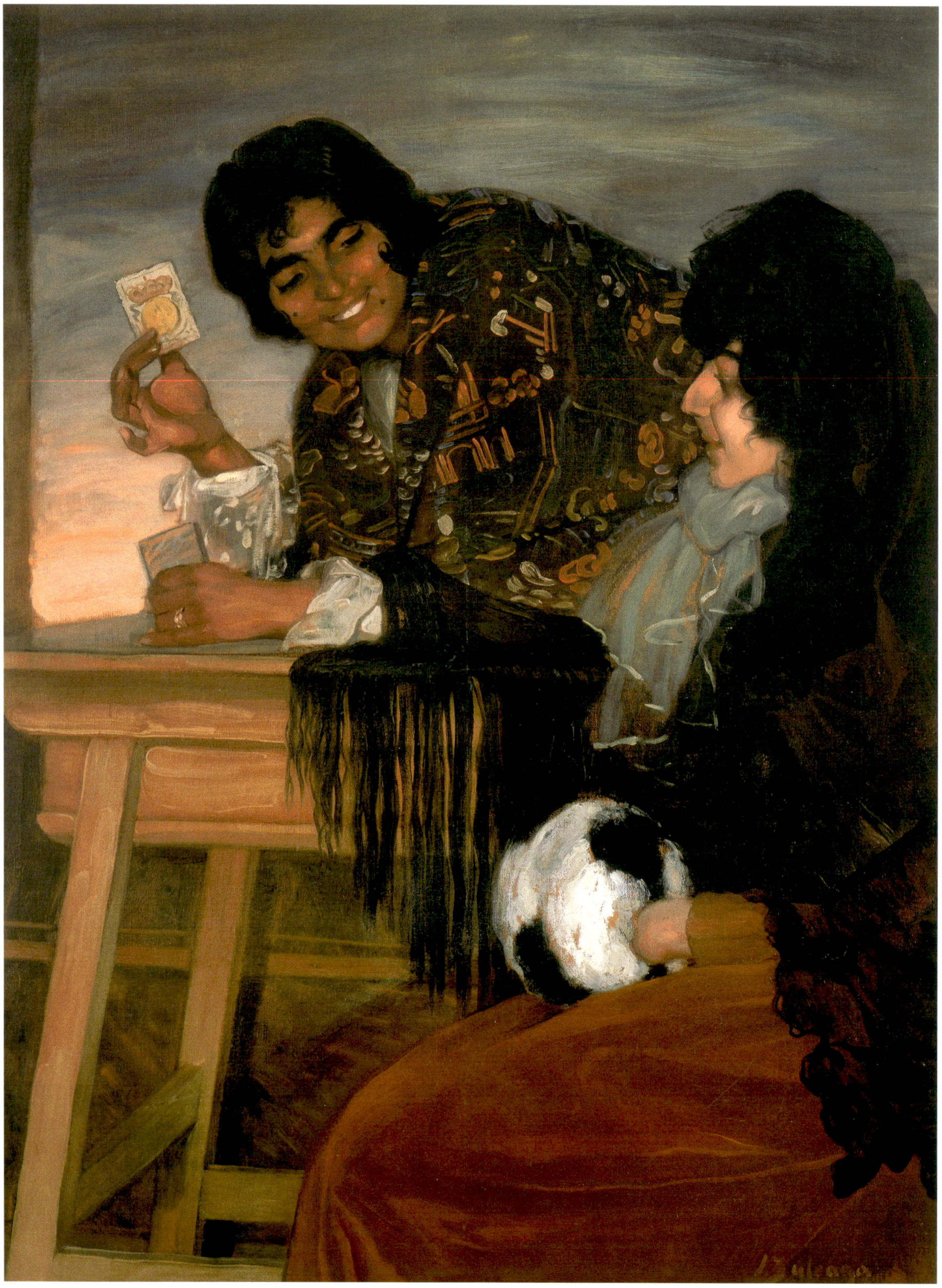

Kat. 31 *Das größte Glück*, um 1902, Öl auf Leinwand, 116 × 89 cm, Sammlung Pérez Simón, Mexiko

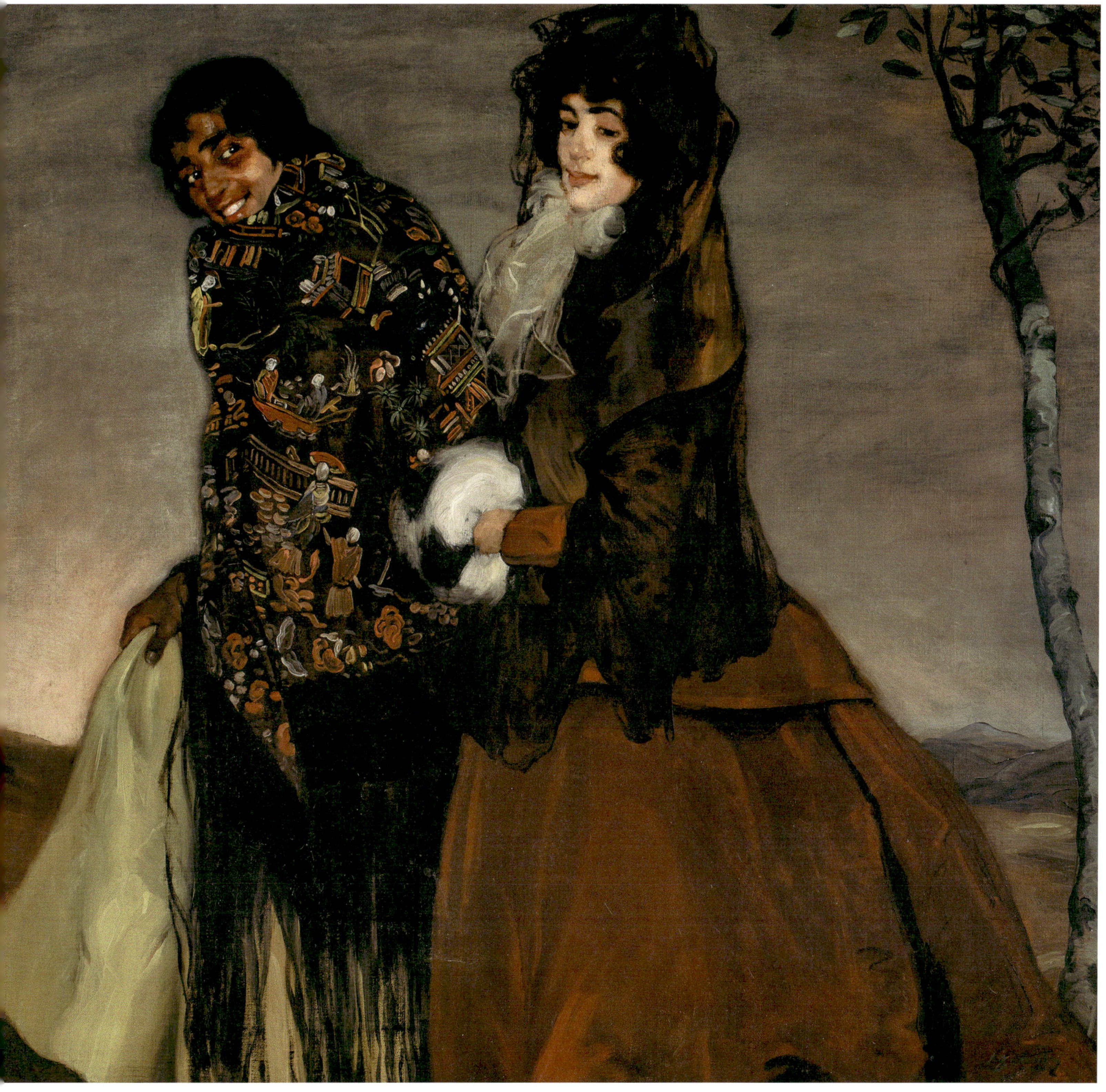

Kat. 32 *Andalusierin und junge Dame*, 1903, Öl auf Leinwand, 126 × 138 cm, Privatsammlung. Leihgabe im Museo de Segovia – Museo Zuloaga de Segovia

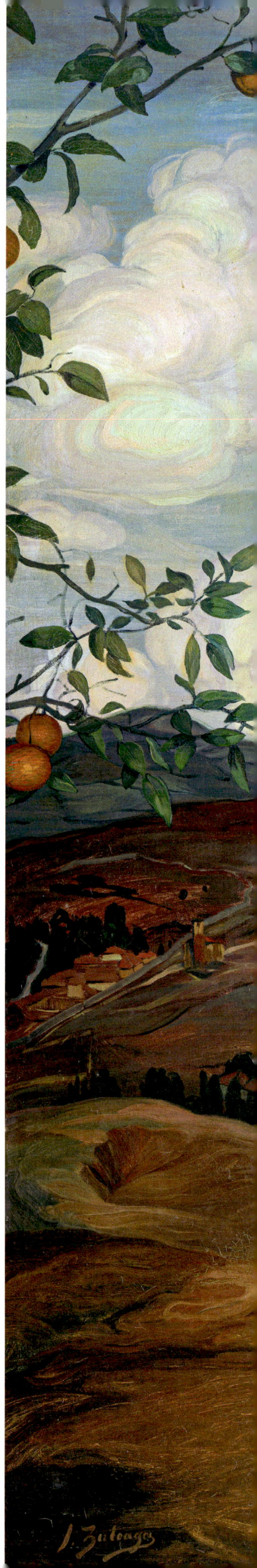

Kat. 33 *Die Gitana*, 1904, Öl auf Leinwand, 201 × 201 cm, Thielska Galleriet, Stockholm

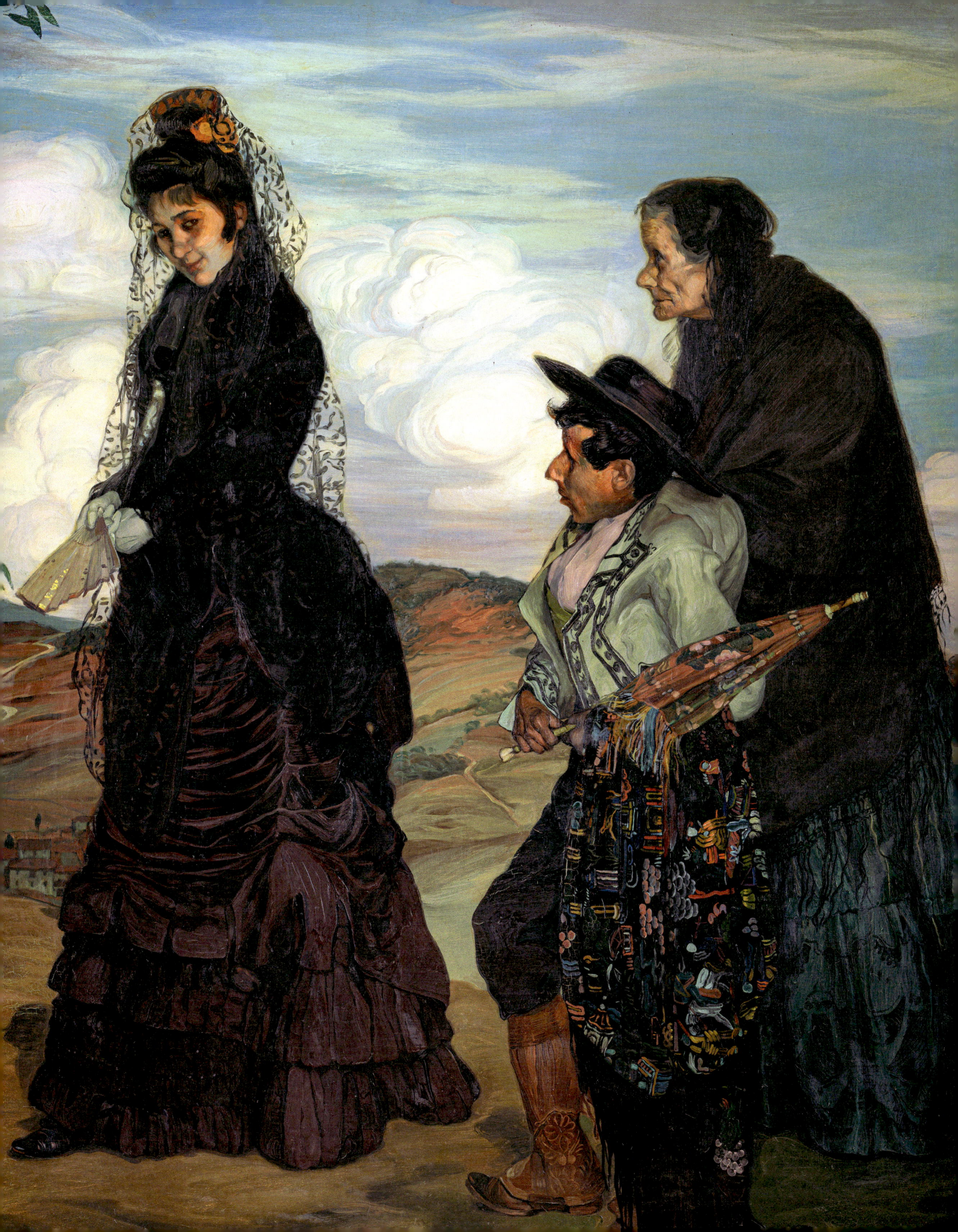

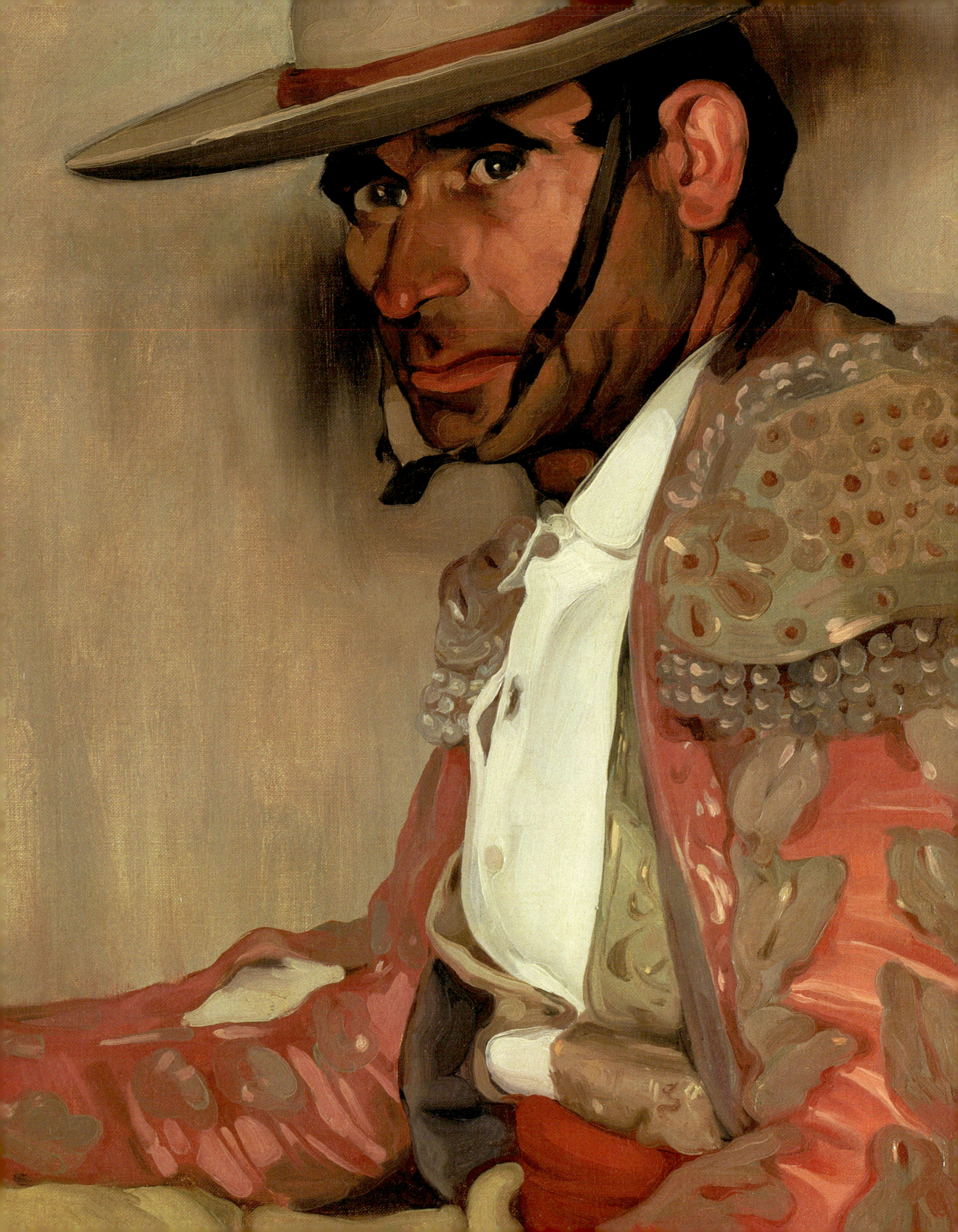

Die Welt des Stierkampfs

CARLOS ALONSO PÉREZ-FAJARDO

In der Taberna Antonio Sánchez, einer urigen Stierkampf-Kneipe in Madrid, hängt noch heute ein auffälliges Plakat, auf dem Ignacio Zuloaga mit dem Beinamen »el Pintor« (der Maler) unter den Matadoren hervorsticht (Abb. 1). Die darauf beworbene Novillada, eine Veranstaltung mit Jungstieren, fand am 17. April 1897 in der Stierkampfschule in Sevilla statt. Der Künstler hatte ein Jahr zuvor sein Studium an der Akademie von Manuel Carmona[1] begonnen und seitdem bereits 17 Stiere mit dem Stoßdegen niedergestreckt.[2] So war er in Künstlerkreisen nicht zuletzt auch als »el torero« bekannt,[3] denn seit Francisco de Goya hatte Spanien keinen Maler mehr hervorgebracht, der so eng mit der Welt des Stierkampfs verbunden war – und das in einem Jahrhundert, in der dieser das Spanienbild besonders stark prägte und die Außendarstellung des Landes bestimmte.

Daher überrascht es auch nicht, dass die Stierkampf-Fiesta zum populärsten Sinnbild des Landes wurde. Die Vorstellung, dass in einem Land von solch historischer Bedeutung, im Süden des zivilisierten Europa, Männer im Kampf gegen wilde Bestien noch immer ihr Leben aufs Spiel setzten, um vor dem Volk ihren Heldenmut zu beweisen, trug wesentlich zu dem Bild einer folkloristischen, rückwärtsgewandten und exotischen Nation bei, das sich Fremde von Spanien zu machen pflegten. Und mangels moderner Alternativen blieb der Stierkampf noch lange die Hauptattraktion des iberischen Landes. So füllten spanische Künstler die Weltausstellungen mit Szenen von sonnigen Nachmittagen und aufregenden Begegnungen in der Arena, mutigen Toreros und wilden Stieren, einer begeisterten Menge und verzückten jungen Mädchen.

Doch bereits Mitte des 19. Jahrhunderts wurden auch kritische Stimmen zum Stierkampf laut – zunächst im Ausland und später auch in Spanien[4] –, deren Echo heute deutlicher als je zuvor zu vernehmen ist. Sie prangerten das Barbarische der Fiesta an und richteten das Augenmerk auf die blutigsten und makabersten Momente des Kampfes, etwa in Werken wie Édouard Manets *Toter Torero* (1864, National Gallery of Art, Washington), in denen der Tod an die Stelle des Heldentums trat und die alte Kunst der Tauromachie als Zeichen der nationalen Rückständigkeit gebrandmarkt wurde.

Dazu muss man wissen, dass es sich bei der »Fiesta« um einen Ritus handelt, der im Kult um den Stier als heiliges und apotropäisches, also Unheil abwehrendes Tier wurzelt, und die Fiestas ursprünglich eher als religiöse Feierlichkeiten denn als spielerische Vergnügung zu verstehen waren. Ein Stierkampf ist, um mit den Worten von Federico García Lorca zu sprechen, ein authentisches religiöses Drama, »bei dem wie in der Messe ein Gott angebetet und geopfert wird«, eine Mutprobe, bei der wir Zeugen eines gewaltigen Ereignisses werden und bei der sich niemand vergnügt.[5]

Zuloaga, der sich all dieser Fragen bewusst war, widmete einen bedeutenden Teil seines Schaffens der Welt des Stierkampfs. Viele seiner berühmtesten Bilder befassen sich mit diesem Thema und zeugen von einer tiefen Reflexion über sein außergewöhnliches Doppelleben als ein in seiner spanischen Heimat gering geschätzter, im Ausland aber ruhmreicher Maler ... und als Torero.

Stierkampf in Eibar (Kat. 35) ist vom Sujet und von der Ausführung her ein einzigartiges Werk des baskischen Malers, das viele der um den Stierkampf kreisenden Fragen gleichzeitig aufgreift. Es gibt nur sehr wenige Gemälde, die Zuloagas Geburtsort zeigen, und keines davon ist so monumental. Die lieblichen und bewaldeten Landschaften des nördlichen Spanien zählen nicht zu den bevorzugten Motiven im Œuvre des Malers. Indem er hier einen Stierkampf als zentrales Thema darstellt, bindet er seine eigene Identität und seine Herkunft an die Fiesta, und zwar die Fiesta in seinem Dorf.

Stierkampf in Eibar verzichtet weitgehend auf die für das Gesamtwerk des Künstlers charakteristischen Elemente (monumentale, statuarische Figuren) und spielt mit einer Reihe von Widersprüchen zwischen der traditionellen Ikonografie und der eigenen Modernität Zuloagas: Die vor der Fassade des Palacio Orbea verortete Ansicht der Arena, in der der folkloristische Aspekt der Corrida mit der monumentalen Architektur Spaniens und dessen ruhmreicher Vergangenheit verschmilzt,[6] ist an Kompositionsschemata angelehnt, die sich innerhalb der pittoresken Strömung der Romantik etabliert hatten. Dagegen kontrastiert das düstere Ambiente deutlich mit den blauen Himmeln und sonnendurchfluteten Plätzen, wie man sie aus anderen Stierkampf-Gemälden des 19. Jahrhunderts kennt.

Abb. 1

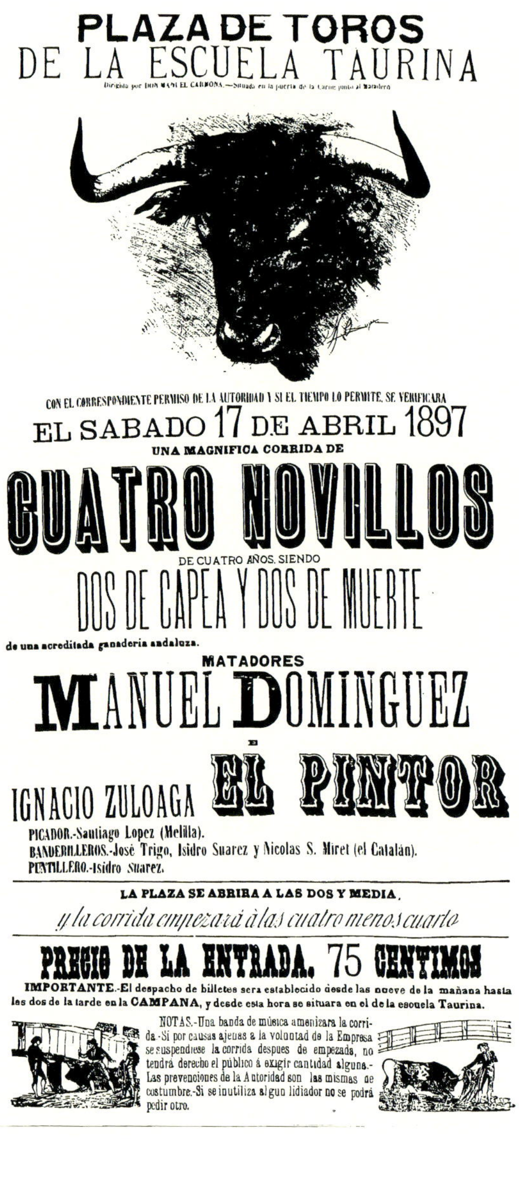

Auch in den Stierkampfszenen selbst kontrastieren der bewundernswerte Heldenmut des Picadors und des Toreros, der sich mit dem Stier misst, mit der abstoßenden Barbarei, die in dem toten Pferd am rechten Bildrand zur Anschauung gelangt. Zudem deuten die Tatsache, dass Zuloaga mehrheitlich mit regionaltypischen Umhängen bekleidete Segovianer und in ihre Mantones gehüllte Andalusierinnen in einem Dorf in der baskischen Provinz Guipuzkoa präsentiert, wie auch die vor dem Balkon hängende spanische Fahne darauf hin, dass er die Fiesta mit dem Spanien zu verknüpfen suchte, das er in diesen Typen aus Andalusien und aus dem spanischen Binnenland verkörpert sah.

Mit *Stierkampf in Eibar* beschloss Zuloaga die Ära der Stierkampf-Darstellungen nach dem Vorbild des 19. Jahrhunderts. In seinen ersten Jahren in Paris hatte er das romantische Erbe von einer traditionellen, am ausländischen Geschmack ausgerichteten Sichtweise zu einer ganz persönlichen Vision weiterentwickelt, die dank seiner eigenen Erfahrung mit dem Stierkampf heranreifen konnte. Er interessierte sich nur wenig für die Verbildlichung des eigentlichen Geschehens, sondern vielmehr für alles, was rund um die Feierlichkeiten des Stierkampfs und die Teilnahme der Bevölkerung an den Festlichkeiten vonstattenging. In diesem Genre, zu dem Meisterwerke wie *Am Vorabend der Corrida* (S. 33, Abb. 1) zählen, betätigte er sich mit großem

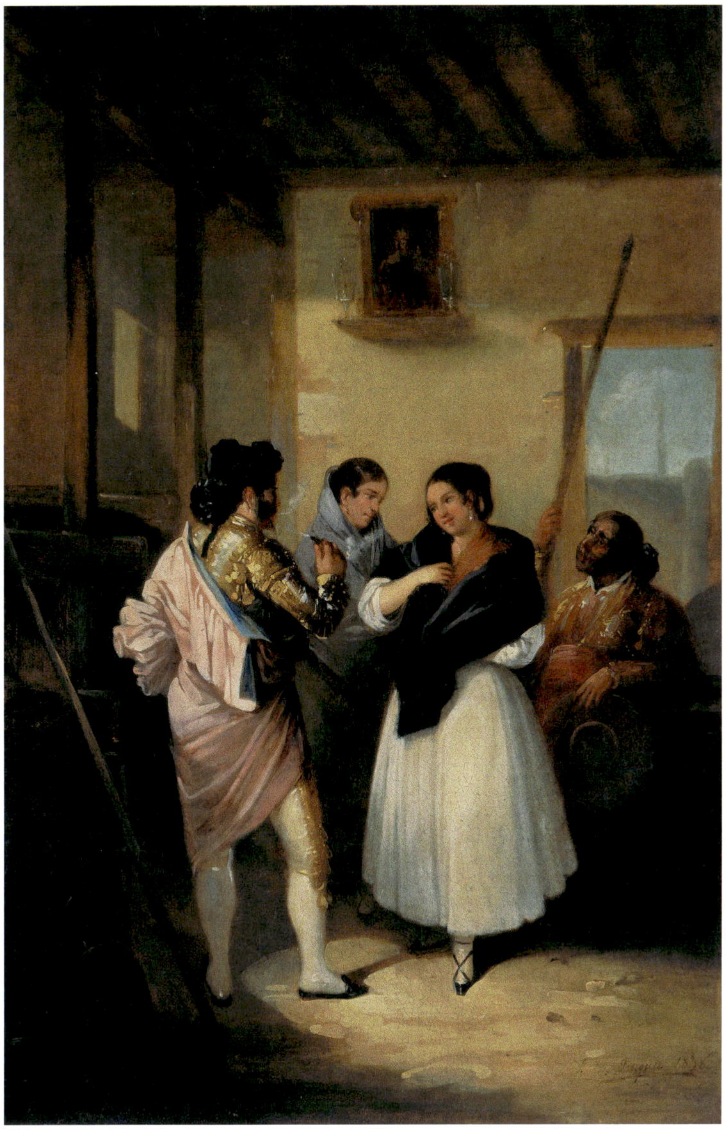

Abb. 2

Erfolg.[7] Niemals erlosch sein Interesse an der Darstellung des Publikums der Stierkämpfe,[8] besonders aber der Frauen als Zeuginnen der Heldentaten der Männer, die sich auf der Plaza ereigneten. Die weiblichen Figuren in Zuloagas Werk entwickelten sich parallel zu seiner Malerei von einer gewissen Naivität in der Frühphase bis hin zur Entfaltung der starken Persönlichkeit im Spätwerk. Sie sind ein wesentlicher Bestandteil des Stierkampfs – Zeuginnen des Geschehens, durch die Zuloaga zu der Auffassung gelangte, dass Spanien in Wirklichkeit ein Land von Betrachtern des Todes sei.[9]

Dennoch galt sein Hauptinteresse allmählich immer mehr den Protagonisten der Corrida. Sein Gemälde *Der Torero (Pépito und seine Verlobte)* (Kat. 34) ist eine Neuinterpretation der Thematik des Liebeswerbens, wie es noch in Geschlechterrollen Ausdruck fand, die Maler wie José García Ramos oder Joaquín Domínguez Bécquer (Abb. 2) in den »Espagnolades«[10] festgeschrieben hatten – mit abgehärteten und mutigen männlichen Akteuren (Toreros, Banditen) und unschuldigen und leicht zu beeindruckenden Frauengestalten. Zuloaga verkehrte diese Stereotypen in ihr Gegenteil, indem er die jungen Mädchen durch zwei Gitanas mittleren Alters, spanische Roma, ersetzte, die fernab jeglicher Unschuld mit dem altgedienten Torero kokettieren, der paradoxerweise im Inneren der Arena in Sicherheit ist. In ähnlicher Weise geht auch das *Porträt des Picadors »El Coriano«* (1896; Kat. 36), wenngleich es immer noch dem von Édouard Manet etablierten Figurentypus und neutralen Hintergrund verpflichtet ist, über die heroische Darstellung des romantischen Toreros hinaus und konzentriert sich auf den abwesenden Blick der Randfiguren, jener Picadores, denen es an den für die Kunst des Stierkampfs unverzichtbaren Fähigkeiten und Tugenden mangelt. Wenn wir dieses Bild mit dem *Picador gitano* von 1903 vergleichen, so stellen wir auch eine Entwicklung zwischen beiden Gemälden fest, die sich beide bereits von den Vorbildern der Jahrhundertwende unterscheiden, da sie sich vor allem als Charakterporträts verstehen – in diesem Fall dasjenige eines jungen Gitanos, der aus einer der untersten Schichten der Gesellschaft stammt.

So überrascht es auch nicht, dass der von Darstellungen der »Rasse«[11] geradezu besessene Zuloaga immer wieder auf den Stier Bezug nahm, den er als Katalysator des Charakters verstand, und in den Gestalten der Toreros und Picadores eine nie versiegende Inspirationsquelle fand. Der Stierkampf ist in erster Linie ein Ritus, bei dem Temperament, Entschlossenheit, Mut und Geschicklichkeit der Männer angesichts der offenkundigen Gefahr, die von einem wilden Stier ausgeht, auf die Probe gestellt werden. Er bietet zudem den untersten Gesellschaftsschichten eine der ganz wenigen Chancen zum sozialen Aufstieg. Daher wird in den Darstellungen dieser jungen Männer, die auf einen Erfolg als Torero hoffen, oftmals auch das Pathos jener Verlierer spürbar, die in ihrem Verlangen nach Anerkennung und

Abb. 1 Stierkampf-Plakat, abgedruckt in: José Romero Portillo: *Ignacio Zuloaga en Sevilla*, Sevilla 2015, S. 143

Abb. 2 Joaquín Domínguez Bécquer: *Maja und Torero*, 1838, Öl auf Leinwand, 62 × 41,5 cm, Sammlung Carmen Thyssen-Bornemisza, als kostenlose Leihgabe im Museo Carmen Thyssen Málaga

Ruhm mit recht hoher Wahrscheinlichkeit am Ende in der Arena verbluten. Die Interieurszene *Junge Toreros aus dem Dorf* (Kat. 39) setzt alles auf den Ausdruck der drei Männer im Gespräch: einerseits die naive Eitelkeit des jungen Matadors rechts im Bild, andererseits das Erstaunen seiner beiden Mitstreiter. Das Blut auf ihren Stierkämpferkostümen verrät den vorausgegangenen Kampf. In kompositorischer wie semantischer Hinsicht ehrgeiziger kommt das Gemälde *Junge Toreros in Turégano* oder *Künftige Idole* daher (Kat. 38). Es ist gleichsam der Inbegriff der durch den Maler selbst geprägten Bildformel, gemäß der sich bedeutende Figurentypen und Landschaften (oder Hintergründe) zu einer Einheit fügen. In den Gesichtern der Männer spiegeln sich Träume, Sehnsüchte und Ängste angesichts der großen Herausforderung, der sie sich zu stellen haben. Hinter der Gruppe liegt der leere Platz am Fuße der Burg, auf dem sie werden kämpfen müssen oder wo sie sich einen Kampf erträumen, denn oftmals stehen diese Landschaften eher für die Gedankenwelt der Figuren im Vordergrund als für den realen Ort, an dem sie sich gerade befinden. Der Rückgriff auf romantische Konzepte, wie er sich in den Motiven der Arena zu Füßen einer historischen Stätte und des hellen Tageslichts manifestiert, bildet einen Kontrast zu den in Skizzen vorbereiteten Entwürfen, in denen die düstere Landschaft von dem unheilvollen Schicksal der künftigen Idole kündet.[12]

Neben diesen Kompositionen mit verschiedenen Figurentypen schuf Zuloaga auch eine bedeutende Reihe von Torero-Porträts. Bei einigen von ihnen handelt es sich um fiktive Toreros, denen der Maler Spitznamen aus dem Stierkampfmilieu gab, um die Illusion eines wirklichen Porträts zu erzeugen, so zum Beispiel bei seinem *Corcito* (1912). Andere Porträts hingegen zeigen echte Stierkämpfer, berühmte (Domingo Ortega, Carlos Albarrán »El Buñolero«) und weniger berühmte (Antonio Rodríguez »El Chepa«). Zuloaga schuf sogar ein fiktives Familienbildnis mit echten Toreros, das einzigartige Porträt von Gallito und dessen Familie aus dem Jahr 1903, in dem verschiedene, auch in anderen Gemälden Zuloagas begegnende professionelle Modelle versammelt sind. Das bedeutendste unter den Stierkämpferbildnissen ist wohl jenes des sagenumwobenen Matadors Juan Belmonte, *Belmonte im Silberkostüm* von 1919 (Kat. 42). Dieser war eng befreundet mit Zuloaga[13] und revolutionierte den Stierkampf, indem er ihn nicht mehr als einen Konflikt zwischen Mensch und Tier betrachtete, sondern den springenden Punkt im Kampf des Toreros gegen seine eigenen Ängste sah.[14] In der Praxis brachten die nie dagewesene Mäßigung Juan Belmontes gegenüber der niederen Kreatur und seine Art, die Stiere mit psychologischen Mitteln zu unterwerfen, ihm den Spitznamen »el Pasmo de Triana« (etwa: der Verblüffer von Triana) ein.[15] Mehr noch als ein berühmter Torero war Belmonte ein Philosoph des Stierkampfs. Zuloaga porträtierte ihn herausgeputzt in seinem Lieblingsanzug, seinem »Silberkostüm«,[16] das sich leuchtend vor dem dunklen Hintergrund abhebt. Ein Sturm braut sich über der Arena zusammen, wo nichts mehr an die Fiesta erinnert.[17] Die Leute drängen sich um die vom Tod kündende schwarze Tür, die Porta Libitinaria, vor der sich der Matador gelassen, entschlossen und unerschrocken präsentiert.

Diese Darstellung des düsteren Moments des Toreros vor bedrohlichem Hintergrund knüpft an die Gemälde Zuloagas an, in denen der Stierkampf und die España negra, das »schwarze Spanien«, in direkte Beziehung zueinander gesetzt werden. Als Symbole der España negra gelten weder die Stiere noch die Stierkämpfer oder das Publikum, sondern die alten und ausgehungerten Pferde der Picadores, die sich ohne die modernen Schutzausrüstungen von heute mit den Stieren messen mussten und häufig mit den Hörnern aufgespießt und dabei tödlich verletzt wurden. Die erschütternden Bilder von den Opfern der Fiesta provozierten die Kritik der Intellektuellen[18] und wurden zu einem Thema für viele Künstler von Darío de Regoyos bis Pablo Picasso, die diese aufgeschlitzten Pferde in ihren Werken verewigten. In dem Gemälde *Das Opfer der Fiesta* (Kat. 40) erhebt Zuloaga die geschundene Kreatur in Gestalt von Picador und Pferd zu einem Symbol, das über die Welt des Stierkampfs hinausweist, indem es auch für das erschöpfte, dekadente und tragisch gescheiterte Spanien nach dem Verlust seiner letzten Kolonien im Jahr 1898 steht. Der Maler betont noch einmal die leeren Augen des Protagonisten in einem zweiten Werk, einem Porträt desselben Mannes (*Halbfigurenbildnis eines Picadors*; Kat. 41), der sich hier umdreht und den Betrachter fixiert – sein Blick offenbart die Bürde aus Jahrhunderten voller Wind und Sonne, Stürme und kahler Monde. Er spiegelt die tragische Seele eines Landes, versinnbildlicht durch den Reiter und dessen entseeltes Pferd. Um mit den Worten eines weiteren Boten des schwarzen Spanien, José Gutiérrez Solana, zu schließen: »Das Opfer der Fiesta, der dunkle, albtraumhafte Himmel, vor dem sich ein barbarischer und müder Alter abzeichnet mit seiner Lanze, die zum Boden weist; ein neuer Quijote ohne Ideale, der nicht einen einzigen Tag des Ruhms erlebte, und sein altes Pferd als trauriger und mitleiderregender Rosinante, der durch all diese alten Dörfer Spaniens zu traben scheint, begleitet vom Spott und Applaus eines gemeinen und grausamen Volkes.«[19]

1 José Romero Portillo: *Ignacio Zuloaga en Sevilla*, Sevilla 2015, S. 61.

2 Ebd., S. 62.

3 Javier Novo González: »Víspera de los toros«, in: *Zuloaga 1870–1945*, bearb. von Mikel Lertxundi Galiana und dems., Ausst.-Kat. Museo de Bellas Artes de Bilbao 2019, S. 237 f., hier S. 237.

4 Dieses Phänomen zeigt sich in Kooperationen zwischen Spaniern und Ausländern, z. B. in *España negra* (1899), das einen Text von Émile Verhaeren und Illustrationen von Darío de Regoyos enthält.

5 Federico García Lorca: *Juego y teoría del duende / Spiel und Theorie des Duende*, Heidelberg 2023, S. 35.

6 In den auf den Geschmack der Fremden ausgerichteten Gemälden, mit denen Spanien in den Weltausstellungen im 19. Jahrhundert vertreten war, liegt die Stierkampfarena oft am Fuße eines Palasts oder einer Burg.

7 Das Gemälde wurde nicht für den Spanischen Pavillon der Weltausstellung von 1900 ausgewählt – sehr zum Leidwesen der europäischen Kunstkritiker, die es wiederholt gelobt hatten.

8 Seine letzte große Bildkomposition, *Die Loge der Präsidentinnen* (1945, Museo Ignacio Zuloaga, Pedraza), gehört zu dieser Gattung.

9 Vgl. García Lorca 2023 (wie Anm. 5), S. 24; siehe dazu auch den weiteren Beitrag von Carlos Alonso Pérez-Fajardo in diesem Band, S. 22–29, hier S. 27.

10 Siehe dazu den weiteren Beitrag von Carlos Alonso Pérez-Fajardo in diesem Band, S. 22–29, hier S. 24.

11 Dieser Begriff (»raza«) wird hier in etwa gleichbedeutend mit »hispanischer Identität« verwendet.

12 Zuloagas erste Idee für den Hintergrund war eine Darstellung der Kathedrale und der Stadtmauer, die sich um den Hausberg von Albarracín zieht. In seinen Notizen finden sich mehrere Hinweise auf Komposition und Farbgebung: »Vielleicht sollte man sie vor einem dunklen Himmel malen; andere Positionen suchen; etwas Düsteres schaffen, wo Gold und Silber stark leuchten. Hier und da schwarze Kleidung.« Zit. nach Ignacio Zuloaga: *Epistolario y dibujos*, bearb. von José Ignacio Tellechea Idígoras, San Sebastián 1989, Taf. XVI.

13 Vgl. Ángel González Pieras: »Los Zuloaga y los toros. Una corrida de Belmonte en Segovia«, in: *Zuloaga. Mi tío y mis primas*, hrsg. von Carlos Alonso Pérez-Fajardo, Santiago Martínez Caballero und dems., Ausst.-Kat. Museo Zuloaga, Segovia, 2022, S. 125–167.

14 Vgl. Manuel Chaves Nogales: *Juan Belmonte Matador de toros. Su vida y sus hazañas*, Madrid 1935, S. 253.

15 Triana ist ein Viertel in Sevilla mit einer ehemaligen bedeutenden Community von Gitanos, die für ihre Stierkämpfer sowie ihre Flamencotänzer und -sänger berühmt war.

16 González Pieras 2022 (wie Anm. 13), S. 132.

17 Der Hintergrund, der nach einer Fotografie der Plaza del Ayllón (die im Museo Zuloaga in Segovia aufbewahrt wird) gestaltet ist, weist die üblichen Änderungen Zuloagas auf, bei denen er den dokumentarischen Charakter zugunsten künstlerischer und kompositorischer Zwecke opferte.

18 Vgl. Mercedes Valdivieso Rodrigo: *¡Pan y toros! Las corridas de toros como símbolo de la decadencia española en la literatura y la pintura de la generación del 98*, Diss. Oviedo 1998, S. 344.

19 José Gutiérrez Solana: *La España negra*, Madrid 1920, S. 243. Die Verbindung zwischen dem Opfer der Fiesta und Don Quijote wird in einem weiteren Beitrag von Carlos Alonso Pérez-Fajardo in diesem Band (S. 138–143) näher betrachtet.

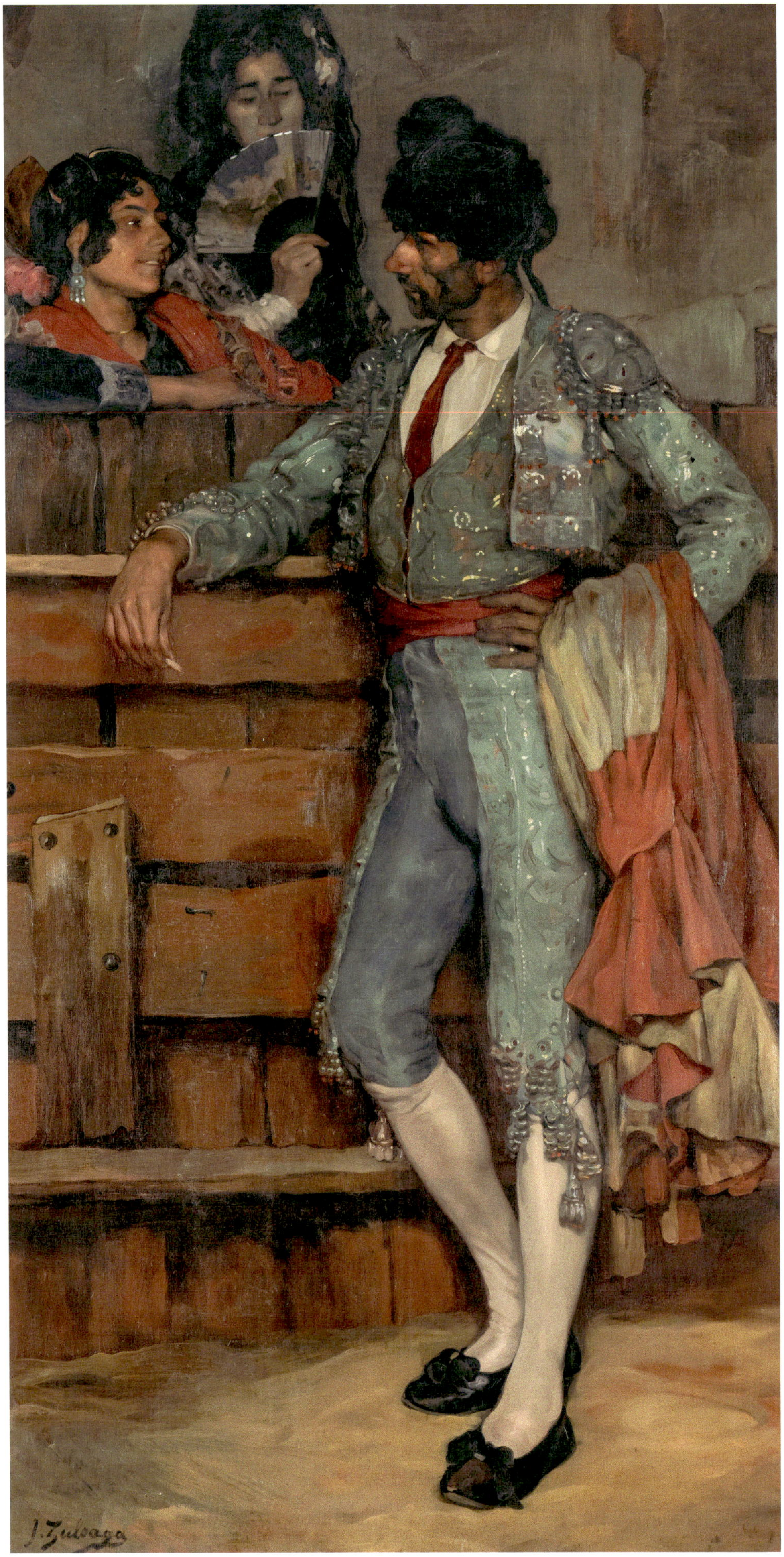

Kat. 34 *Der Torero (Pépito und seine Verlobte)*, 1896–1900, Öl auf Leinwand, 190 × 100 cm, Schenkung Octave Maus 1906, Musée d'Ixelles, Brüssel

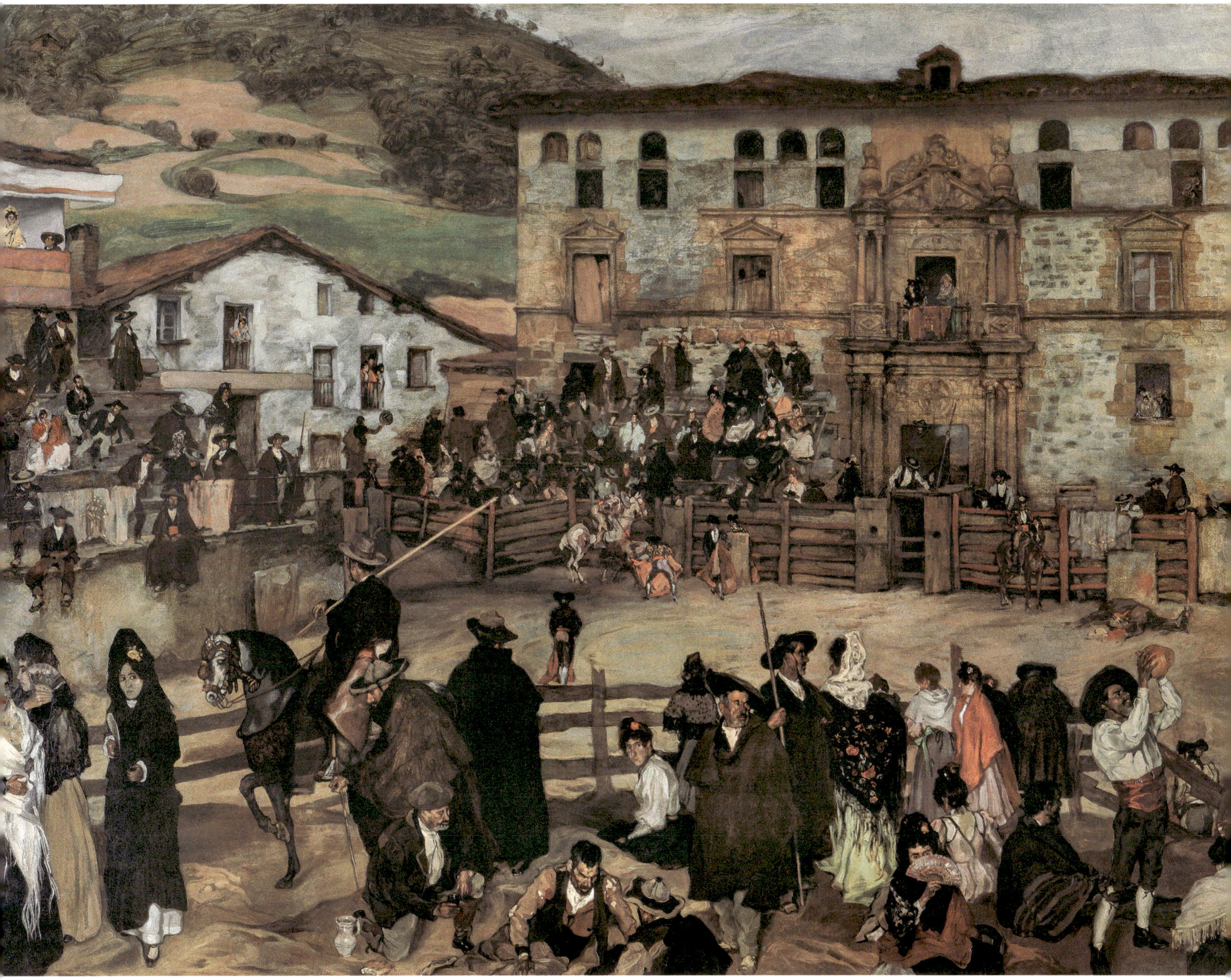

Kat. 35 *Stierkampf in Eibar*, 1899, Öl auf Leinwand, 150 × 200 cm, Sammlung Carmen Thyssen-Bornemisza, als kostenlose Leihgabe im Museo Carmen Thyssen Málaga

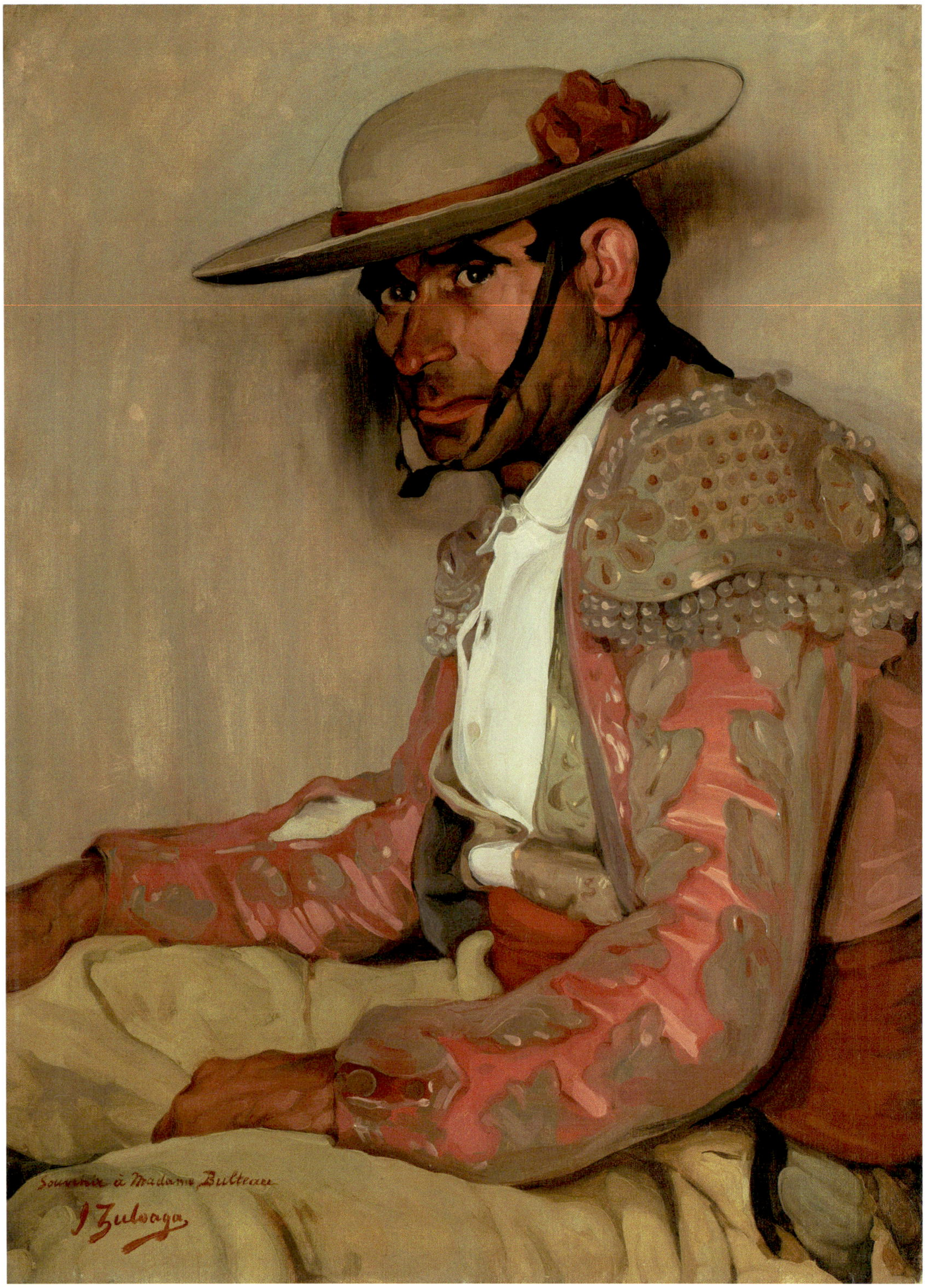

Kat. 36 *Porträt des Picadors »El Coriano«*, 1896, Öl auf Leinwand, 80 × 60 cm, Arp Museum Bahnhof Rolandseck / Sammlung Rau für UNICEF

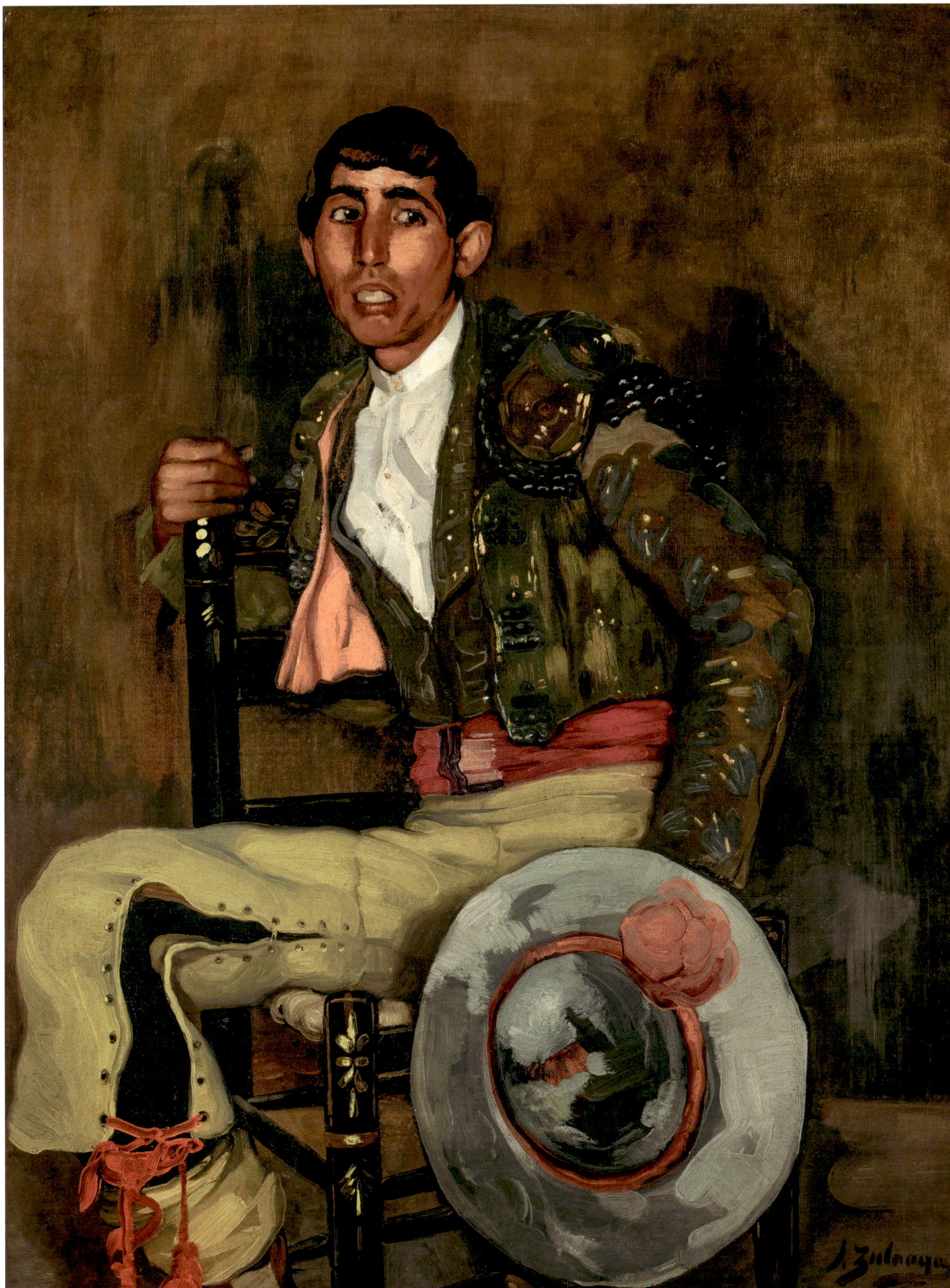

Kat. 37 *Picador gitano*, 1903, Öl auf Leinwand, 116 × 90 cm, Museo de Bellas Artes de Bilbao. Schenkung der Söhne von Plácido Arango Arias 2021

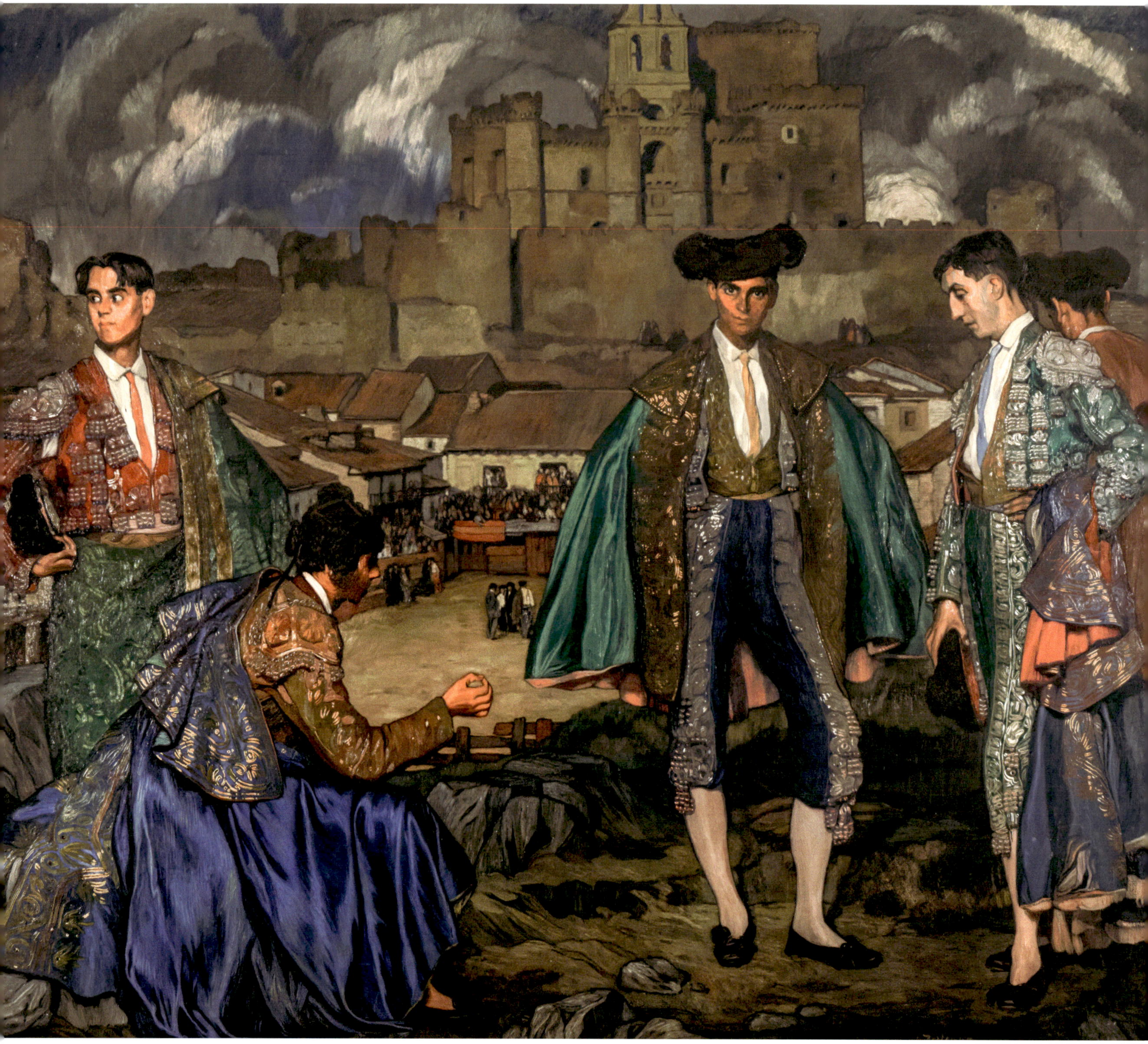

Kat. 38 *Junge Toreros in Turégano* oder *Künftige Idole*, 1912–1915, Öl auf Leinwand, 248 × 300 cm, San Telmo Museoa, Donostia / San Sebastián

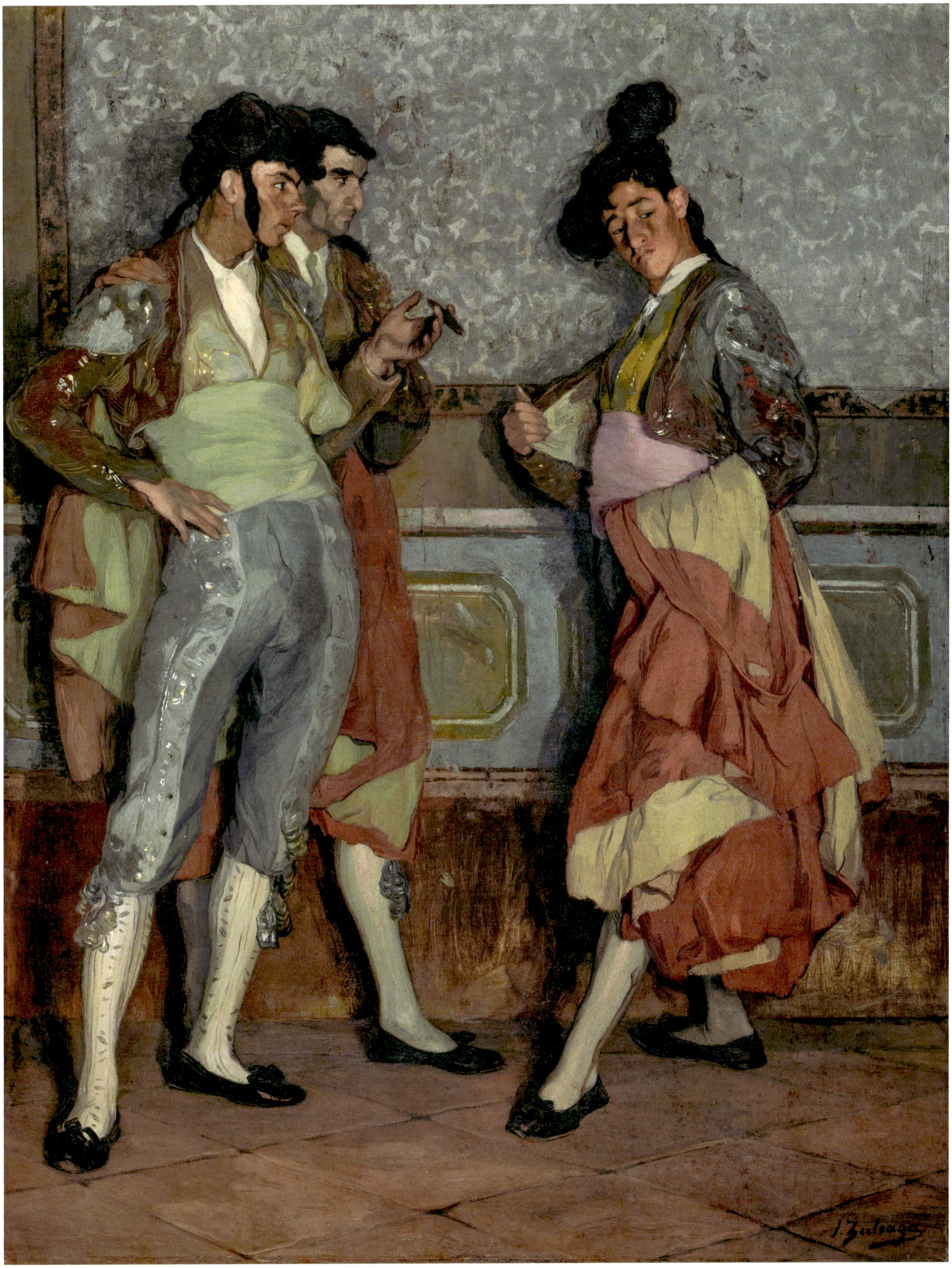

Kat. 39 *Junge Toreros aus dem Dorf*, 1906, Öl auf Leinwand, 197 × 154 cm, Museo Nacional Centro de Arte Reina Sofía, Madrid

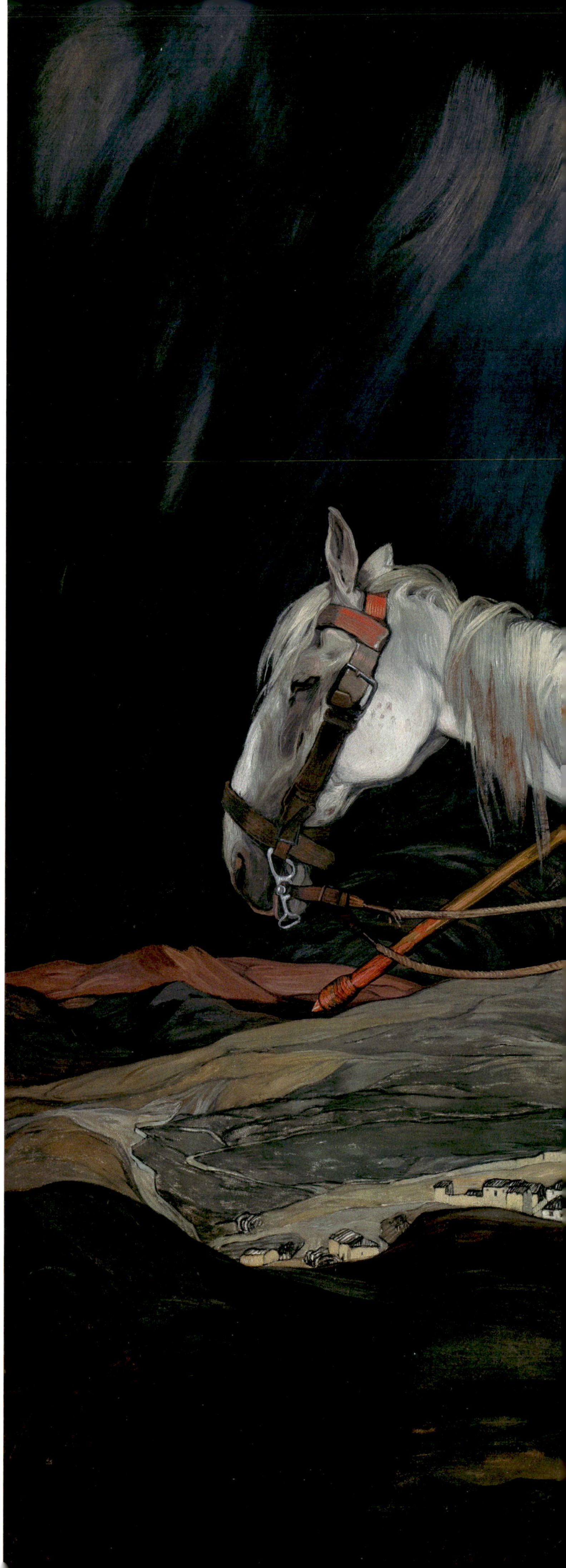

Kat. 40 *Das Opfer der Fiesta*, 1910, Öl auf Leinwand, 284 × 344 cm, Museo de Bellas Artes de Bilbao. The Hispanic Society Museum and Library, New York, als Leihgabe im Museo de Bellas Artes de Bilbao seit 2007

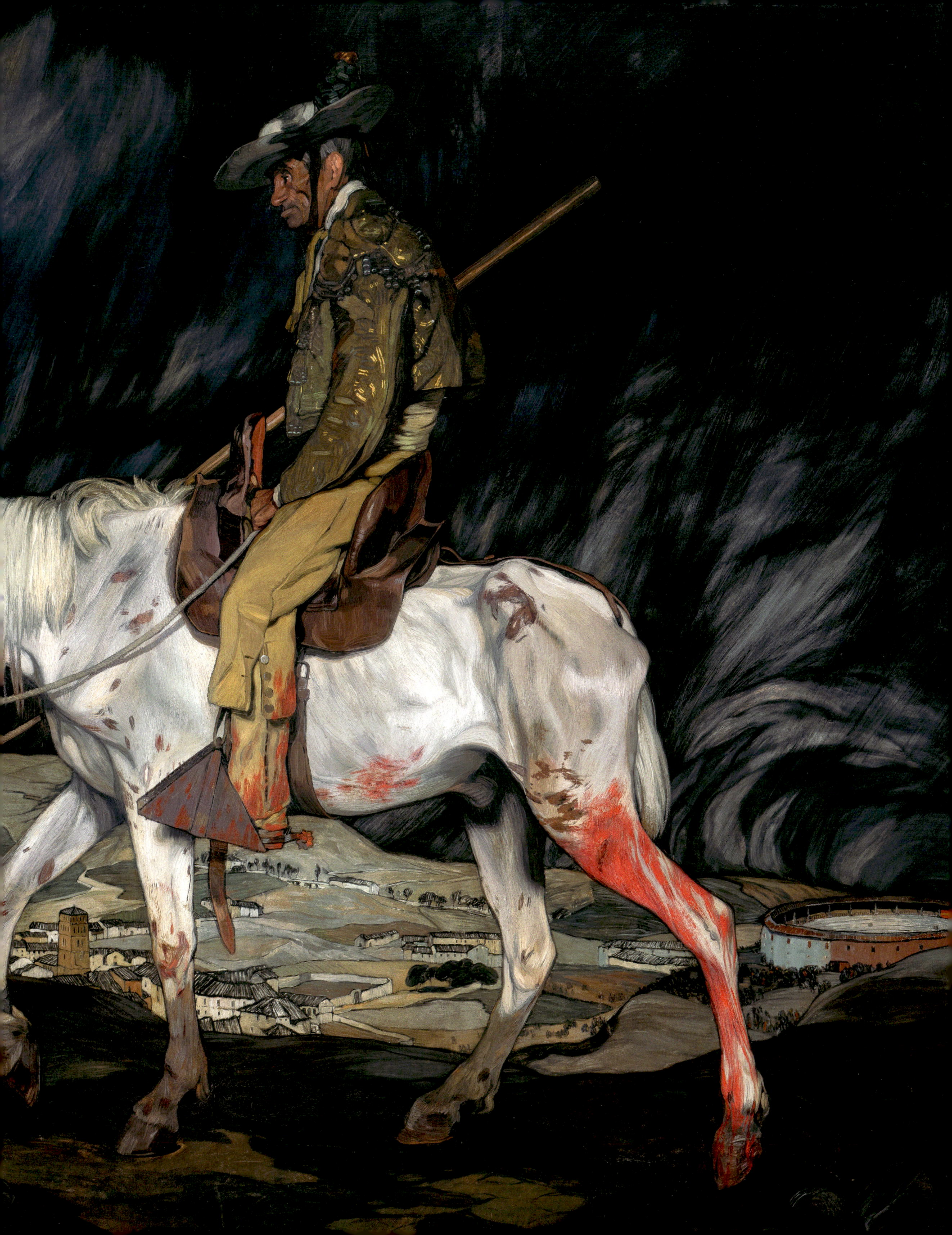

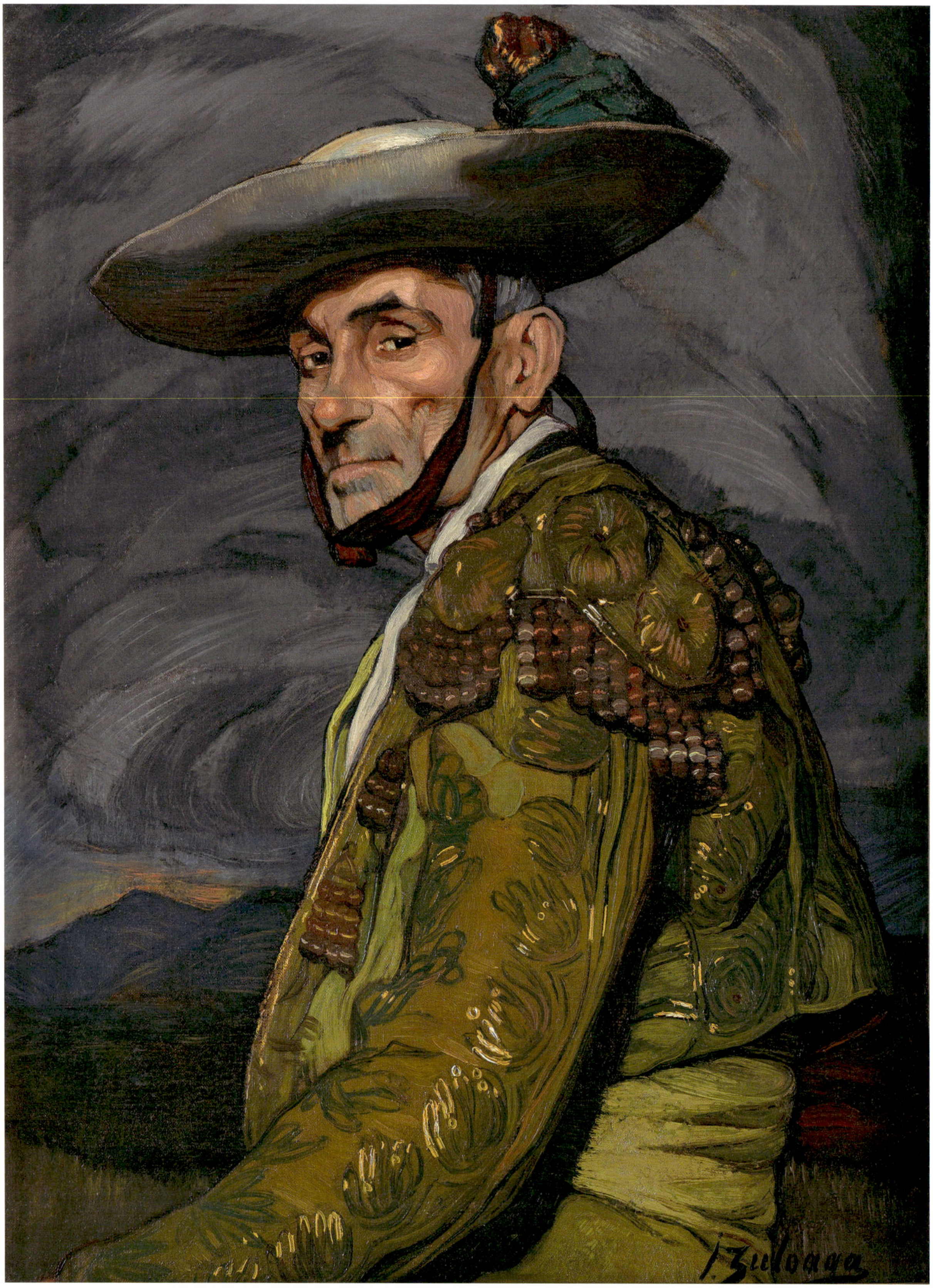

Kat. 41 *Halbfigurenbildnis eines Picadors*, 1910, Öl auf Leinwand, 84 × 61,5 cm, Privatsammlung. Leihgabe im Museo de Segovia – Museo Zuloaga de Segovia

Kat. 42 *Porträt Juan Belmontes*, 1924, Öl auf Leinwand, 193 × 120 cm, Privatsammlung

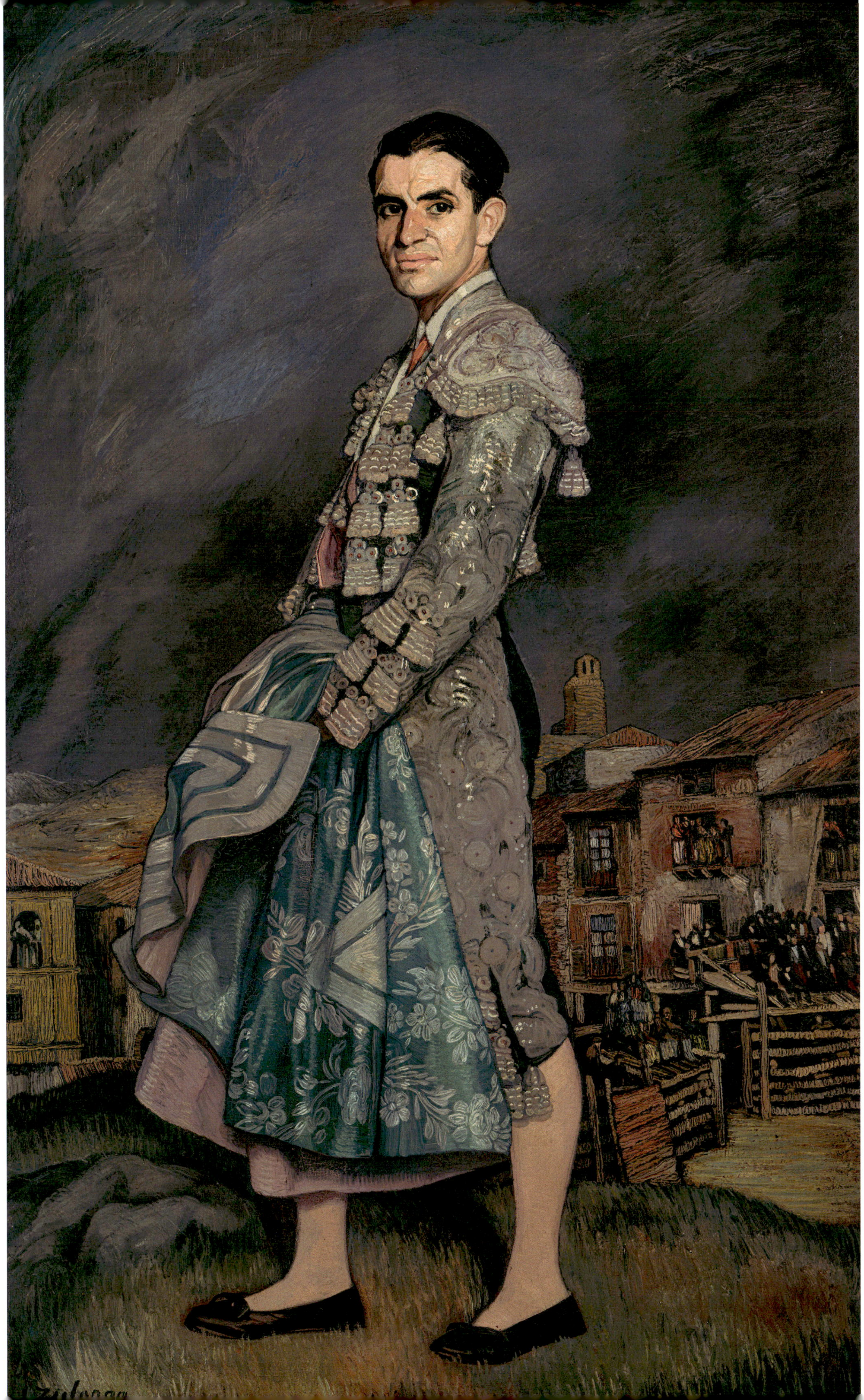

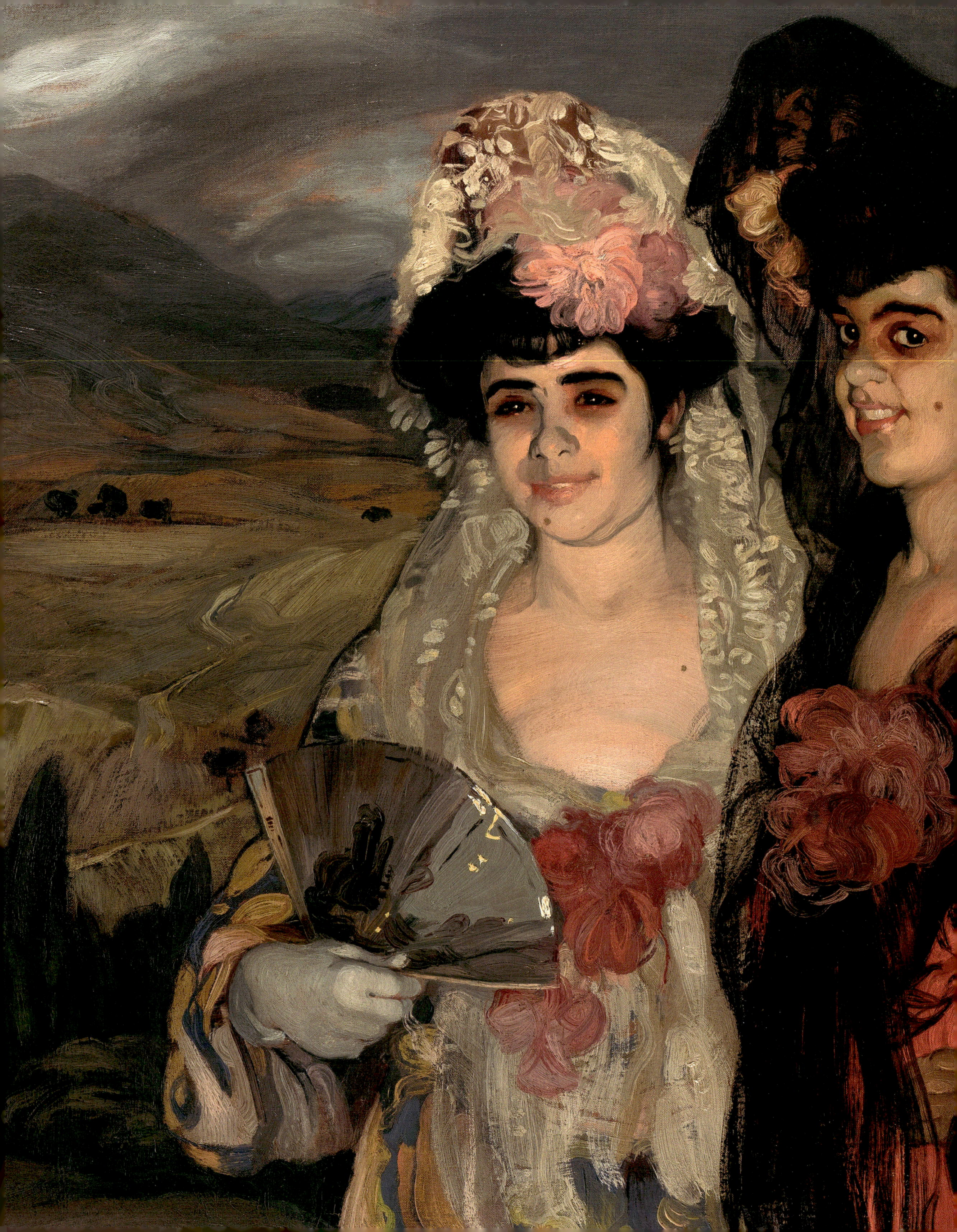

Ignacio Zuloagas Segovia

Realität und Mythos Kastiliens

NERINA SANTORIUS

Der Dichter Joan Maragall formulierte 1902 in einem Zeitschriftenartikel: »Die neue Zivilisation ist industriell, und Kastilien ist nicht industriell; der moderne Geist ist analytisch, und Kastilien ist nicht analytisch; der materielle Fortschritt führt zum Kosmopolitismus, und Kastilien, das inmitten afrikanischer Natur liegt und keine Aussicht auf das Meer gewährt, ist resistent gegen den europäischen Kosmopolitismus [...].«[1] Dieses als provinziell, lethargisch und widerspenstig beschriebene Kastilien erkor Ignacio Zuloaga zu seiner Wahlheimat, als er sich 1898 in Segovia niederließ, wo bereits sein Onkel Daniel, ein angesehener Keramiker, mit seiner Familie wohnte. Segovia, etwa 90 Kilometer nordwestlich von Madrid gelegen, war damals eine Kleinstadt mit knapp 15 000 Einwohnern, architektonisch beherrscht von seinem römischen Aquädukt, der mittelalterlichen Burg, die mehrere spanische Könige als Residenz genutzt hatten, und einer Vielzahl romanischer Kirchen. Die Gebäude waren baufällig, die Stadt war im Niedergang begriffen. Was für andere als Spiegel der Armut und Rückständigkeit Spaniens galt, faszinierte Zuloaga. Kaum ein Ort dürfte ihm geeigneter erschienen sein, um dem verbürgerlichten Pariser Großstadtleben, dem er bereits einige Jahre zuvor durch seinen Umzug nach Sevilla zu entfliehen gesucht hatte, den Rücken zu kehren. In Segovia entstanden Schlüsselwerke seines Œuvres wie *Der kleinwüchsige Gregorio* (S. 120, Abb. 3), *Das Opfer der Fiesta* (Kat. 40), *Lucienne Bréval als Carmen* (Kat. 28), *Blutender Christus* (Kat. 62) oder *Der Kardinal* (Kat. 67). Zudem sollte der Genius Loci der Stadt Zuloagas Malerei der Folgezeit – er verbrachte bis 1914 alljährlich mehrere Monate dort – auf ganz unterschiedliche Weisen prägen: Der Künstler entwickelte Bildkonzepte für die Darstellung der ›archetypischen‹ Bewohnerinnen und Bewohner Segovias und des kastilischen Umlands, er nutzte später die archaisch-düstere Atmosphäre der legendenumwobenen Stadt für ikonische Szenen des schwarzen Spanien wie *Die Hexen von San Millán* (S. 121, Abb. 4), und er schuf zahlreiche Bilder seiner drei in Segovia lebenden Cousinen (Abb. 1), die vor allem im Ausland als Inbegriff einer authentischen spanischen Sinnlichkeit und einer unschuldigen, ungezwungenen Weiblichkeit gehandelt wurden.

»Vielleicht hat Zuloaga nicht bessere, sprechendere, wirklichere Spanierinnen gemalt, als seine drei Cousinen«, heißt es in einer Ausstellungsrezension des Salons der Pariser Société nationale des Beaux-Arts im Jahr 1905.[2] Das

Abb. 1

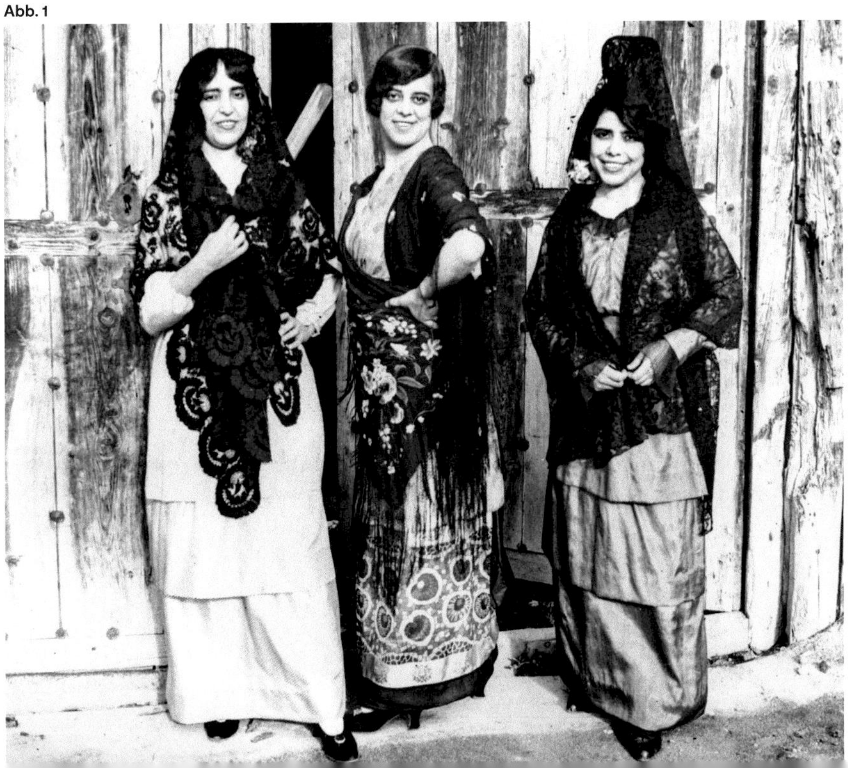

betreffende Gemälde zeigt die Schwestern Cándida, Esperanza und Teodora lebensgroß vor der Kulisse einer weiten, kargen Landschaft (Kat. 44). Die opulente Aufmachung der jungen Frauen mit farbigen Schleifen im Haar, geblümten Kleidern und Mantones de Manila kontrastiert ebenso wie ihre Fröhlichkeit mit der düsteren Leere der Landschaft, die lediglich von ein paar winzigen Staffagefiguren im Hintergrund bevölkert wird. So lebensecht die Cousinen hier wirken, so fiktiv erscheint dagegen die ganze Szene – in der Ödnis findet sich weit und breit kein Hinweis auf eine Festivität, die eine solche Ausstaffierung rechtfertigen würde. Vermutlich ist dieser Bildwitz (im Sinne von *agudeza*, Scharfsinn), der Entferntes zusammenbringt und damit auf Verblüffung zielt, durchaus intendiert. Angesichts von Zuloagas intensiver Rezeption der Maler des spanischen Goldenen Zeitalters wäre ein solcher Rückgriff auf die barocke Stilrichtung des Konzeptismus, wie sie beispielsweise im Werk von Diego Velázquez eine zentrale Rolle spielt, keineswegs abwegig.[3] Gleichzeitig werden die Schwestern durch ihr bläulichviolettes Inkarnat in die Umgebung eingebunden und somit der kastilischen Landschaft zugeordnet. Auf diese Weise gelingt Zuloaga mit *Meine Cousinen* eine zweifache Synthese: Er vereint die Folklore des heiteren, ›weißen‹ Spanien mit der Leere und Ödnis des ›schwarzen‹,[4] und er verbindet das ›Reale‹ mit dem Mythos.

Bereits 1899 hatte Zuloaga das goyaeske Gemälde *Porträts. Mein Onkel und meine beiden Cousinen* (Kat. 17) mit großem Erfolg im Salon der Société nationale des Beaux-Arts in Paris präsentiert und es an den französischen Staat verkauft. Auch hier bestätigt die damalige Lesart der Figuren nationale Stereotypen: Zuloagas Onkel Daniel dasjenige des ernsten, düsteren und stolzen Kavaliers, die Schwestern dasjenige der temperamentvollen, sinnlich-verführerischen Spanierin.[5] Noch stärker als in *Meine Cousinen* fällt in dieser Szene die helle Schminke in den Gesichtern der beiden Frauen auf, die ihren Zügen etwas Maskenhaftes verleiht. Nur die Augenpartie bleibt ausgespart. Wie bewusst Zuloaga das Mittel der Schminke einsetzte, zeigen auch Werktitel wie *Die Gepuderte* für ein Porträt Cándidas (Kat. 45). Vermutlich haben sich die Cousinen tatsächlich ›überschminkt‹ in der Annahme, so sei es auch bei den modernen, eleganten Pariserinnen der gehobenen Schichten Brauch, die sie aus Schwarz-Weiß-Abbildungen in Magazinen kannten. Ihre übertrieben gepuderten Gesichter ähneln denjenigen der Prostituierten, die Zuloaga vielfach gemalt hat. Diese Parallele überrascht zunächst. Es geht jedoch in beiden Fällen um eine Maskerade, sogar im doppelten Sinn: um das Frauenbild, das die Cousinen wie auch die Prostituierten durch das Schminken von sich selbst erschaffen, und um das Frauenbild, das der Künstler konstruiert. Die Cousinen repräsentieren den Typus der ›echten‹, authentischen Spanierin: lebhaft, voller Anmut und keckem Witz und auf eine nahbare, natürliche Art verführerisch, von der – so lässt die Vertrautheit suggerierende, im Bildtitel heraufbeschworene Familienzugehörigkeit vermuten – keine Gefahr ausgeht.[6] Das spanische Verb *pintar* bedeutet sowohl »malen« als auch »schminken«. Es liegt nahe, dass Zuloaga hier auch auf einer Metaebene seine eigene Malerei thematisiert: Er gibt seine Maskerade, seine bildliche Inszenierung einer spezifischen geschlechtlichen und nationalen Identität, als solche zu erkennen – mit den durch die Schminke entindividualisierten Frauen bietet er uns eine Ware an. Überspitzt formuliert, repräsentieren die ›reinen‹, provinziellen Cousinen und die korrumpierten,

Abb. 1 Anonym: *Cándida, Teodora und Esperanza Zuloaga vor dem Atelier in San Juan de los Caballeros, Segovia*, Fotografie, Archivo Museo Zuloaga de Segovia. Junta de Castilla y León (vorherige Seite)

Abb. 2 Ignacio Zuloaga: *Der Bürgermeister von Riomoros und seine Frau*, um 1898, Öl auf Leinwand, 180 × 100 cm, Musées royaux des Beaux-Arts de Belgique, Brüssel

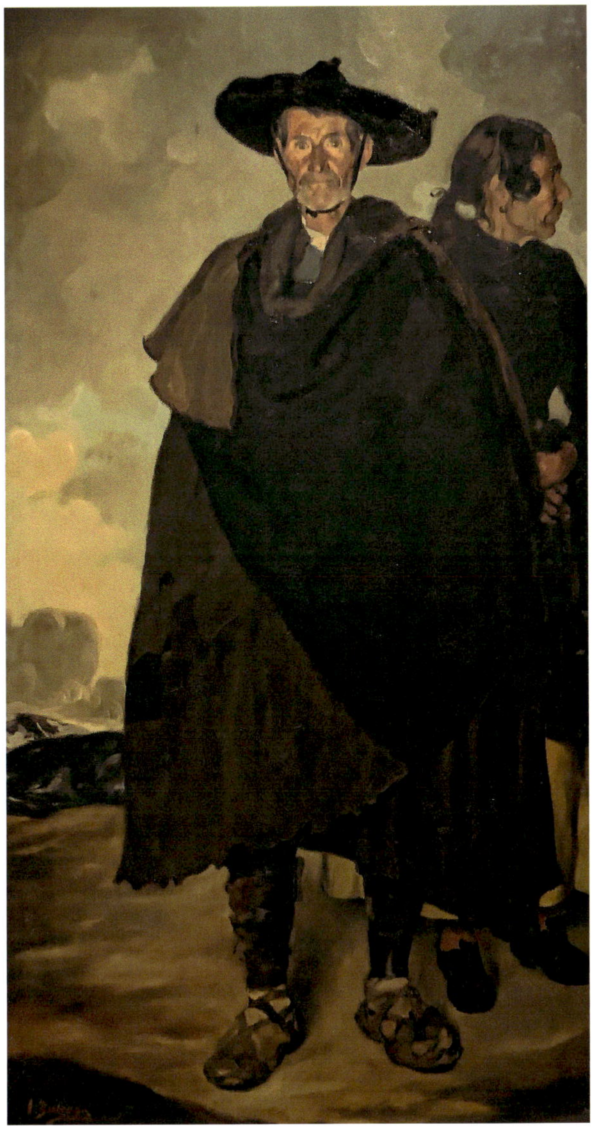

Abb. 2

anonymen Prostituierten die beiden Seiten eines Weiblichkeitsbilds: Heilige und Hure. Der meist frontale Blick der Frauen adressiert die Betrachtenden und schließt deren Außenperspektive mit ein, was den imaginären Charakter dieses Weiblichkeitsbilds verstärkt.[7]

Auch in anderen Gemälden hat Zuloaga typisierte Bewohnerinnen und Bewohner Segovias und des kastilischen Umlands dargestellt, häufig lebensgroß vor einer weiten, leeren Landschaft. Während einige von ihnen in den Bildtiteln lediglich als »segovianischer Typ« ausgewiesen sind (Kat. 53), werden andere Figuren zu Funktionsträgern aus den umliegenden Dörfern erhoben: So begegnen uns die Bürgermeister von Riomoros und Torquemada (Abb. 2; Kat. 51), der Richter von Zamarramala (Kat. 52) und der Volksdichter Don Miguel aus Segovia (Kat. 50). Keiner der Porträtierten ging tatsächlich einer solchen Tätigkeit nach, die Titel dienten der Mythisierung Kastiliens und seiner Bevölkerung. Angesichts eines in weiten Teilen unkultivierten und bevölkerungsarmen Landes, wie es Sergio del Molino vor wenigen Jahren in seinem einflussreichen Buch *Leeres Spanien* beschrieben hat, zielte die Verbildlichung solcher Autoritäten, die für Verwaltung, Recht und Ordnung sowie für Kultur standen, sicherlich ebenfalls auf eine Aufwertung der ländlichen Gegenden. Zuloaga nobilitiert sein Bildpersonal durch eine überzeitliche Darstellung (das Automobil, das der Künstler 1902 erwarb und mit dem er häufig die kastilische Landschaft erkundete, erscheint ebenso wenig in den Gemälden wie sonstige Verweise auf die moderne Welt). Auf eine Aufwertung zielten auch die Monumentalisierung der Figuren sowie eine mitunter würdevolle Gestik und Pose, wie sie am deutlichsten im Gemälde des Don Miguel (Kat. 50) zum Tragen kommt. Das Bild zählte zu den ersten in Deutschland ausgestellten Werken des Künstlers. Die zeitgenössischen Kritiken bezeugen, dass auch hier Realität auf Mythos trifft und ebenso das Niedrige auf das Hohe, im Sinne einer auf getreue Wirklichkeitsnachahmung ausgerichteten Stilmischung von niederem Sujet und erhabener Darstellungsweise.[8] Hans Rosenhagen lobte, auf Zuloagas Gemälden sehe »man seit langer Zeit zum erstenmale wieder das wirkliche Spanien«, um einige Zeilen später anzuführen, Don Miguel wirke »wie eine aus einem Romane des Cervantes stammende Erscheinung. [... Zuloaga] stellt das Alltägliche, das Plebejische dar, aber die Wirkung seiner Kunst ist am Ende höchst vornehm.«[9] »Er steht hoch aufgerichtet«, schrieb ein anderer Rezensent, »mit der Miene des Triumphators; die Rechte hält den einfachen Bauernstock wie ein Szepter, die Linke wichtig eine Rolle.«[10] Auch hier birgt der Kontrast zwischen der einfachen Figur und der repräsentativen Pose potenziell ein Kippmoment, das vom Erhabenen ins Lächerliche umschlagen und gerade dadurch als Ausweis von Authentizität dienen kann.

Neben den genannten Strategien war Zuloagas wichtigstes Mittel, um die einfache kastilische Landbevölkerung zu symbolischen, mythischen Figuren zu erheben, ihre Einbettung in die umgebende Landschaft und deren künstlerische Behandlung. Um die Jahrhundertwende etablierte sich in Spanien eine neue Landschaftsauffassung, die durch die Lehrinhalte und Exkursionspraxis der 1876 gegründeten Institución Libre de Enseñanza (Freies Lehrinstitut) vorbereitet worden war und maßgeblich durch Schriftsteller und Philosophen der »Generation von 98« wie Azorín (José Martínez Ruiz), Miguel de Unamuno oder José Ortega y Gasset geprägt wurde.[11] Sie werden als »Erfinder« einer nationalen Landschaft angesehen, als deren Essenz Kastilien galt. Die Auseinandersetzung mit der Natur sowie der Geschichte, den Sitten und Bräuchen des Volkes, die den »Bodensatz einer kollektiven Seele« bildeten, sollte eine Regeneration und geistige Neuorientierung Spaniens herbeiführen,[12] das mit der Kriegsniederlage gegen die USA 1898 und dem Verlust der letzten Kolonien an einem Tiefpunkt angelangt war. Zuloaga trug mit seinen Darstellungen der kastilischen Landschaft, deren herber Charakter vormals als unmalerisch gegolten hatte, zur Erschaffung und Verbreitung des »kastilischen Mythos« bei. Die Landschaft wurde mit literarischen und historischen Bedeutungen aufgeladen und zu einem Identitätssymbol stilisiert.[13] In dem Gemälde *Der kleinwüchsige Gregorio* (Abb. 3), das auch durch einen 1911 erschienenen Essay von Ortega y Gasset ikonischen Status erlangt hat, kommt dies in exemplarischer Weise zum Ausdruck. Mit einem Krug in der Hand und zwei als Weinschläuchen dienenden Tierfellen über der Schulter, die fast ebenso groß sind wie er selbst, ist der von Ortega als »Monster« titulierte, kleinwüchsige Mann – eine Reminiszenz an Velázquez' Hofnarren-Porträts – vor einer Landschaft platziert. Der Autor unterstreicht die unterschiedlichen Malweisen bei Figur und Hintergrund: Bei den Menschen betone Zuloaga das Animalische und Materielle, bei den Landschaften das Geistige, Energetische, die kämpferische Vitalität.[14] Damit korrespondiert auch eine stärker zeichnerische Behandlung der Landschaft. Durch den Kontrast zwischen Natur und Figur, der die Szene aus dem Bereich der Wirklichkeitsnachahmung heraushebt, wird Gregorio zum Symbol, zum spanischen Mythos.[15] Er steht für ein Spanien, das sich Europa und der Moderne verweigert und dessen Tragödie und Paradox es ist, aus dem Instinkt zur Selbsterhaltung heraus unterzugehen. »Der Zwerg wäre eine anthropologische Kuriosität,« schreibt Ortega, »wenn seine konkrete Physiognomie nicht durch die allgemeine Idee, durch die Synthese, die über die raue ihn umgebende Landschaft ausgegossen wurde, bereichert und erklärt würde.«[16]

Die Landschaft als symbolischer Raum gewann in Zuloagas Bildern dieser Jahre zunehmend an Bedeutung, sowohl in Szenen mit Figuren als auch in autonomen Landschaftsansichten, wie sie ab 1909 in seinem Werk zu beobachten sind. Mehrfach findet sich der in der Provinz Segovia gelegene Ort Sepúlveda in seinen Darstellungen wieder, unter anderem in einem weiteren Gemälde von Gregorio (S. 140, Abb. 1) und in *Frauen von Sepúlveda* (Kat. 55). Drei alte Dorfbewohnerinnen auf einem Felsplateau, die in gelbgrüne, üblicherweise als Regenkleidung genutzte Röcke gehüllt sind, geben den Blick auf den Ort frei. Die zwei erkennbaren Gesichter haben identische Züge, was als Typisierung der Frauen intendiert sein dürfte. So könnte man auch alle drei Gestalten als ein und dieselbe Person imaginieren, die wie ein Phantom, wie eine Hüterin der stillen,

Abb. 3 Ignacio Zuloaga: *Der kleinwüchsige Gregorio*, 1908, Öl auf Leinwand, 187 × 154 cm, The State Hermitage Museum, St. Petersburg

Abb. 4 Ignacio Zuloaga: *Die Hexen von San Millán*, 1907, Öl auf Leinwand, 204 × 198 cm, Museo Nacional de Bellas Artes, Buenos Aires, Argentinien

Abb. 3

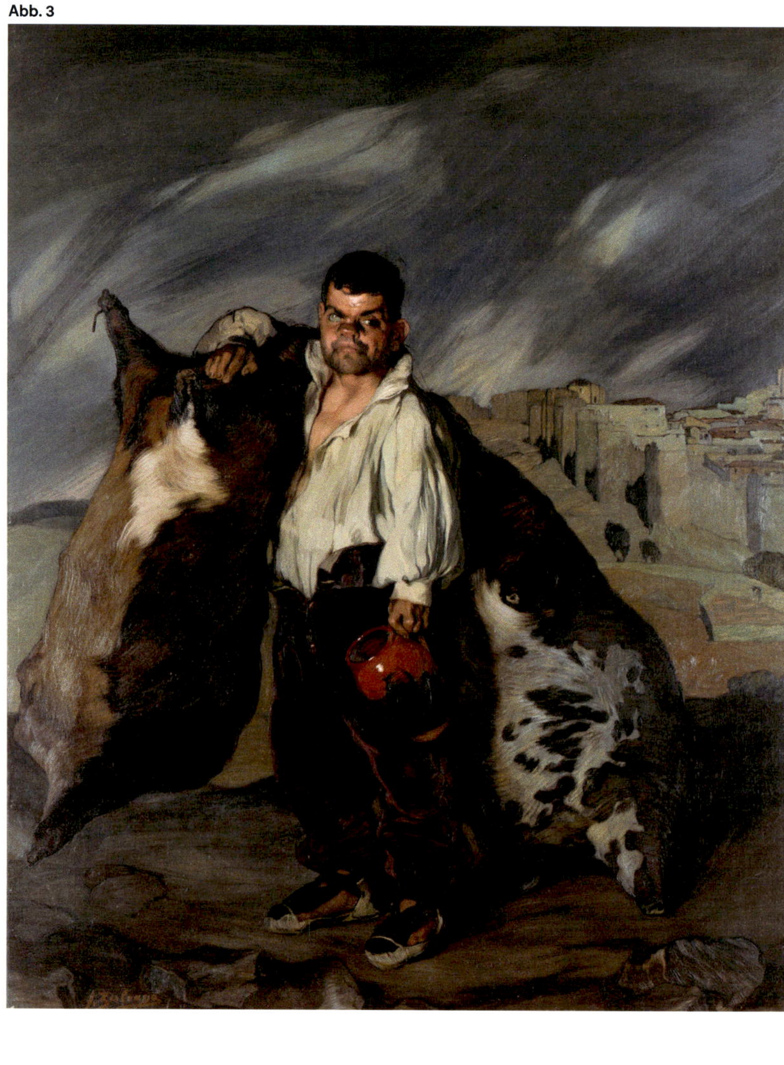

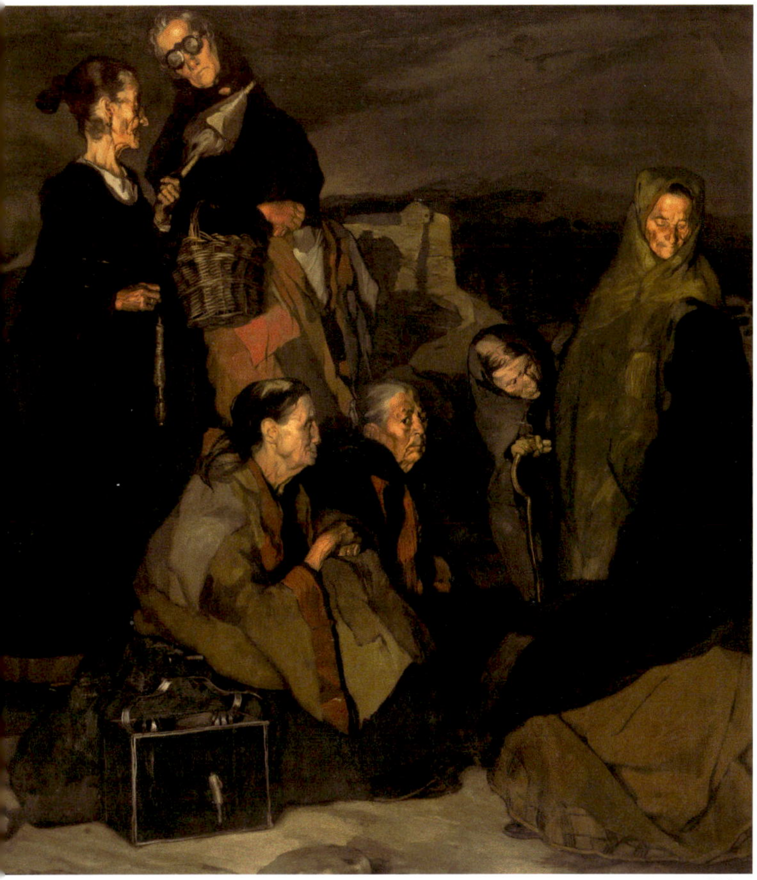

Abb. 4

zeitlos wirkenden Stadt umherstreift und der Szene damit einen geisterhaft-mythischen Charakter verleiht. Das prominent ins Bild gesetzte Motiv der verhüllten Frauen, das auf die Dialektik von Verbergen und Sichtbarmachen zielt und auf das Verhältnis von Innerem und Äußerem verweist, vermittelt hier die Symbolik der Szene: Durch das Anähneln der Kleidung an die Umgebung lässt sich auch die Landschaft als Hülle deuten. Miguel de Unamuno verstand die Landschaft in Zuloagas Bildern als Erweiterung des Menschen, als Projektion ihres Inneren. Der Maler umhülle seine Figuren mit ihrer Seele: »Denn was ist die Seele eines Menschen, wenn nicht seine Sicht auf das, was ihn umgibt und trägt?«[17] Zuloagas Ziel, in seiner Malerei die kastilische Seele zu synthetisieren,[18] wird hier durch das Zusammenführen von innen und außen, von Mensch und Landschaft eingelöst.

Durch eine spezifische Blickregie wird die Relation von innen und außen auch auf rezeptionsästhetischer Ebene aufgerufen: Die Rückenfigur dient einerseits den Betrachtenden zur Identifikation und versetzt diese ins Geschehen, andererseits werden sie jedoch durch den frontalen Blick der zweiten sitzenden Gestalt auch außerhalb des Bildes adressiert, was das Gemälde als Medium betont. So macht uns Zuloaga zum Teil des Mythos und entlarvt diesen Mythos gleichzeitig als eine Fiktion, die er selbst durch sein Bild erzeugt. In dieser Dialektik klingt auch seine eigene Doppelrolle an – die des Spaniers, der zugleich mit dem Blick des Ausländers auf die eigene Heimat schaut – und damit die für die Debatte um 1900 zentrale Frage nach dem Selbst- und dem Fremdbild Spaniens, nach der spanischen Identität.

Die konkurrierenden Rezeptionsmodi der gleichzeitigen Einladung und Zurückweisung des Betrachters, die erneut das Verhältnis von Realität und Mythos verhandeln, finden sich in dieser Form auch in dem Gemälde *Die Hexen von San Millán* (Abb. 4).[19] Eine Notiz Zuloagas legt nahe, dass Figuren und Komposition der *Frauen von Sepúlveda* eine Variation beziehungsweise Fortführung dieses 1907 entstandenen Gemäldes darstellen.[20] Das frühere Bild zeigt eine nächtliche, an einen Hexensabbat gemahnende Szenerie, die ebenfalls eine Rückenfigur und eine den Betrachter anblickende Gestalt enthält. Den Hintergrund bildet eine Berglandschaft, die aufgrund ihrer an eine liegende weibliche Figur erinnernden Silhouette den Namen Tote Frau trägt und damit die unheimliche Atmosphäre des Bildes zusätzlich verstärkt. San Millán lautet der Name des auch als »Hexenviertel« bekannten Stadtteils von Segovia. Dort hatte der Maler in der sogenannten Casa del crímen (Haus des Verbrechens), die in der Stadt als Schauplatz zweier Morde berüchtigt war, sein Atelier, bevor er es 1905 in der romanischen Kirche San Juan de los Caballeros einrichtete, die heute das Museo Zuloaga beherbergt. Der Künstler – der allerdings tatsächlich abergläubisch war – verwob die fantastische Thematik meisterhaft mit seiner eigenen Biografie. Eine Erzählung, laut der er schlichtend in einen Streit zwischen mehreren Hexen eingriff und die 1908 bis in die deutsche Presse kolportiert wurde, schließt mit dem Satz: »Ich frage mich, durch was für ein Wunder ich mein Bild vollenden konnte, denn wenigstens zwei der Weiber hatten den bösen Blick und andere sannen wohl noch schlimmere Ränke ...«[21]

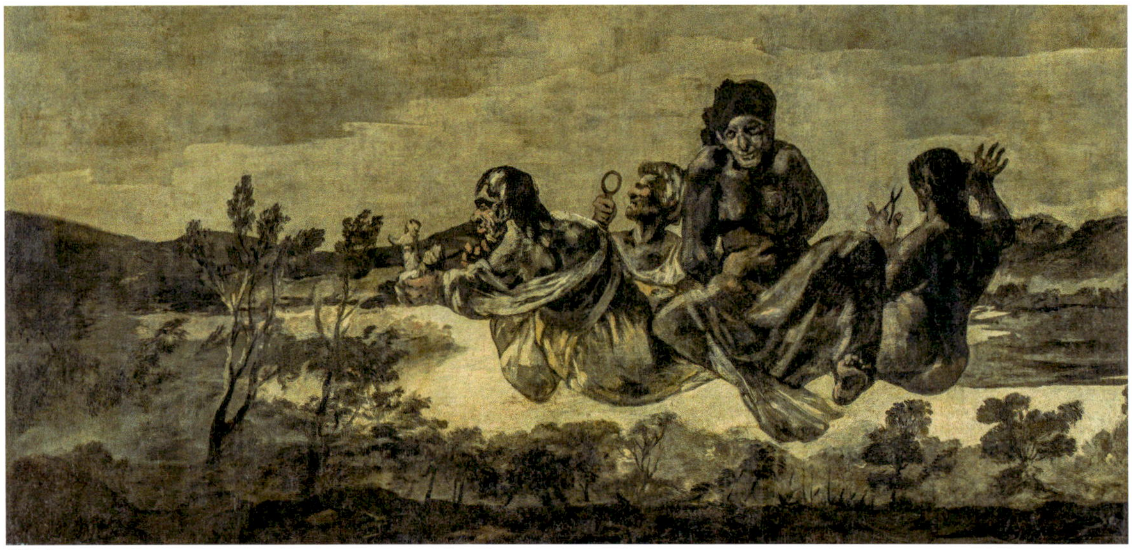

Abb. 5

Im Gegensatz zu den Hexenszenen Francisco de Goyas, auf die Zuloaga sich hier bezieht, verzichtete er in seinem Gemälde auf eine eigentliche Bildhandlung und erhöhte damit die symbolhafte Wirkung der Figuren. Es bleibt ein Rätsel, wer die schwarz gekleidete Frau rechts im Bild ist, der sich die anderen zuwenden, und welche Pläne die Hexen schmieden – durch das doppelte Mysterium der verhüllten Rückenfigur wird die düstere Fantasie des Publikums noch mehr beflügelt. Die beiden Frauen links verfügen über die Attribute der Moiren Klotho und Lachesis, die den Lebensfaden des Menschen spinnen und bemessen: Die Funktion der Brille der einen Hexe beispielsweise entspricht derjenigen der Lupe, die in Goyas Gemälde *Die Parzen (Atropos)* (Abb. 5) auf das Bemessen des Fadens verweist.[22] Die dritte, den Lebensfaden abschneidende Moire Atropos ist nicht als solche erkennbar. Sie könnte jedoch von der sitzenden Frau im Bildvordergrund verkörpert werden: Das Vanitasmotiv der verloschenen Kerze in der Laterne neben ihr steht für den Tod.

Die Hexen sind Teil des ›realen‹ Segovia, alte Frauen aus San Millán, sie repräsentieren das schwarze Spanien mit seinem religiösen Fanatismus, seinem Aberglauben, seinen barbarischen Bräuchen, seiner Tragik und Düsternis, sie sind die kastilische Version der antiken Schicksalsgöttinnen, der Gegenentwurf zu einer von Wissenschaft und Vernunft bestimmten Moderne – sie sind die alte, vom Aussterben bedrohte Welt, die Zuloaga festhalten wollte.

Was in den Bildern bewahrt bleibt, war in der Realität nicht von Dauer: Mit dem Beginn des Ersten Weltkriegs endete Zuloagas wichtigste Etappe seiner künstlerischen Laufbahn, er gab sein Atelier in Segovia auf. Die enge Beziehung zwischen Ignacio und Daniel Zuloaga war für beide Seiten inspirierend, aber auch von starker künstlerischer Konkurrenz bestimmt gewesen. Nach Jahren andauernder Auseinandersetzungen aufgrund der Eigentumsverhältnisse von San Juan, der Arbeitsstätte von Neffe und Onkel, kam es zum Bruch zwischen den beiden. Der Maler beendete seine künstlerische Tätigkeit in der Stadt. Seine Werke aus der Segovianer Zeit spiegeln jedoch noch heute die konfliktreiche Suche nach einer nationalen Identität, das Verhandeln von Selbst- und Fremdbild und die nichts weniger als existenziellen Debatten darum, was das »wahre« Spanien sei. Und sie zeugen von der bildlichen Macht, durch die Synthese von Realität und Mythos die Vorstellung von Spanien im In- und Ausland bis in die Gegenwart zu prägen.

Abb. 5 Francisco de Goya: *Die Parzen (Atropos)*, 1820–1823, Mischtechnik auf Wandverkleidung, auf Leinwand übertragen, 123 × 266 cm, Museo Nacional del Prado, Madrid

Für inspirierenden Austausch und wertvolle Anregungen geht mein herzlicher Dank an Carlos Alonso, Stefan Kirchberger und Johanna Schumm.

1 Juan Maragall: »El sentimiento catalanista«, in: *La lectura. Revista de ciencias y de artes*, 2, 1, 1902, S. 80–85, hier S. 84.
2 Wilhelm Holzhamer: »Die Pariser Salons 1905«, in: *Kunst und Künstler*, 3, 1905, S. 440–442, hier S. 442.
3 Zum Konzept des Witzes siehe Johanna Schumm: *Witz und Fülle*, unveröff. Habilitationsschrift, Ludwig-Maximilians-Universität München, 2022, insbes. Kap. V.2.: »Scharfsinnig malen«.
4 Der Begriff »España negra« (schwarzes Spanien) wurde durch die Publikation gleichen Titels geprägt, in der der belgische Schriftsteller Émile Verhaeren und der spanische Maler Darío de Regoyos die Eindrücke ihrer gemeinsamen Spanienreise im Jahr 1888 wiedergeben. Sie schildern ein Land der düsteren, verlassenen Orte, in dem sie religiösen Prozessionen, Totenfeiern und blutigen Stierkämpfen beiwohnen.
5 Gustave Geffroy: »Les Salons de 1899. VIII. Evenepoel et Zuloaga«, in: *Le Journal*, 30. 4. 1899.
6 Von den Cousinen geht keine im sexuellen Sinn bedrohliche Wirkung aus, was sie – neben ihrer realen Existenz – maßgeblich vom Spanierinnentypus der Carmen-Figur unterscheidet; siehe dazu den Beitrag von Birgit Thiemann in diesem Band, S. 32–37, hier S. 32. Ganz so unschuldig, wie im Bild angedeutet, ging es in Wirklichkeit jedoch wohl nicht zu – ein Brief Ignacio Zuloagas an einen Freund (Privatbesitz) lässt auf eine Affäre mit seiner Cousine Cándida schließen.
7 Die Tatsache, dass der Bruder der drei Cousinen nur ein einziges Mal und recht versteckt in einer Darstellung der Familie des Onkels erscheint, deutet darauf hin, dass Zuloagas Cousinen-Typus kein männliches Äquivalent besitzt.
8 Vgl. Erich Auerbach: *Mimesis. Dargestellte Wirklichkeit in der abendländischen Literatur*, Tübingen 2001.
9 Hans Rosenhagen: »Von Ausstellungen und Sammlungen«, in: *Die Kunst für Alle*, 16, 4, 15. 11. 1900, S. 99–101, hier S. 99.
10 Fritz Stahl: »Ignacio Zuloaga. Zur Ausstellung im Salon Schulte«, in: *Berliner Tageblatt*, 27. 9. 1900.
11 Zum Verhältnis der Malerei Zuloagas zur Literatur der Generation von 98 siehe den Beitrag von Ralf Junkerjürgen im vorliegenden Band, S. 178–187.
12 Ana María Arias de Cossío: »Pintura de paisaje en la segunda mitad del siglo XIX. Teoría y práctica: La Institución Libre de Enseñanza«, in: Ma. Carmen Lacarra (Hrsg.): *Arte del siglo XIX*, Saragossa 2013, S. 121–152, hier S. 125 f.
13 Vgl. Antonia Kienberger: *Die Inszenierung der kastilischen Landschaft als Erlebnis- und Verhandlungsraum der spanischen Identität. Erinnerungspolitik bei Azorín, Antonio Machado und Miguel de Unamuno*, Diss. Regensburg 2008, S. 272.
14 José Ortega y Gasset: »La estética de ›El enano Gregorio el Botero‹« (1911), in: ders.: *Obras completas*, Bd. 1: *1902–1916*, Madrid 1966, S. 536–545, hier S. 541.
15 Ebd., S. 542 f.
16 Ebd., S. 542.
17 Miguel de Unamuno: »La labor patriótica de Zuloaga« (1917), Wiederabdruck in: *Cuadernos Ignacio Zuloaga*, 1995, S. 65–67, hier S. 66.
18 Juan Pujol: »La estética de Zuloaga explicada por él mismo«, in: *El Pueblo Vasco*, 22. 2. 1912.
19 Zu diesem Bild siehe auch den Beitrag von Katrin Dyballa im vorliegenden Band, S. 58–63, hier S. 62.
20 »Noch ein Bild von alten Frauen oder Hexen machen, einige beim Spinnen. Sie hinter ein paar Felsen platzieren, und in der Lücke zwischen ihnen soll Ávila, Sepúlveda oder etwas anderes zu sehen sein.« Ignacio Zuloaga, zit. nach Enrique Lafuente Ferrari: *La vida y el arte de Ignacio Zuloaga* (1950), Barcelona 1990, S. 227. 1911 führte Zuloaga die Thematik mit Darstellungen von Spinnerinnen fort. Ein durch Reproduktionen überliefertes Gemälde (S. 27, Abb. 4) von zwei spinnenden Frauen zerschnitt er, der linke Teil mit einer Figur ist erhalten (Z Espacio Cultural, Zumaia).
21 Anonym: »Zuluagas [sic] Modelle«, in: *Hannoverscher Courier*, 3. 10. 1908. Ich danke Birgit Thiemann für den Hinweis auf diesen Artikel. Das Thema der Hexerei knüpft auch an die Heimatregion des Künstlers an – im Baskenland spielte das Hexenwesen bis weit ins 20. Jahrhundert hinein eine besondere Rolle; siehe Julio Caro Baroja: *Die Hexen und ihre Welt*, Stuttgart 1967.
22 Die Moiren aus der griechischen Mythologie (Klotho, Lachesis, Atropos) werden hier im Werktitel mit den Parzen aus der römischen Mythologie (Nona, Decima, Parca) vermischt.

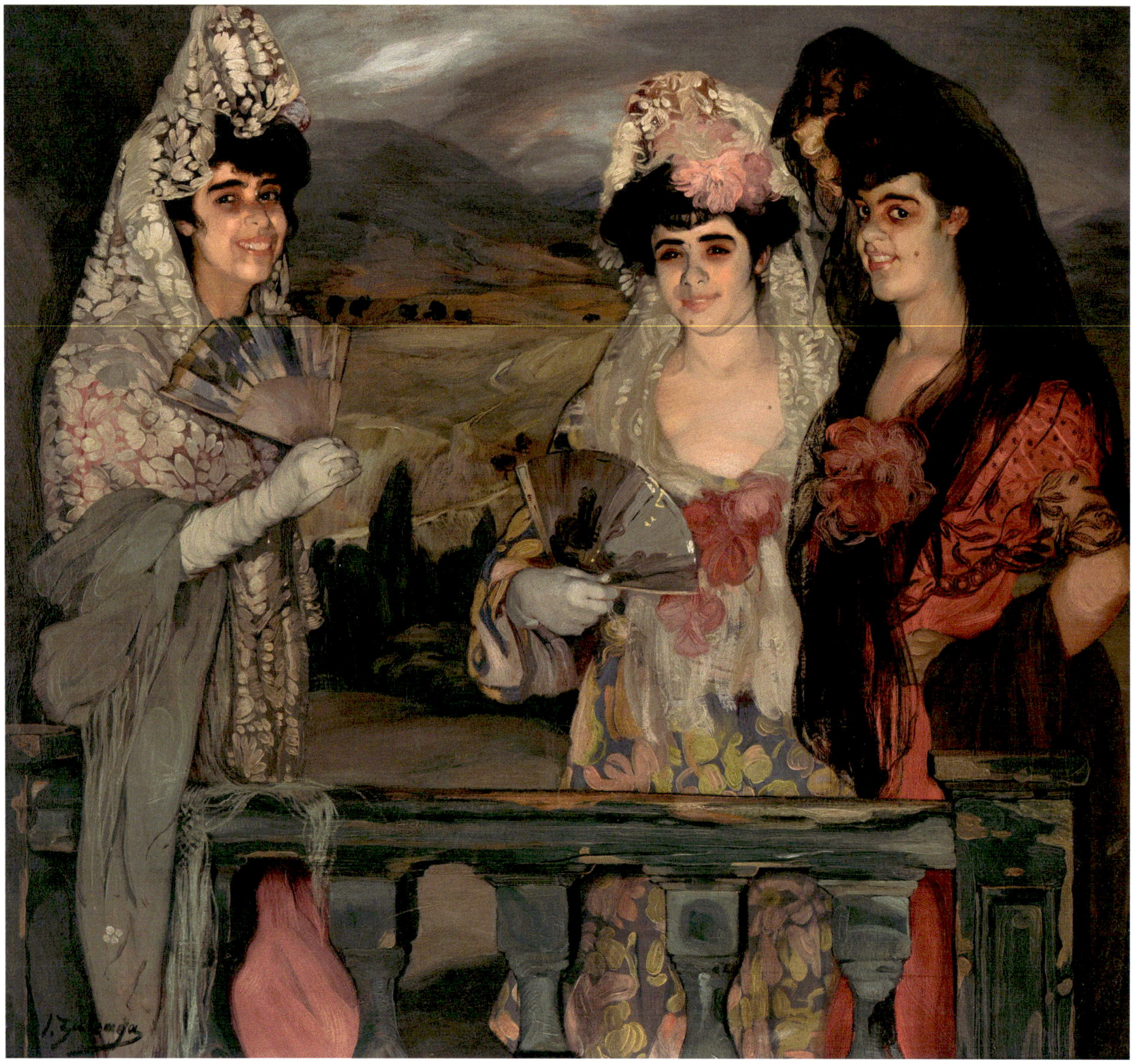

Kat. 43 *Meine Cousinen auf dem Balkon*, 1906, Öl auf Leinwand, 127 × 140 cm, Privatsammlung

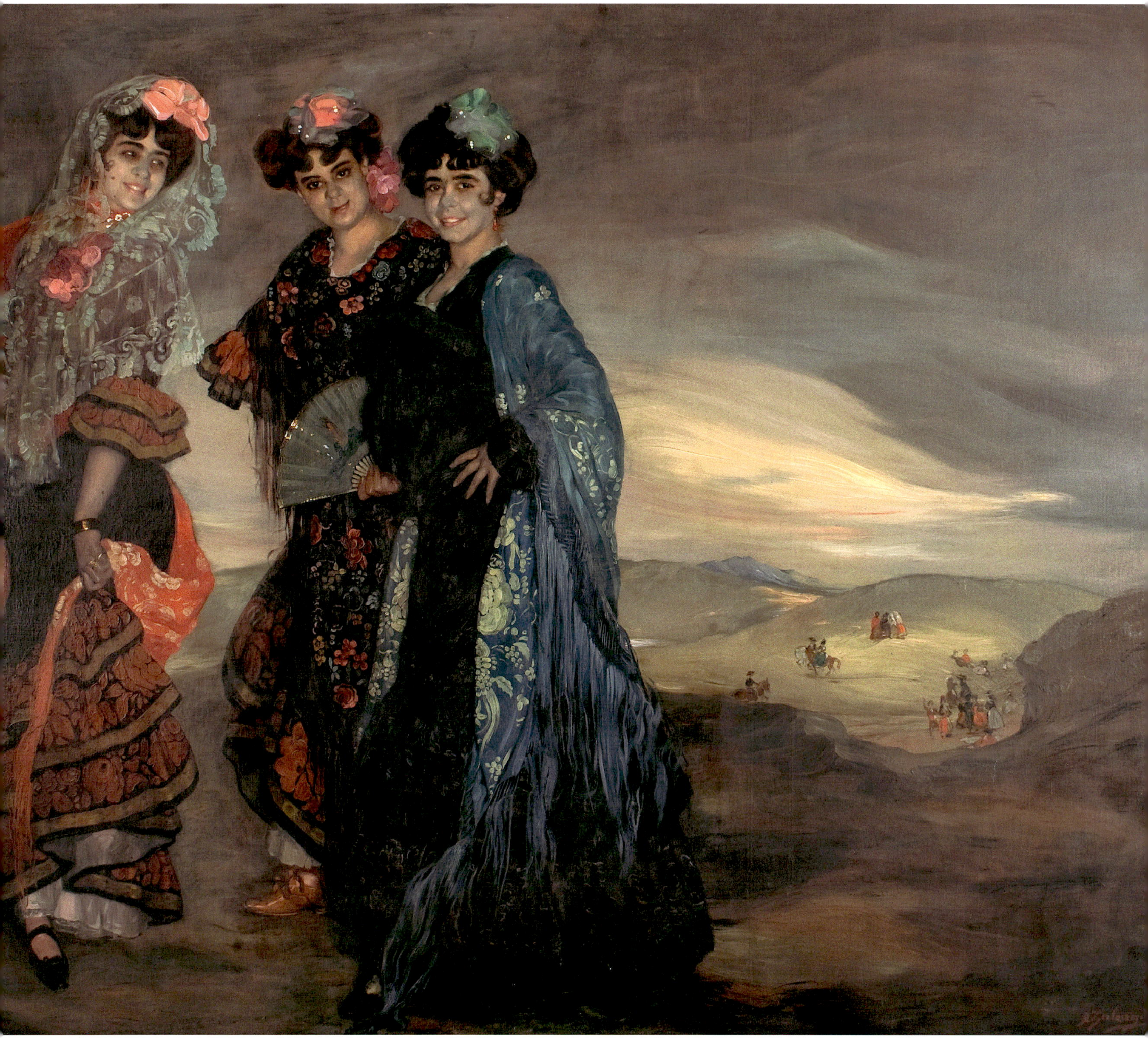

Kat. 44 *Meine Cousinen*, um 1903, Öl auf Leinwand, 208 × 250 cm,
Museu Nacional d'Art de Catalunya, erworben in der *V Exposición Internacional de Bellas Artes é Industrias Artísticas*, Barcelona, 1907

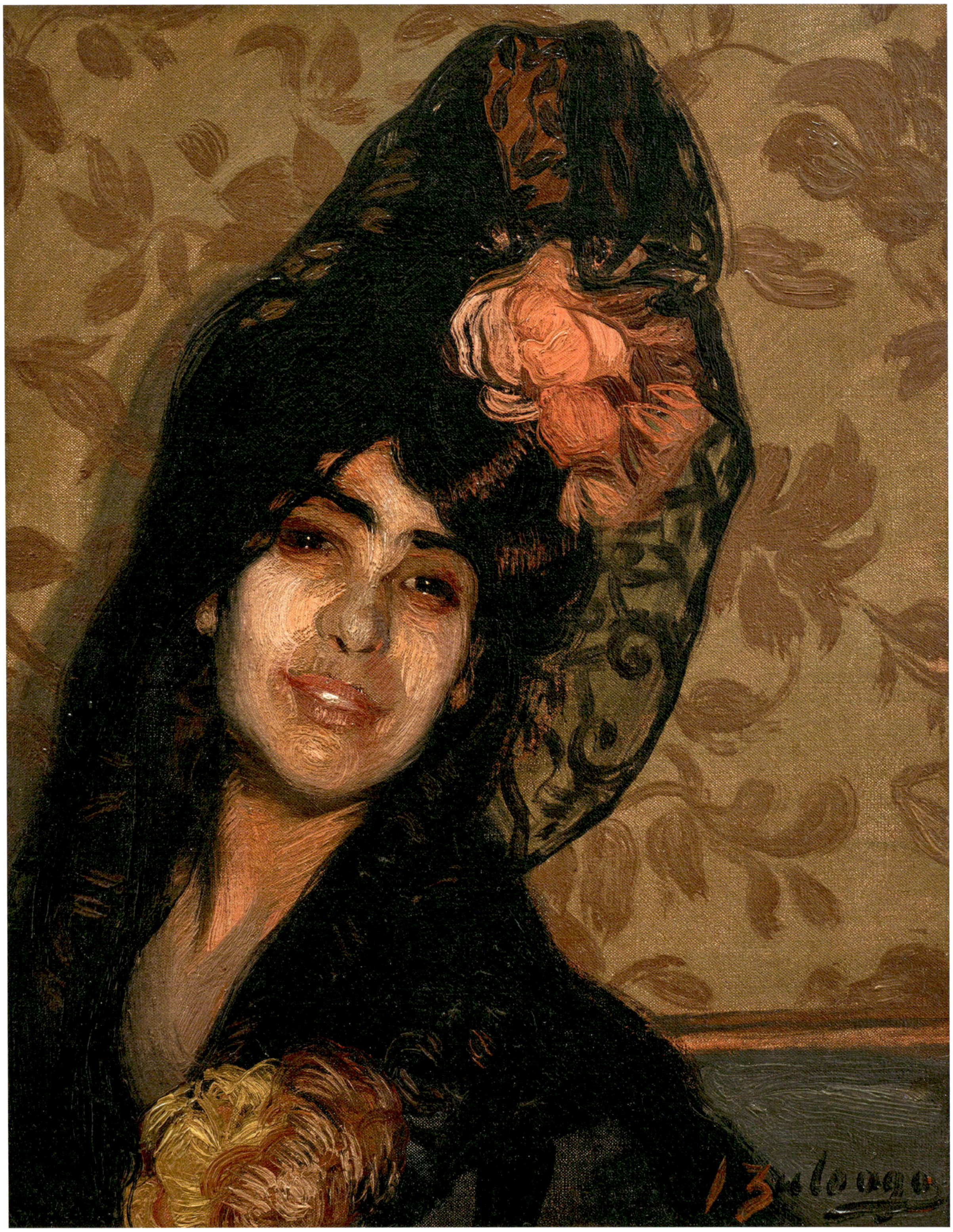

Kat. 45 *Die Gepuderte*, 1906, Öl auf Leinwand, 55,5 × 43,7 cm, Museu de Montserrat. Schenkung von Josep Sala Ardiz, 1980

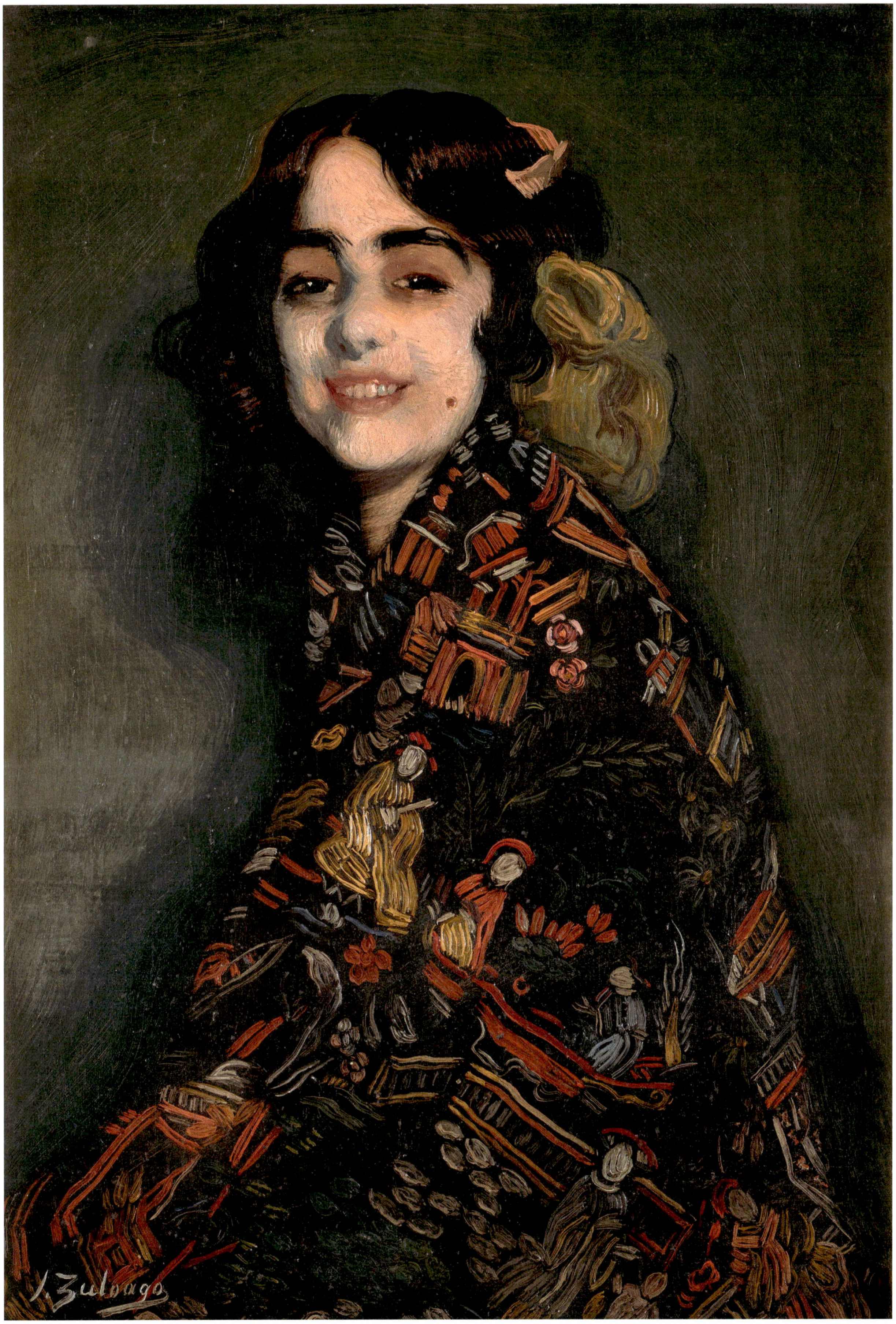

Kat. 46 *Cándida mit chinesisch anmutendem Mantón*, 1907, Öl auf Leinwand, 72 × 51,5 cm, Sammlung Óscar Alzaga, Madrid

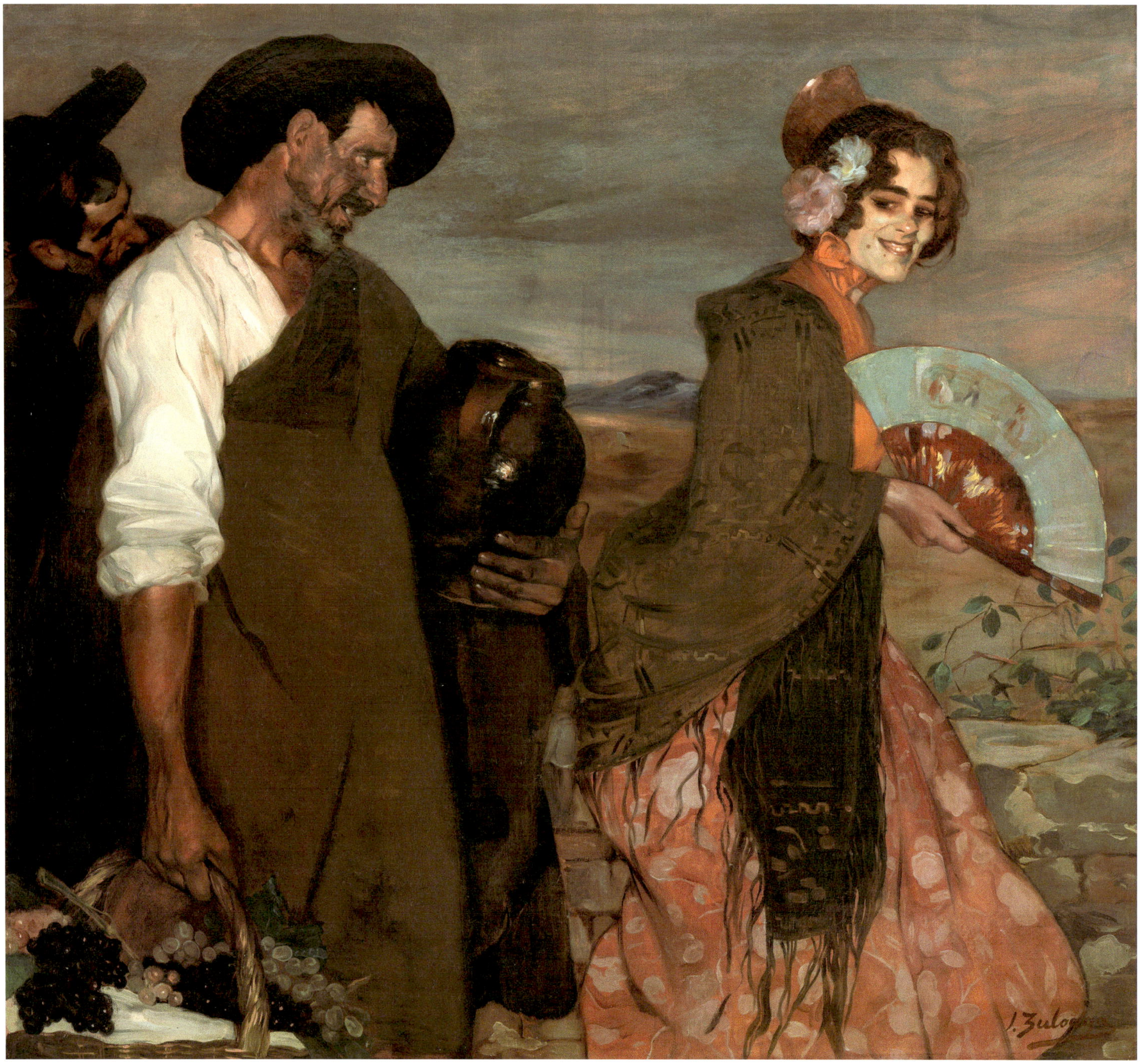

Kat. 47 *Die Schmeichelei*, 1902, Öl auf Leinwand, 125 × 138 cm, Privatsammlung

Kat. 48 *Arbeiter bei der Weinlese*, 1905, Öl auf Leinwand, 213 × 191 cm, Sammlung Pérez Simón, Mexiko

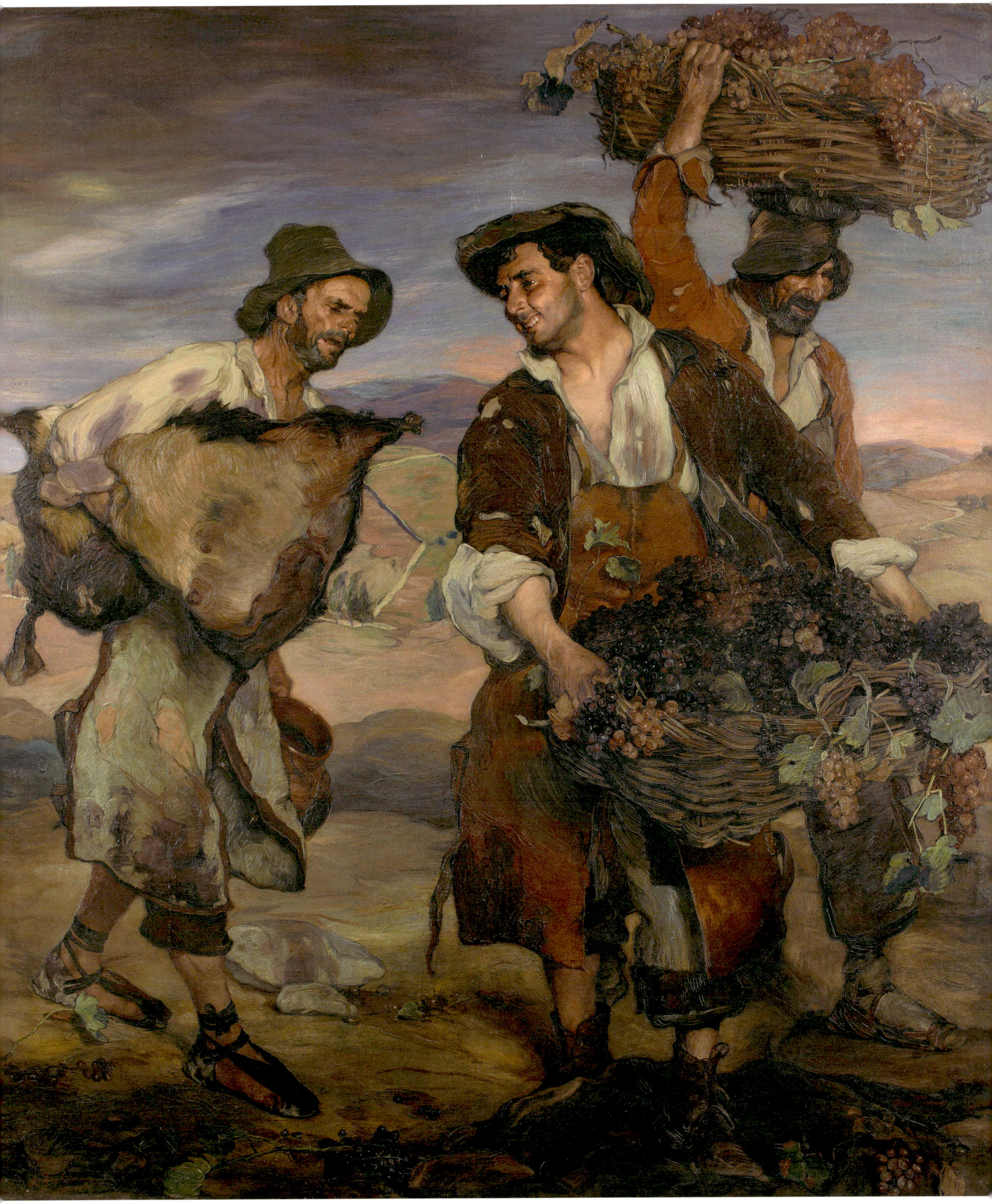

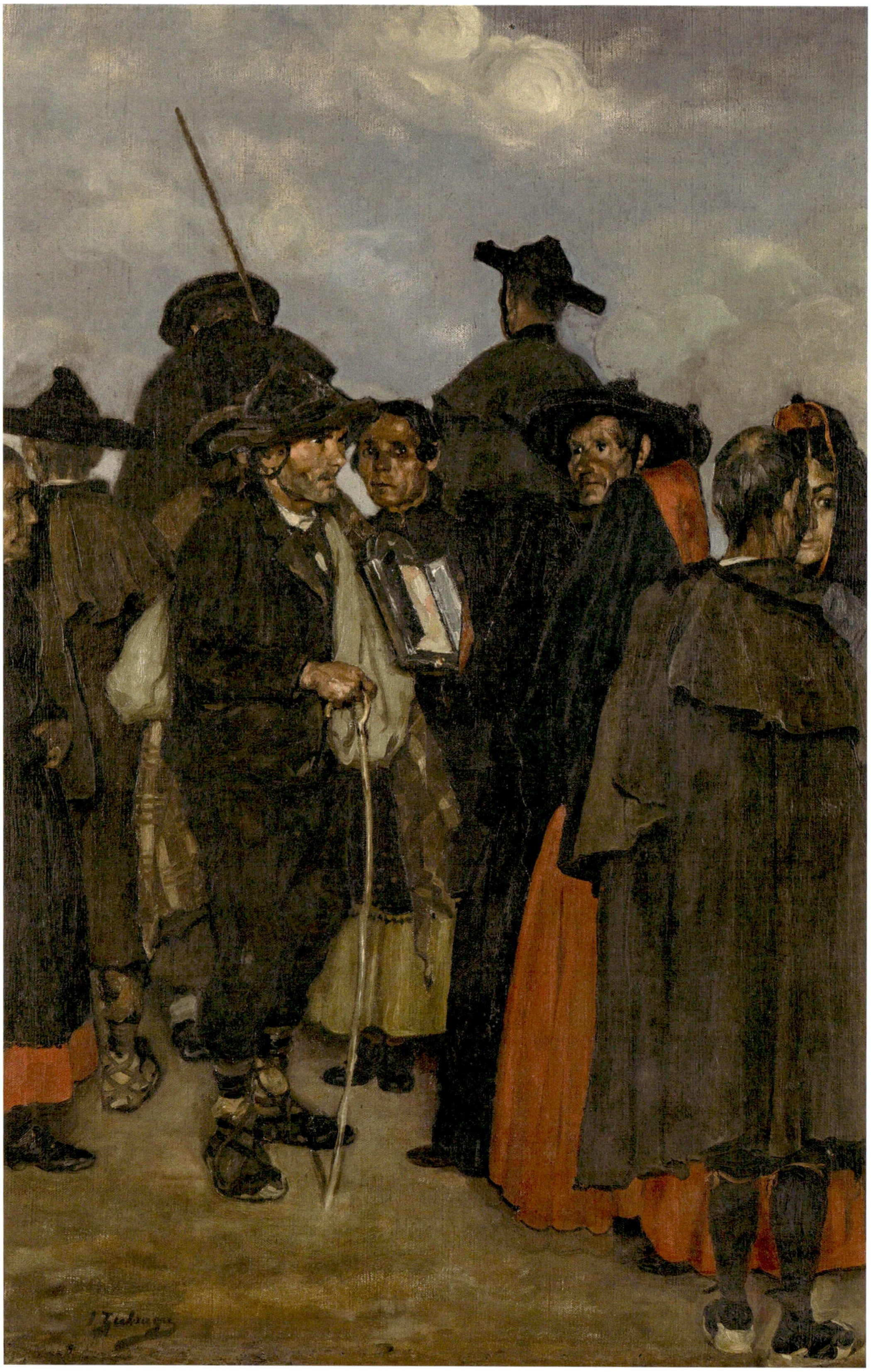

Kat. 49 *Spanische Bauern auf einem Markt*, 1898/99, Öl auf Leinwand, 98,5 × 65 cm, Museum voor Schone Kunsten, Gent

Kat. 50 *Der Volksdichter Don Miguel von Segovia*, um 1900, Öl auf Leinwand, 201 × 100 cm, Belvedere, Wien, 1903 Schenkung Graf Carl Lanckoronski

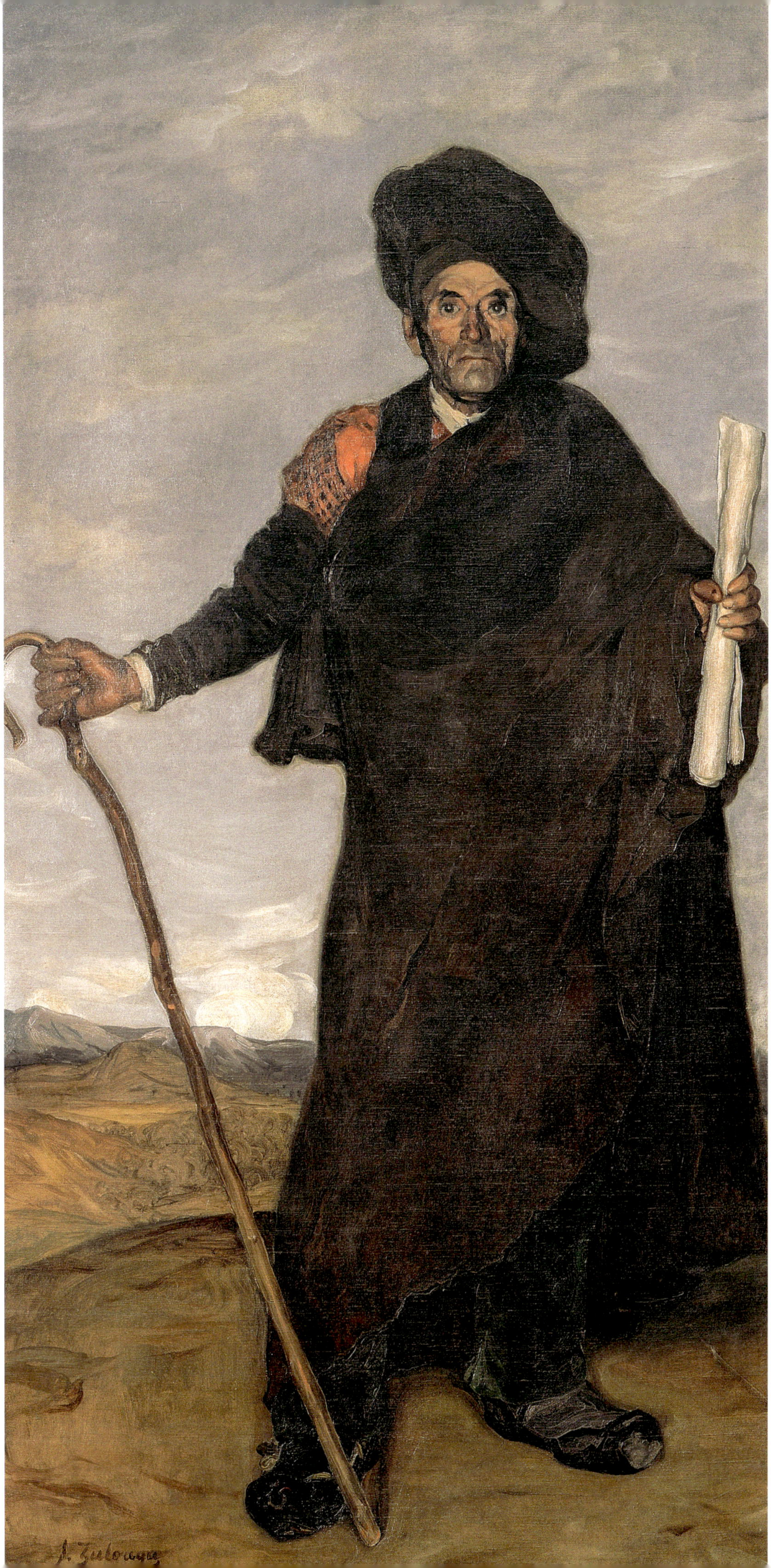

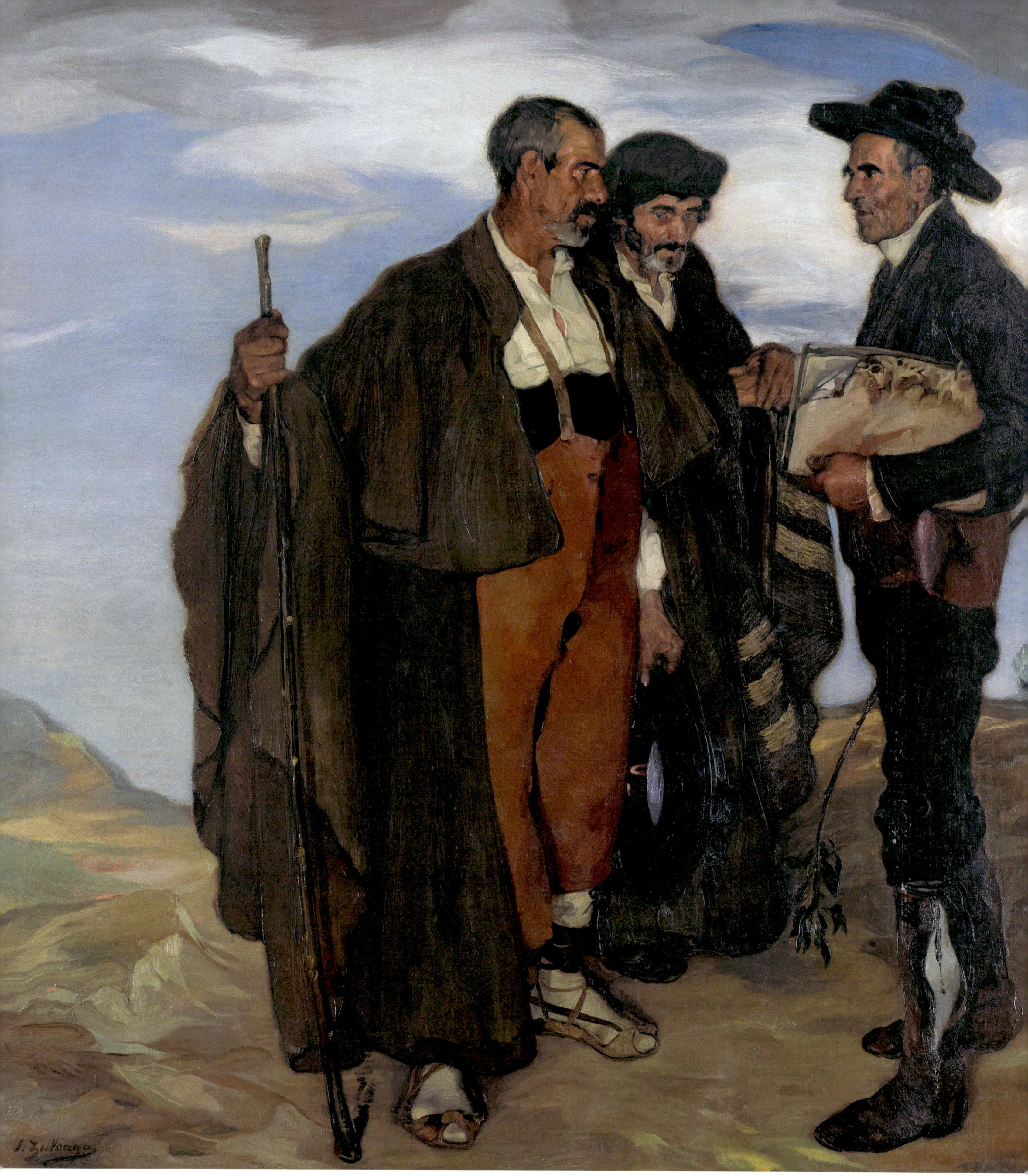

Kat. 51 *Der Bürgermeister von Torquemada*, 1903, Öl auf Leinwand, 197 × 185,5 cm, Musée Rodin, Paris

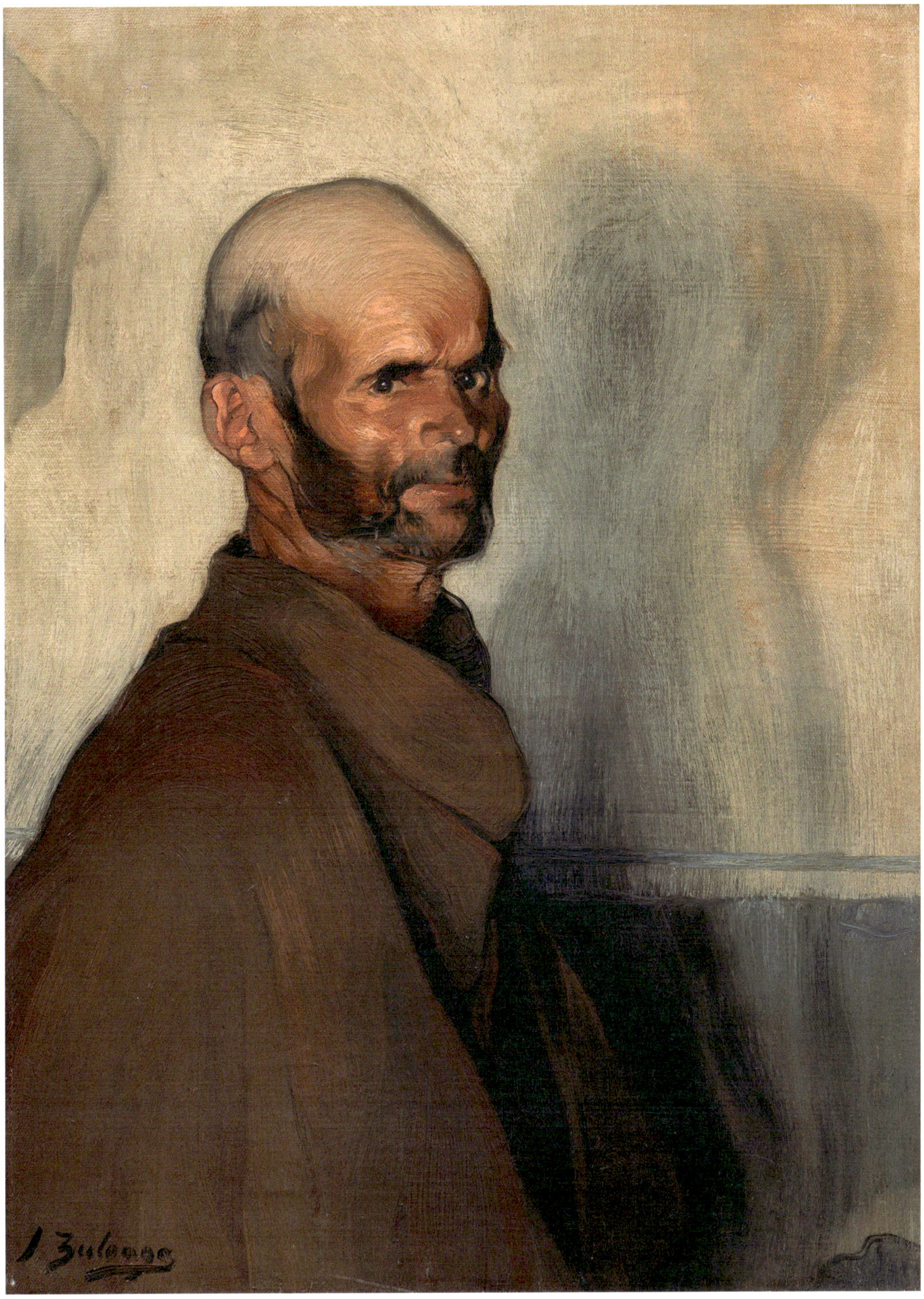

Kat. 52 *Der Richter von Zamarramala*, 1907, Öl auf Leinwand, 75 × 55 cm, Sammlung Casacuberta Marsans

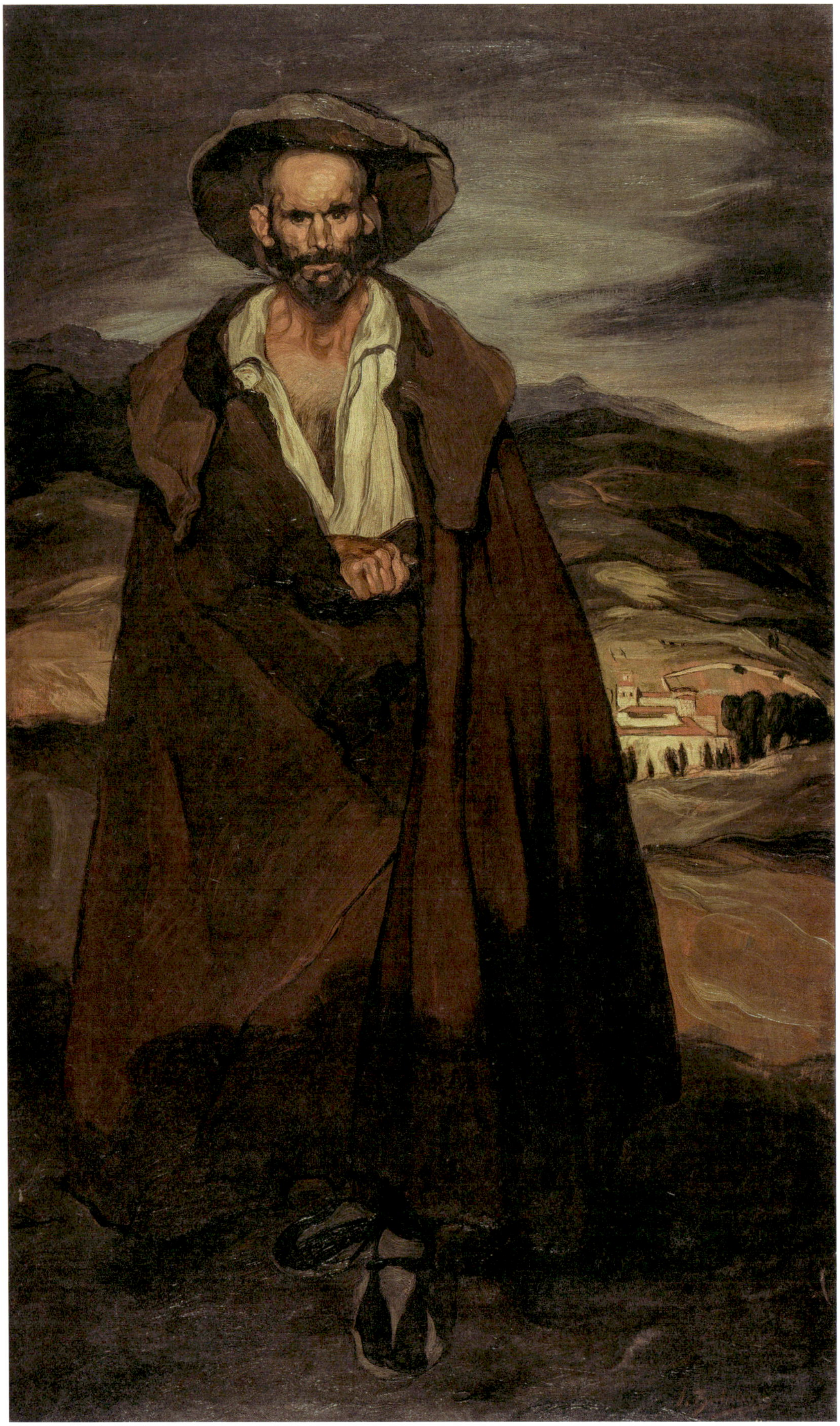

Kat. 53 *Typ aus Segovia*, 1906, Öl auf Leinwand, 191 × 116 cm, Museo Nacional Centro de Arte Reina Sofía, Madrid

Kat. 54 *Francisco und seine Frau*, 1909, Öl auf Leinwand, 199 × 160 cm, Sammlung Museo Franz Mayer, Mexiko-Stadt

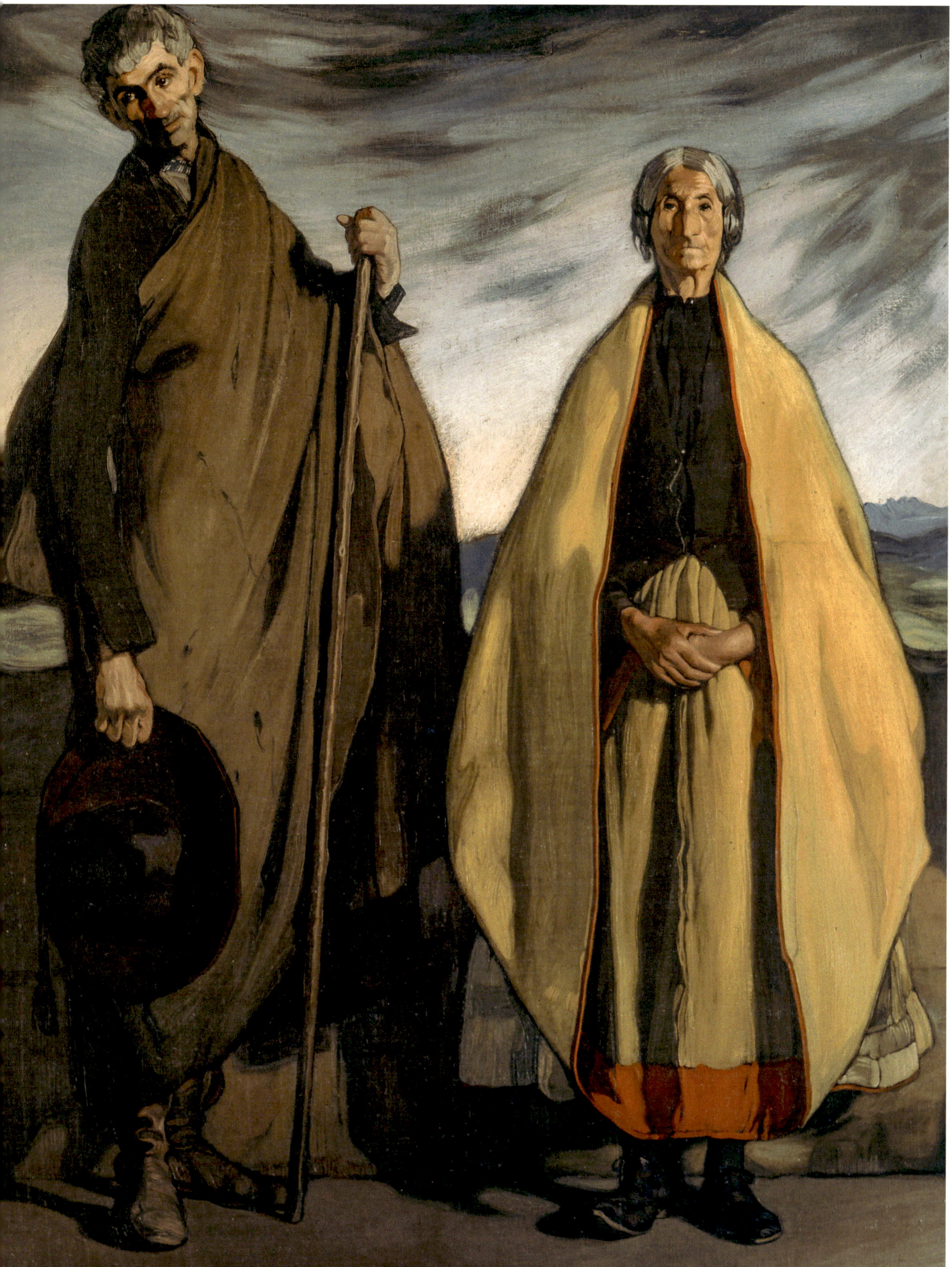

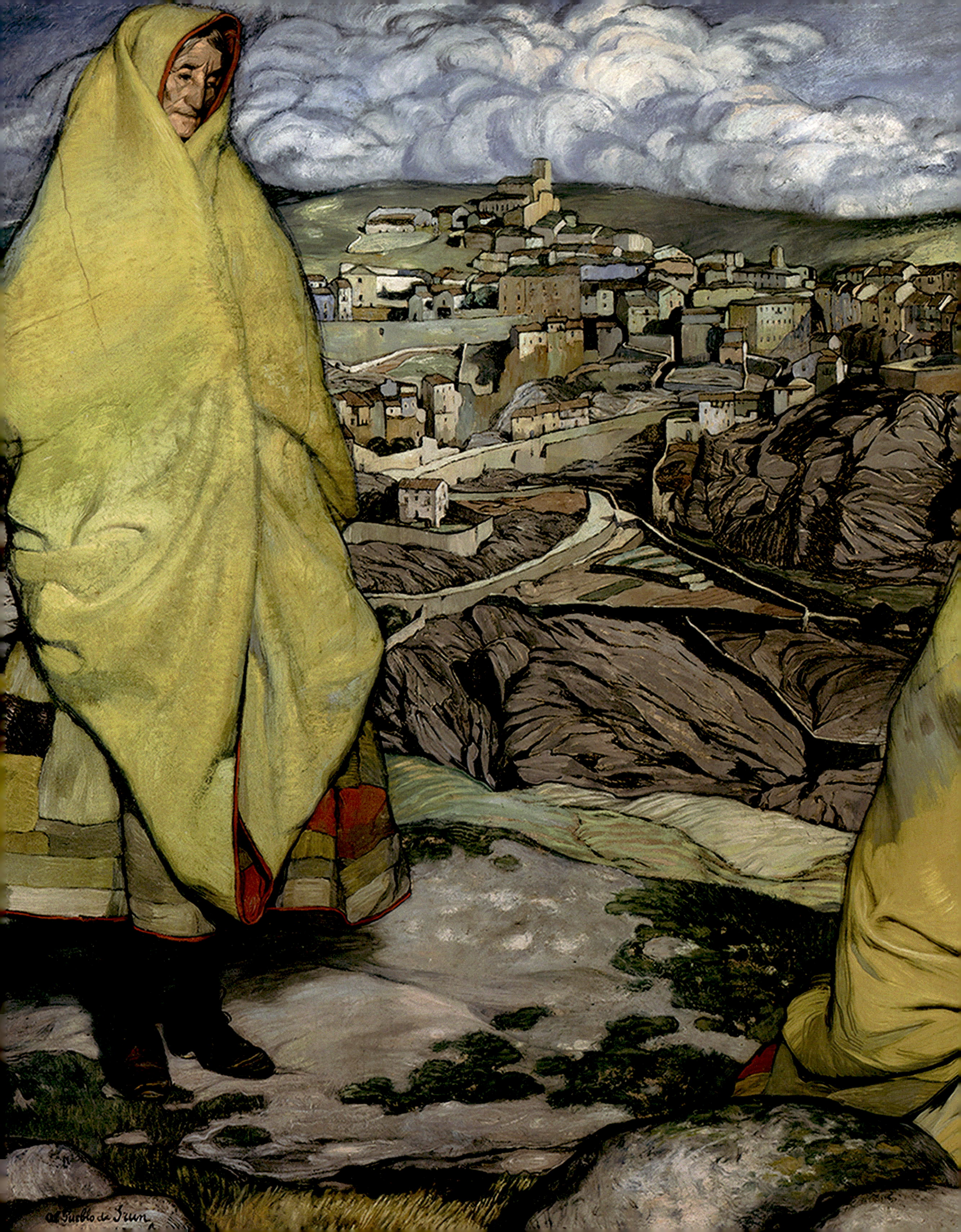
al Pueblo de Irun

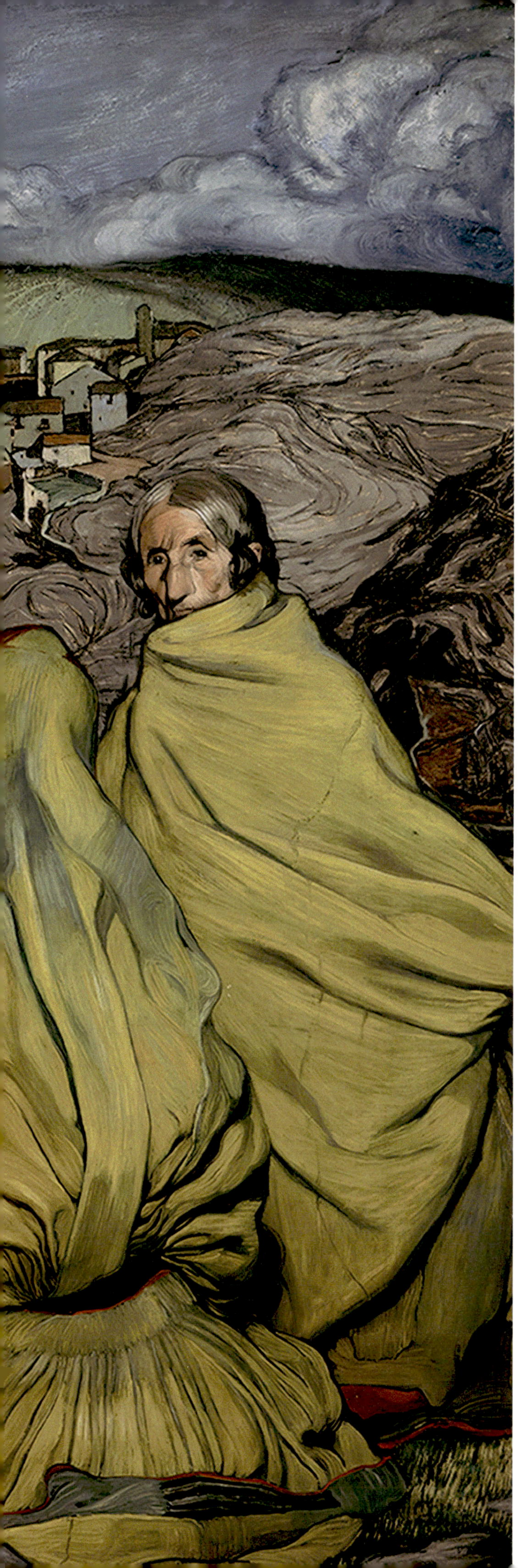

Kat. 55 *Frauen von Sepúlveda*, 1909, Öl auf Leinwand, 182 × 213 cm, Ayuntamiento de Irun

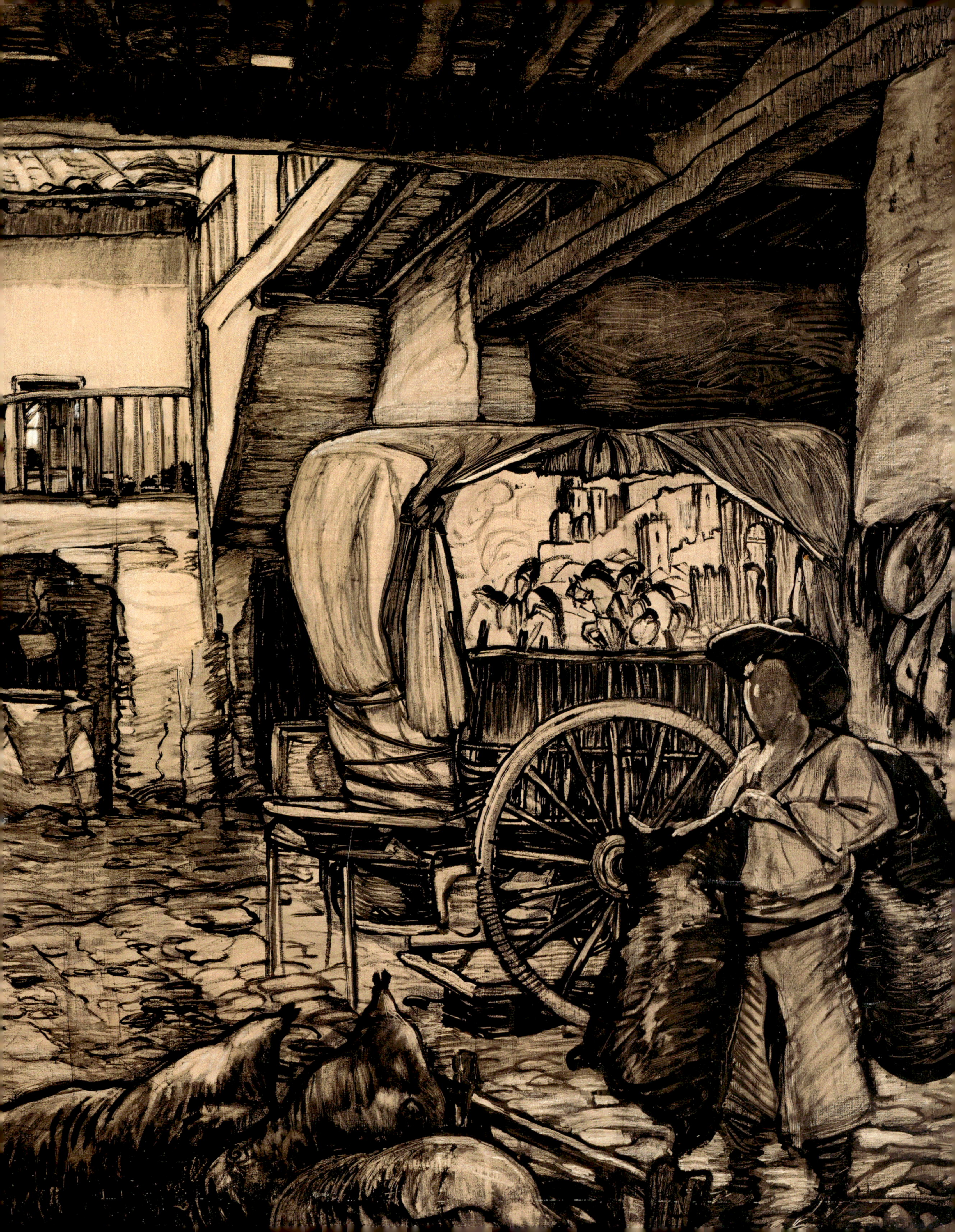

Ignacio Zuloaga und Don Quijote

CARLOS ALONSO PÉREZ-FAJARDO

»Sie haben viele quijoteske Bilder gemalt. [...] Aber ich frage Sie, Herr Ignacio Zuloaga: Und was ist mit dem Bild der Apotheose des Cervantes? Sind Sie nicht verpflichtet, dieses Bild zu malen, in dem sich der gesamte Geist seines so zutiefst spanischen Werkes verdichten würde? Hat die Welt denn kein Anrecht darauf, dass Sie es malen?«[1]

Mit diesen und den folgenden Worten, die der als Epilog dienenden Erzählung in dem Essayband *Pensando en España* (In Gedanken in Spanien) entstammen, bat der spanische Schriftsteller Azorín mittels seiner Protagonisten den Maler Zuloaga um einen letzten Quijote: »Cervantes war es in hohem Alter gelungen, nur noch das Wesentliche der Dinge in Worte zu fassen. So wie auch Sie, Herr Zuloaga, sich heute kurz und knapp auf das Wichtigste beschränken. Und das Thema Ihres Bildes, die Apotheose des Cervantes, wäre folgendes: Ein kranker, trauriger, verarmter Cervantes steht vor den Toren Madrids. [...] Cervantes hat eine Reise durch Raum und Zeit hinter sich. Von Esquivias nach Madrid und vom 17. ins 20. Jahrhundert.«[2]

In Spanien erinnerten Intellektuelle, Literaten und Musiker des frühen 20. Jahrhunderts seit 1905 an das Werk von Miguel de Cervantes – das Jahr, in dem sich die Veröffentlichung des ersten Teils von *Der sinnreiche Junker Don Quijote von der Mancha* zum 300. Mal jährte. Es folgten immer wieder Betrachtungen über den Edelmann, der durch die Lektüre von Ritterromanen den Verstand verloren hatte, seinen ihm ergebenen, analphabetischen, jedoch mit Realitätssinn ausgestatteten Schildknappen Sancho Panza und die Abenteuer der beiden in der Mancha, bei denen die Wahnvorstellungen des Don Quijote stets aufs Neue in Konflikt mit der Wirklichkeit geraten. Mit Fug und Recht könnte man jene Gruppe von Personen unterschiedlichsten Alters aus Kunst und Kultur auch als die Generation des Quijote bezeichnen. Denn nichts verband ihre Mitglieder untereinander mehr als die fortwährende Bezugnahme auf das Werk des Dichters aus Alcalá de Henares.

Die Niederlage in der Schlacht von Santiago de Cuba im Jahr 1898 besiegelte mit dem Verlust der letzten Kolonien das Ende des spanischen Imperiums. Daraufhin setzte endlich eine Phase der Selbstreflexion ein. Seiner glanzvollen Vergangenheit beraubt, suchte das Land eine neue Identität zwischen einer folkloristischen und exotischen Oberflächlichkeit, die Spanien vom Ausland zugeschrieben wurde, und dem zivilisatorischen Fortschritt, den die europäischen Großmächte repräsentierten.

Don Quijote, das größte Meisterwerk der kastilischen Literatur, ist zugleich das Sinnbild der spanischen Seele. In seinem Kern bildete der Roman von Cervantes gleichsam den Gegenentwurf zu den Identitätskonstruktionen der Nationen im 19. Jahrhundert. In der spanischen Kunst, die von einer auf transatlantischen Territorien und Eroberungen gründenden geopolitischen Großmacht hervorgebracht wurde, gab es weder Lyrik noch Epen. Es gab keine Helden. Auch Don Quijote ist keiner, sondern schlicht ein Träumer, der von seinen Idealen in den Wahnsinn getrieben worden ist. Einer, der fortwährend von der Realität eingeholt wird. Die vielen Figuren bei Cervantes, die ihr Dasein in Gefilden fernab jeglicher Mystik des kastilischen Hochlands der Submeseta Norte fristen, sowie die Kluft zwischen dem, was wir zu sein glauben, und dem, was wir wirklich sind – all dies trug viel zu der inneren Unruhe bei, die die Generation Zuloagas umtrieb.[3] Um mit den Worten Miguel de Unamunos zu sprechen: »Ich hatte gerade mein urtümliches, spanisches Ich im Quijote entdeckt. Und natürlich glaubte ich, meinen Quijote, unseren Quijote, entdeckt zu haben. Daher sprach ich aus, woran uns auch [Manuel B.] Cossío erinnert: nämlich, dass Cervantes uns im Jahr 1605 die Bibel des spanischen, individualistischen Personalismus schenkte.«[4]

Als Zuloaga in Segovia eintraf, begann er, eine Beschäftigung mit dem Thema in Erwägung zu ziehen. 1905 fasste er dann den Entschluss, die Figuren ins 20. Jahrhundert zu führen, sie zu ergründen und sie durch seine hintersinnige Bildsprache fassbar zu machen.[5] Vielleicht um zu verhindern, dass die literarischen Abenteuer der Figuren mit ihrem Symbolgehalt konkurrieren, hat er sie in Gestalt einfacher kastilischer Landbewohner wieder zum Leben erweckt. 1907 schuf er das bemerkenswerte Gemälde *Der kleinwüchsige Gregorio* (S. 120, Abb. 3), im Jahr darauf *Gregorio in Sepúlveda* (Abb. 1). Zu sehen ist ein moderner Sancho, ruhmreich und heldenhaft, wie auch der von Ramón Pérez de Ayala in seinem Aufsatz »Sancho en la ínsula«[6] (Sancho auf der Insel) skizzierte, der stolz über das imaginäre Land Barataria herrscht. Doch Gregorio sollte sich bald von seinem Cervantes'schen Vorbild lösen und für die Intellektuellen der Jahrhundertwende zu einem eigenständigen Symbol werden[7] – ein Symbol der Unveränderlichkeit und Zeitentrücktheit des spanischen Charakters im Gegensatz zu jenem quijotesken Kastilien, das einst angetreten war, eine neue Welt zu erobern. Spanien war noch immer, genau wie zu Cervantes' Zeiten, ein Land voller Sanchos. 1910 glaubten Öffentlichkeit und Kritiker, in *Das Opfer der Fiesta* (Kat. 40) den Ritter von der traurigen Gestalt zu erkennen. Der alte Mann auf dem Bild wirkt wie von den Flügeln der Windmühle getroffen und kündet von Don Quijotes Bedeutung als nationaler Identifikationsfigur, wie sie José Ortega y Gasset so trefflich beschrieben hat: »Sobald sich ein paar Spanier versammeln, tief betrübt durch das idealisierte Elend ihrer Ver-

Abb. 1

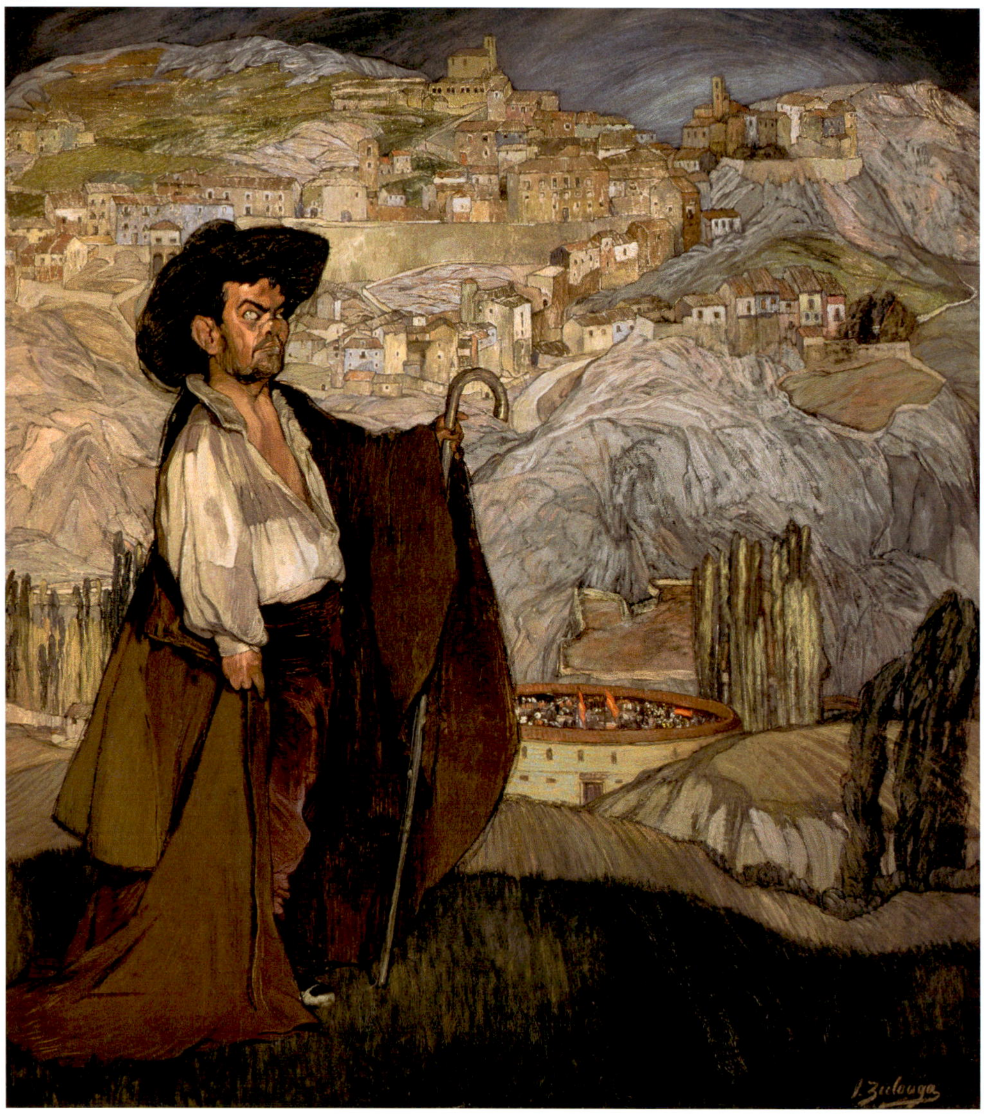

Abb. 1 Ignacio Zuloaga: *Gregorio in Sepúlveda*, 1908, Öl auf Leinwand, 162 × 202 cm, Sammlung Z Espacio Cultural, Zumaia

gangenheit, die Schäbigkeit ihrer Gegenwart und die herbe Feindseligkeit ihrer Zukunft, steigt Don Quijote zu ihnen herab. Heißblütig und mit wirrem Blick vereint er die einsamen Herzen, fädelt sie auf einen spirituellen Faden und verbindet sie zu einer Nation, indem er seine eigene Verbitterung zum gemeinsamen Schmerz des gesamten Volkes erhebt.«[8]

Zuloaga interessierte sich, wie auch Cervantes, eher für das Beständige und stellte es in aller Entschiedenheit dem Vergänglichen, dem Idealisierten, dem Historischen gegenüber. Seine Gestalten sind ebenso zeitlose Ikonen wie die Figuren im Cervantes'schen Roman: Azorín appellierte an Zuloaga, den großen Cervantes mit der Gegenwart zu versöhnen und für dessen Gültigkeit zur Zeit der Jahrhundertwende einzutreten, so wie er bereits Don Quijote und Sancho wieder in ihr Recht gesetzt hatte, indem er sie auf glorreiche Weise aktualisierte. Der Triumph des unvergänglichen Spanien, wie er in jenem Sancho mit der Fratze des Gregorio anschaulich wird – im Kontrast zu dem in *Das Opfer der Fiesta* vergegenwärtigten Don Quijote ohne Ideale –, stellt vielleicht die wirkmächtigste und am meisten der Gedankenwelt der Generation von 98 entsprechende Idee Ignacio Zuloagas dar. Seine Version des universellen Symbols, das durch die Figur des Don Quijote verkörpert wird, relativiert die Distanz zwischen dem idealisierten Spanien des Goldenen Zeitalters und dem Spanien von 1898. Es ist übrigens dieselbe Distanz, die auch zwischen dem von Tizian verewigten *Kaiser Karl V. zu Pferd in Mühlberg*, einem Sinnbild der unnachgiebigen Vorherrschaft des habsburgischen Kastiliens, und dem umherziehenden Picador herrscht, dessen in sich gekehrte Haltung ihre Entsprechung in seinem gesenkten Blick findet: 300 Jahre der Vernichtung von Idealen hatten zum Niedergang dieses Imperiums geführt. Am Ende blieb nur Sancho übrig. Am Ende war Spanien nicht mehr als das.

16 Jahre nach der Fertigstellung von *Das Opfer der Fiesta* kam es anlässlich der Neuinszenierung von Manuel de Fallas *Meister Pedros Puppenspiel* (*El retablo de maese Pedro*) zu einer Zusammenarbeit zwischen dem baskischen Maler und dem andalusischen Komponisten. Dieses Projekt stellte die wohl kanonischste Annäherung Zuloagas an den Cervantes'schen Mythos dar. Es wurde nach der 1923 erfolgten Uraufführung von *Meister Pedros Puppenspiel* ersonnen, einem Werk, mit dem der bemerkenswerteste spanische Musiker der Zeit in die Welt Don Quijotes vordrang. Dabei handelt es sich um ein Puppentheater nach einer Episode aus dem zweiten Teil des *Don Quijote*: In seinem Wahn verwechselt der Ritter die Wirklichkeit mit einem Marionettentheater. Das Stück für Kammerorchester und Sänger entstand im Auftrag der Prinzessin Winnaretta Singer-Polignac und wurde im Theater in der Pariser Privatresidenz der Musikmäzenin aufgeführt.

Das Stück weist zwar keine Merkmale der andalusischen Musik auf, greift aber auf andere raffinierte Vorbilder zurück. Diese beschwören zumeist das Goldene Zeitalter herauf, es fehlt aber auch nicht an Anklängen an das Mittelalter, ganz im Sinne des im Europa dieser Zeit vorherrschenden Neoklassizismus in der Musik. Anstelle des Sinfonieorchesters wie bei *Liebeszauber* oder *Der Dreispitz* verwendete Falla alte Instrumente wie Lautenharfe und Cembalo und siedelte das Stück mit dieser Klangwelt im 17. Jahrhundert an. Das Thema speist sich aus den spanischen Romanzen des Hochmittelalters. Es ist verquickt mit dem Fortgang der von der Figur des Trujamán erzählten Geschichte, einer weiteren Ritterromanze.[9]

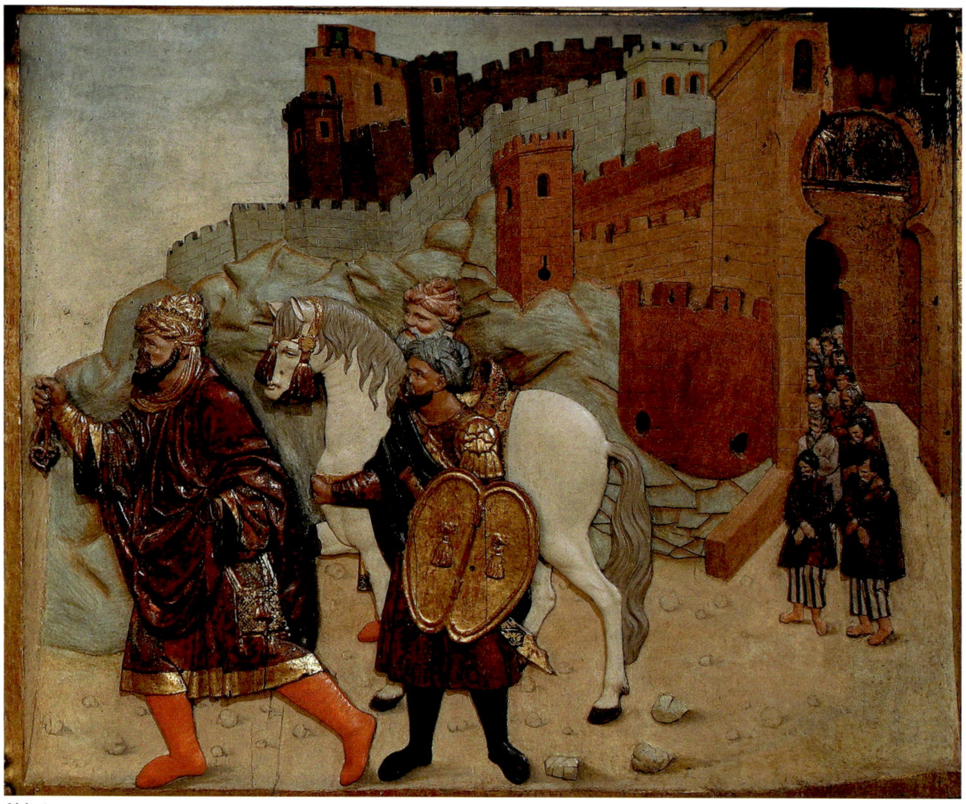

Abb. 2

1926 entspann sich zwischen Maler und Musiker ein Briefwechsel über eine Aufführung, für die Ersterer das Bühnenbild entwerfen sollte.[10] Aufführungsort sollte die Komische Oper in Paris sein, ein prestigeträchtiges Haus, das zu diesem Zeitpunkt von Maxime Dethomas, dem Schwager des baskischen Künstlers, geleitet wurde. Zuloaga waren Arbeiten wie die Gestaltung und das Bühnenbild bei lyrischen und szenischen Stücken nicht fremd.[11] Die Aufführung des *Puppenspiels* jedoch mit zwei verschiedenen Arten von Figuren – Marionetten und überlebensgroße Puppen –, die gleichzeitig in einer Taverne und einem Marionettentheater interagieren, stellte ihn vor größere Herausforderungen als alles, was ihm in seiner Tätigkeit als ›Regisseur‹ bis dahin begegnet war.

Im Oktober 1927 kündigte Zuloaga in einem Schreiben seine Rückkehr von der Forschungsreise in »quijoteske Gefilde« an.[12] Die Begeisterung, die diese Region und das Projekt in ihm ausgelöst hatten, führte dazu, dass er 13 Jahre später eine der legendären Mühlen in Campo de Criptana kaufte, gegen die Don Quijote im Ritterroman kämpft.[13] In demselben Schreiben sprach er auch von seiner Absicht, zwei weitere Projekte dieser Art von unterschiedlichem Umfang zu realisieren.

Die Entwürfe für die Produktion von Zuloaga weisen im Kern klare Parallelen zur Partitur von Manuel de Falla auf. Die idealen Figuren wären wohl drei Meter große Pappmaché-Riesen gewesen, die an volkstümliche Traditionen aus dem Mittelalter erinnern. Doch schließlich entschied sich der Künstler für nur leicht überlebensgroße Halbfiguren, die von innen heraus von den Sängern selbst geführt wurden (Kat. 60). Die Ikonografie der Figuren orientierte sich am Kanon der Beschreibungen von Cervantes, wie sie von der ersten illustrierten Ausgabe (Dordrecht 1657) bis zum mustergültigen Standardwerk von Gustave Doré (1863) etabliert worden waren. Die klassischen Züge der Figuren werden durch ein

Abb. 2 Felipe Vigarny: *Auszug Boabdils aus der Alhambra*, Relief in der Sockelzone des Hochaltars in der Königlichen Kapelle von Granada (Detail), 1521

Formenrepertoire unterstrichen, das klar von den Riesen und Schwellköpfen aus buntem Pappmaché inspiriert ist, die während der Fiesta als »Komparsen« die Dorfstraßen bevölkern.

Als Vorbild für die Szenografie diente die Posada de los Vizcaínos in Segovia mit ihrem dunklen Flur, der in einen Patio mit Säulengang und Steinboden und einem Brunnen mit antiker Einfassung mündet. Das Haus aus den letzten Jahrzehnten des 16. Jahrhunderts bietet die exemplarische Kulisse für die Szene von Cervantes. Unter den vielen Skizzen zeigen einige in Öl und Kohlestift auf Leinwand ausgeführte das kleine Theater (Kat. 58), in dem die bewusst archaisch anmutenden, von Maxime Dethomas entworfenen Marionetten zum Einsatz kommen sollten. Das Bühnenbild des Theaters ist eine detailgetreue Kopie des zu Beginn des 16. Jahrhunderts von Felipe Vigarny für die Sockelzone des Hochaltars in der Königlichen Kapelle von Granada gefertigten Reliefs, das den Auszug Boabdils aus der Alhambra darstellt (Abb. 2). Eine Bühne auf der Bühne, die erneut das Wechselspiel von Goldenem Zeitalter und Mittelalter aufgreift, wie schon Falla in seiner Partitur und Cervantes in seiner Erzählung von den Missgeschicken eines gewissen Ritters mit mittelalterlichen Idealen in der Hochebene der Mancha Ende des 16. Jahrhunderts.

Das Werk von Manuel de Falla und Ignacio Zuloaga wurde am 9. März 1928 im Rahmen eines Programms uraufgeführt, das auch *Das kurze Leben* und *Liebeszauber* umfasste. Während der Aufführung traten der Musiker und der Maler in den Figuren des Wirts und des Sancho versteckt auf die Bühne. Die Kritiker lobten die Komposition des Maestros aus Cádiz, kritisierten jedoch die Inszenierung, die ihrer Ansicht nach keine fließenden Bewegungen der Figuren und keine korrekte Projektion der Stimmen zuließ.[14] Beide Künstler sahen ihren Quijote gleichzeitig als Hommage an Cervantes und als krönenden Abschluss ihrer so lange ersehnten Zusammenarbeit. Falla schenkte Zuloaga das Manuskript von *Meister Pedros Puppenspiel* mit Widmung; Zuloaga revanchierte sich mit einer großformatigen Zeichnung seines Sancho, also jener Figur, die es ihm ermöglichte, gemeinsam mit seinem Freund die Bühne zu betreten – sozusagen eine Art szenisches Selbstporträt des Künstlers.

1 Azorín [José Martínez Ruiz]: *Pensando en España*, Madrid 1940, S. 235.
2 Ebd.
3 Zum Verhältnis Zuloagas zur Generation von 98 siehe den Beitrag von Ralf Junkerjürgen in diesem Band, S. 178–187.
4 Miguel de Unamuno: »De las tristezas españolas: nuestra egolatría de los del 98«, in: *El Imparcial*, 31. 1. 1916, S. 3.
5 Brief von Darío de Regoyos an Ignacio Zuloaga, 31. 12. 1908, in: Ignacio Zuloaga: *Epistolario y dibujos*, bearb. von José Ignacio Tellechea Idígoras, San Sebastián 1989, S. 101.
6 Ramón Pérez de Ayala: »Sancho en la ínsula«, in: ders.: *Política y toros. Ensayos*, Madrid 1918, S. 105–114.
7 José Ortega y Gasset: »La estética del ›enano Gregorio el Botero‹ II«, in: *El Imparcial*, 10. 11. 1911, S. 3.
8 Ders.: *Meditaciones del Quijote*, Madrid 1914, S. 37.
9 Zur Entstehungsgeschichte von *Meister Pedros Puppenspiel* siehe Elena Torres Clemente: »Manuel de Falla y *El retablo de maese Pedro*: una reinterpretación del romance español«, in: *Revista de musicología*, 28, 1: *Actas del VI Congreso de la Sociedad Española de Musicología, Junio 2005*, 2005, S. 839–856.
10 Zum Gemeinschaftsprojekt von *Meister Pedros Puppenspiel* siehe José Vallejo Prieto: »Un acercamiento a *El retablo de Maese Pedro* de Falla y Zuloaga«, in: *Falla/Zuloaga. Historia de una amistad*, hrsg. von dems., Ausst.-Kat. CentroCentro Cibeles, Madrid; Museo Casa Lis, Salamanca; Museo de Bellas Artes de Granada/la Alhambra, Granada, Madrid 2016, S. 154–163.
11 Als Bühnenbildner und/oder Zeichner war er u. a. für Isaac Albéniz (*Pepita Jiménez*), Enrique Granados (*Goyescas*) oder Manuel de Falla selbst (*La vida breve*) tätig.
12 Brief von Ignacio Zuloaga an Manuel de Falla, 16. 10. 1927, Archivo Manuel de Falla.
13 1940 erwarb er zusammen mit José Minguijón und Juan Cristobal die Burleta-Mühle.
14 Siehe z. B. Antonio G. de Linares: »Noche española, en la Opera Cómica«, in: *La Esfera*, 742, 24. 3. 1928, S. 4 f.

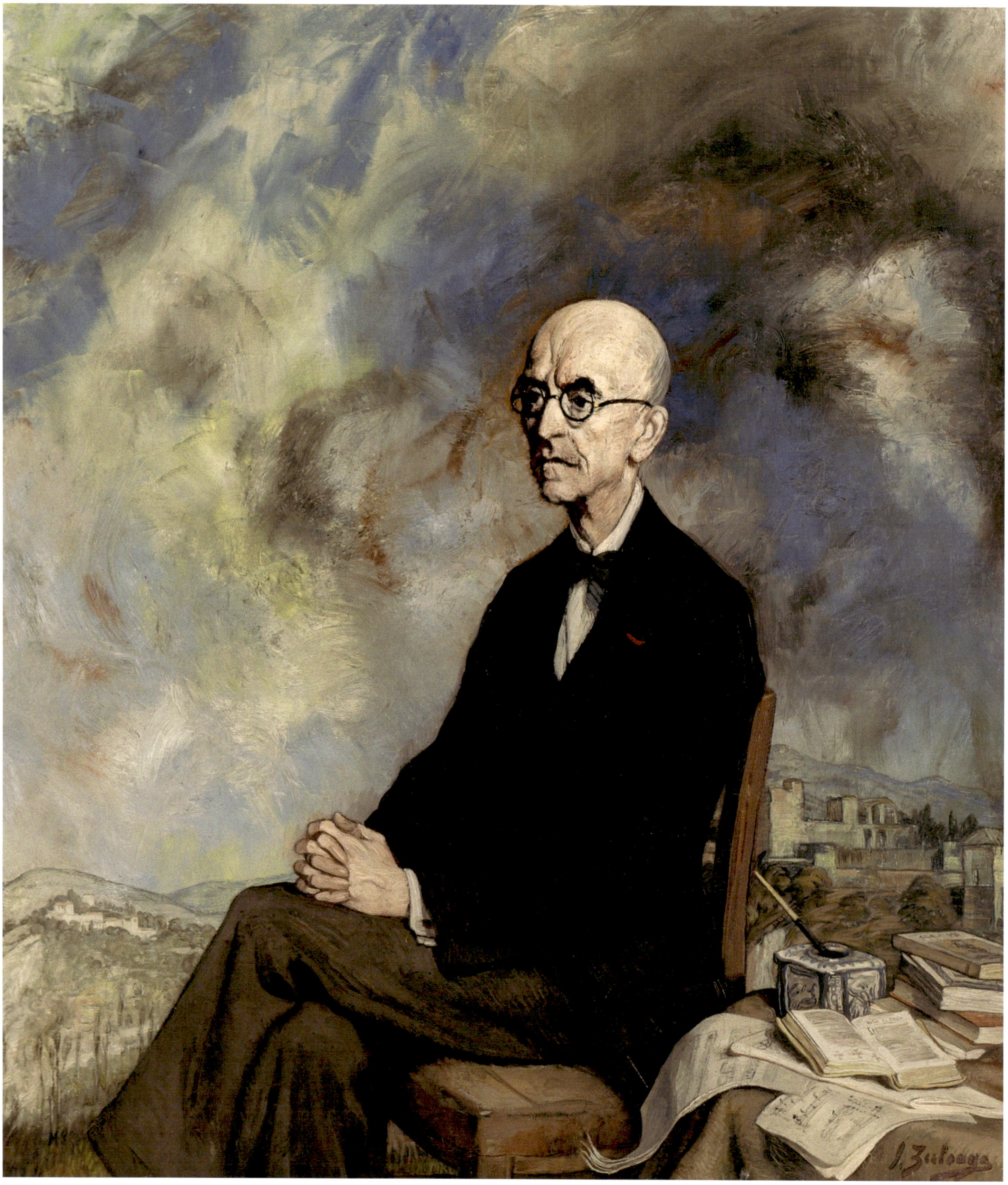

Kat. 56 *Porträt Manuel de Fallas*, 1932, Öl auf Leinwand, 158 × 137 cm, Privatsammlung

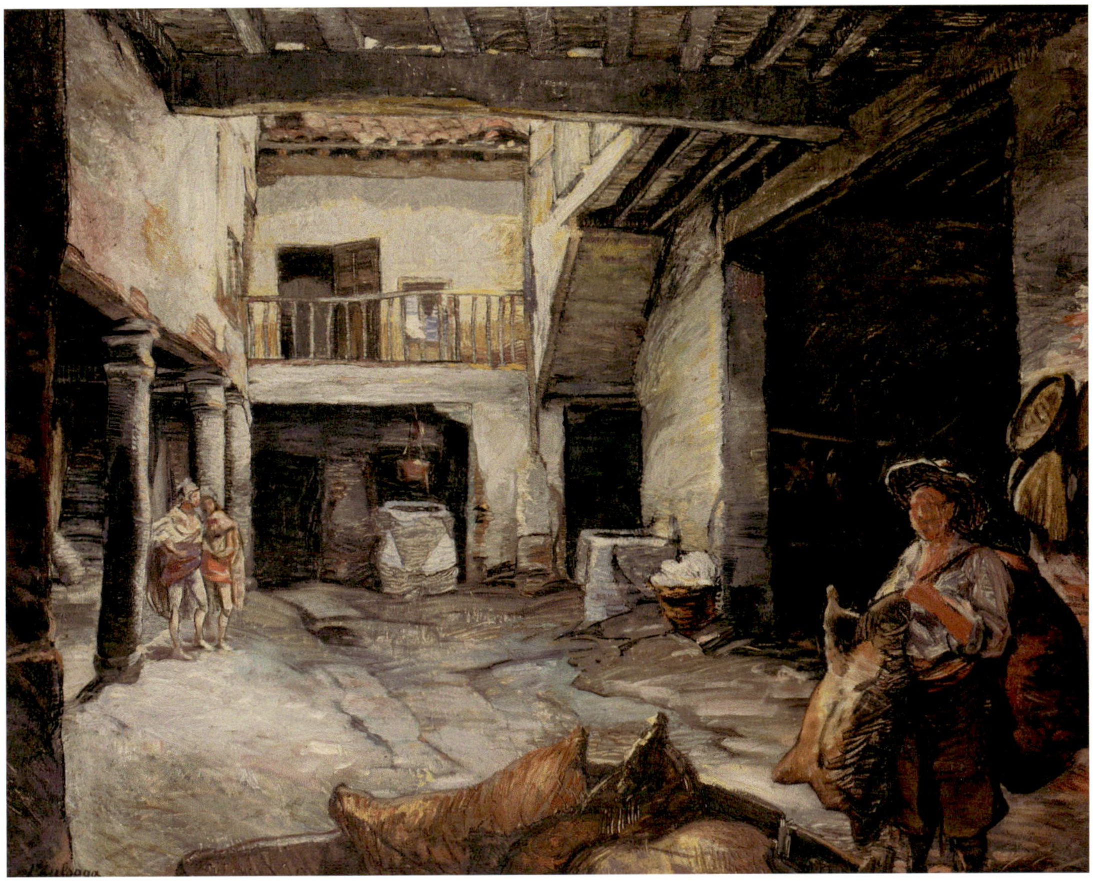

Kat. 57 Bühnenbildentwurf für *Meister Pedros Puppenspiel*, 1927, Öl auf Leinwand, 120 × 156 cm, Privatsammlung

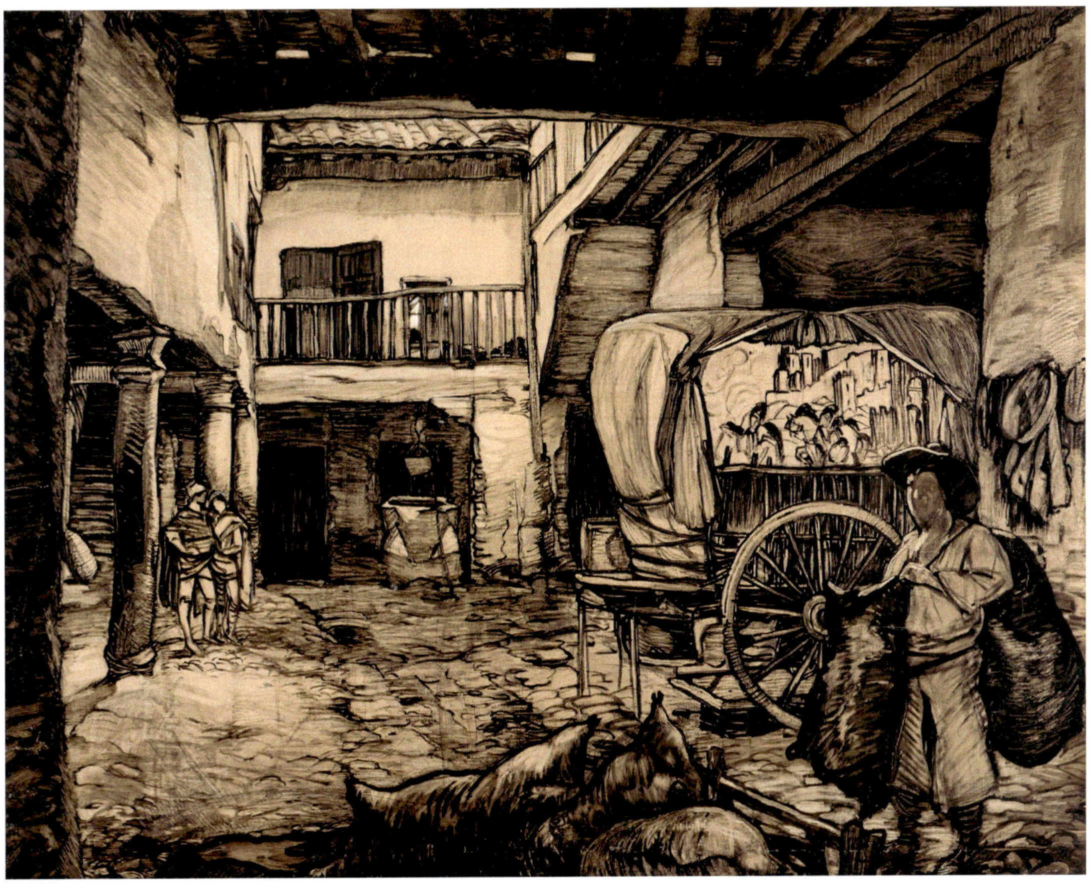

Kat. 58 Bühnenbildentwurf für *Meister Pedros Puppenspiel*, 1927, Kohle und Öl auf Leinwand, 120 × 159 cm, Privatsammlung

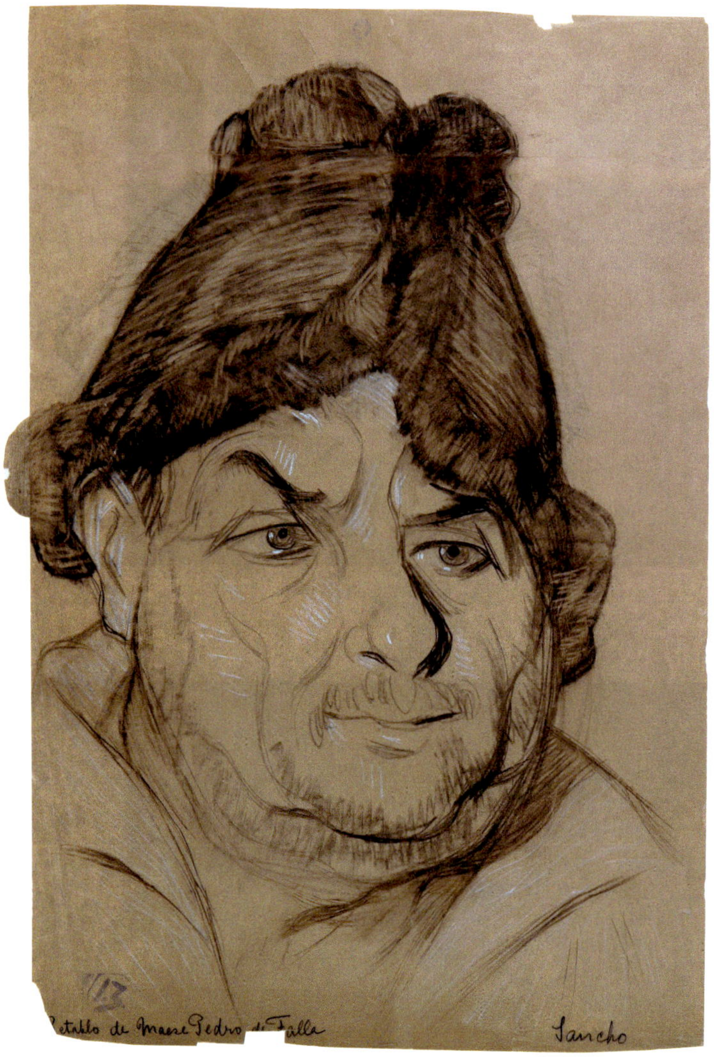

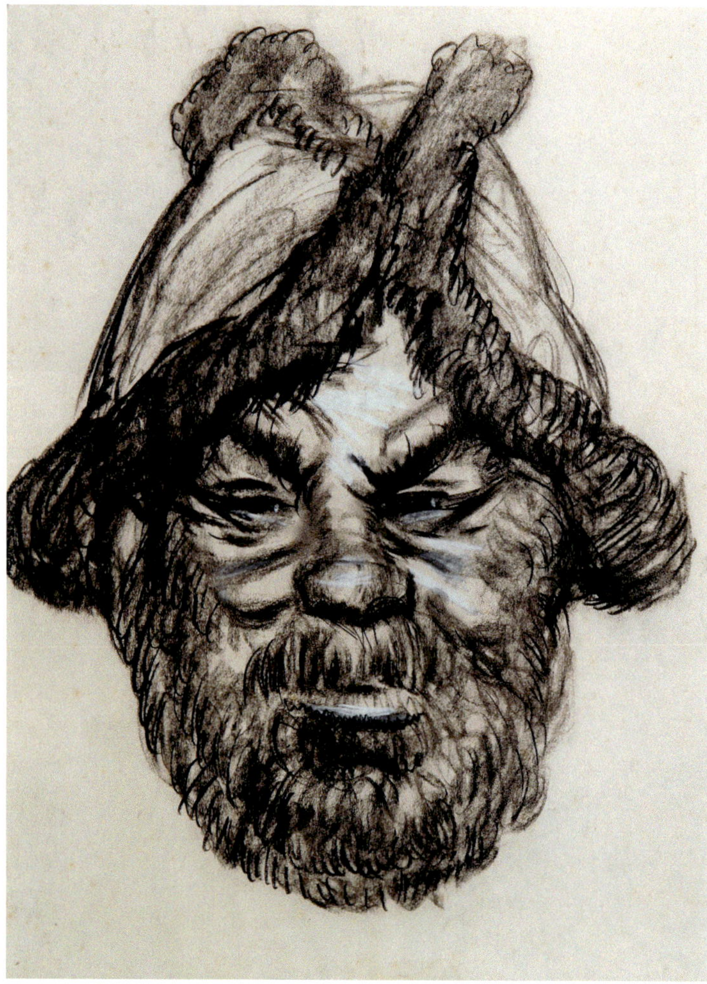

Kat. 59 Entwurfsskizzen für die Halbfiguren für *Meister Pedros Puppenspiel*, 1927, Privatsammlung (v. l. n. r.):

Sancho Panza (?), Bleistift und Kohle auf Papier, weiß gehöht, 94,5 × 70 cm
Sancho Panza, Kohle auf Papier, weiß gehöht, 78 × 56 cm
Don Quijote, Kohle auf Papier, 78 × 56 cm
Don Quijote mit Barbierschüssel, Kohle auf Papier, 78 × 56 cm

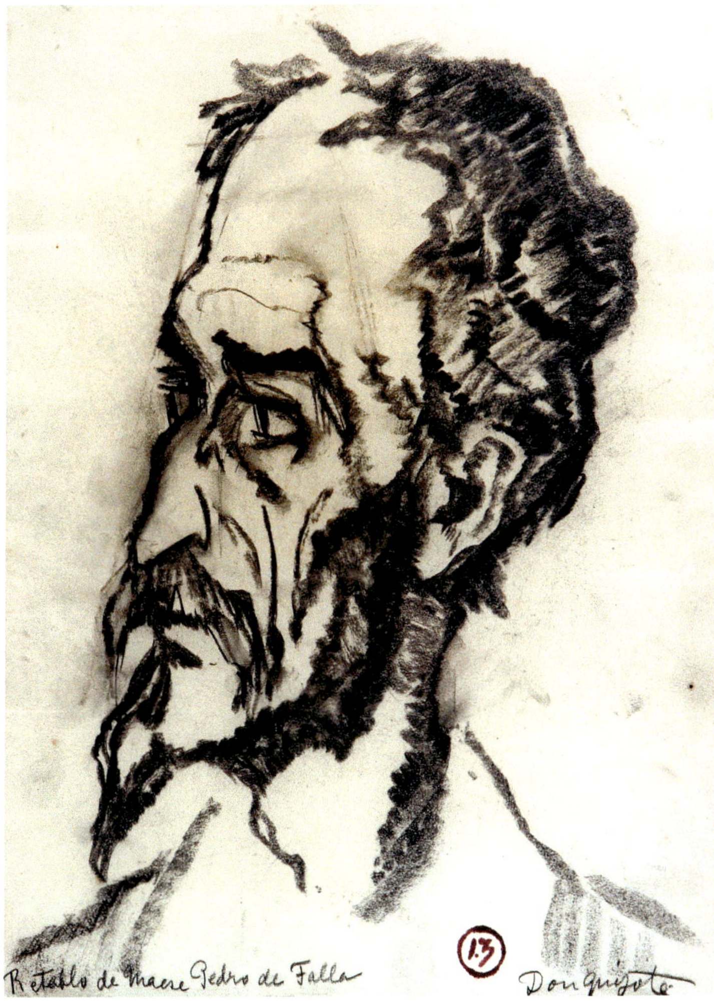
Retablo de Maese Pedro de Falla
13
Donquijote

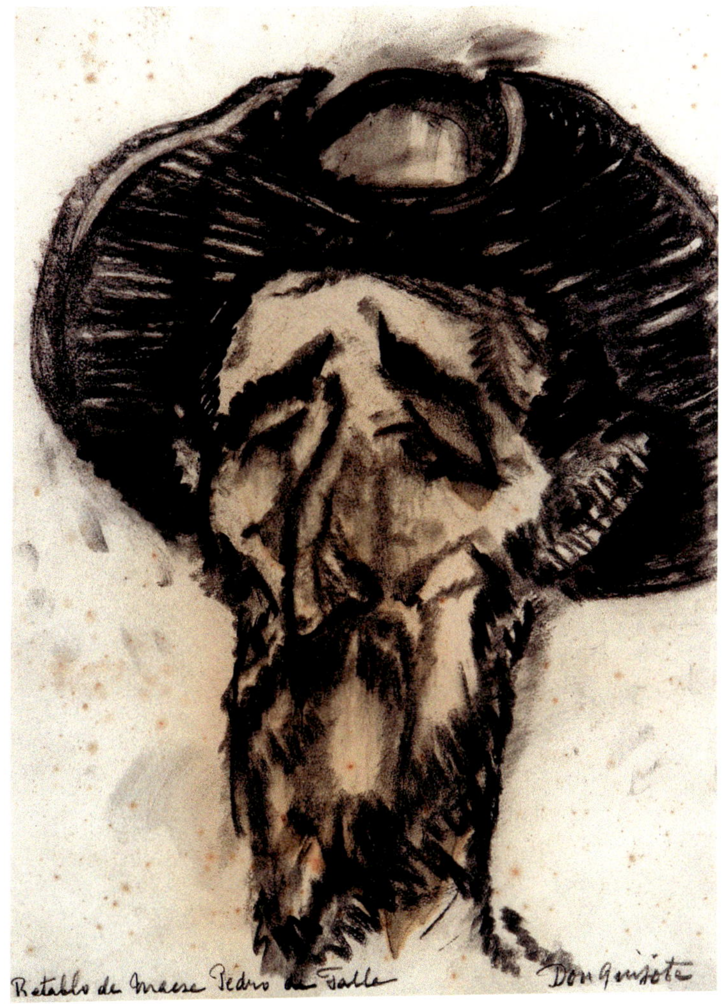
Retablo de Maese Pedro de Falla
Donquijote

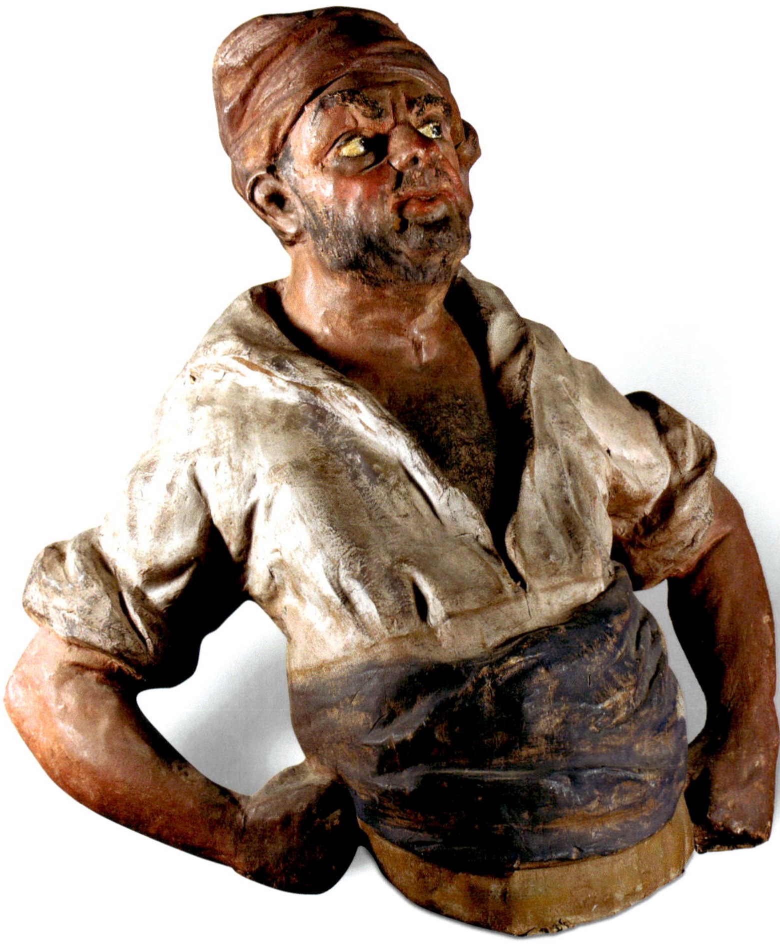

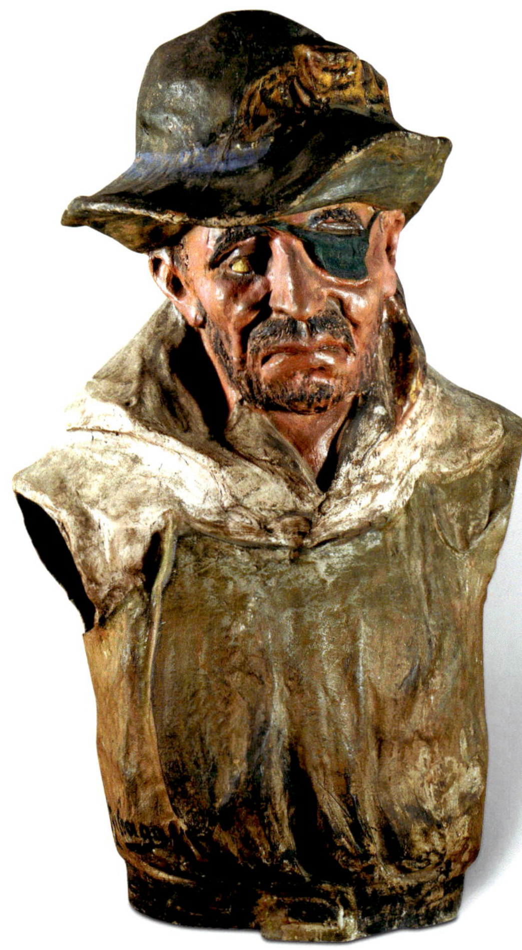

Kat. 60 Halbfiguren für *Meister Pedros Puppenspiel*, 1927, farbig gefasster Gipskarton, Privatsammlung (v. l. n. r.):

Der Wirt, Höhe um 110 cm
Meister Pedro, Höhe um 110 cm
Don Quijote, Höhe um 124 cm
Sancho Panza, Höhe um 113 cm

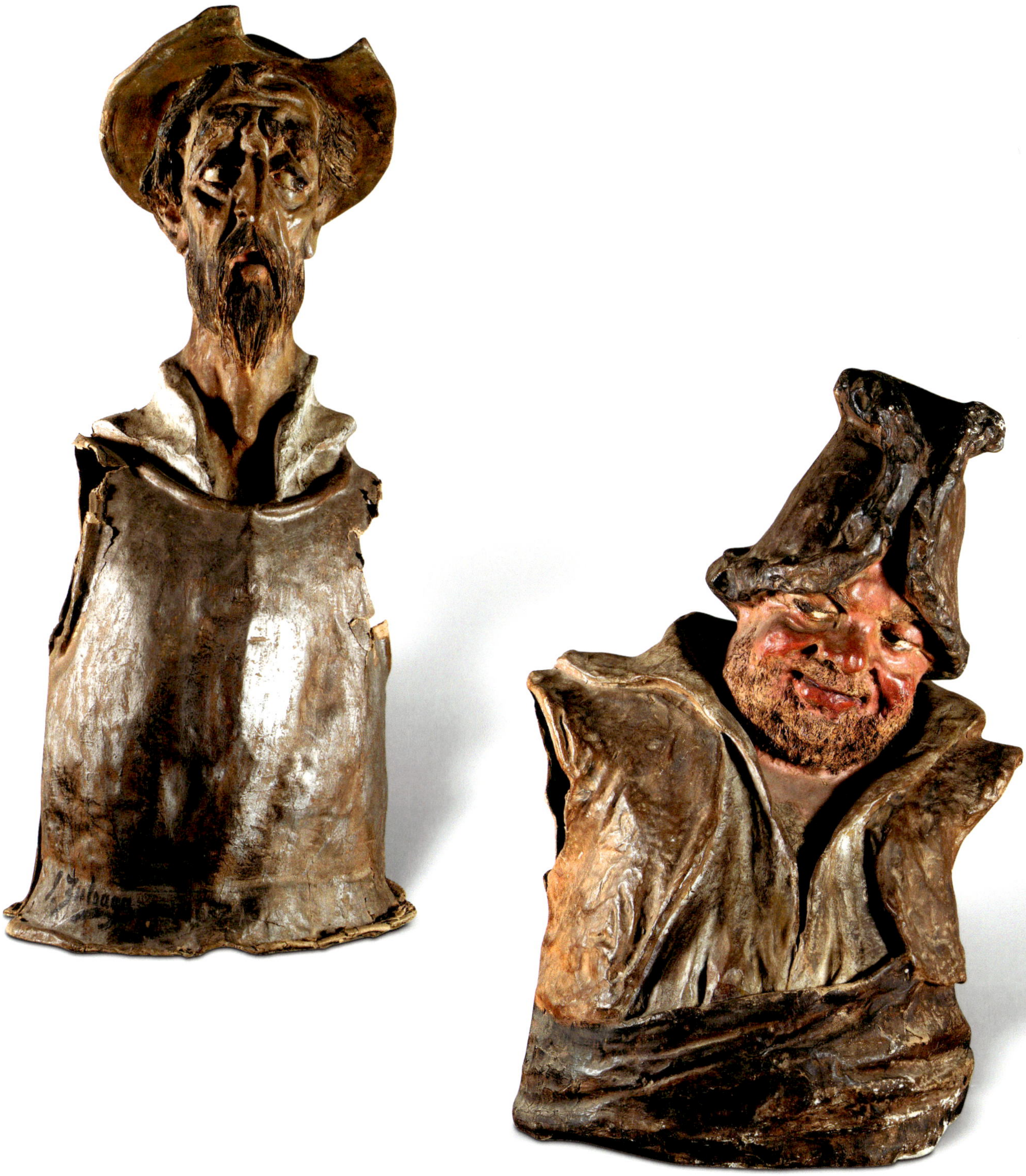

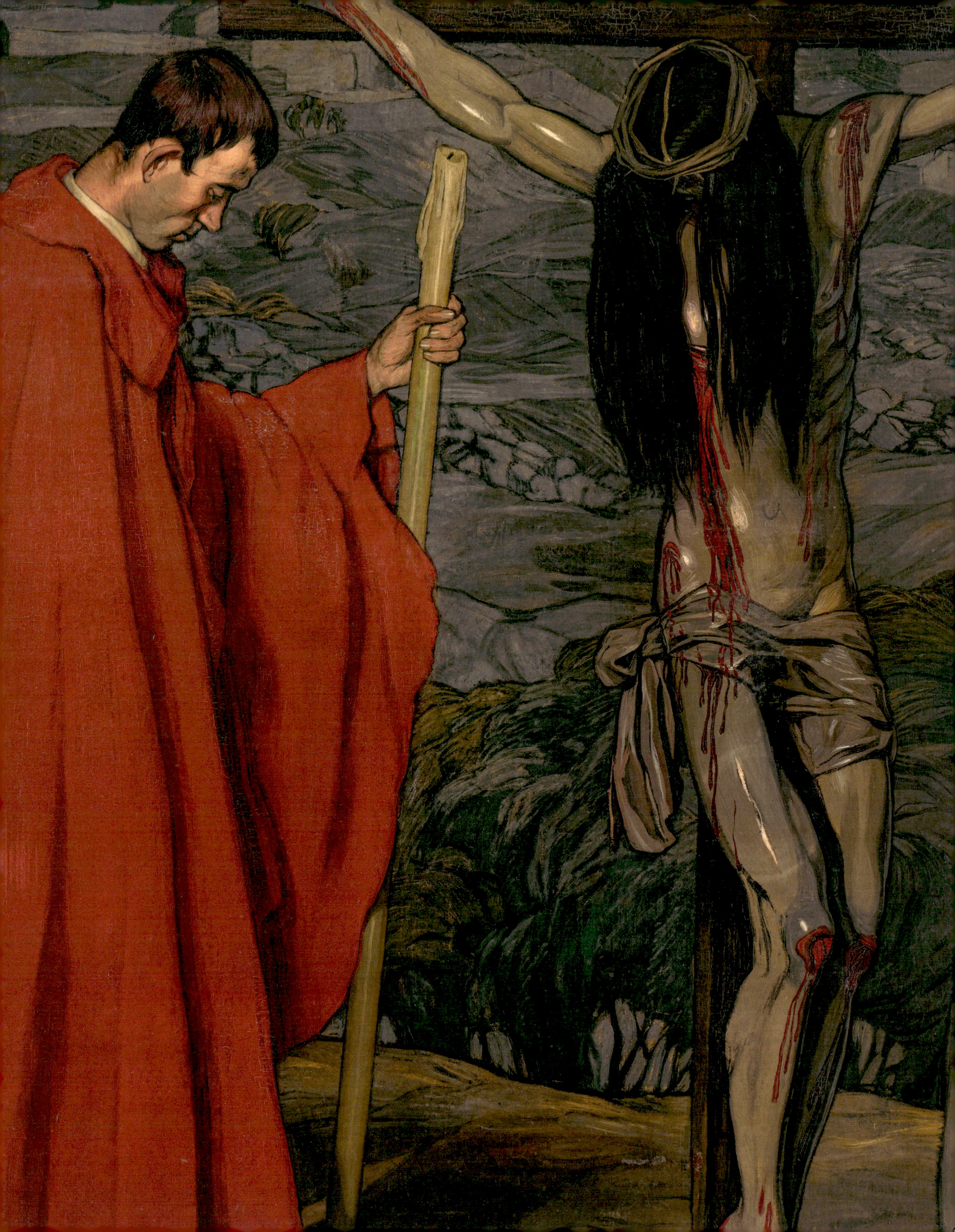

Der Kardinal, der keiner war

Ignacio Zuloagas religiöse Malerei

JOHANNA SCHUMM

Fast alle der in der Ausstellung versammelten religiösen Bilder von Ignacio Zuloaga sind während seiner Aufenthalte in Segovia entstanden.[1] Auch sie tragen auf den ersten Blick zu seiner Mythisierung Kastiliens bei, insbesondere wenn sie Formen einer vermeintlich spezifisch spanischen Frömmigkeit aufrufen. Dabei stehen sie in engem Austausch mit der Geschichte der europäischen Malerei, allen voran den Gemälden von El Greco. Zuloaga entwarf Szenen, die zunächst ganz konventionell erscheinen, jedoch aufgrund ihrer Malweise und ihrer hochgradigen Selbstreflexivität modern sind. Die Darstellung religiöser Praktiken war Teil von Zuloagas malerischem Entwurf der spanischen Kultur, deren Traditionen, wie die Flagellation, der Stierkampf oder der Flamenco, die Jahrhunderte überdauert hatten. Die meisten dieser Bilder haben religiöse Sujets, ohne sich für religiöse Inhalte genauer zu interessieren oder gar eine religiöse Funktion zu erfüllen – eine Ausnahme stellen die dem Santuario de Nuestra Señora de Arrate geschenkten Altargemälde dar, deren Entstehungsgeschichte auf die persönliche Frömmigkeit Zuloagas verweist und die in der Kapelle Teil einer gelebten Religiosität wurden (Kat. 63–66).[2] Zuloaga bezeichnete sich selbst als religiös, jedoch in privater Weise, die Institution der Kirche und ihre Würdenträger dagegen kritisierte er in Selbstzeugnissen scharf.[3]

Die Verbindung von kastilischer Frömmigkeit und Malereigeschichte des spanischen Goldenen Zeitalters zeigt sich schon in dem 1902 entstandenen Werk *Die Büßer von Roda* (Kat. 61).[4] Mit ihrem auffallend dunklen, rötlichen Hautton erscheinen die beiden Büßer eher wie Arbeiter unter der kastilischen Sonne. Sie sind weich in die Landschaft eingebettet: Die Wolken des Himmels umranken der Dornenkrone ähnlich den Kopf des Stehenden, die Kontur seines Armes wird von dem Lauf eines Weges fortgesetzt, die Kapelle an diesem korrespondiert mit dem Totenkopf in den Händen des Büßers. Gegenstand und Ort der Meditation werden so mit der Figur und dem Hintergrund verknüpft. Zuloaga ruft hier die Bildtradition auf, Betende mit einem Totenkopf darzustellen, wie sie zum Beispiel in El Grecos Gemälde *Der heilige Franziskus und Bruder Leo meditieren über den Tod*[5] zu finden ist. Ein wichtiger Hintergrund für die Vorstellung von der meditativen Erschließung des Todes war dabei Ignacio de Loyolas für die spanische und jesuitische Religiosität zentrales Lehrbuch zu den spirituellen Exerzitien.[6]

El Greco ist für die religiösen Bilder Zuloagas ohnehin der zentrale ästhetische Bezugspunkt. Das wird vor allem in der Art der Figurendarstellung deutlich, so auch bei dem 1907 in Segovia entstandenen *Anachoreten* (Kat. 15). Insbesondere die Streckung der Figur und die Malweise des Himmels erinnern stark an die Bildsprache El Grecos, wie sie Zuloaga etwa in dessen Altarstück mit der *Vision des heiligen Johannes* (auch *Die Öffnung des fünften Siegels*; Abb. 1) vor Augen hatte. Zuloaga hatte wesentlichen Anteil an der Neubewertung der

Malerei El Grecos, die bis dahin im Anschluss an Acisclo Antonio Palomino als von gesuchter »extravagancia« geprägt wahrgenommen worden war.[7] Um 1900 wurde El Greco so unter anderem durch Vermittlung Zuloagas für spanische und internationale Künstler und Autoren der Moderne zu einer zentralen Leitfigur.[8] 1905 ergriff Zuloaga die Gelegenheit, das etwa zwischen 1608 und 1614 entstandene Altarbild der Johannesvision zu erwerben,[9] er stellte es in der Folge in seinem Atelier in Paris aus, wo es unter anderem Pablo Picasso und Rainer Maria Rilke sahen. Picasso nahm es zum Vorbild für die *Demoiselles d'Avignon*, und bei Zuloaga ist es im Hintergrund seines Gemäldes *Meine Freunde* zu sehen (S. 181, Abb. 1).[10] Zuloaga selbst sprach von der »visionären Kraft« des Gemäldes und beschrieb es als »Vorboten der Moderne«.[11] In der Gestaltung der Figur des *Anachoreten* verband Zuloaga die Referenz auf El Greco (etwa durch die sich hochschraubende Körperform) und auf seine eigene Ateliersituation: Modell stand hier erstmals der in der Folge immer wieder auftauchende Francisco, ein einfacher Arbeiter aus Segovia.

Mit seinen Darstellungen religiöser Szenen trug Zuloaga zu einem Spanienbild bei, das von obskuren, spezifisch spanischen religiösen Traditionen und von Volksfrömmigkeit bestimmt erscheint, jenem breit kolportierten Bild eines ›schwarzen Spanien‹. Die blutige Selbstkasteiung der Flagellanten ist ein Teil davon. Zuloaga inszenierte sich selbst als faszinierten Beobachter dieser Formen von Religiosität, wenn er zur Entstehungsgeschichte seines 1908 gemalten und wieder Francisco zeigenden Gemäldes *Die Flagellanten* (S. 15, Abb. 3) notierte, dass er darin den Eindruck habe festhalten wollen, den der Besuch eines Flagellantenaltars in der Kathedrale von Tudela auf ihn gemacht hatte, an dem die Büßer sich direkt vor der mithilfe eines Stricks herabgelassenen Christusskulptur geißelten.[12] In Betrachtung der Prozession von San Vicente de la Sonsierra in La Rioja schrieb Zuloaga in einem Brief an seinen Onkel vom »fanatismo increíble«, dem unfassbaren Fanatismus der Flagellanten.[13] Dass er damit ein bestimmtes Spanienbild nährte, war ihm durchaus bewusst; so begründete er seine Entscheidung, *Die Flagellanten* nicht in Amerika auszustellen, damit, dass das Bild die Amerikaner erschrecken könnte, da es, obgleich es von anderen als eines seiner besten angesehen werde, von einem »salvajismo terrible«, von furchtbarer Wildheit, geprägt sei.[14] Dass Zuloagas Malerei als Demonstration einer spezifisch spanischen und düsteren Religiosität wahrgenommen wurde, belegt unter anderem der berühmte Kommentar von Guillaume Apollinaire anlässlich der 1912 erfolgten Ausstellung des im Jahr zuvor entstandenen *Blutenden Christus* (Kat. 62) im Salon de la Société Nationale des Beaux-Arts de Paris. Apollinaire schreibt: »Schließlich vermittelt der *Blutende Christus* mit den mageren Gestalten nach der Art El Grecos, den Kerzen und dem bleichen, blutigen Christus mit Frauenhaaren ein recht genaues Bild der mystischen und sinnlichen Religion, die dem Glauben Spaniens zugrunde liegt, wo noch

Abb. 1

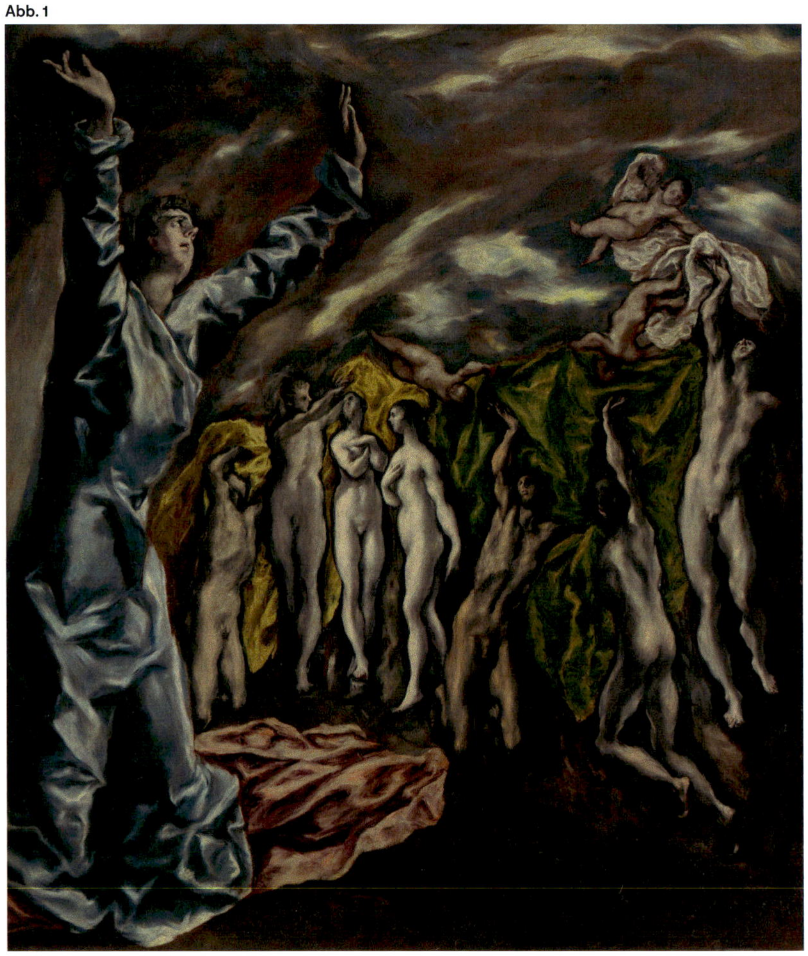

Abb. 1 El Greco (Domenikos Theotokopoulos): *Die Vision des heiligen Johannes* (auch *Die Öffnung des fünften Siegels*), um 1608–1614, Öl auf Leinwand, 224,8 × 199,4 cm, The Metropolitan Museum of Art, New York, Rogers Fund, 1956

immer Flagellantenprozessionen stattfinden und die Freude am Schmerz noch immer die Seele zu bewegen vermag wie in der Zeit der heiligen Teresa.«[15] Eine solche Rezeption von Zuloagas religiösen Bildern als im Dienste einer Mythisierung Spaniens stehend übersieht häufig, dass eine Darstellung wie die des *Blutenden Christus* weniger als eine Veranschaulichung von Frömmigkeit denn als eine Reflexion über die Inszenierung solcher Szenen einzustufen ist. Hier wird nicht nur ein bestimmtes Spanienbild aufgerufen, sondern gefragt, wie Frömmigkeit dargestellt und inszeniert, wahrgenommen und diskursiviert wird. Wie auf einer Bühne stehen die Figuren vor der in den Hintergrund gerückten Landschaft. Es ist nicht das übliche Personal am Kreuz Christi, sondern es sind Repräsentanten einer Frömmigkeit, die untereinander beziehungslos und alles andere als affiziert wirken, denen aber bewusst ist, dass sie selbst beobachtet werden. Dies unterstreicht der frontal in den imaginierten Zuschauerraum vordringende Blick der rechten vorderen Figur, gerade im Kontrast zu den abgewandten Blicken der anderen Akteure. Das durch das Haar verborgene Gesicht Christi verbleibt wie hinter einem zu öffnenden Vorhang. Am Kreuz hängt kein toter Körper, sondern offenbar schon eine Repräsentation dessen, eine Holzfigur – ähnlich wie bei den *Flagellanten*. Zu diesem Werk ist sogar die Anekdote überliefert, wie sich Zuloaga heimlich ein entsprechendes Kruzifix aus einer Kapelle ausleihen musste, um es in seinem Atelier als Modell zu nutzen.[16] Es geht also nicht um Christus am Kreuz, sondern um spezifische Repräsentationen von Christus am Kreuz: die für Spanien typischen polychromen Holzfiguren, denen ein stark affizierender Effekt in Andacht und Prozession zugeschrieben wurde. Diese vermeintliche Szene der Volksfrömmigkeit erscheint so als Reflexion auf Formen der Repräsentation von Frömmigkeit und der damit verknüpften Projektionen.

Dass es Zuloaga gerade in seinen Bildern mit religiösen Themen weniger um Religiosität an sich denn um Fragen der malerischen Repräsentation derselben und um eine durchaus auch gewitzte Aneignung einer malerischen Bildtradition getan war, zeigt auch sein letztes großes Werk aus dem segovianischen Motivkomplex, das 1912 entstandene Gemälde *Der Kardinal* (Kat. 67). Zuloaga enthebt das Porträt seiner repräsentativen Funktion: Hier posiert der inzwischen aus vielen Bildern bekannte Francisco ge- oder verkleidet als Kardinal. Das ausgezehrte, müde Gesicht, verschleiert durch den Dreitagebart, passt so gar nicht zu einem wohlhabenden Kirchenmann. Anders als beim historischen Porträt von Würdenträgern gibt es keine mimetische Nachahmung einer außermalerischen, etwa politischen Realität, und das Bild erfüllt auch nicht gesellschaftliche Funktionen der Machtdarstellung oder Prunkentfaltung. Vielmehr dominieren die sich durch die Malerei selbst eröffnenden Bezüge, sowohl werkimmanent (über das Modell Francisco, aber auch über die übliche Bildsprache Zuloagas, mit der er am Mythos Kastilien arbeitete) als auch im Hinblick auf die Malerei des Siglo de Oro, des Goldenen Zeitalters. Denn offensichtlich zitiert Zuloaga hier (zahlreiche) historische Darstellungen christlicher Würdenträger, etwa von Diego Velázquez, allen voran aber El Grecos um 1600 geschaffenes Bildnis von Fernando Niño de Guevara. Dieses schätzte Zuloaga besonders, so notierte er auf Französisch: »Velázquez' Porträt von Innozenz X. ist wunderbar, aber fad neben dem Porträt Kardinal Niño de Guevaras von El Greco.«[17]

Die Brille ist das charakteristische Merkmal von El Grecos Porträt des Großinquisitors – emphatisches Zeichen seiner Scharfsichtigkeit, seiner Fähigkeit, die

Dinge zu durchschauen. Die Brille wurde aber auch als ein spezifisches Charakteristikum der spanischen Malerei der Frühen Neuzeit erachtet – Montesquieu schreibt in seinen *Persischen Briefen*: »Gravitätischer Ernst ist der hervorstechendste Charakterzug beider Nationen [d. i. der Spanier und Portugiesen]; er findet seinen Ausdruck besonders in zwei Attributen: in der Brille und dem Knebelbart.«[18] Gerade dadurch, dass Zuloaga seinem Kardinal beziehungsweise Francisco die Brille in die Hand gibt und nicht auf die Nase setzt, betont er, dass es in diesem Fall nicht um die Darstellung von politischer, inquisitorischer Scharfsicht geht, sondern um die Auseinandersetzung mit einem ästhetischen Programm. Was ist ein Porträt, das niemanden porträtiert? Zuloaga porträtiert das Kardinalsein als Rolle und mehr noch das Porträtieren von Kardinälen, also Kardinalsporträts an sich, in konterkarierender Weise. Typisch für das Sujet ist die Situierung in einem Innenraum, der sich mitunter nach hinten, etwa durch ein Fenster oder eine Tür, öffnet. Zuloaga macht dieses Bildschema selbst zum Thema, und zwar mittels des geöffneten Vorhangs an beiden seitlichen Bildrändern und des Felsens, der den linken Hintergrundausschnitt begrenzt, und setzt es in seiner spezifischen Art der Verbindung von Figur und Landschaft um: Die Furchen des Gesichts finden ihren Widerhall in den Furchen der Felsen, vom Himmel ergießt sich der Regen, die Farbe über dem Kopf des Kardinals zerläuft. Die große Emphase, von der das Malerische in diesem Bild getragen ist, wird durch die ornamentale Füllung des gesamten verbleibenden Bildvordergrunds verstärkt. Zuloaga stellt die Lust am Stoff, an der Form, an der Farbe zur Schau. Dass es dabei um Formen der Mimesis und Repräsentation geht, lässt sich an den Blumen beobachten; sie erscheinen nicht in ihrer natürlichen Umgebung (diese im Hintergrund ist äußerst karg), sondern als Dekoration in Form von Schnittblumen, als Motiv auf der Tischdecke und den Vorhängen, als Ornament auf den Teppichen in ganz unterschiedlichen Graden des Realismus und der Stilisierung. Diese bewusste Betonung des Repräsentativen, Dekorativen und Ornamentalen belegt deutlich auch ein Blick auf die dem Werk vorangegangene Skizze, die noch viel zurückhaltender ist und in der bezeichnenderweise noch keine Blumen vorkommen (Abb. 2).[19]

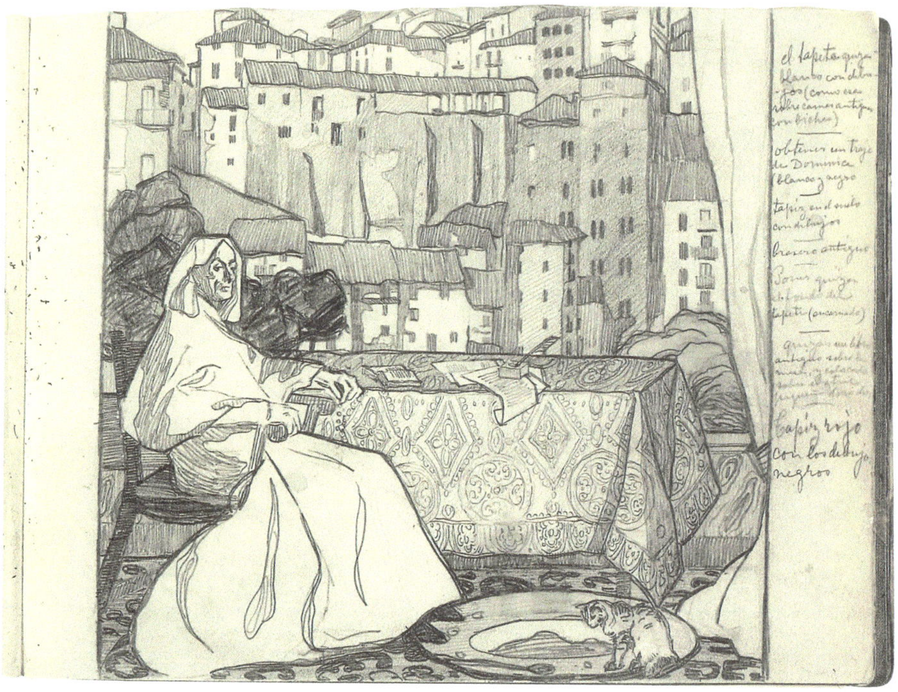

Abb. 2

Mit seinen religiösen Szenen zeigt Zuloaga die malerische Verfasstheit des historischen wie des zeitgenössischen Spanienbilds auf und reflektiert die Rolle der Religiosität darin. Er verbindet Darstellungen der Volksfrömmigkeit, die durch seine Modelle und durch seine Malweise als zeitgenössisch markiert sind, mit der Bildsprache der Malerei des Siglo de Oro. Gerade dadurch imitiert er wiederum den Realismus der spanischen Barockmalerei, die zum Beispiel mythische Sujets in Wirtshauszenen verlegt. So wie Velázquez Bacchus unter Trunkenbolden platziert (S. 60, Abb. 1), versetzt Zuloaga den frühneuzeitlichen Kardinal in das moderne Spanien und gibt dabei unverkennbar zu verstehen, dass der Ort dieser Zusammenkunft sein Atelier ist.

Abb. 2 Ignacio Zuloaga: Skizze für *Der Kardinal*, um 1911, Kohle und Bleistift auf Papier, abgedruckt in: Ignacio Zuloaga: *Epistolario y dibujos*, bearb. von José Ignacio Tellechea Idígoras, San Sebastián 1989, S. 235

1 Siehe dazu den Beitrag von Nerina Santorius im vorliegenden Band, S. 116–123. Für gemeinsame Gespräche über die Bilder und zahlreiche Hinweise zu ihrer Deutung bedanke ich mich herzlich bei Nerina Santorius und Emil Kauth.

2 Vgl. Mikel Lertxundi: »Zuloaga eta Arrateko mihiseak / Zuloaga y los lienzos de Arrate«, Vortrag, gehalten im Rahmen von »Hitzaldia Conferencia« am 12. 7. 2021, Museo de Bellas Artes de Bilbao, https://www.youtube.com/watch?v=Q8Id_TqhfPk (18. 4. 2023).

3 Vgl. z. B. den Brief von Ignacio Zuloaga an Daniel Zuloaga, [vor dem 13. 10. 1909]: »Du weißt genau, dass ich tief im Inneren religiös bin, aber es ist eine sehr persönliche Religion. Ich glaube, jeder Künstler braucht so eine Religion, aber Priester und ich passen einfach nicht zusammen. Tief im Inneren und ganz generell verabscheue ich sie, auch wenn ich anerkenne, dass es viele unter ihnen gibt, die anständige Menschen sind.« Ignacio und Daniel Zuloaga: *Correspondencia de Ignacio Zuloaga con su tío Daniel*, hrsg. von Mariano Gómez de Caso Estrada, Segovia 2002, S. 249.

4 Vgl. das ganz ähnliche Motiv auf Ignacio Zuloagas Gemälde *Büßer mit Schädel*, 1902, The State Hermitage Museum, Sankt Petersburg.

5 El Greco: *Der heilige Franziskus und Bruder Leo meditieren über den Tod*, 1609, Colegio de Nuestra Señora de la Antigua, Monforte de Lemos; vgl. Michael Scholz-Hänsel: *El Greco. Der Großinquisitor. Neues Licht auf die Schwarze Legende*, Frankfurt am Main 1991, S. 28.

6 Ignacio de Loyola: »Ejercicios«, in: ders.: *Obras completas de San Ignacio de Loyola. Con la autobiografía de San Ignacio*, hrsg. von Ignacio Iparraguirre und Cándido de Dalmases, Madrid 1963, S. 196–274.

7 Acisclo Antonio Palomino de Castro y Velasco: *Vidas*, hrsg. von Nina Ayala Mallory, Madrid 1986, S. 101.

8 Vgl. Michael Scholz-Hänsel und Birgit Thiemann: »›Crueles Borrones‹ und deformierte Akte. Wie die Spanier El Greco ›entdeckten‹ und auch Picasso aus der ›Grecomanía‹ Gewinn zog«, in: *El Greco und die Moderne*, hrsg. von Beat Wismer und Michael Scholz-Hänsel, Ausst.-Kat. Museum Kunstpalast, Düsseldorf, Ostfildern 2012, S. 212–219. Die künstlerische Wiederaufnahme von El Greco wurde durch die wissenschaftliche Neubewertung seines Werks im Kontext der Institución Libre de Enseñanza in Madrid vorbereitet; vgl. Birgit Thiemann: »›Vive Greco et Goya!‹ Ignacio Zuloaga als Sammler und Vermittler«, in: ebd., S. 374–385, hier S. 374.

9 Dazu und zu der damit verbundenen, gemeinsam mit Auguste Rodin und dem Kunstsammler Iwan Schtschukin unternommenen Reise vgl. Birgit Thiemann: »Ignacio Zuloaga – Ein Maler als Vermittler im interkulturellen Austausch«, in: Gisela Noehles-Doerk (Hrsg.): *Kunst in Spanien im Blick des Fremden. Reiseerfahrungen vom Mittelalter bis in die Gegenwart*, Frankfurt am Main 1996, S. 229–244, hier S. 236 f.

10 Vgl. Thiemann 2012 (wie Anm. 8), S. 381 f.

11 Ignacio Zuloaga, zit. nach Michael Scholz-Hänsel: *El Greco. Domenikos Theotokopoulos. 1541–1614. Prophet der Moderne*, Köln 2004, S. 90.

12 Vgl. Enrique Lafuente Ferrari: *La vida y el arte de Ignacio Zuloaga* (1950), Barcelona 1990, S. 231 f.

13 Brief von Ignacio Zuloaga an Daniel Zuloaga, 21. 4. 1905, in: Zuloaga / Zuloaga 2002 (wie Anm. 3), S. 85.

14 »Ich habe das Bild, das ich gerade von den sich geißelnden Büßern der Escuela de Cristo gemalt habe, nicht verschickt, denn ich fürchte, dass es die Amerikaner sehr erschrecken würde. Hier aber halten es die Künstler, die es gesehen haben, für mein bestes Werk, auch wenn es eigentlich von furchtbarer Wildheit ist.« Brief von Ignacio Zuloaga an Archer M. Huntington, 31. 12. 1908, zit. nach »The Penitents«, http://hispanicsociety.emuseum.com/objects/3375/the-penitents (18. 4. 2023).

15 Guillaume Apollinaire: »Le Salon de la Nationale. Promenade à travers les salles«, in: *L'Intransigeant. Journal de Paris*, 16. 4. 1912, S. 2; dt. Übers. d. Verf.

16 Vgl. Jesús María de Arozamena: *Ignacio Zuloaga, el pintor, el hombre*, San Sebastián 1970, S. 126; Lafuente Ferrari 1990 (wie Anm. 12), S. 103.

17 Notizen Zuloagas, zit. nach ebd., S. 210; dt. Übers. d. Verf.

18 Charles-Louis de Secondat, Baron de La Brède de Montesquieu: *Lettres persanes*, Paris 1828, Brief 78; dt. Übers. zit. nach ders.: *Montesquieu's Persische Briefe*, übers. und komm. von Eduard Bertz, Leipzig 1884, Brief 78.

19 Vgl. Lafuente Ferrari 1990 (wie Anm. 12), S. 229–231.

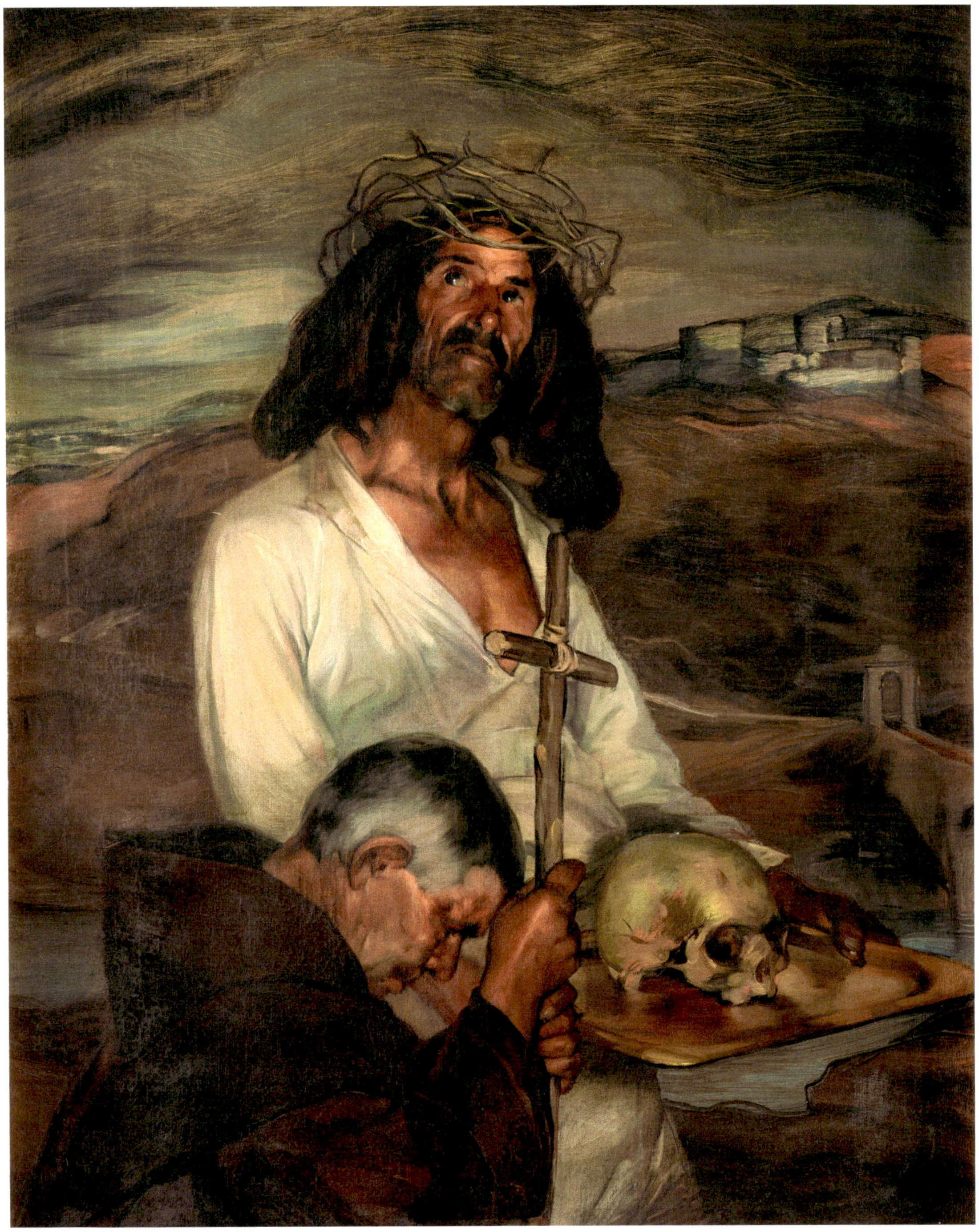

Kat. 61 *Die Büßer von Roda*, 1902, Öl auf Leinwand, 111 × 90 cm, Musée des Beaux-Arts, Pau

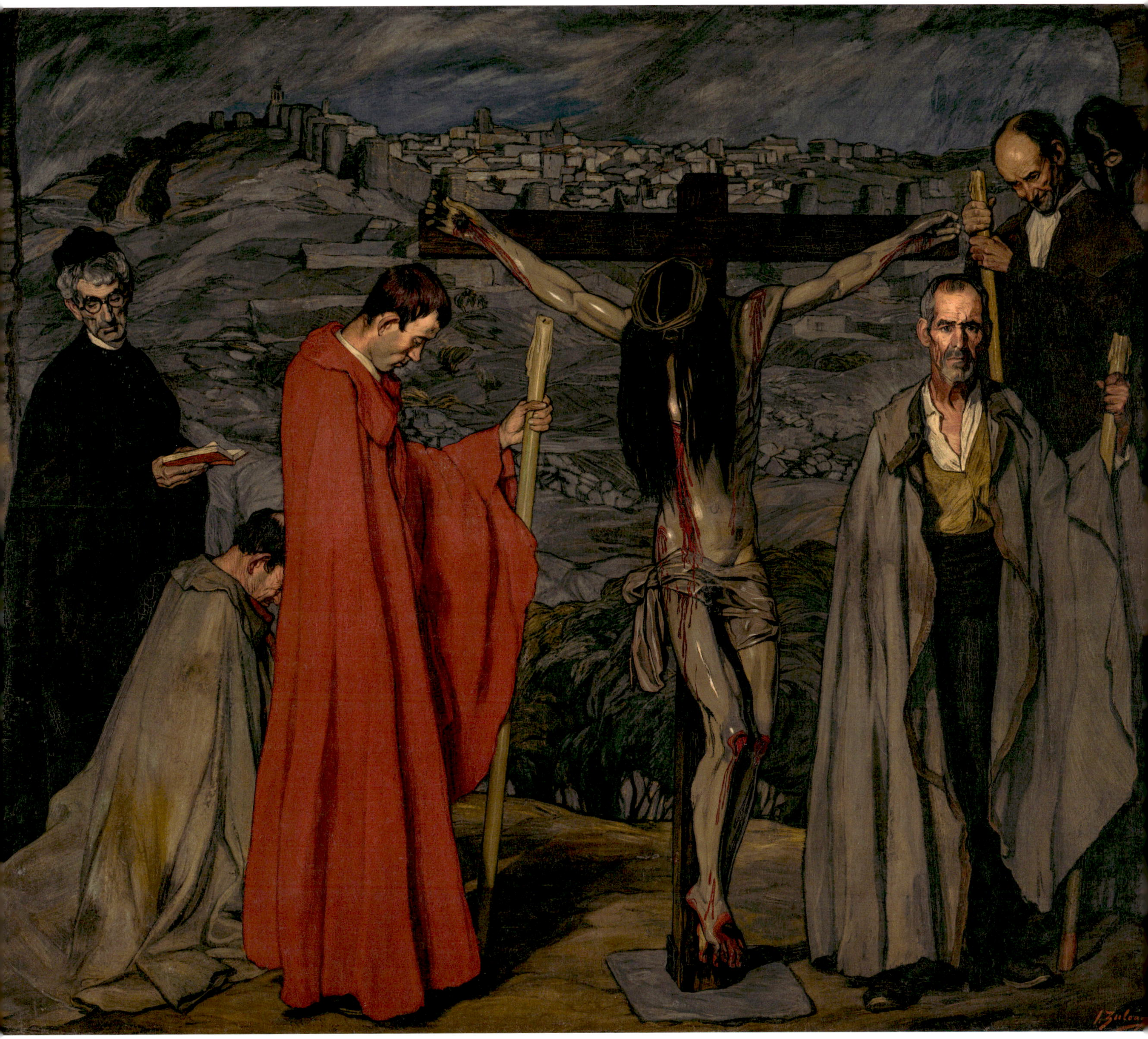

Kat. 62 *Blutender Christus*, 1911, Öl auf Leinwand, 248 × 302 cm,
Museo Nacional Centro de Arte Reina Sofía, Madrid

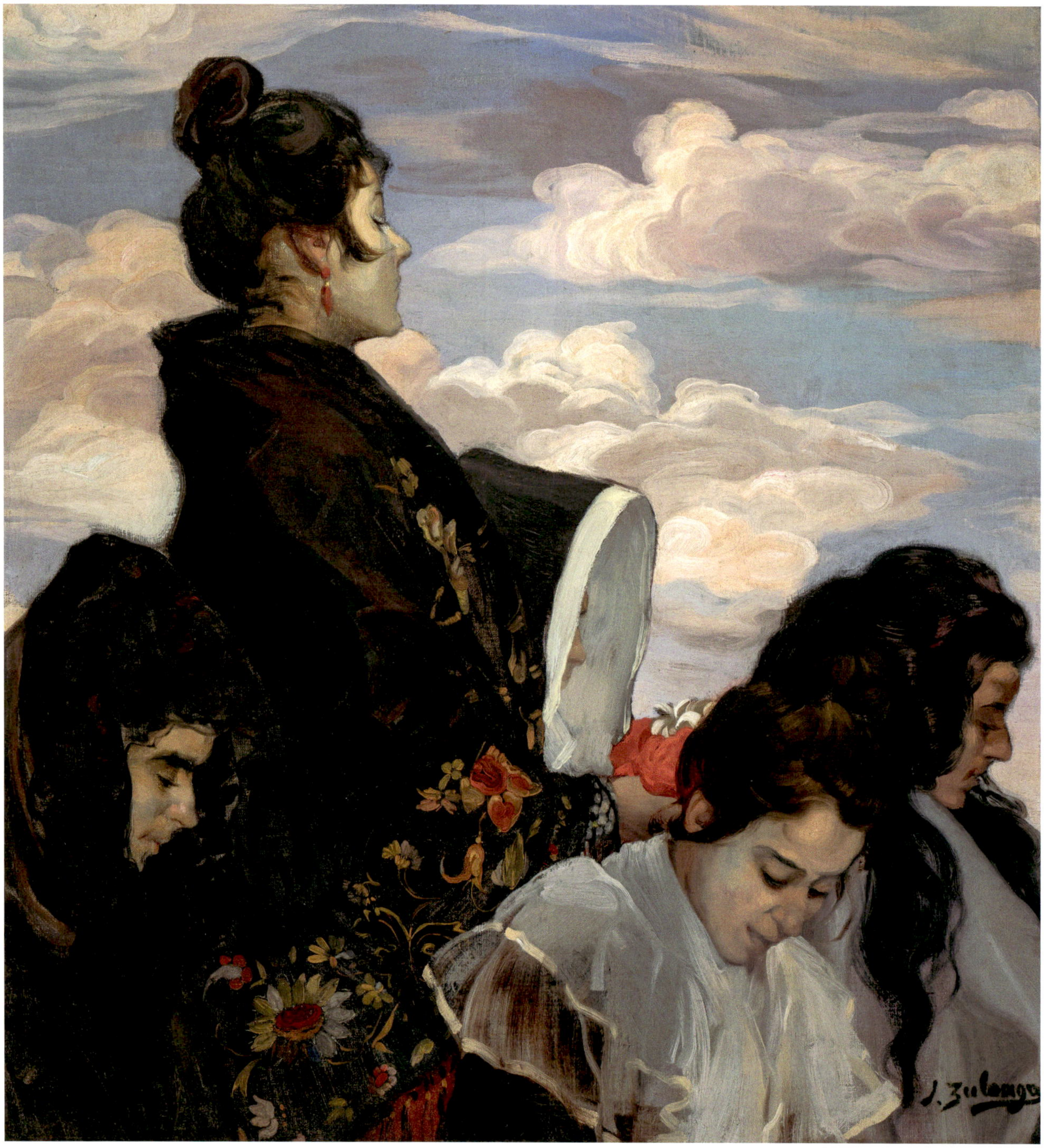

Kat. 63 *Betende Pilger I*, 1904, Öl auf Leinwand, 108,8 × 100,4 cm, Santuario de Nuestra Señora de Arrate. Parroquia de San Andrés Apóstol, Diócesis de San Sebastián. Eibar, Gipuzkoa

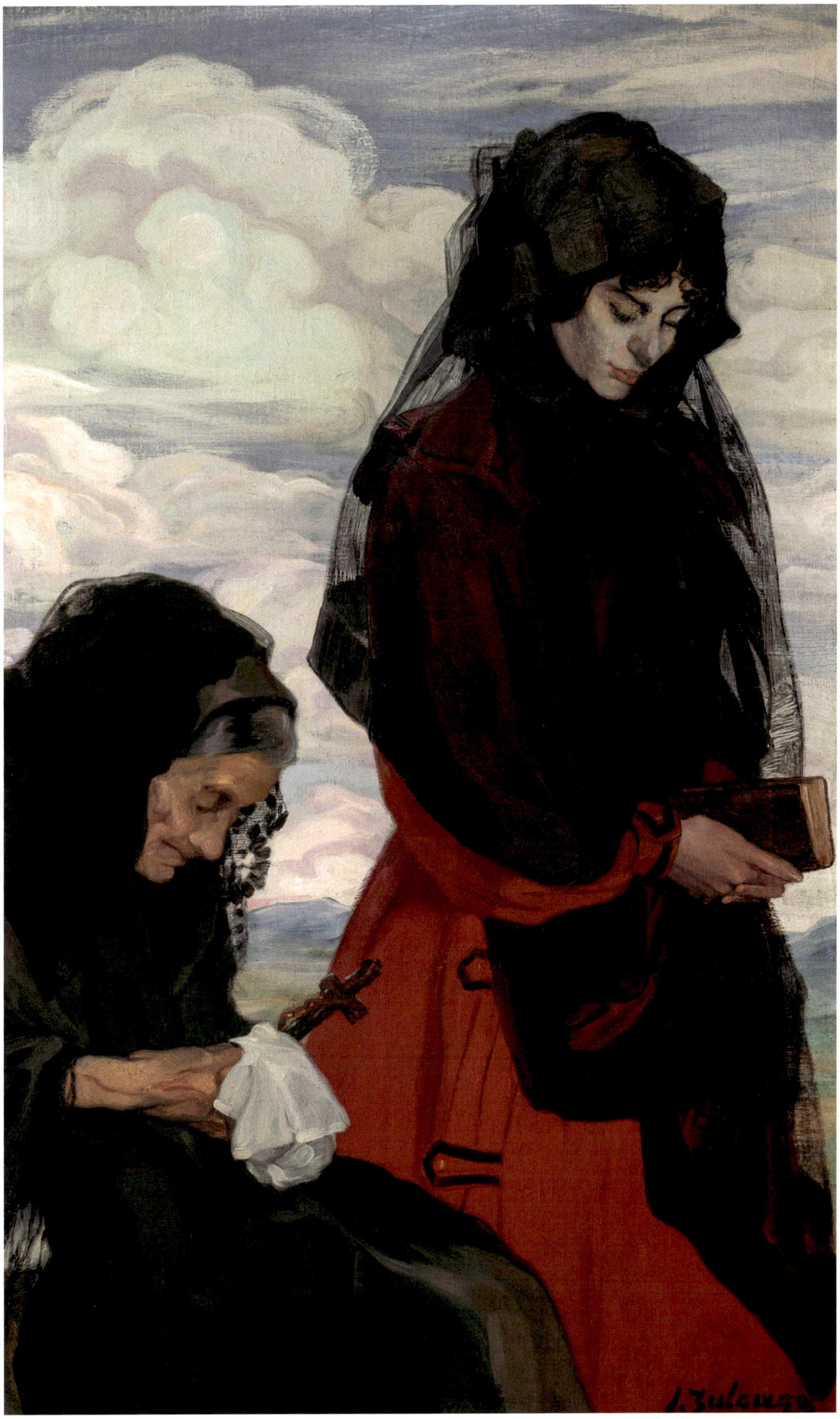

Kat. 64 *Betende Pilger II*, 1904, Öl auf Leinwand, 129,3 × 79,1 cm, Santuario de Nuestra Señora de Arrate. Parroquia de San Andrés Apóstol, Diócesis de San Sebastián. Eibar, Gipuzkoa

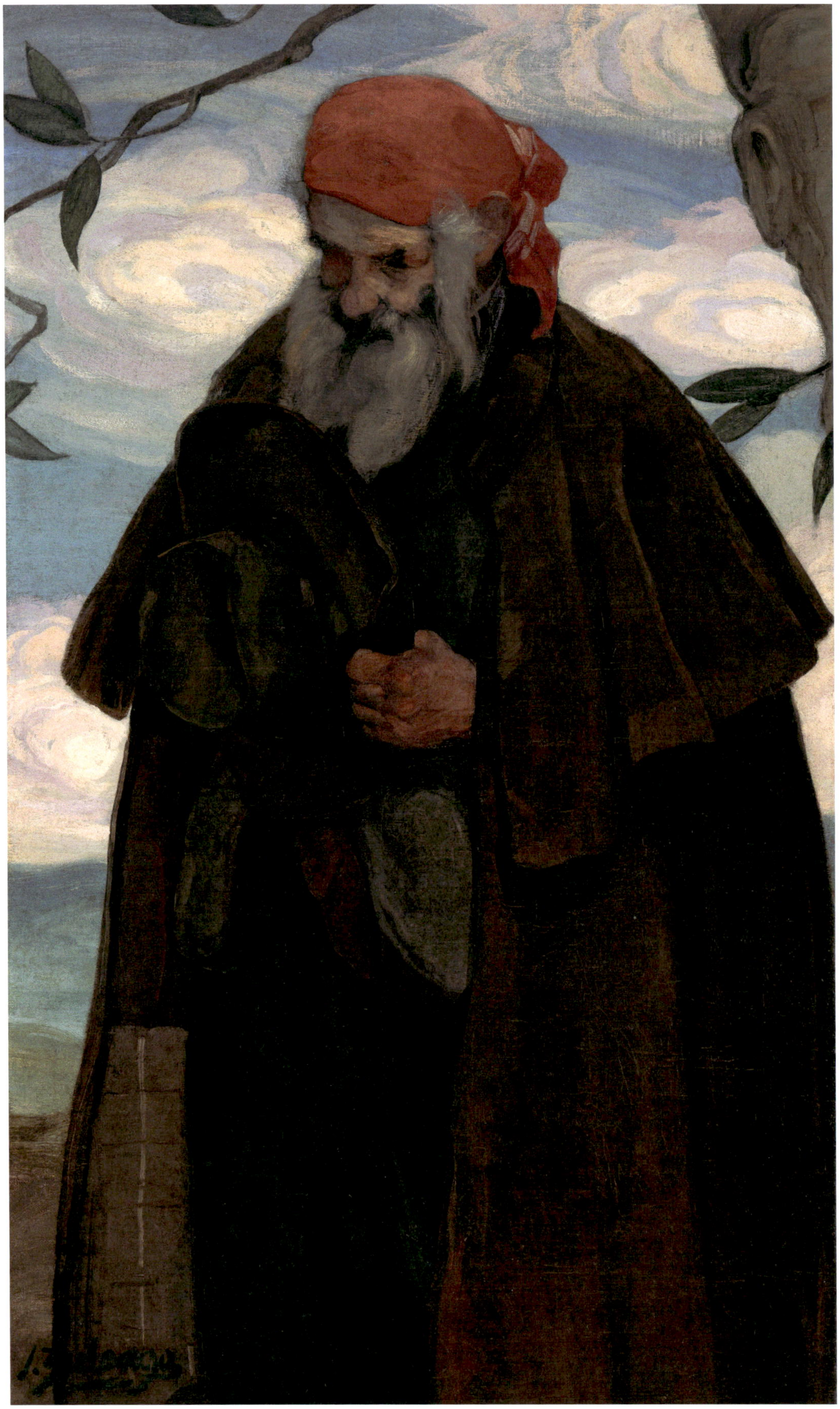

Kat. 65 *Betende Pilger III*, 1904, Öl auf Leinwand, 130,1 × 78,4 cm, Santuario de Nuestra Señora de Arrate. Parroquia de San Andrés Apóstol, Diócesis de San Sebastián. Eibar, Gipuzkoa

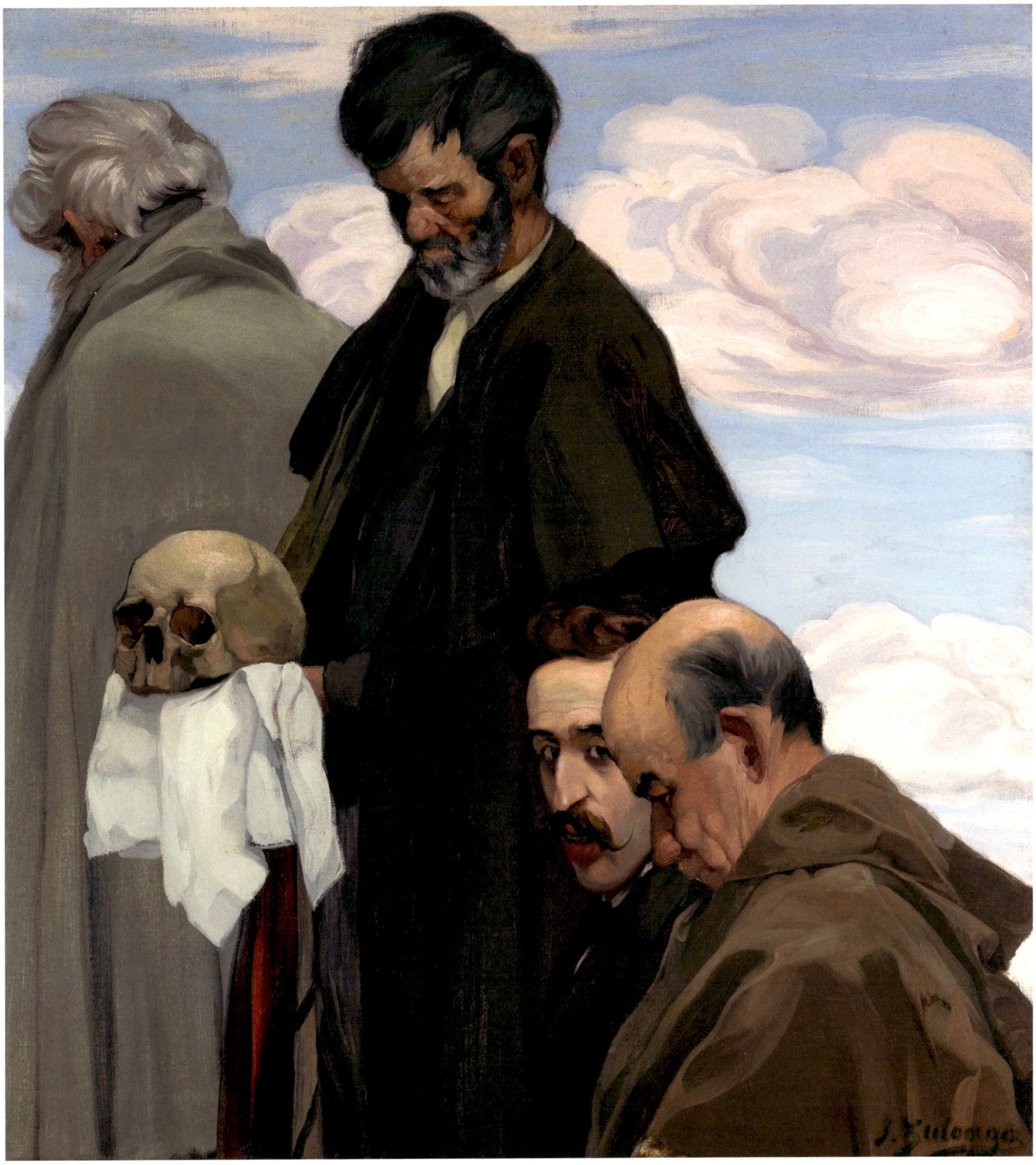

Kat. 66 *Betende Pilger IV*, 1904, Öl auf Leinwand, 107,1 × 100,4 cm, Santuario de Nuestra Señora de Arrate. Parroquia de San Andrés Apóstol, Diócesis de San Sebastián. Eibar, Gipuzkoa

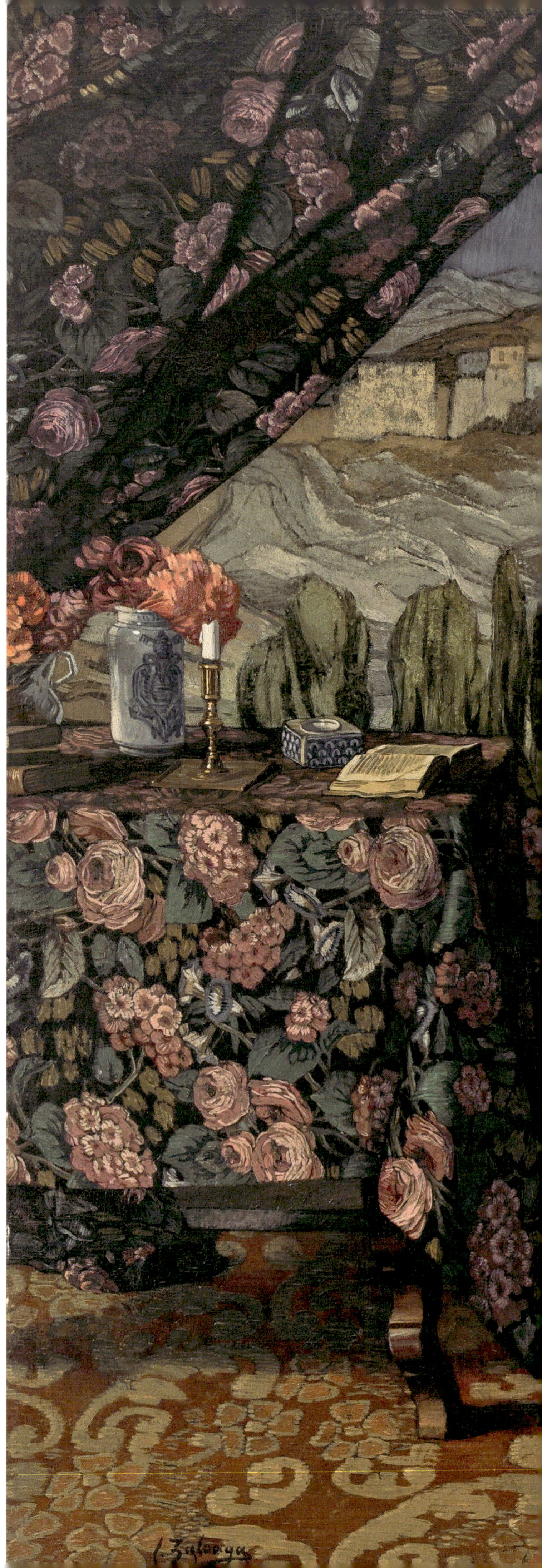

Kat. 67 *Der Kardinal*, 1912, Öl auf Leinwand, 201 × 236,3 cm, Museo de Bellas Artes de Bilbao. Schenkung von Javier Horn Prado 1966

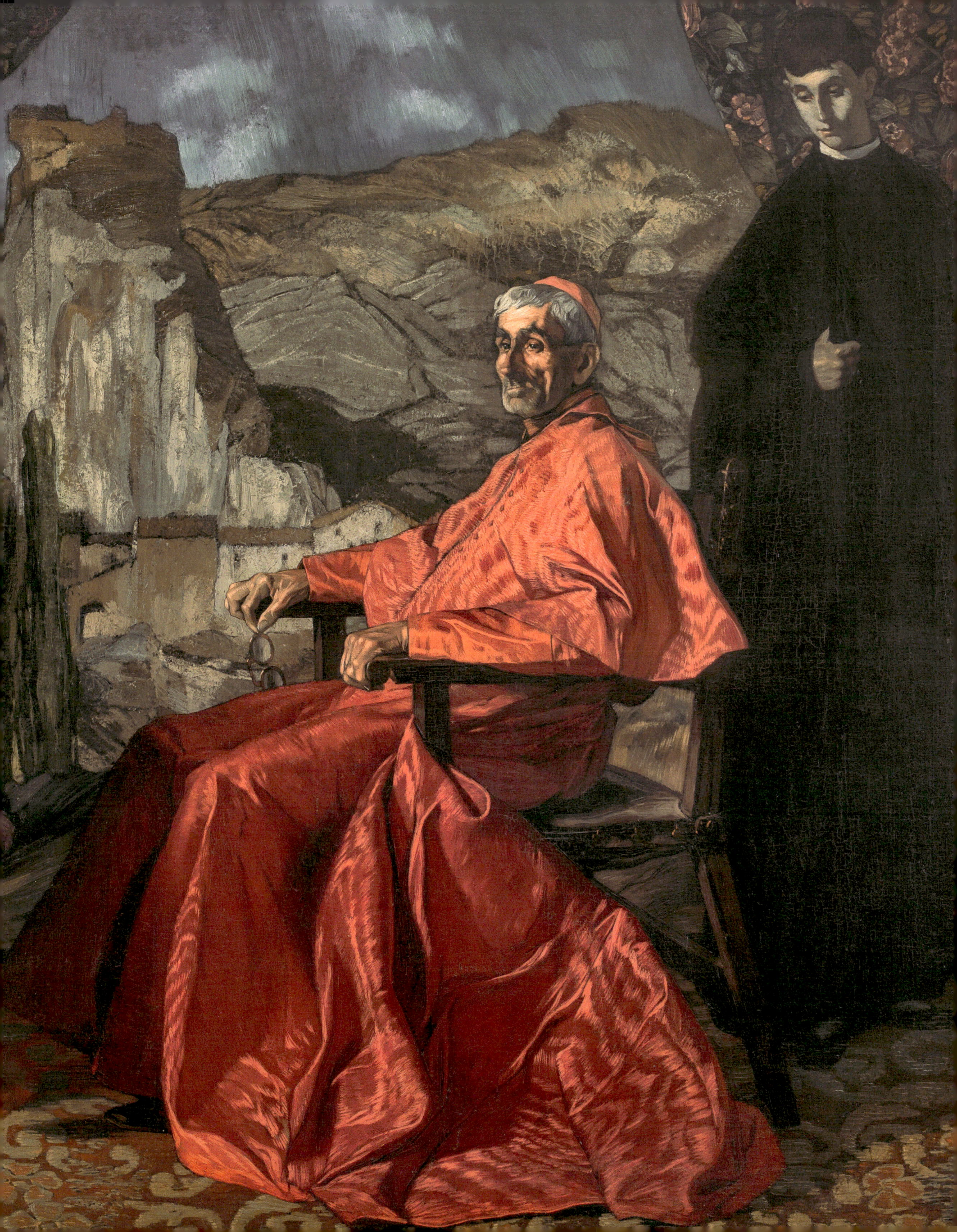

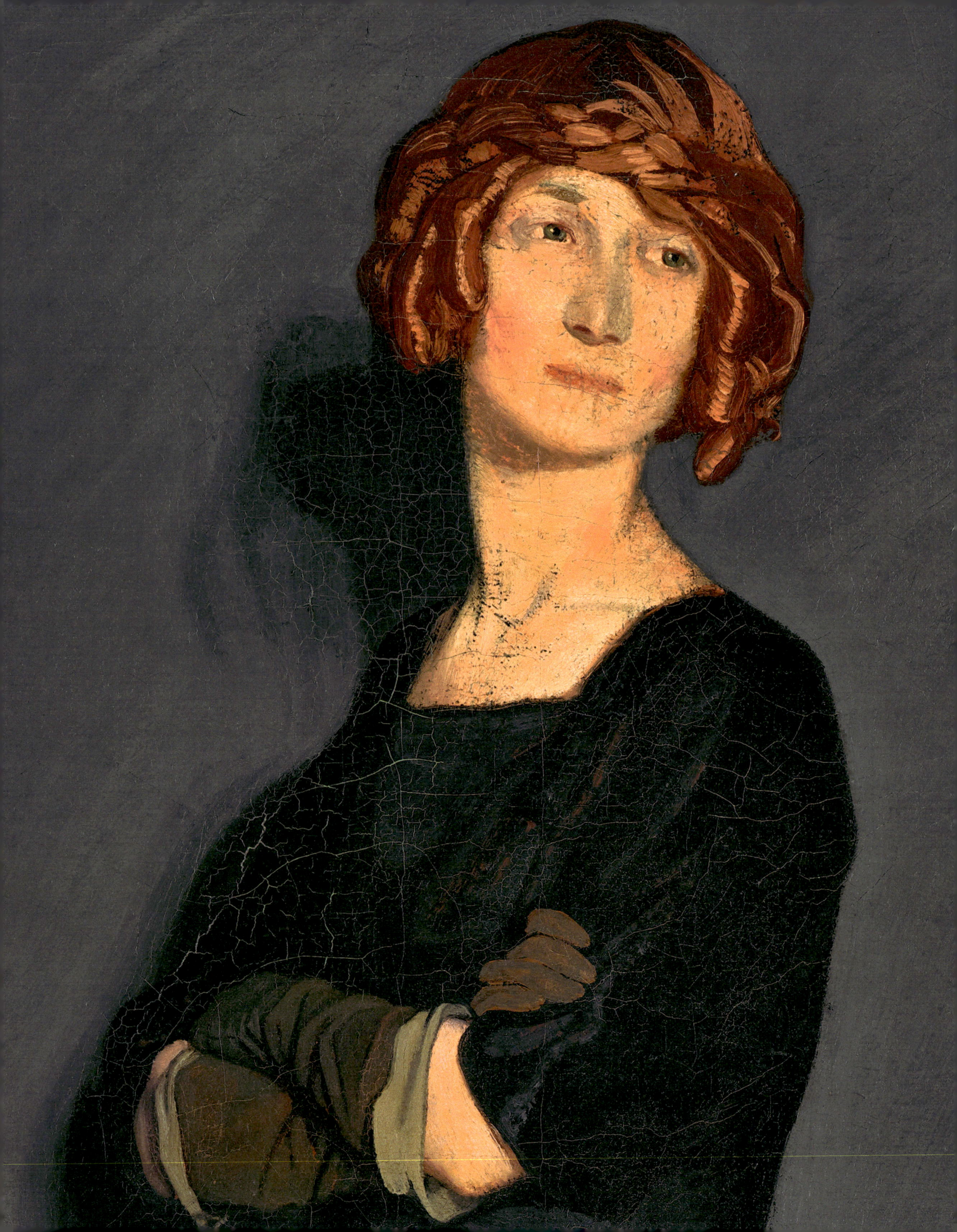

Charakterbilder

Zur Erfolgsgeschichte von Ignacio Zuloagas Porträts

HELENA PEREÑA

Ignacio Zuloaga gehört zu den herausragenden und produktivsten Porträtist:innen des 20. Jahrhunderts. Die Gattung befand sich seit etwa 1860 in einer tiefen Krise, die im Laufe der Moderne durch die aufkommenden Kunstgalerien und den damit verbundenen Bedeutungsverlust der Mäzene weiter verschärft wurde.[1] Die Avantgarde hat dort die meisten Porträts hervorgebracht, wo der Kunsthandel weniger entwickelt und die Abhängigkeit der Künstler:innen von privaten Aufträgen entsprechend groß war. Die Ergebnisse erfüllten trotzdem oft nicht die Erwartungen, meistens war der sogenannte Blick nach innen in die menschliche Psyche, der etwa im Expressionismus werkbestimmend war, zu weit von den Kriterien der Ähnlichkeit und der Repräsentation entfernt, die die Porträtmalerei über Jahrhunderte geprägt hatten.

Dagegen deckten Zuloagas Porträts einen noch vorhandenen gesellschaftlichen Repräsentationsbedarf ab, der nicht durch die Fotografie gestillt werden konnte. Mit seinen über Jahrzehnte hinweg entstandenen Bildnissen von Persönlichkeiten aus intellektuellen und künstlerischen Kreisen und von mächtigen Familien aus ganz Europa, Russland, Nord- und Südamerika feierte er internationale Erfolge. Der Künstler äußerte zwar oft sein Unbehagen gegenüber den vielen Porträtaufträgen, sie sicherten ihm allerdings ansehnliche Einkünfte, betrug der Durchschnittspreis eines Zuloagas in den 1910er-Jahren doch 15 000 Dollar.[2]

Wie kam es zu diesem Erfolg? Zuloaga wehrte sich stets gegen Forderungen nach oberflächlicher Ähnlichkeit, die seiner Meinung nach dem Wirkbereich der Fotografie angehörte und vergänglich war. Natürliches und Spontanes verbannte er grundsätzlich aus seiner Malerei, ebenso vernachlässigte er die psychologische Durchdringung des oder der Dargestellten, die er als temporäre Gemütsregung verstand.[3] Sein Interesse galt dem »Charakter«, den er als bleibenden Kern der Persönlichkeit ansah und anhand der körperlichen Energie ausmachte: »Die Malerei sollte das Modell beherrschen; seinen Charakter, seine innere Substanz herausreißen, bevor das Modell, das Natürliche, uns erdrückt [...] Man muss das Modell gewissenhaft studieren, sich in dieses vertiefen, es in seine Seele aufnehmen, seinen ausdrucksstarken Atem, seine Vitalität erfassen [...] und ihm dann sagen, dass es wieder verschwinden soll.«[4]

Zuloagas Suche nach dem Charakter war nicht von der Ähnlichkeit entkoppelt, sondern er bediente sich ihrer unter dem Aspekt der Überwindung des Individuellen. Er vernachlässigte Nuancen und Details, verdichtete manche Züge und hob die wesentliche Ausdruckskraft der Porträtierten hervor. Die dabei angewandte Arbeitsweise ist überliefert: »Er malte aus der Ferne, mit ausgestrecktem Arm, und seine Augen bewegten sich unaufhörlich vom Modell zur Leinwand, ohne Pause. Er berührte etwas, entfernte sich, schaute das Modell intensiv an und eilte dann feurig und mit nicht minderer Intensität an die Staffelei.«[5]

Das Primat des Charakters hatte zur Folge, dass Zuloaga bei seinen Modellen wählerisch war. Die Energie der dargestellten Person war manchmal an einer Geste oder einer Handlung, oft aber auch am Blick auszumachen. Zu den eindrucksvollsten Porträts von Zuloaga zählt das Bildnis der Gräfin Anna Élisabeth de Noailles (Kat. 70), einer aus Rumänien stammenden Prinzessin. Verheiratet seit jungen Jahren mit dem Grafen Mathieu de Noailles, lebte sie als Dichterin in Paris. Ihr Salon, den auch Zuloaga frequentierte, war ein wichtiger Treffpunkt für Künstler:innen und Literat:innen. Sie übte eine große Faszination aus. Enrique Rodríguez Larreta, Schriftsteller, Politiker und regelmäßiger Besucher des Salons, erinnerte sich an sie: »Das poetische Delirium von Mme. de Noailles war sicherlich nicht von gleichbleibender Qualität, aber zuweilen schien es die Schönheit der Welt zu übertreffen. [...] Ihre Konversation stand ihrer Kunst in nichts nach. Ich pflegte ihr, zwischen Spott und Wahrheit, zu sagen, dass ich das Schicksal dafür segnete, dass ich zu ihren Lebzeiten geboren wurde, und dass mir bei dem Gedanken, dass ich früher oder später auf die Welt hätte kommen können, schwindlig wurde [...]. Es ist bekannt, dass sie ihre Besucher immer im Bett empfing. Sie lebte im Liegen. Wenn man ihr Schlafzimmer betrat, galten ihre ersten Worte immer dem Schmerz: Lieber Freund, ich sterbe!«[6]

Für ihr Bildnis wählte Zuloaga eben diese Haltung. Die Gräfin, deren Körper unter dem großzügigen Stoff verschwindet, wohingegen sich ihre aufrechte, einem Wachturm ähnelnde Silhouette deutlich abzeichnet, empfängt mit schlaftrunkenem, verträumtem Blick ihr Gegenüber.[7] Die Künstlichkeit der Szene wird durch die Vorhänge unterstrichen, auch der Hintergrund erinnert an ein Bühnenbild. Das Prinzip setzt sich beim Gesicht fort, das durch die dichte Haarpracht umrahmt wird. Dadurch dreht sich die Komposition um ihren eigentlichen Mittelpunkt: die Augen. Anna de Noailles, die sich sehr über ein anderes, 1906 von Auguste Rodin geschaffenes Porträt von ihr beklagt hatte, war mit dem Ergebnis mehr als zufrieden.[8]

Die Charakterisierung in Zuloagas Porträtmalerei beschränkt sich nicht auf die menschliche Gestalt, sondern umfasst auch den Hintergrund und alle weiteren Requisiten. Als Ergänzung zu den Malsitzungen verlangte er oft eine Fotografie, repräsentative Gegenstände sowie ein adäquates Gewand, sollte die Kleidung mit dem Beruf oder dem gesellschaftlichen Stand in Verbindung stehen. Die symbolische Ebene bei Anna de Noailles bilden die auf Leidenschaft verweisenden Rosen und Perlen. Komplexer gestaltete sich das Bildprogramm im Porträt von Maurice Barrès (Kat. 76), das 1913 parallel zum Bildnis der Gräfin entstanden ist. Dass Zuloaga morgens ihn und nachmittags sie malte, eröffnet angesichts der Liebesbeziehung zwischen den beiden eine weitere Bedeutungsebene.

Barrès war ein französischer Schriftsteller und ein konservativer, durchaus polemischer Politiker sowie Spanien-Liebhaber mit ausgeprägter Schwäche für Toledo – die Stadt des griechisch-spanischen Malers Domenikos Theotokopoulos, genannt El Greco (um 1541–1614). Zur internationalen Wiederentdeckung El Grecos zu Beginn des 20. Jahrhunderts hatte auch Zuloaga wesentlich beigetragen.[9] Das Bildnis zeigt Barrès vor einer Toledo-Ansicht mit dem Fluss Tajo im Vordergrund, die an El Greco angelehnt ist. Sie scheint dem Buch entnommen worden zu sein, das sein Autor in der Hand hält: *Der Greco oder das Geheimnis von Toledo*, 1911 auf Französisch veröffentlicht. Dass die Verbindung zwischen dem Dargestellten und der Stadt rein intellektueller Natur ist, wird nicht

Abb. 1 Johann Heinrich Wilhelm Tischbein: *Goethe in der römischen Campagna*, 1787, Öl auf Leinwand, 166 × 210,3 cm, Städel Museum, Frankfurt am Main

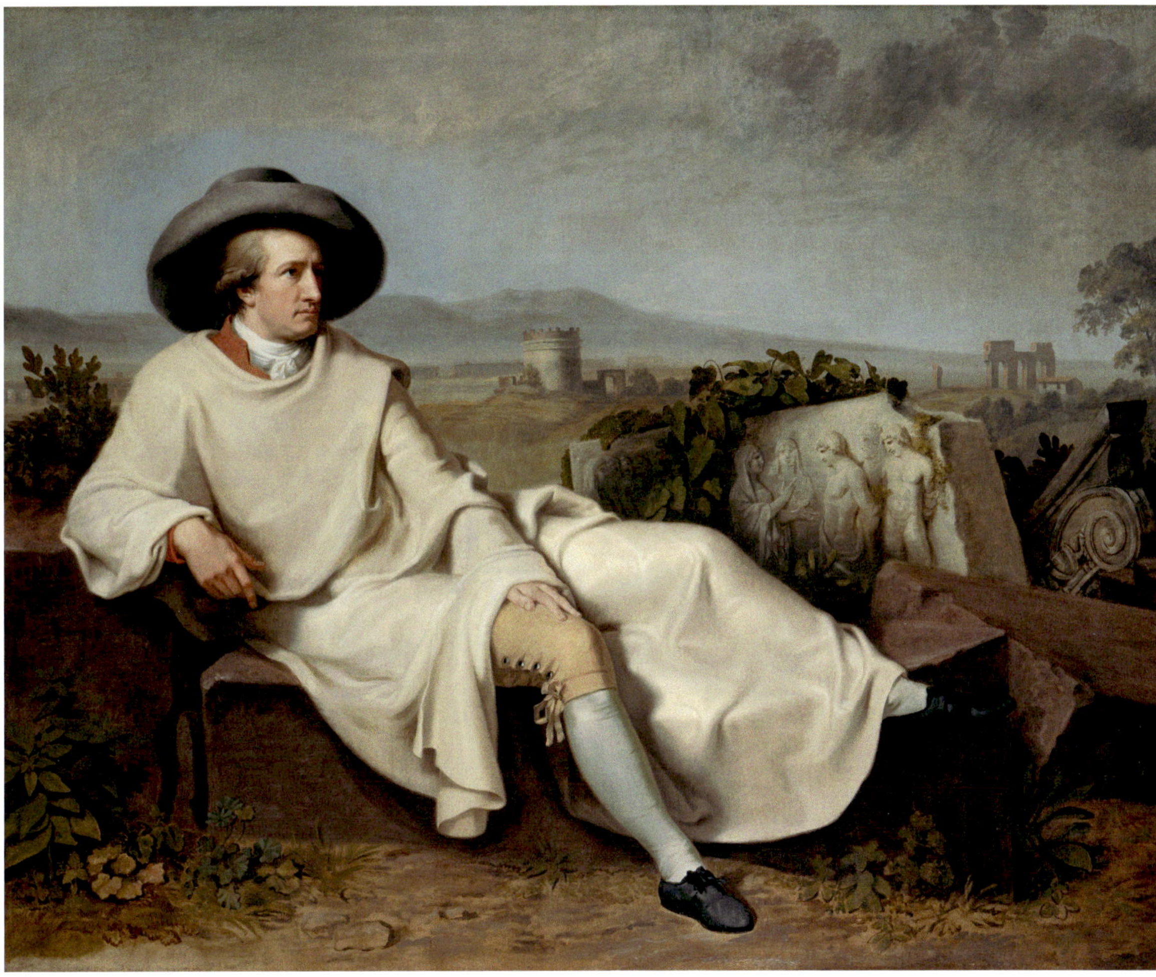

Abb. 1

nur kompositorisch durch seine erhobene Stellung und die klare Trennung von Vorder- und Hintergrund deutlich, sondern auch durch die Pose und die elegante Pariser Kleidung, die nicht zu den kleinen Figuren am Flussufer passen will.

Das Schema dieses Porträts hatte Zuloaga bereits ein Jahr zuvor mit Enrique Rodríguez Larreta erprobt (Kat. 75). Larreta, zwischen 1910 und 1916 von der argentinischen Botschaft nach Paris entsandt, verkehrte in den gleichen Zirkeln wie Zuloaga, Barrès und Noailles, so auch im Salon von Madame Bulteau, wo sie sich alle kennenlernten.[10] Für Zuloaga war Larreta als Autor von *Don Ramiro. Ein Roman aus dem Spanien Philipps des Zweiten*, der im 16. Jahrhundert spielt, ebenso interessant wie als potenzieller Netzwerker mit vielen Kontakten in mächtigen Kreisen. Zudem hatte Larreta den Wunsch geäußert, Zuloaga mit Buchillustrationen zu beauftragen.[11] Das Gemälde geht auf Bemühungen des Künstlers selbst zurück. In seinen Memoiren war es Larreta ein Anliegen, die Eigeninitiative Zuloagas ebenso klarzustellen wie die Datierung des Porträts vor demjenigen von Barrès.[12]

Zuloaga zeigt Larreta als monumentale Figur im Vordergrund, elegant gekleidet und nachdenklich vor der Stadtansicht von Ávila mit ihrer markanten mittelalterlichen Mauer – dem Wirkungsort Don Ramiros. Der Kontrast zwischen beiden Ebenen gestaltet sich ähnlich wie bei Barrès, obwohl sich hier die dunkle Kleidung mit der Felslandschaft vereint. Die Charakterisierung in diesen Porträts erfolgt durch die Haltung, bei Larreta auch durch seine massive körperliche Präsenz, ebenso wie durch den symbolisch aufgeladenen Hintergrund. Zuloaga wusste auch, welche inhaltlichen Erweiterungen in Form bewusst gesetzter

Zitate beim gebildeten Publikum Anklang fanden. So erinnert Larretas Porträt wohl nicht zufällig an Johann Heinrich Wilhelm Tischbeins berühmte Darstellung von Goethe in der Campagna (Abb. 1). Larreta verstand die Latinität und die katholische Spiritualität als Gegenentwurf zum »deutschen Materialismus, Egoismus und Barbarentum«.[13] Das Bildzitat lässt Larreta dadurch als Überwinder Goethes erscheinen.

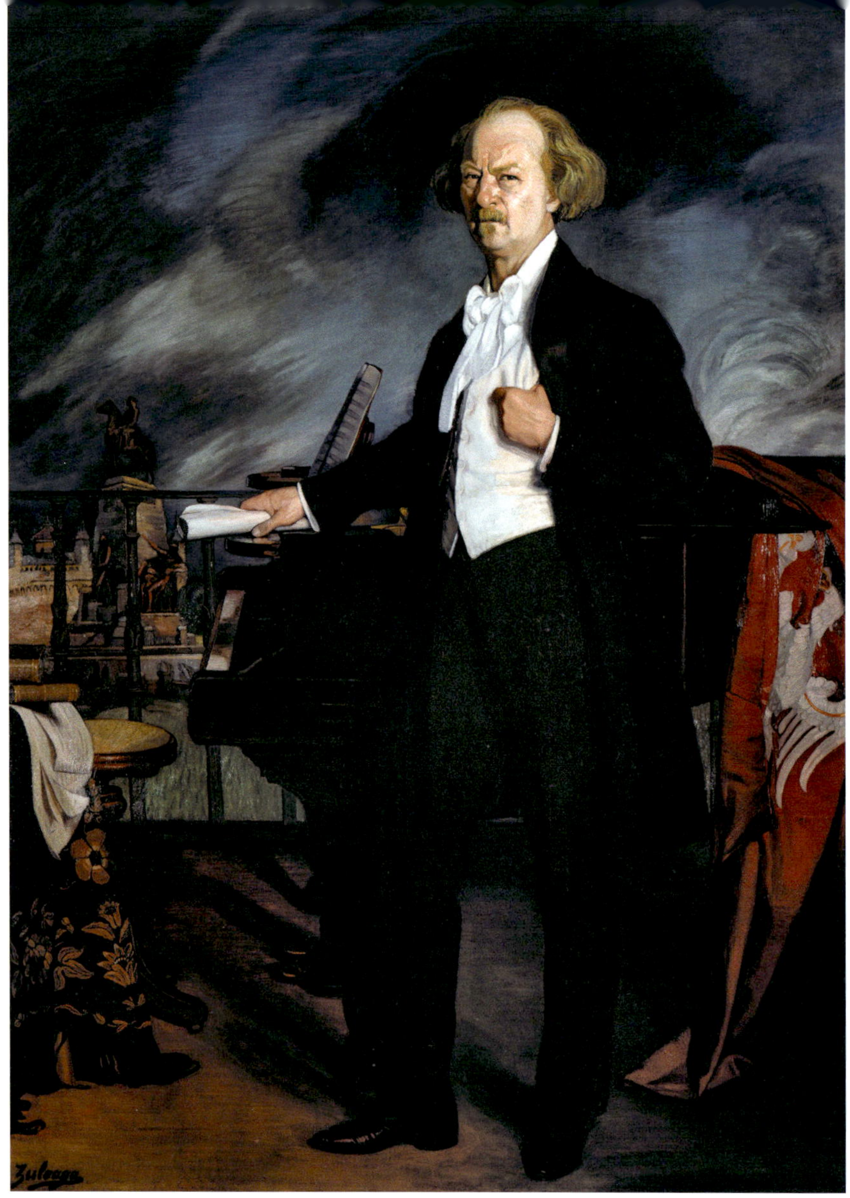

Abb. 2

Das Gemälde war ein riesiger Erfolg; Barrès soll sich ausdrücklich gewünscht haben, in ähnlicher Weise mit einer Ansicht von Toledo porträtiert zu werden.[14] Bei den Sitzungen mit Barrès und mit Noailles war Larreta oft anwesend. Die drei Werke wurden bei zahlreichen Gelegenheiten ausgestellt und trugen zu Zuloagas Ruhm als Porträtist bei, der in den 1920er-Jahren auch die USA erfasste.[15] Für diese Aufträge wandte Zuloaga bestimmte Kompositionsschemata an, auch wenn die Bilder selten die Komplexität von Larretas Darstellung erreichten. Allen gemeinsam ist ein Hang zur Theatralik, unterstrichen durch ein künstliches, plastisch eingesetztes Licht, das seitlich einfällt. Frauen stellte Zuloaga meist in einer subtilen Vorwärtsbewegung dar, für gesellschaftliche Porträts wählte er immer wieder einen Landschaftshintergrund in altmeisterlicher Manier mit Reminiszenzen an Goya und Diego Velázquez (vgl. Kat. 17). Porträts von ihm nahestehenden Menschen oder von Künstlerbekanntschaften wirken aufgrund der neutralen, einfarbigen Hintergründe oftmals intim (Kat. 68, 69, 84). Die Ergebnisse gefielen allerdings nicht immer. Sehr enttäuscht war der Pianist Ignacy Jan Paderewski (Abb. 2), der sein Konterfei »alt und hässlich« fand.[16] Interessant an diesem Werk ist allerdings, dass der Auftrag über eine New Yorker Werbeagentur erfolgte, die den Verkauf von Klavieren zu steigern suchte. Für diesen ersten Einsatz eines Kunstwerks zu Werbezwecken vereinbarte Zuloaga das ungewöhnlich hohe Honorar von 20 000 Dollar.[17]

In den letzten beiden Jahrzehnten von Zuloagas Leben nahmen die Porträtaufträge sogar noch zu. Da er bestimmten Familien über Generationen verbunden blieb, entstanden ganze Familiensagen wie die Bildnisreihe aus dem Haus des Herzogs von Alba. Ab den 1930er-Jahren hatte sich nicht nur die zeitgenössische Kunst weiter verändert, sondern auch der gesellschaftspolitische Kontext, in dem Zuloaga wirkte. Sein Sympathisieren mit dem franquistischen Regime prägte die Porträtproduktion der Spätphase und hatte zur Folge, dass seine internationale Anerkennung nach dem Zweiten Weltkrieg ein jähes Ende fand. Erst in den letzten Jahren gibt es Bemühungen, Zuloagas wichtige Stellung in der Kunstgeschichte auch außerhalb Spaniens zu würdigen.

Abb. 2 Ignacio Zuloaga: *Porträt Ignacy Jan Paderewskis*, 1925, Öl auf Leinwand, 221 × 181 cm, Steinway & Sons

1 Vgl. Susanne Meyer-Büser: *Das schönste deutsche Frauenporträt. Tendenzen der Bildnismalerei in der Weimarer Republik*, Berlin 1994, S. 83–89.

2 Enrique Lafuente Ferrari: *La vida y el arte de Ignacio Zuloaga*, Madrid 1972, S. 100–102, 130 f.; zum Währungskurs vgl. Patricia Mabel Nobilia: *Enrique Larreta y su colección de arte español. Gusto y distinción de un coleccionista ilustrado en Buenos Aires*, Diss. Buenos Aires 2018, S. 172.

3 Javier Barón: »El retrato español entre Zuloaga y Picasso«, in: *El retrato español del Greco a Picasso*, hrsg. von Javier Portús Pérez, Ausst.-Kat. Museo del Prado, Madrid, 2004, S. 292–323, hier S. 292.

4 Ignacio Zuloaga, in: Bernardino de Pantorba: *Ignacio Zuloaga. Ensayo biográfico y crítico*, Madrid 1944, S. 70; zit. nach Nobilia 2018 (wie Anm. 2), S. 173; hier und im Folgenden: Übers. aus dem Spanischen d. Verf.

5 Erinnerungen von Fernande Olivier, zit. nach Barón 2004 (wie Anm. 3), S. 293.

6 Enrique Larreta: *Tiempos iluminados*, Buenos Aires 1939, S. 155–157; zit. nach Nobilia 2018 (wie Anm. 2), S. 180.

7 Vgl. Lafuente Ferrari 1972 (wie Anm. 2), S. 256.

8 So die Aussage von Eugeni d'Ors, zit. in: Leyre Bozal Chamorro und Pablo Jiménez Burillo: »Zuloaga en el París de la Belle Époque«, in: *Zuloaga en el París de la Belle Époque, 1899–1914*, hrsg. von dens., Ausst.-Kat. Fundación MAPFRE, Madrid, 2017, S. 10–25, hier S. 19.

9 Unter den zahlreichen Publikationen dazu siehe Michael Scholz-Hänsel und Beat Wismer (Hrsg.): *El Greco und der Streit um die Moderne. Fruchtbare Missverständnisse und Widersprüche in seiner deutschen Rezeption zwischen 1888 und 1939*, Berlin 2015.

10 Mayi Milhou: »Zuloaga in France, First Impressions of France«, in: *Ignacio Zuloaga (1870–1945)*, Ausst.-Kat. Basque Government, Bilbao, u. a., Paris und Bilbao 1990, S. 45–53.

11 Brief von Enrique Larreta an Ignacio Zuloaga, 31. 8. 1910, zit. in: Nobilia 2018 (wie Anm. 2), S. 169.

12 Larreta 1939 (wie Anm. 6), S. 149.

13 Nobilia 2018 (wie Anm. 2), S. 41.

14 Ramiro de Maeztu: »El retrato del señor Larreta«, in: *Nuevo Mundo*, 20, 1913, o. S.

15 Javier Novo González: »Los retratos«, in: *Zuloaga 1870–1945,* bearb. von Mikel Lertxundi Galiana und dems, Ausst.-Kat. Museo de Bellas Arte de Bilbao 2019, S. 275 f., hier S. 275.

16 Lafuente Ferrari 1972 (wie Anm. 2), S. 133, Anm. 211.

17 Javier Novo González: »Zuloaga después de Zuloaga (1925–1945)«, in: Ausst.-Kat. Bilbao 2019 (wie Anm. 15), S. 107–174, hier S. 116.

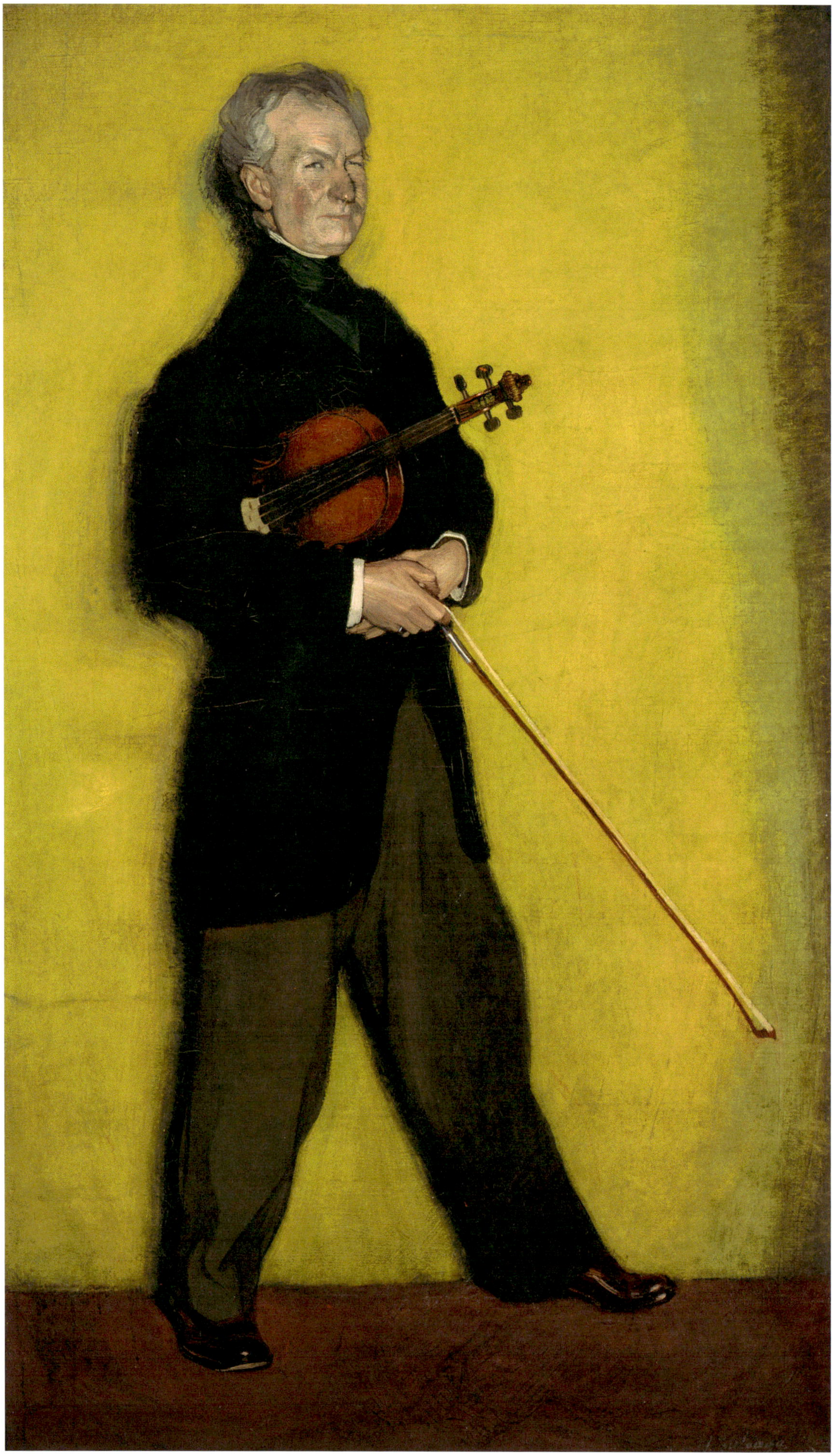

Kat. 68 *Porträt des Geigers Larrapidi*, 1910, Öl auf Leinwand, 184 × 111 cm, Museo Nacional Centro de Arte Reina Sofía, Madrid

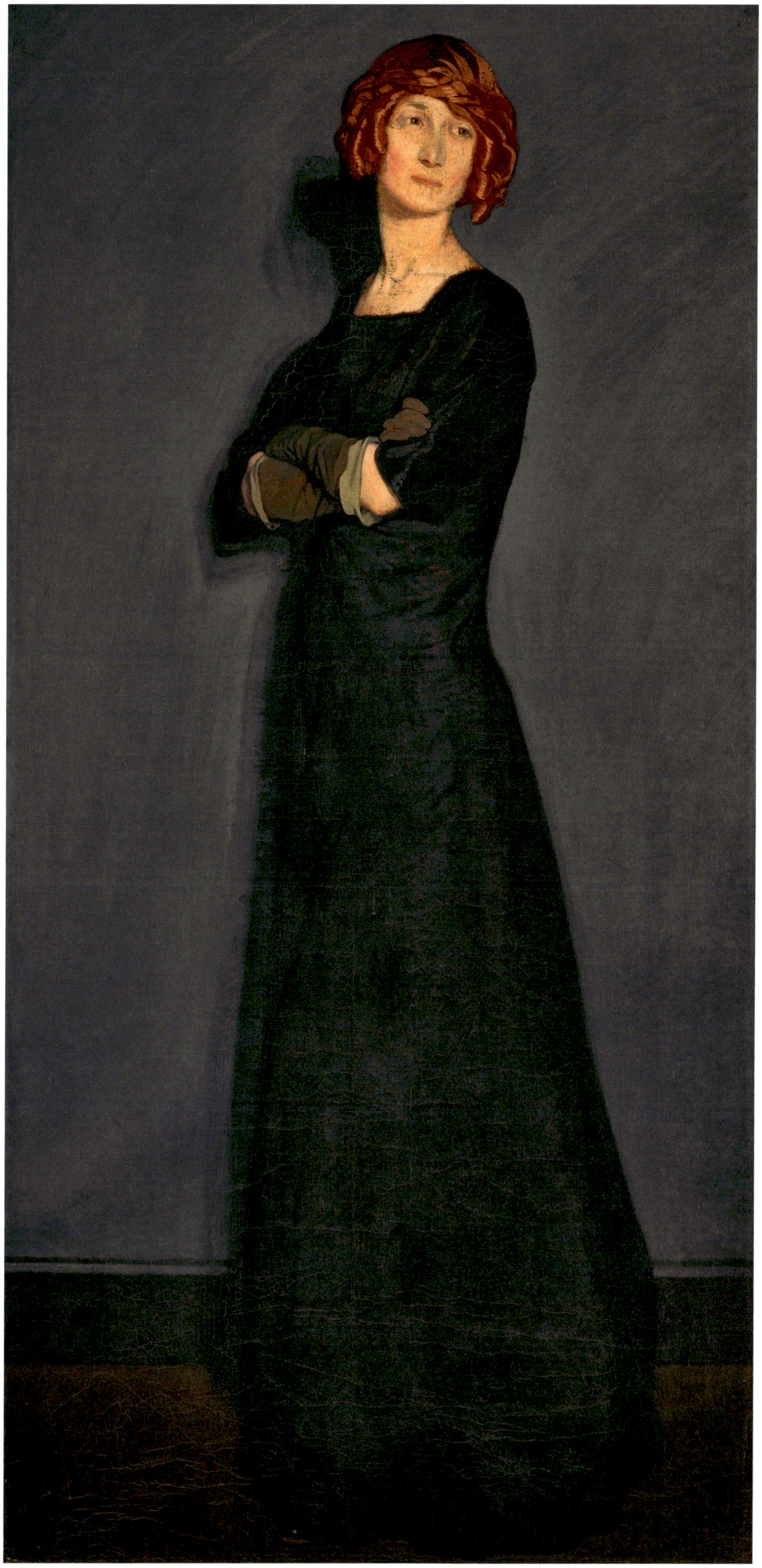

Kat. 69 *Porträt der Madame Malinowska (Die Russin)*, 1912, Öl auf Leinwand, 197 × 98 cm, Museo Nacional Centro de Arte Reina Sofía, Madrid

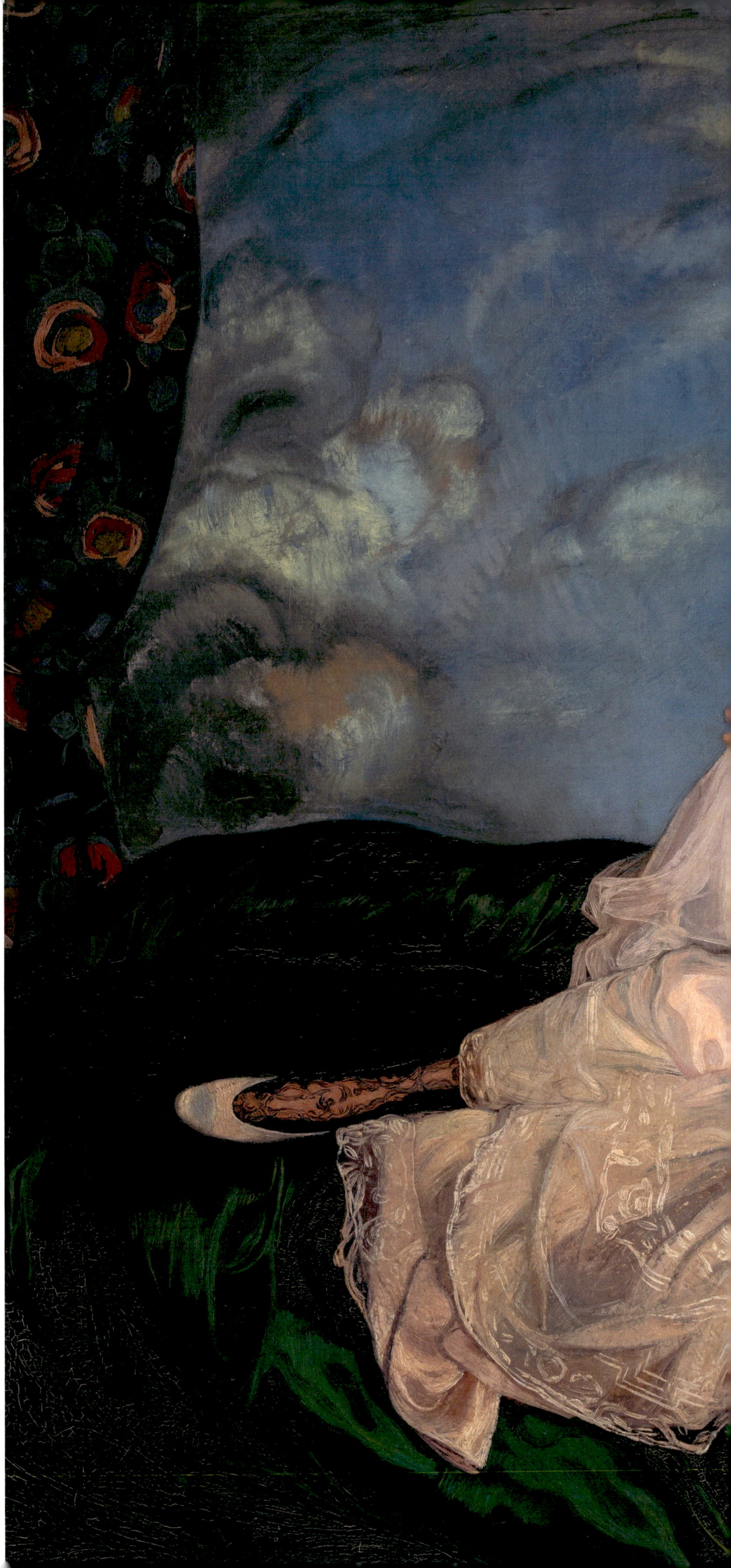

Kat. 70 *Porträt der Gräfin Mathieu de Noailles*, 1913, Öl auf Leinwand, 152 × 195,5 cm, Museo de Bellas Artes de Bilbao. Schenkung von Ramón de la Sota y Llano 1919

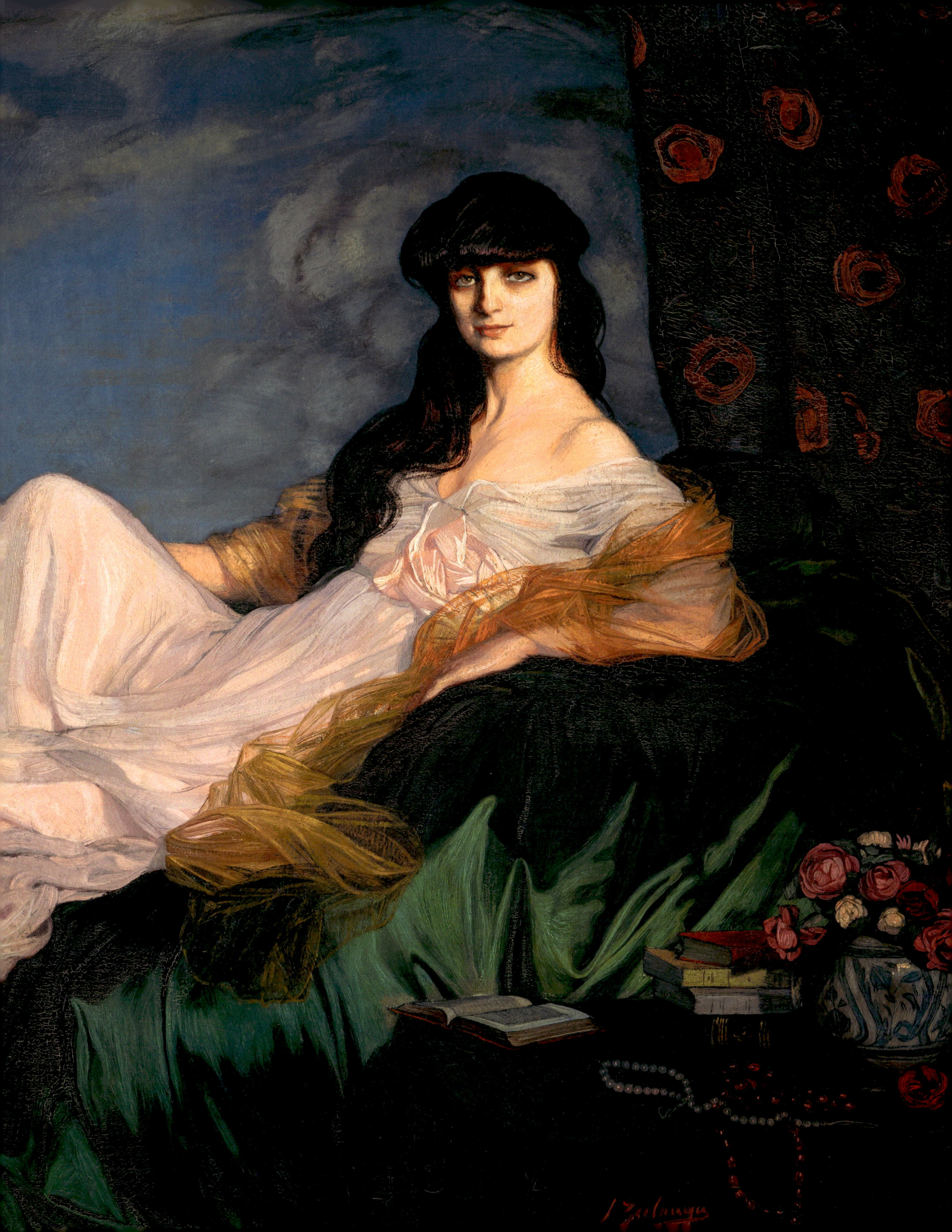

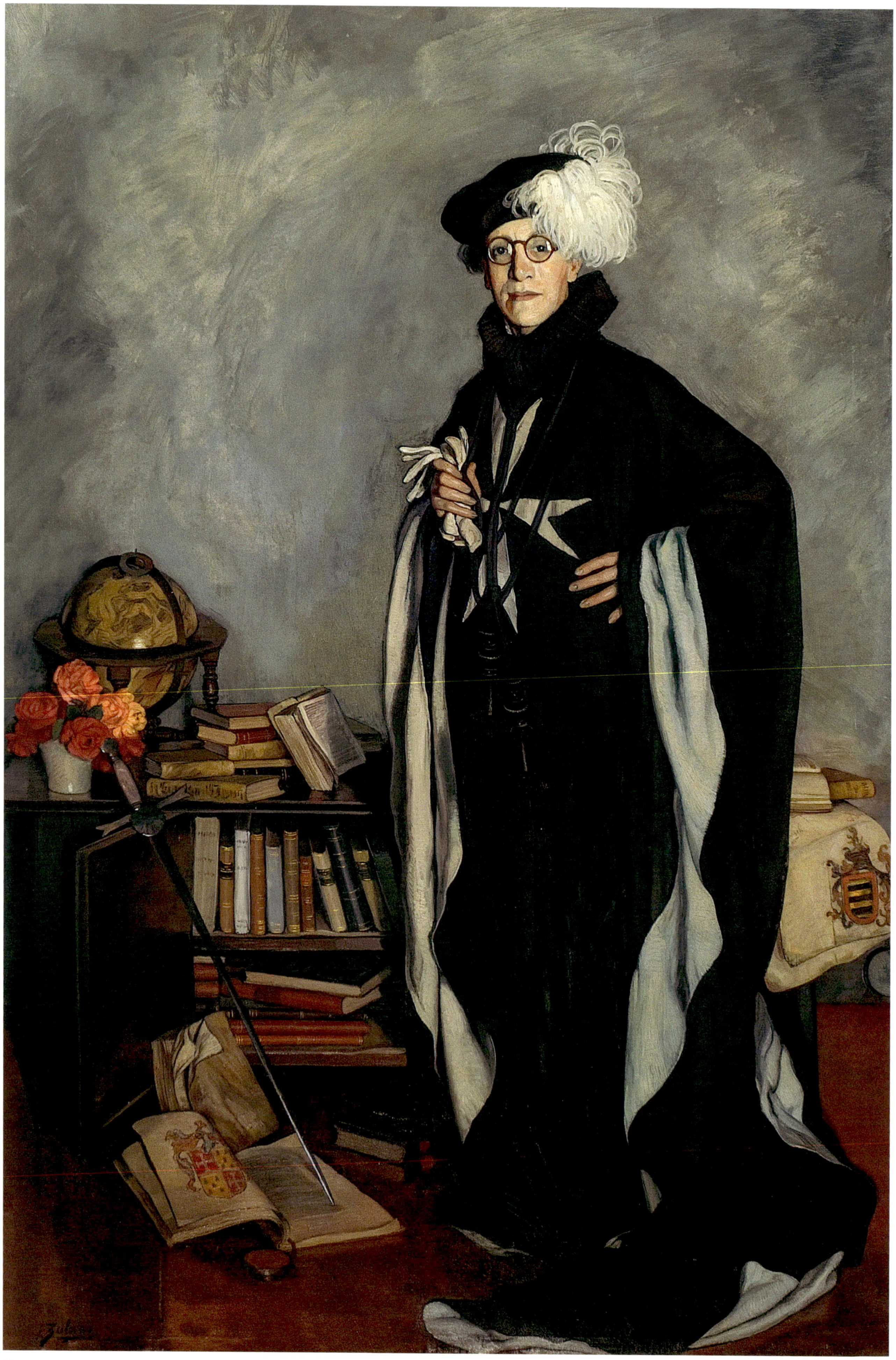

Kat. 71 *Porträt des José María de Huarte y Jaúregui*, 1937, Öl auf Leinwand, 215 × 155 cm, Museo de Navarra, Pamplona, Spanien

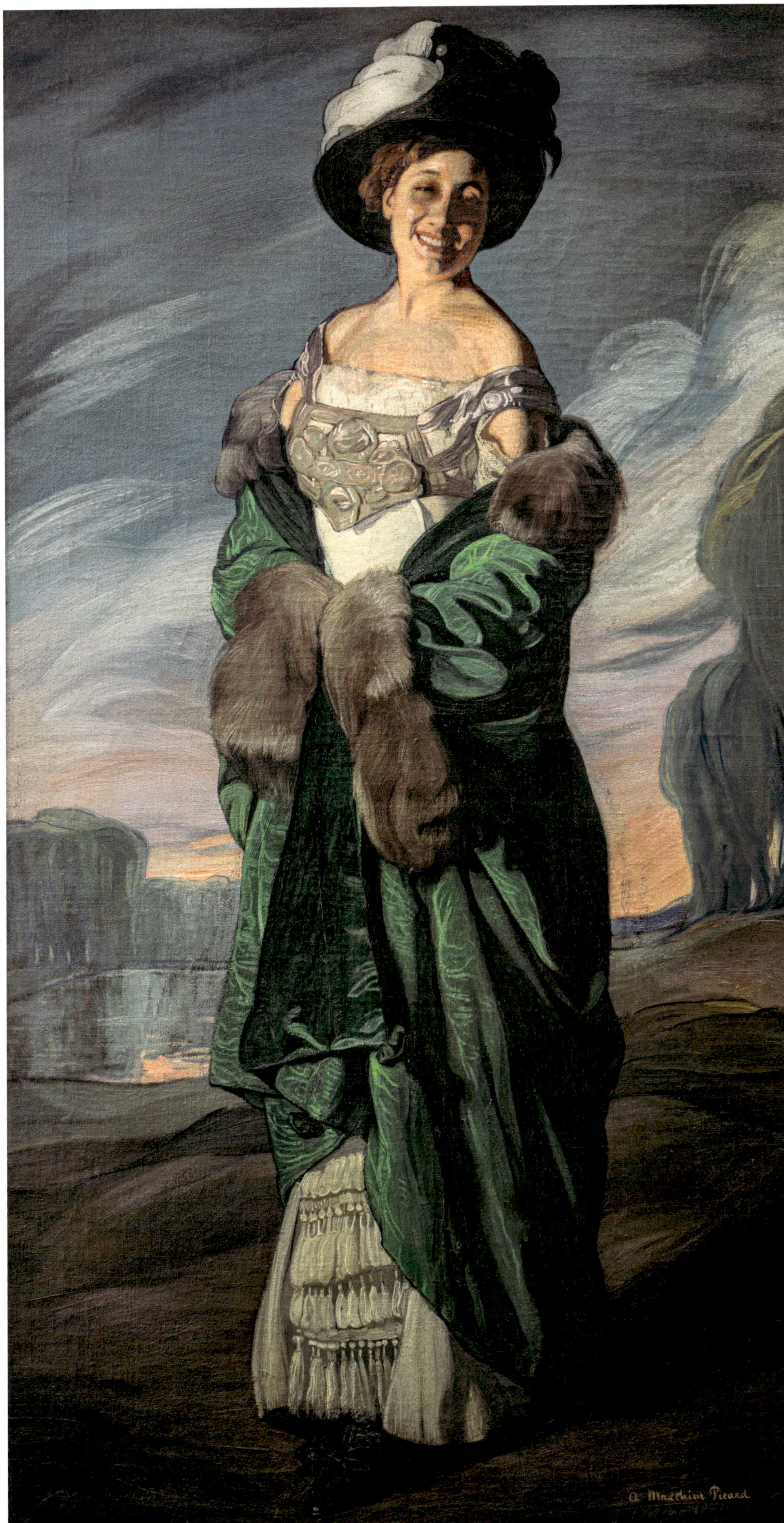

Kat. 72 *Porträt Madeleine Picards*, 1909, Öl auf Leinwand, 193,5 × 104 cm, Mairie de Bordeaux, Musée des Beaux-Arts

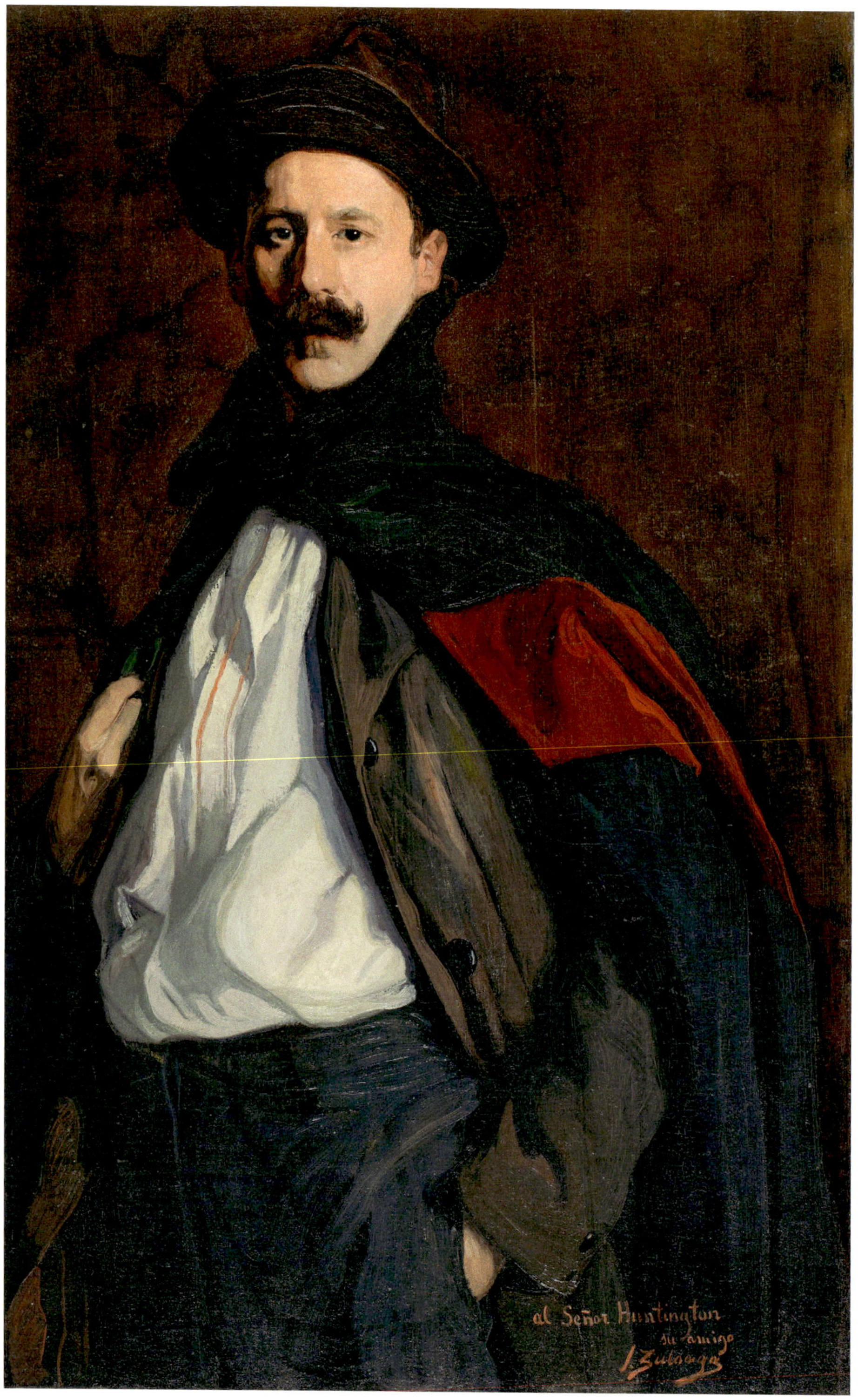

Kat. 73 *Selbstporträt*, 1908, Öl auf Leinwand, 112 × 71 cm, Courtesy of The Hispanic Society Museum and Library, New York

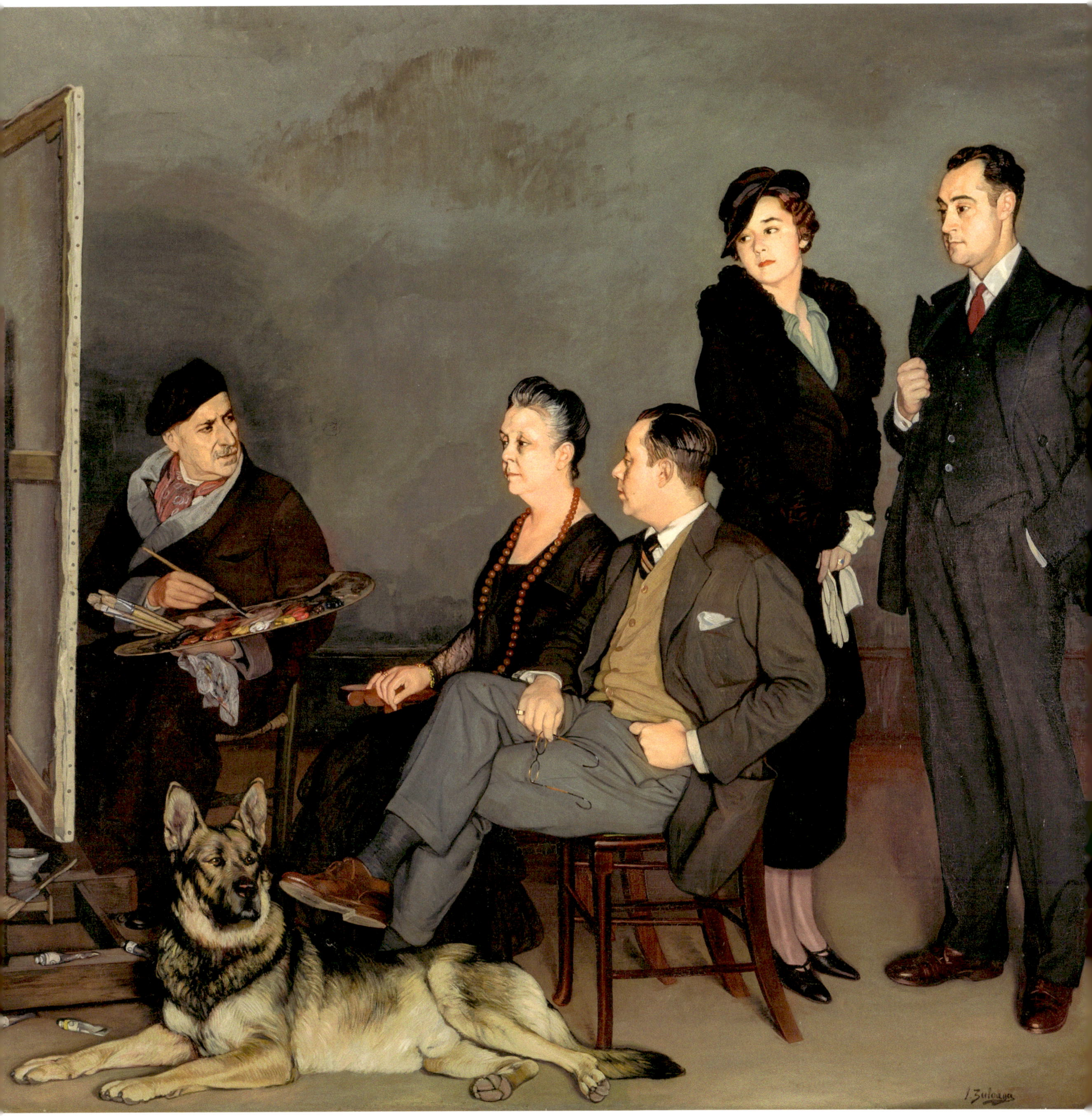

Kat. 74 *Porträt der Familie des Malers*, 1934, Öl auf Leinwand, 233 × 249 cm, Privatsammlung

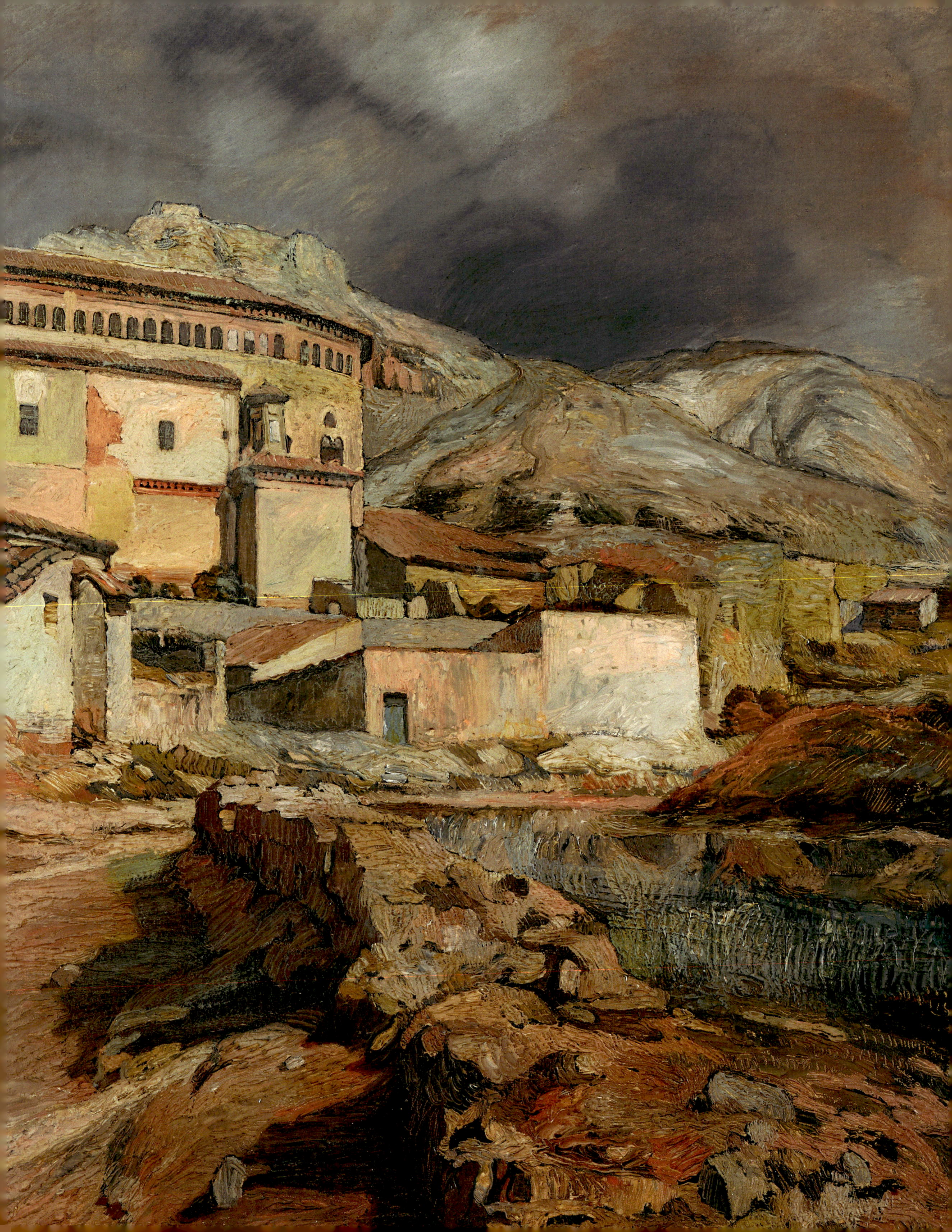

Porträt und Landschaft

Ignacio Zuloaga und die Generation von 98

RALF JUNKERJÜRGEN

Während die Industrialisierung in Großbritannien, Frankreich und Deutschland in der zweiten Hälfte des 19. Jahrhunderts voranschritt und die Wissenschaft das Menschenbild mit bahnbrechenden Entdeckungen revolutionierte, schaute man dieser rasanten Modernisierung von Spanien aus staunend zu. Am Rande Europas gelegen und als exotisch wahrgenommen, lockte das Land seit der Romantik vor allem Reisende an, die sich für mittelalterliche Traditionen und Spuren der maurischen Herrschaft begeisterten. Und wenn sie anschließend wie Alexandre Dumas oder Théophile Gautier ihre Beobachtungen und Erlebnisse publizierten, nahmen sie den Spaniern sogar noch die Schaffung spanischer Mythen ab, am bekanntesten darunter die von dem Franzosen Prosper Mérimée kreierte Figur der heißblütigen Andalusierin Carmen.[1]

Spanische Intellektuelle und Künstler, die während der Restaurationsepoche (1875–1923) aufwuchsen, sahen ihr Land daher als rückständig an und blickten mit Sorge auf die politische Stagnation des Systems, den erstarkenden Regionalismus (vor allem im Baskenland und in Katalonien) sowie die steigenden sozialen Spannungen, ganz abgesehen davon, dass Aufstände in Kuba deutlich machten, dass auch die letzte wirtschaftlich bedeutende Kolonie unabhängig werden wollte. Als dies 1898 dann geschah, nachdem Spanien einen Krieg gegen die USA in kürzester Zeit verloren hatte, wurde das Jahr zum Symbol eines nationalen Tiefpunkts und schenkte einer Gruppe von Schriftstellern ihren Namen, die das Land geistig zu reformieren trachteten.

Die Bezeichnung »Generation von 98« ist allerdings in zweifacher Hinsicht irreführend. Erstens stellt sie das Jahr 1898 als punktuellen Einschnitt heraus, obwohl der Verlust der letzten Kolonien nur der spektakulärste Ausdruck eines ganzen Bündels von lange schwelenden Problemen war, und zweitens suggeriert der Generationen-Begriff eine Einheit unter seinen Vertretern, die weder in formaler noch in ideologischer Hinsicht gegeben war. Zu dieser Gruppe zählen so unterschiedliche Schriftsteller und Intellektuelle wie Ángel Ganivet, Ramiro de Maeztu, Pío Baroja, Azorín (José Martínez Ruiz), Miguel de Unamuno, Ramón del Valle-Inclán, Antonio Machado sowie José Ortega y Gasset. Was sie jenseits aller Differenzen dennoch einte, waren ein hohes Krisenbewusstsein, eine scharfe Kritik am eigenen Land, eine tiefe identitäre Verunsicherung und die Suche nach Lösungen. Die Intellektuellen verfolgten dabei keine konkreten politischen Programme, sondern stellten sich vielmehr die Frage, was es heißt, Spanier zu sein, und sahen in der Neudefinition der spanischen Identität die Voraussetzung, um die Krise zu überwinden.

Im Rahmen dieser Identitätssuche lenkte die Generation von 98 ihren Blick auch auf die spanische Malerei und entdeckte in Ignacio Zuloaga eine Schlüsselfigur, weil er, wie Unamuno es 1917 formulierte, »uns in seinen Bildern voller

Menschen jenseits von Zeit und Geschichte ein Spiegelbild der Seele des Vaterlands geschenkt hat«.[2] Während Zuloagas spanische Themen einigen Vertretern der Generation von 98 Antworten auf Identitätsfragen lieferten, erkannten andere hingegen darin nichts weiter als eine Fortschreibung stereotyper Vorstellungen, die im 19. Jahrhundert vor allem von britischen und französischen Touristen geprägt worden waren. So kam es zwischen 1910 und 1920 zu einer Debatte in der Presse, die als »cuestión Zuloaga« in die Geschichte eingegangen ist. Im Vordergrund standen dabei Gemälde wie *Die Hexen von San Millán*, *Der kleinwüchsige Gregorio*, *Die Flagellanten* oder *Das Opfer der Fiesta* (S. 121, Abb. 4; S. 120, Abb. 3; S. 15, Abb. 3; Kat. 40), deren Faszination gerade in der Mehrdeutigkeit des durch sie vermittelten Spanienbilds liegt. Zugespitzt, ging es dabei um die Frage, ob Zuloagas Werke ein authentisches oder ein stereotypes Spanien darstellten beziehungsweise ob sie als patriotisch oder eher als antipatriotisch einzuschätzen seien. Hierbei ist zu bedenken, dass der Vorwurf, antipatriotisch oder antispanisch zu sein, besonders schwer wog, weil Nationalstolz anders als heute gesamtgesellschaftlich tief verwurzelt war, und zwar völlig unabhängig davon, ob man politisch links oder rechts stand.

Schauplatz der Debatte waren verschiedene regionale und nationale Zeitungen, in denen Kritiker und Intellektuelle aufeinander antworteten und sich um die Bedeutung Zuloagas stritten. Als einer der Ersten ergriff Ramiro de Maeztu 1910 in mehreren Artikeln das Wort und stellte dabei einige grundsätzliche Thesen auf, wobei die einzelnen Diskurselemente – typisch für die Generation von 98 – kein kohärentes Bild ergeben, sondern eher nebeneinanderstehen. Dabei wird die Thematik der Bilder oft gegen das künstlerische Genie des Malers ausgespielt. So ist Zuloaga laut Maeztu zwar durchaus »der Maler des pittoresken Spanien aus Toreros, Gitanas, Buckligen, Bettlern usw., dem viele Spanier den Krieg erklärt haben«, aber alle seine Bilder seien »mächtig, stark, leidenschaftlich und ungemein expressiv«.[3] Für die identitäre Debatte wiederum wurde das Verhältnis von Spanien zum Ausland zentral, zumal Zuloaga eine doppeldeutige Position einnahm, weil er als Spanier nicht nur lange Zeit in Paris verbracht hatte, sondern dort weiterhin ein Atelier besaß. Maeztu, der damals in London arbeitete und darin eine Analogie zu sich selbst sehen mochte, vermutete, dass sich Zuloagas Spanienbild eben aus diesem Spannungsverhältnis, das heißt aus der räumlichen Distanz, ergebe: Indem er von Paris aus, also aus dem Zentrum der (für die meisten der Generation von 98 fragwürdigen) bürgerlichen Moderne Europas heraus, auf die Heimat schaue, könne er sie klarer erkennen und male dementsprechend kein authentisches Spanien der Gegenwart, sondern dessen Essenz, so wie vor ihm El Greco, Diego Velázquez oder Francisco de Goya.[4] In einem späteren Beitrag brachte Maeztu diese Ambivalenz auf die knappe Formel: »Mit den Augen Europas und dem Herzen Spaniens, darin liegt das ganze Geheimnis Ignacio Zuloagas.«[5] Wenn dessen Bilder laut Maeztu also einerseits die Größe Spaniens thematisieren, so zeigen sie zugleich auch die Rückständigkeit des Landes und »stärken [den] Wunsch nach Reformen«[6] – ganz gemäß der Zielsetzung der Generation von 98.

Azorín hingegen hielt das Spanienbild Zuloagas, wie schon der Titel seines Artikels »La España de un pintor« (Das Spanien eines Malers) ausdrückte, nicht für authentisch und betrachtete ihn als »einen Maler des literarischen Typus«, der seine Inspiration aus der ausländischen Perspektive auf Spanien schöpfe, weshalb

Abb. 1 Ignacio Zuloaga: *Meine Freunde*, 1920–1936, Kohle und Öl auf Leinwand, 234 × 292 cm, Sammlung Z Espacio Cultural, Zumaia

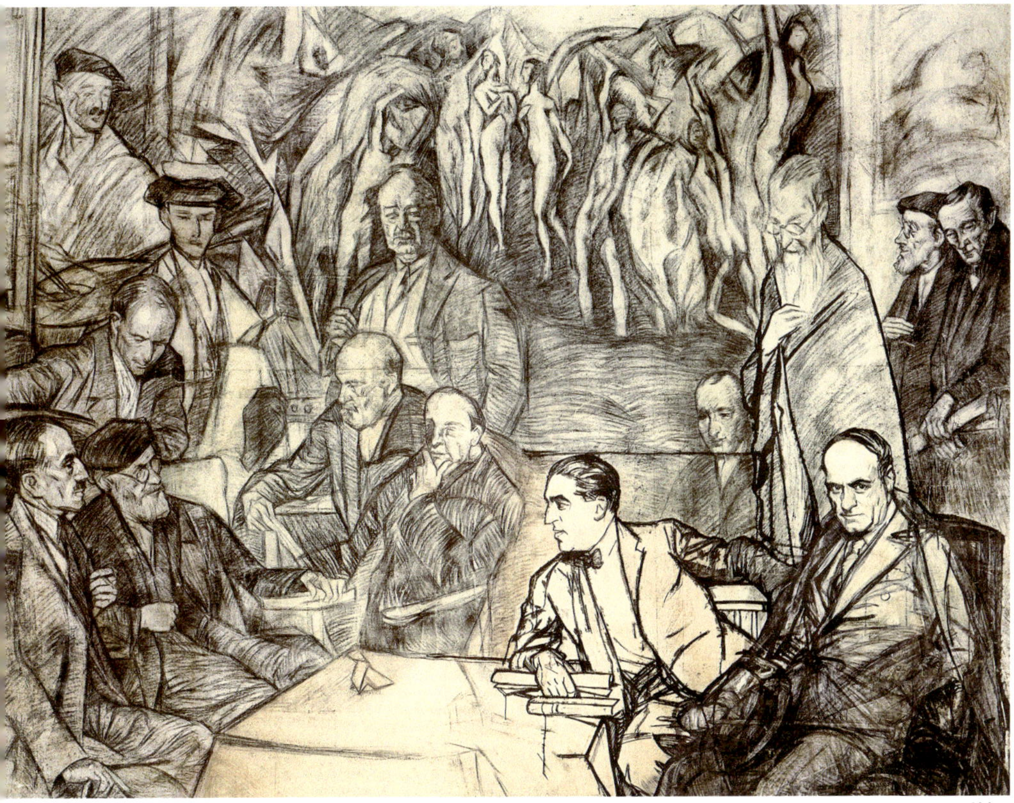

Abb. 1

er zu folgendem, für Zuloaga niederschmetterndem Urteil gelangte: »Man braucht bloß einen Blick auf Spanien zu werfen, um festzustellen, dass das Land, das Herr Zuloaga porträtiert, nicht das reale und authentische Spanien ist, in dem wir Spanier leben. Es gibt in Spanien etwas Tieferes und Andersartiges als die Merkmale, die Herr Zuloaga in seinen Bildern zur Schau stellt.«[7]

Wenig später schlug der Kritiker José María Salaverría noch schärfere Töne an und warf Zuloaga vor, eine düstere spanische Tradition fortzusetzen und damit Klischees zu bedienen, um dem Ausland zu gefallen: »Die Ausländer besuchen uns wie merkwürdige Wesen, so wie man ein Beduinenlager oder einen kuriosen Stamm besucht. Sie kommen, um die Armseligkeiten des Prado-Museums, unsere Ruinen, unsere blutigen Rituale und unsere Prozessionen mit Flagellanten und Gesängen zu bestaunen.«[8] Aus diesem Grund seien Zuloagas Bilder, wie er eine Woche später fortführte, »antipatriotisch«, dies ungeachtet ihres künstlerischen Werts. Für Salaverría verkörperten Zuloagas Werke ebenso wie die Schriften vieler Vertreter der Generation von 98 »reaktionäre Kunst«, welche die spanische Rückständigkeit zelebrierte.[9]

Hatte die Debatte damit 1910 hohe Wellen geschlagen, so folgten auch in den Jahren danach immer wieder Beiträge von Vertretern der Generation von 98, die wichtigsten darunter von Miguel de Unamuno und José Ortega y Gasset, die sich für den Maler einsetzten. Es zeichnet Zuloaga aus, dass er zu allen, also auch zu seinen vermeintlichen Gegnern, ein persönliches Verhältnis aufbaute, Korrespondenz unterhielt und teils sogar freundschaftliche Bande knüpfte.

Vor diesem Hintergrund spielten Zuloagas Porträts seiner Freunde und Künstlerkollegen (nicht nur) aus der Generation von 98 eine besondere Rolle, denn die Initiative dazu ging in der Regel vom Maler selbst aus, was sie deutlich von den kommerziellen Auftragsporträts unterscheidet. Eine Vielzahl von Gründen dürfte die Bildnisse von Künstlern und Intellektuellen für den Maler reizvoll gemacht haben. Erstens waren die Porträtierten allesamt starke Persönlichkeiten und versprachen somit ausdrucksstarke Gemälde; des Weiteren implizierten Bilder von Schriftstellern immer auch deren Werke, die Zuloaga zum Teil als Motiv aufnahm, wodurch die Darstellungen eine selbstreflexive Ebene erhielten; und nicht zuletzt sah Zuloaga in den Literaten Verwandte im Geiste, zu denen er über die Porträts persönliche Bindungen aufbauen konnte. Die Generation von 98, zu der Zuloaga mitunter selbst gezählt wird,[10] vermittelte ihm zweifellos den Eindruck, Teil einer spanischen Erneuerungsbewegung zu sein, und inspirierte ihn wohl auch dazu, neben den Einzelporträts ein Gruppenbild seiner Freunde zu konzipieren, an dem er zwischen 1920 und 1936 arbeitete, das er dann jedoch nicht abschloss (Abb. 1). Darauf ist die Generation von 98 prominent vertreten mit Valle-Inclán, Azorín, Maeztu, Gregorio Marañón, Ortega y Gasset und symbolisch auch Unamuno in Form einer Papierfigur, wohl als Anspielung auf seine Abwesenheit während seines Pariser Exils zwischen 1924 und 1930.

Die Einzelporträts wiederum teilen sich formal in zwei Kompositionstypen, einerseits in Gemälde mit quasi monochromem Hintergrund, wie im Falle von Unamuno (1925; Kat. 85), Valle-Inclán (1931; Abb. 2) oder Ortega y Gasset (1935, Patrimonio Histórico de la Universidad Complutense, Madrid), vor dem die Persönlichkeiten stark hervortreten, andererseits in Bildnisse mit Landschaftsdarstellungen, in denen sich ein Wechselverhältnis zwischen Porträtiertem und Hintergrund ergibt, wie bei Azorín (1941; Kat. 82). Ein Blick auf die Entstehungsprozesse der Bilder zeigt, wie wichtig Zuloaga konzeptuell der Bezug zur Landschaft gewesen ist. So hatte er in einer großen Studie für das Porträt von Ortega y Gasset (um 1917; Kat. 83) eine Darstellung des Escorial eingefügt, in dessen Nähe der Philosoph einst wohnte, dies im späteren Gemälde allerdings nicht umgesetzt. Ähnlich plante er im Falle von Unamuno eine Ansicht Salamancas, der Wirkungsstätte des Literaten, ohne dies im endgültigen Porträt zu realisieren. Bei dem Komponisten Manuel de Falla wiederum verhielt es sich umgekehrt, denn auf den Vorarbeiten ist noch ein neutraler Hintergrund zu sehen, während auf dem Gemälde Granada wiedergegeben ist (Kat. 56).[11]

Die Verbindung von Porträt und Landschaft sollte zu Zuloagas Markenzeichen werden. Sie spielte deshalb eine so herausragende Rolle, weil sie zwei Säulen seines Schaffens zusammenführte. Zwar dominieren zahlenmäßig die Porträts, aber auch die Landschaften stellen mit rund 50 Bildern einen bedeutenden Teil in seinem Œuvre dar, wobei sie 1909 erstmals eigenständig auftreten.

Inspiration zu Landschaftsbildern holte sich Zuloaga durch eigene Anschauung bei seinen vielen Fahrten durch Spanien, die er unter anderem mit seinem Automobil unternahm. Zwar nutzte er Fotos, die er während seiner Reisen schoss, um sie später als Vorlagen zu verwenden[12] und mit ihrer Hilfe die Landschaften als Kulturlandschaften zu interpretieren, in denen Gebäude und Städte mit der natürlichen Umgebung verschmelzen. Er zeigt diese Kulturlandschaften allerdings meistens menschenleer und verzichtet damit auf folkloristische und regionale Elemente, was der Verbindung aus Natur und menschlichen Bauten etwas Monumentales und Überzeitliches verleiht. Eine besondere Beachtung findet bei ihm auch der Himmel, der in frühen Bildern häufig eine große Fläche einnimmt und farblich intensiv, zum Teil sogar (in Anlehnung an El Greco) dramatisch gestaltet ist.

Zuloagas Auffassung der Landschaft war ein wichtiger Grund, weshalb die Generation von 98 ihn zu ihrem Maler erkor. Zwar hatte es mit Aureliano de Beruete einen bedeutenden Vorläufer bei der malerischen Erschließung Zentralspaniens gegeben, Unamuno war jedoch davon überzeugt, dass man

Abb. 2

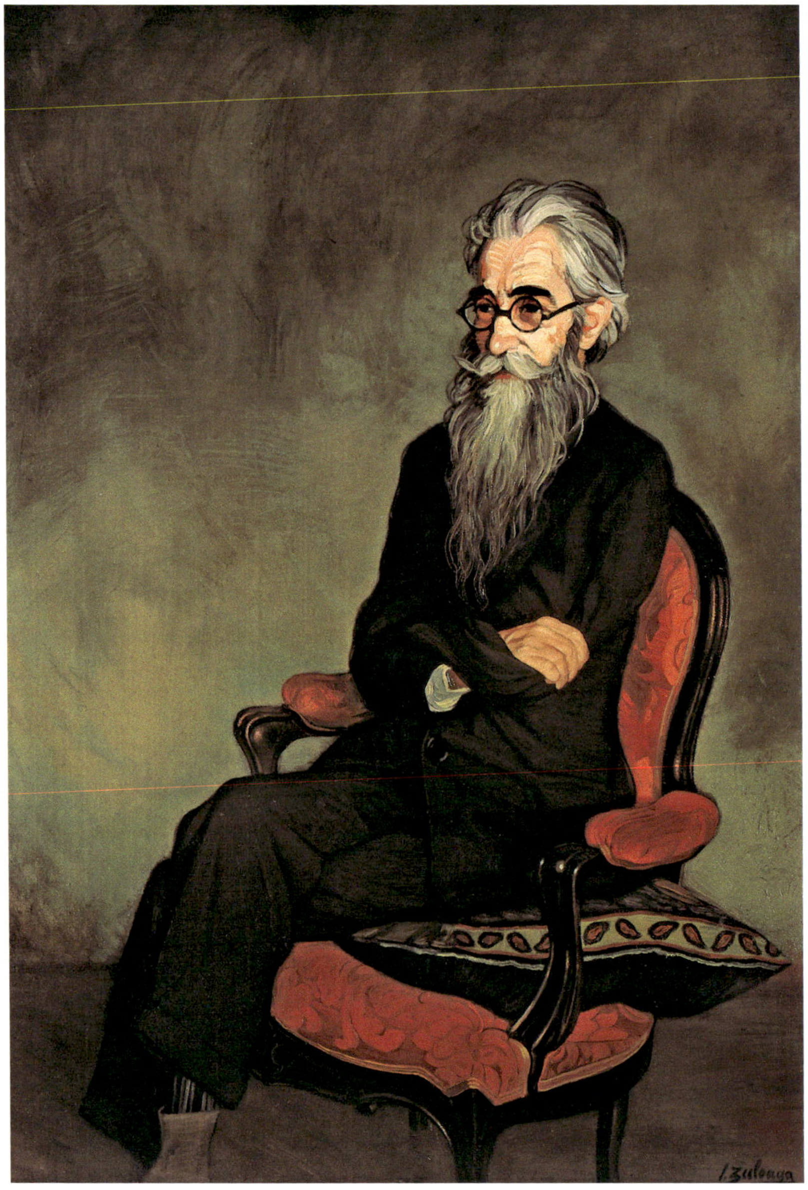

Abb. 2 Ignacio Zuloaga: *Porträt Valle-Incláns*, 1931, Öl auf Leinwand, 149 × 109 cm, Sammlung Z Espacio Cultural, Zumaia

Spanien erst noch entdecken müsse, weil Landschaft und Volksleben unbekannt seien. Sein einflussreicher Essayband *En torno al casticismo* von 1902 zeigt, wie Kastilien als raue Schönheit und Ursprung Spaniens neu »gesehen« und zugleich »psychologisiert« wurde: »Weites Kastilien! Wie schön ist die ruhende Traurigkeit dieses versteinerten Meeres voller Himmel! Es ist eine einförmige und monotone Landschaft mit ihren Kontrasten aus Licht und Schatten, mit ihren aufgespaltenen Farben, die so arm an Schattierungen sind. [...] Diese Landschaft weckt weder lustvolle Lebensfreude, noch flößt sie Gefühle von lockender Gemütlichkeit oder süßer Muße ein [...] Diese Natur erquickt den Geist nicht.«[13]

Dass es sich dabei um ein mythisches Kastilien handelte, ist schon daran zu erkennen, dass der Begriff geografisch letztlich vage blieb und sogar bleiben musste, weil sich das historische Königreich Kastilien seit seinen Ursprüngen immer weiter über die Halbinsel ausgebreitet hatte und somit eine dynamische Einheit bildete. Auch Zuloagas Motive beschränken sich nicht auf Kastilien, sondern gehen darüber hinaus, sei es in *Landschaft in Calatayud* (Kat. 80) oder in *Die Kirche von Maluenda* (Kat. 78), oder sie reichen wie in *Alquézar* (Kat. 79) sogar bis an den Rand der Pyrenäen.

Zu den wichtigsten kastilischen Motiven gehören Segovia, Sepúlveda, Ávila und Toledo, wobei Toledo im Zusammenhang mit der Generation von 98 wohl der mythischste Ort war. Aufgrund seiner langen Geschichte von der maurischen Zeit bis hin zur Ära der königlichen Residenz und Hauptstadt wurde Toledo als ein Konzentrat spanischer Kultur verstanden. Die »erhabene« Lage der Stadt auf einem Granitfelsen oberhalb des Tajo lässt sie sinnbildlich nach oben streben, wodurch sich auch christlich-religiöse Dimensionen eröffnen. Vermittelt wurde der Mythos Toledos vor allem durch das Werk El Grecos, der jenes vertikale Aufstreben in seiner *Ansicht von Toledo* (Abb. 3) hervorgehoben hatte. Durch die El-Greco-Verehrung der Generation von 98 wurde die Stadt zu einer wahren Pilgerstätte, zu der sich nach Zuloaga auch Azorín und Baroja aufmachten. Zuloaga schloss an El Grecos Vorbild an[14] und nahm Toledo mehrfach als selbstständiges Motiv auf. Zu sehen ist die Stadt dabei vom anderen Ufer des Tajo aus, wobei emblematische Bauten hervorgehoben werden, wie in *Helle Toledaner Landschaft* (Kat. 77) die San-Martín-Brücke, die den Blick hinauf zum Kloster San Juan de los Reyes lenkt.

Zuloagas Ansicht von Toledo dürfte aber nicht nur von El Greco beeinflusst worden sein, sondern auch von dem konservativen französischen Intellektuellen und Schriftsteller Maurice Barrès, den er in Paris kennengelernt hatte. Der hispanophile Barrès, der die Iberische Halbinsel 1892, 1893 und 1902 besuchte, verehrte El Greco, dessen Malerei er als einen Schlüssel ansah, um das Tor zur geistigen Bedeutung der Stadt zu öffnen, der er sich 1911 in seiner essayistischen Schrift *Greco ou Le secret de Tolède* (*Der Greco oder das Geheimnis von Toledo*) widmete.[15]

Zuloaga hat das komplexe Bedeutungsgeflecht um Toledo 1913 in einem Porträt von Barrès verarbeitet, indem er Stadt, Person und Werk zusammenführte (Kat. 76). Darin vertiefte er eine Kompositionstechnik, die er bereits ein Jahr zuvor in dem Bildnis des argentinischen Diplomaten und Schriftstellers Enrique Larreta (Kat. 75) erprobt hatte, sodass es sinnvoll ist, beide zusammen zu besprechen, zumal sie den Weg zu einem besseren Verständnis des späten Porträts von Azorín ebnen.

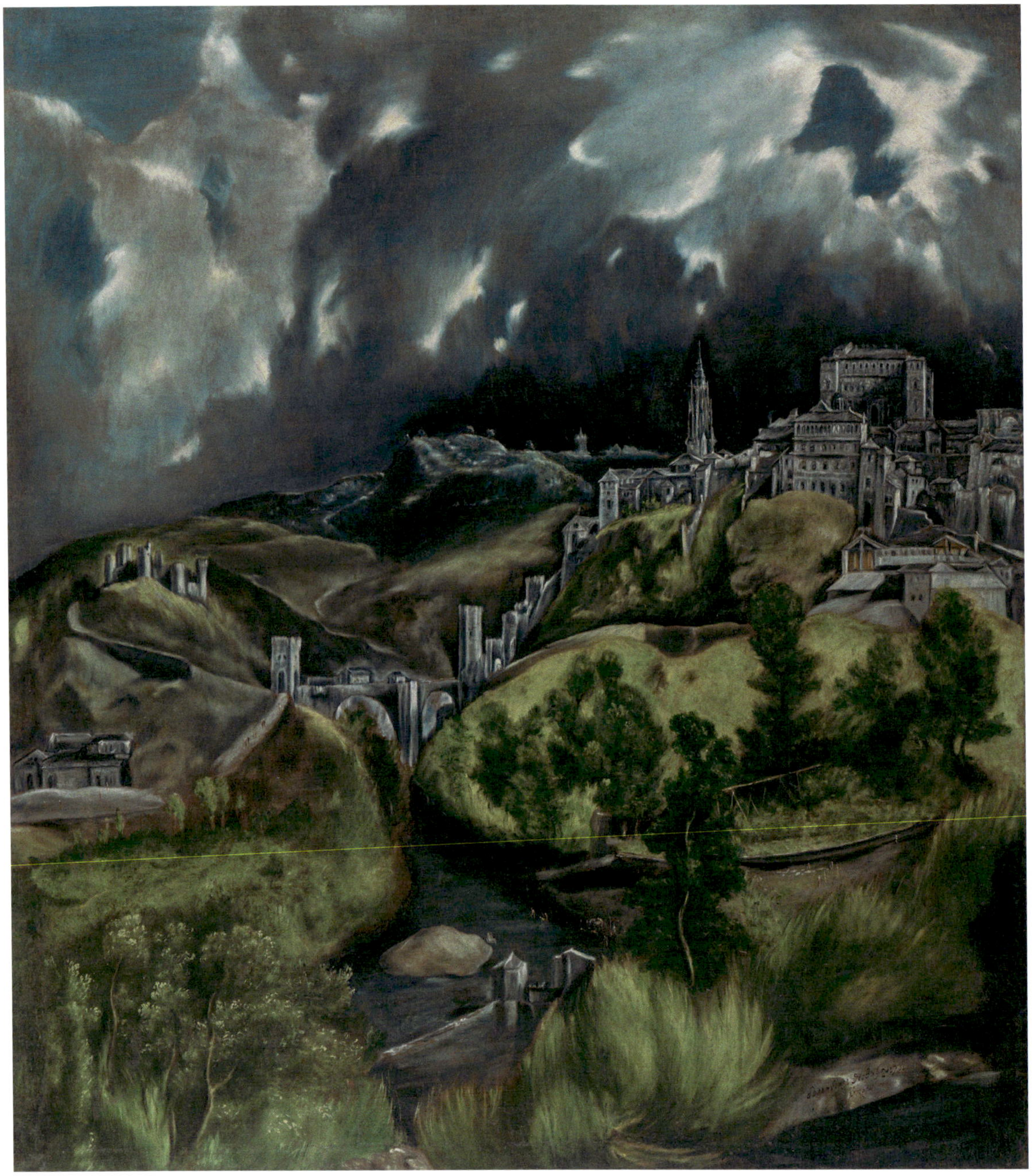

Abb. 3

Larreta und Barrès verbindet, dass beide in Spanien auf einer intellektuellen Sinnsuche waren. Dabei begegneten sie sich 1902 in Toledo und freundeten sich an. Wie die Generation von 98 wurden sie in der kastilischen Landschaft fündig, allerdings aus unterschiedlichen Gründen und in unterschiedlichen Städten. In Argentinien entwickelte sich Anfang des 20. Jahrhunderts der *hispanismo*, eine Spanien-Begeisterung, als Teil einer allgemeineren Identitätssuche nach den eigenen Ursprüngen, die sich unter anderem in einer Abgrenzung von der wachsenden Dominanz der USA artikulierte. Für Larreta wurde Ávila, die Stadt mit mittelalterlichem Flair, die Stadt der heiligen Teresa, der Mystik und des kastilischen Adels, zum zentralen Ort der Selbsterkenntnis. Dementsprechend ließ er die Handlung seines 1908 abgeschlossenen Hauptwerks *Don Ramiro. Ein Roman aus dem Spanien Philipps II.* dort spielen. Zuloaga nahm Larretas Ávila-Begeisterung auf und setzte die Stadt links unten ins Bild, klein und im Hintergrund, allerdings kein modernes Ávila, sondern ein zeitloses, leicht abstrahiertes, das vor allem an den emblematischen Stadtmauern zu erkennen ist, während der Porträtierte das Bild dominiert, inszeniert in bürgerlicher Kleidung mit spanischem Umhang und Spazierstock und somit als eleganter Flaneur, der weder so recht zur mittelalterlichen Stadt noch in die felsige Landschaft passen will.

Zuloaga zeigt Larreta zwar in sinnender Pose, charakterisiert ihn aber nicht als Schriftsteller, sondern eher als urbanen Mann von Welt. Der Argentinier schaut freilich nicht auf Ávila, aber die Lichtdramaturgie stellt eine klare Verbindung zwischen seinem hellen Gesicht und der offenbar in der Abendsonne aufleuchtenden Stadt her. Die diagonale Linie, die sich von Larretas Kopf bis zur Stadt im Hintergrund ziehen lässt, deutet an, dass Ávila in erster Linie als von ihm imaginiertes Bild zu verstehen ist.

Das Porträt war eines der ersten, auf denen Figur und Landschaft in eine solche Wechselbeziehung versetzt wurden. Im Sommer 1913 entstand dann in Paris ein Porträt von Maurice Barrès und Toledo, das diese Darstellungsweise noch verdichtete, indem Zuloaga den Bezug zwischen Stadt und Person um Referenzen auf das Werk des Schriftstellers erweiterte. Barrès steht auf der anderen Seite des Tajo, im Bildmittelgrund ist rechts die San-Martín-Brücke zu sehen, darüber erhebt sich die Stadt, in der linken Hand hält er sein Buch über Toledo, dessen Lektüre er offenbar für einen Moment unterbrochen hat, wie sein noch zwischen den Seiten steckender Zeigefinger zu erkennen gibt. Die Wahl des Schauplatzes dürfte abgesehen von dessen monumentaler Perspektive auch vom Buch inspiriert gewesen sein, denn wie Barrès berichtet, spazierte er bei seinem Aufenthalt in Toledo täglich über die Brücke.[16] In der Komposition teilen sich Barrès und die Stadt den Raum als gleichwertige Protagonisten, wobei der Literat die linke und Toledo die rechte Bildhälfte einnimmt. Barrès ist im Profil eingefangen, er schaut nicht auf die Stadt, sondern hat die Augen leicht geschlossen und scheint nachzudenken. Mit dem Buch verweist Zuloaga nicht nur auf die literarische Verbindung zwischen Person und Stadt, er begeht auch bewusst einen Anachronismus, da das Werk zum Zeitpunkt der Reise natürlich noch nicht vorlag. Dieser zeitliche Widerspruch aber verleiht der Darstellung der Stadt eine weitere Bedeutungsebene im Zusammenspiel mit der träumerischen Pose Barrès'. Denn so erscheint Toledo zugleich als mentales Bild des Schriftstellers und wird mythisch überhöht.[17] Die Porträts von Larreta und Barrès verbindet, dass sie in Paris, also fernab von Spanien, entstanden sind und zwei Ausländer zeigen, deren intellektuelle Suche sie auf die Iberische Halbinsel geführt hat. Die spanische Landschaft erhält damit eine universale Bedeutung, die bei aller Verwandtschaft zur Generation von 98 über nationale Identitätsfragen hinausweist und sie zu einer Art Welterbe erhebt, deren Bedeutung in den Augen Zuloagas bereits von dem Griechen Domenikos Theotokopoulos, genannt El Greco, erfasst wurde.

Die Verfahrensweise, über Person, Werk und Landschaft ein komplexes Zusammenspiel von Referenzen zu inszenieren, erweiterte Zuloaga 1941 nochmals im Porträt Azoríns, einem seiner letzten im großen Format (Kat. 82). Laut Enrique Lafuente Ferrari entstand die Skizze dazu am 30. April 1941 in Zuloagas Atelier in Las Vistillas in Madrid, wo ihn der Biograf und Kunsthistoriker an jenem Tag besuchte.[18] Der Maler war zu jenem Zeitpunkt 70 Jahre alt, Azorín 67, und beide blickten auf ein umfängliches Œuvre und eine Freundschaft zurück, die seit Azoríns Pariser Exilzeit zwischen 1936 und 1939 an Tiefe gewonnen hatte.

Abb. 3 El Greco: *Ansicht von Toledo*, um 1597–1599, Öl auf Leinwand, 121,3 × 108,6 cm, The Metropolitan Museum of Art, New York, H. O. Havemeyer Collection, Nachlass Mrs. H. O. Havemeyer, 1929

Azorín sitzt auf einem Stuhl an einem Schreibtisch, seine Kleidung und verschiedene Attribute weisen ihn als bürgerlichen Schriftsteller aus. In der linken Hand hält er sein Buch *Pensando en España* (In Gedanken in Spanien), das 1939, im letzten Jahr seines Exils, entstanden war und das er dem Maler mit den Worten »Ignacio Zuloaga / Dem Maler Spaniens / Mit der Bewunderung und Zuneigung / eines Spaniers« gewidmet hat. Die rechts unten im Bild zu lesende Widmung »Azorín / dem Freunde / I. Zuloaga« lässt das Porträt daher auf den ersten Blick als eine Gegengabe erscheinen.

Ähnlich wie Barrès scheint Azorín für einen Moment in der Lektüre innezuhalten, er hat den rechten Arm auf den Tisch gelegt, den Zeigefinger zwischen die Seiten gesteckt und die Augen halb geschlossen, als würde er nachsinnen. Im Unterschied zu den früheren Porträts von Larreta und Barrès befindet sich Azorín jedoch nicht in einem geografisch kohärenten Raum, denn hinter dem Schreibtisch öffnet sich ein weiter Blick auf die kastilische Landschaft, menschenleer und trocken, aus der die Burgruine von Jadraque in der Provinz Guadalajara hervorsticht, sodass die räumliche Einheit hier in zwei Ebenen zerfällt.

Den Übergang zwischen dem Arbeitsraum des Schriftstellers und der Landschaft markieren rechts und links zwei Vorhänge, die dem Bild im Zusammenspiel mit dem Paisley-Muster der Decke, auf der Azorín sitzt, eine dekorative Note verleihen. Einen geschlossenen Raum aber suggeriert diese Komposition dennoch nicht. Der irreale Raum, der durch die Zweiteilung entsteht, ist allerdings symbolisch durchaus kohärent, weil er eine geistige Verbindung zwischen Person und Landschaft herstellt.[19] Visuell angedeutet wird dies durch die Vorhänge, die den Bildraum einer theatralischen Inszenierung annähern und den Ausblick auf die kastilische Landschaft wie eine Kulisse erscheinen lassen. Die Verbindung ist einerseits künstlerisch gegeben, weil Azorín sich als literarischer Landschaftsmaler verstand, wobei seine Landschafts-, Orts- und Stadtbeschreibungen nicht dokumentarisch gedacht sind, sondern ganz subjektiv Impressionen, Assoziationen und Erinnerungen miteinander verschmelzen. Daher hat man ihn auch als einen »Erfinder Kastiliens« bezeichnet.[20] Azoríns Wahrnehmung Spaniens wurde dabei durch die klassische Nationalliteratur gefiltert, auf deren Spuren er sich beispielsweise 1905 in *La ruta de Don Quijote* (*Auf den Spuren Don Quijotes*) begab. Zuloaga trug diesem literarischen Blick Rechnung, indem er die Burg von Jadraque auf Höhe der unteren Gesichtshälfte Azoríns prominent in der Bildmitte platzierte, denn sie wird landläufig auch als Burg des Cid bezeichnet und verweist damit auf eine der spanischen Identifikationsfiguren, auch wenn der mythische Nationalheld selbst keine biografische Verbindung zu der Burg hatte.

Wenn, wie Lafuente Ferrari anmerkt, Zuloaga Azorín auffällig gealtert und eingefallen porträtiert hat,[21] so ist dies nicht allein auf das tatsächliche Alter zurückzuführen (Azorín sollte noch über 25 Jahre leben), sondern steht auch in Zusammenhang mit der spezifischen biografischen Situation des Exils im Jahre 1939, auf die Zuloaga mit dem Buch *Pensando en España* verweist. Die kastilische Landschaft ist nicht nur ein mentales Bild, sondern zugleich auch ein Sehnsuchtsort des Exilanten Azorín, der unter der Trennung von Spanien leidet.

Mit diesem biografischen Hinweis thematisiert Zuloaga zugleich die Freundschaft zwischen beiden, die sich in jenen Jahren in Paris vertiefte. Azorín brachte dies zum Ausdruck, indem er im letzten Kapitel von *Pensando en España* von einem Besuch im Pariser Atelier Zuloagas erzählt. Der Text heißt »El pintor de España« (Der Maler Spaniens) und kehrt damit spiegelbildlich den Titel »La España de un pintor« um, den Titel jenes Artikels von 1910, in dem Azorín die Bilder Zuloagas als »unspanisch« kritisiert hatte. Das Porträt verweist damit subtil auf den Bogen zwischen dem »Spanien eines Malers« und dem »Maler Spaniens« und reflektiert darin die Entwicklung Azoríns in der »Zuloaga-Frage«, die offenbar erst während des Exils an ein Ende gelangte, wie es der Autor 1946 in seinen *Memorias inmemoriales* (Erinnerungen aus uralten Zeiten) prägnant beschrieb: »Zuloaga hat eine poetische Welt erschaffen. Diese Welt ist aus Elementen Spaniens zusammengesetzt. Man kann das Spanien Zuloagas erst sehen, man kann es erst vollständig sehen, wenn man einige Jahre außerhalb Spaniens gelebt hat. Ich habe es erst gesehen, nachdem ich drei Jahre in Paris verbracht hatte, und das, obwohl ich spanische Dörfer, spanische Typen mit Worten gemalt habe. Drei Jahre ohne materielle Anschauung, ohne Vorstellung von der spanischen Wirklichkeit. Als ich dann nach Spanien zurückkehrte, stach mir mit einem Mal die Wahrheit der Werke Zuloagas in die Augen. Ja, das waren die Typen des wahren Spanien. Ja, das waren echte spanische Szenen. Jetzt verband sich meine innere Vision Spaniens mit derjenigen Zuloagas.«[22] Seit der 1910 entbrannten Debatte um Zuloagas Malerei hatten sich durch den Spanischen Bürgerkrieg und den laufenden Zweiten Weltkrieg die historischen Kontexte zwar deutlich gewandelt, und man mag Zuloagas Porträt Azoríns durchaus als rückwärtsgewandt verstehen. Die Kontinuität der Themen und der Komposition zeigt aber auch, dass die Fragen der Generation von 98 selbst in den 1940er-Jahren für den Maler und die Schriftsteller nichts an Bedeutung und Aktualität verloren hatten.

1 Siehe dazu den Beitrag von Birgit Thiemann im vorliegenden Band, S. 32–37, hier S. 32.

2 Miguel de Unamuno: »La labor patriótica de Zuloaga«, in: ders.: *Zuloaga y la pintura*, Madrid 2017, S. 49–55, hier S. 55; ursprünglich erschienen in: *Hermes*, 1, 8, 1917; hier und im Folgenden: dt. Übers. aus dem Spanischen d. Verf.

3 Ramiro de Maeztu: »Los asuntos de Zuloaga«, in: *Heraldo de Madrid*, 9. 3. 1910, S. 2.

4 Vgl. ders.: »La cuestión Zuloaga«, in: *Heraldo de Madrid*, 25. 3. 1910, S. 1; ders.: »Una cuestión de ojos«, in: *Heraldo de Madrid*, 20. 4. 1910, S. 1.

5 Ders.: »Cosas y hombres«, in: *Heraldo de Madrid*, 9. 11. 1910, S. 1.

6 Maeztu 1910 (wie Anm. 3).

7 Azorín: »La España de un pintor«, in: *ABC*, 7. 4. 1910; Wiederabdruck in: ders.: *Obras completas*, Bd. 7, Madrid 1962, S. 245–247, hier S. 246 f.

8 José María Salaverría: »El arte inmoral«, in: *ABC*, 12. 5. 1910, S. 6.

9 Ders.: »La España pintoresca«, in: *ABC*, 19. 5. 1910, S. 4 f.

10 Vgl. Mercedes Valdivieso Rodrigo: *Die Generation von 98 und die spanische Malerei*, Köln 1988, S. 30–38.

11 Vgl. Sofía Barrón: »Carácter y emoción. Figura y paisaje en la obra de Ignacio Zuloaga«, in: *Zuloaga. Carácter y emoción*, hrsg. von der Fundación Bancaja, Ausst.-Kat. Fundación Bancaja, Valencia, 2018, S. 97–159, hier S. 143 f.

12 Vgl. Javier Novo González: »Paisajes«, in: *Zuloaga 1870–1945*, bearb. von Mikel Lertxundi Galiana und dems., Ausst.-Kat. Museo de Bellas Artes de Bilbao 2019, S. 253–260, hier S. 253 f.

13 Miguel de Unamuno: *En torno al casticismo*, Madrid 1996, S. 166, 86.

14 Vgl. dazu auch die Beiträge von Katrin Dyballa, S. 58–63, und Johanna Schumm, S. 150–155, im vorliegenden Band.

15 Vgl. Adelaida Porras Medrano: »Toledo o el secreto de Barrès«, in: *Thélème. Revista complutense de estudios franceses*, 14, 1999, S. 11–22, hier S. 18 ff.

16 Maurice Barrès: *Greco ou Le secret de Tolède*, Paris 1923, S. 61.

17 Angemerkt sei hier, dass die Putschisten zu Beginn des Spanischen Bürgerkriegs der Stadt Toledo eine weitere mythische Schicht hinzugefügt hatten, die Zuloaga in seinem 1932 entstandenen Gemälde *Der Alcázar in Flammen* aufnahm, als er es 1938 überarbeitete. Mit dem Brand des Alcázar wurde das Bild nicht nur stark dramatisiert, sondern erhielt zugleich auch eine politische Stoßrichtung. Denn der Kampf um die Festung und deren Einnahme durch Francos Militärs im Jahr 1936 wurde gleichzeitig propagandistisch ausgeschlachtet und anschließend zu einem Gründungsmythos der Diktatur verklärt.

18 Enrique Lafuente Ferrari: *La vida y el arte de Ignacio Zuloaga* (1950), Barcelona 1990, S. 10.

19 Vgl. dazu auch: Pascale Peyraga: »Le *Portrait d'Azorín* de Zuloaga: le sujet égaré dans un miroir à deux faces«, in: ders. (Hrsg): *Los retratos de Azorín. En la encrucijada de unas subjetividades. VII Coloquio Internacional Pau, 29–30 de noviembre y 1 de diciembre de 2007*, Alicante 2009, S. 99–120, hier S. 102.

20 Sergio del Molino: *Leeres Spanien. Reise in ein Land, das es nie gab*, Berlin 2022, S. 204.

21 Lafuente Ferrari 1990 (wie Anm. 18), S. 10.

22 Azorín: »Memorias inmemoriales«, in: ders.: *Obras completas*, Bd. 8, Madrid 1963, S. 335–610, hier S. 443.

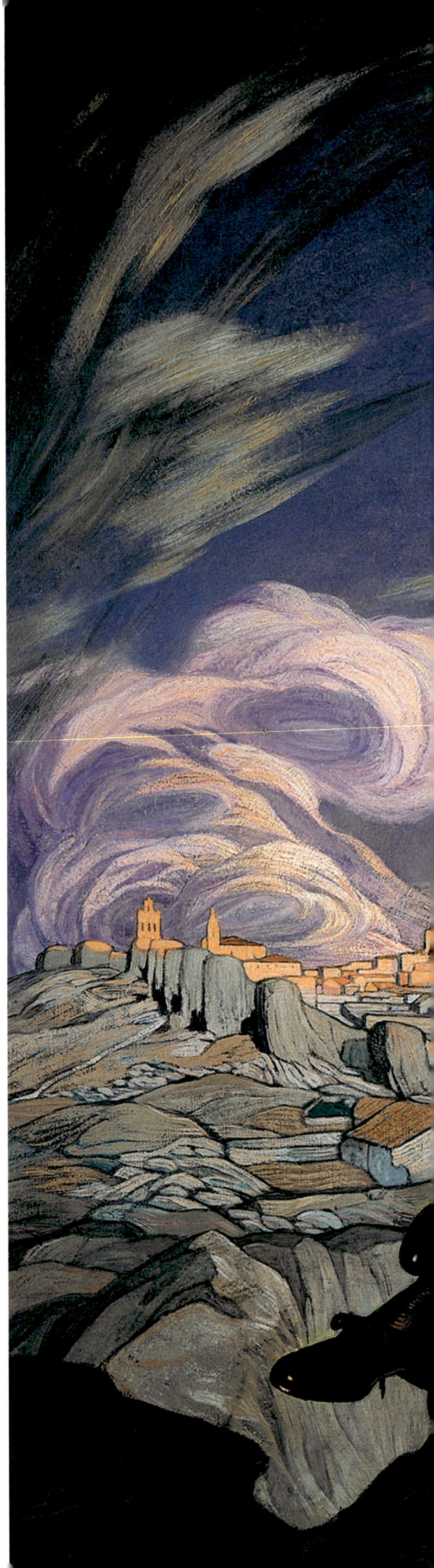

Kat. 75 *Porträt Enrique Larretas*, 1912, Öl auf Leinwand, 188 × 212 cm, Colección del Museo de arte español Enrique Larreta de la Ciudad de Buenos Aires

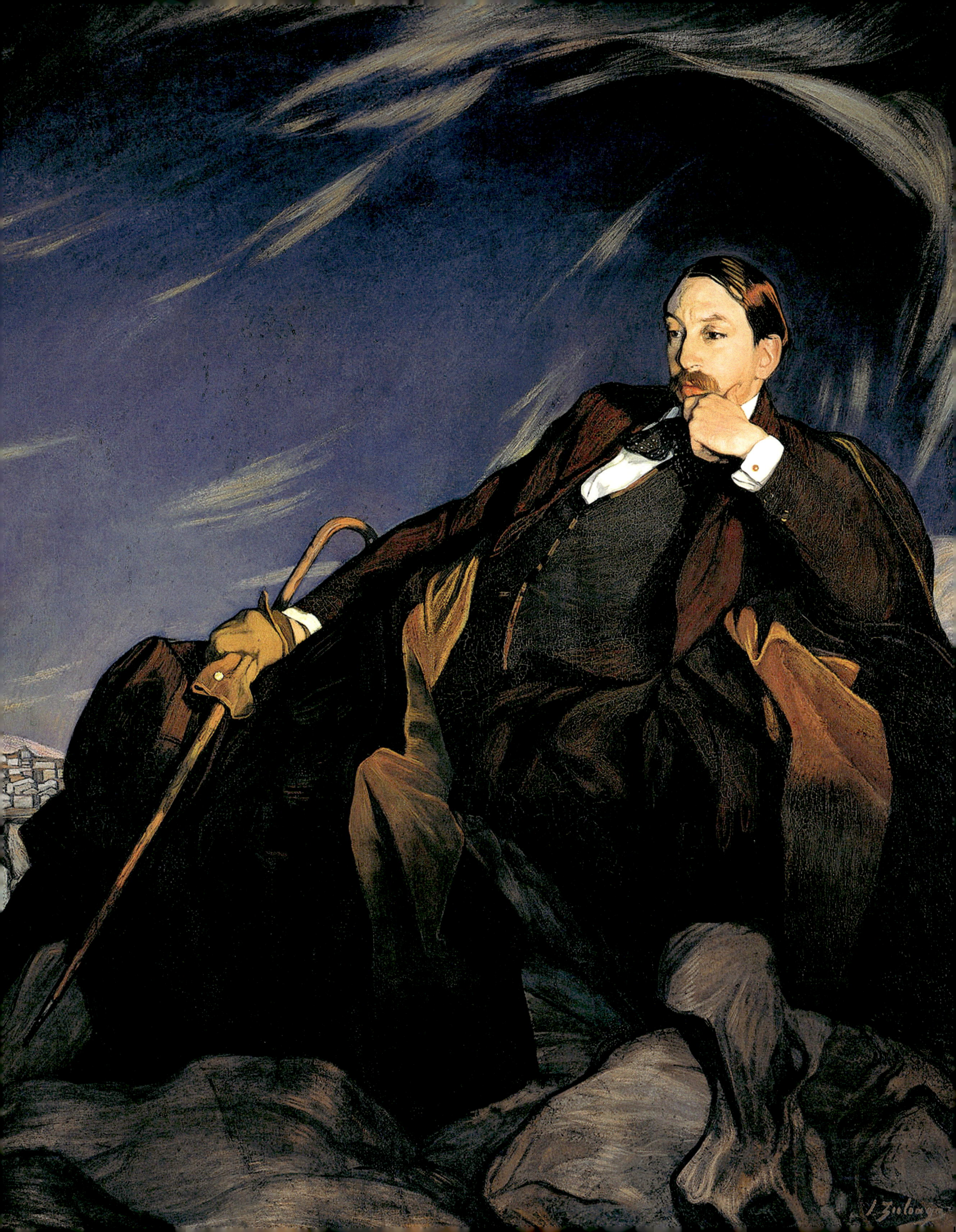
I. Zuloaga

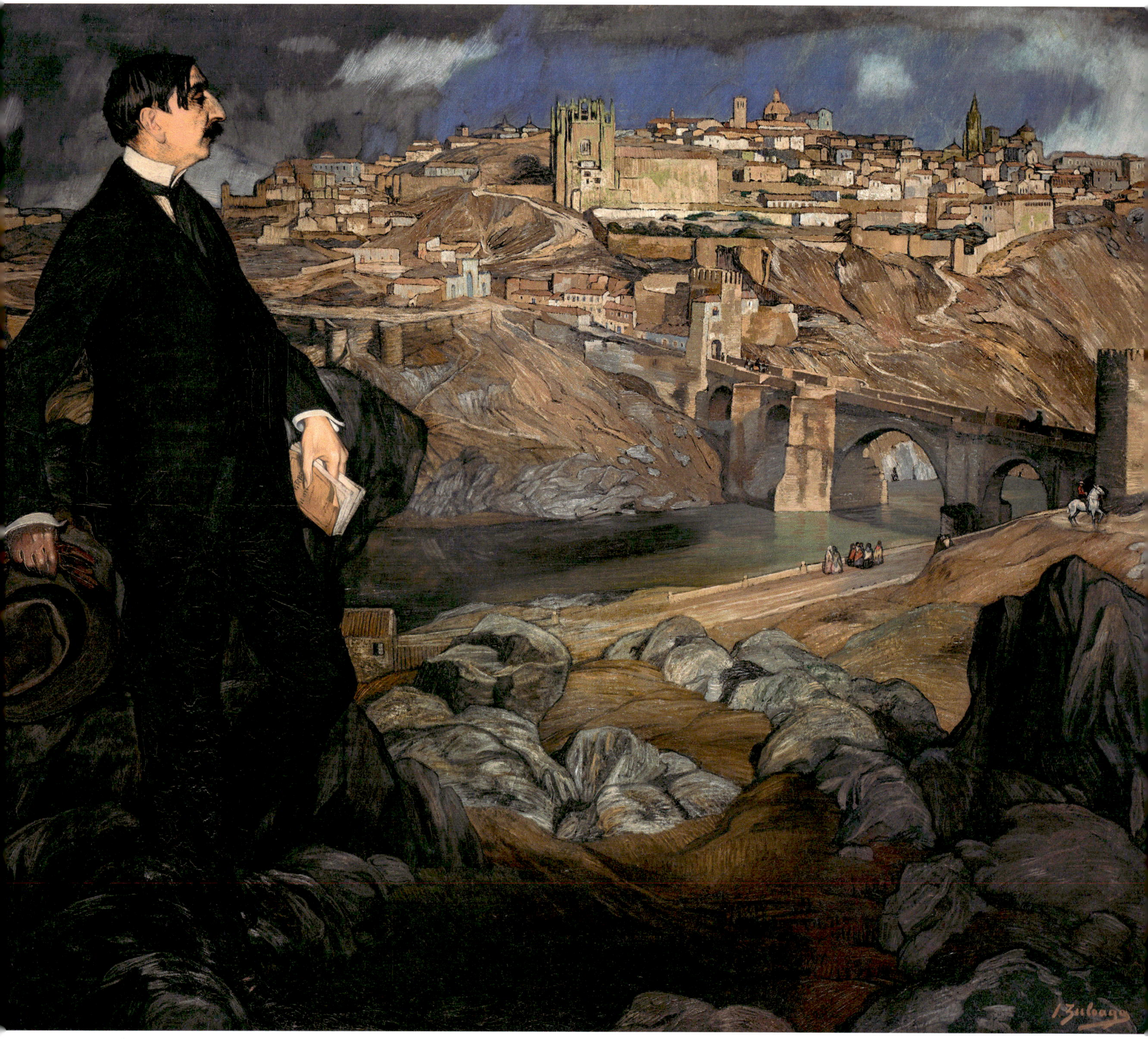

Kat. 76 *Barrès vor Toledo*, 1913, Öl auf Leinwand, 202 × 241 cm,
Musée d'Orsay, Paris, Schenkung von Carlos de Beistegui, 1936

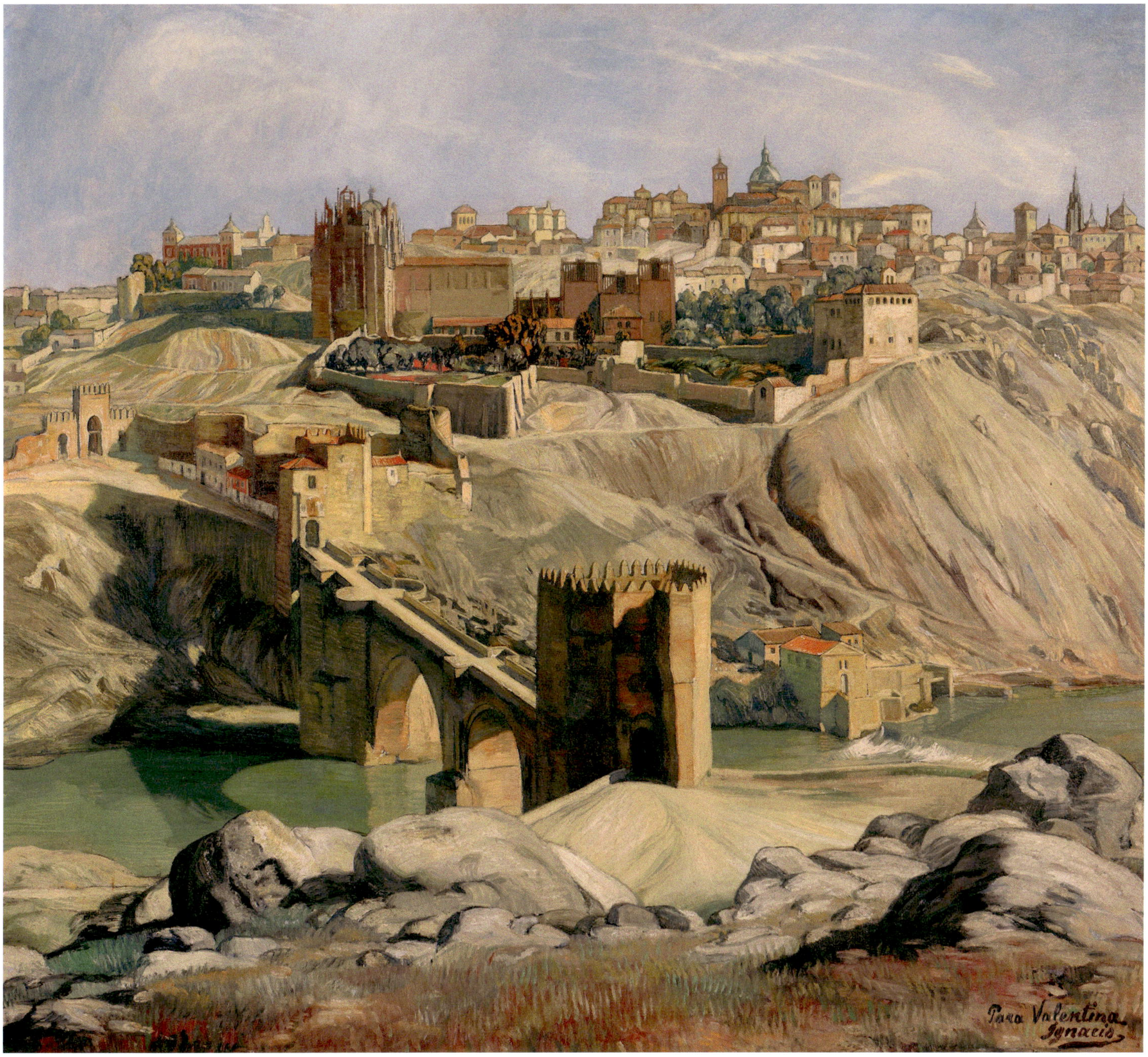

Kat. 77 *Helle Toledaner Landschaft*, 1932, Öl auf Leinwand, 88 × 101 cm, Privatsammlung

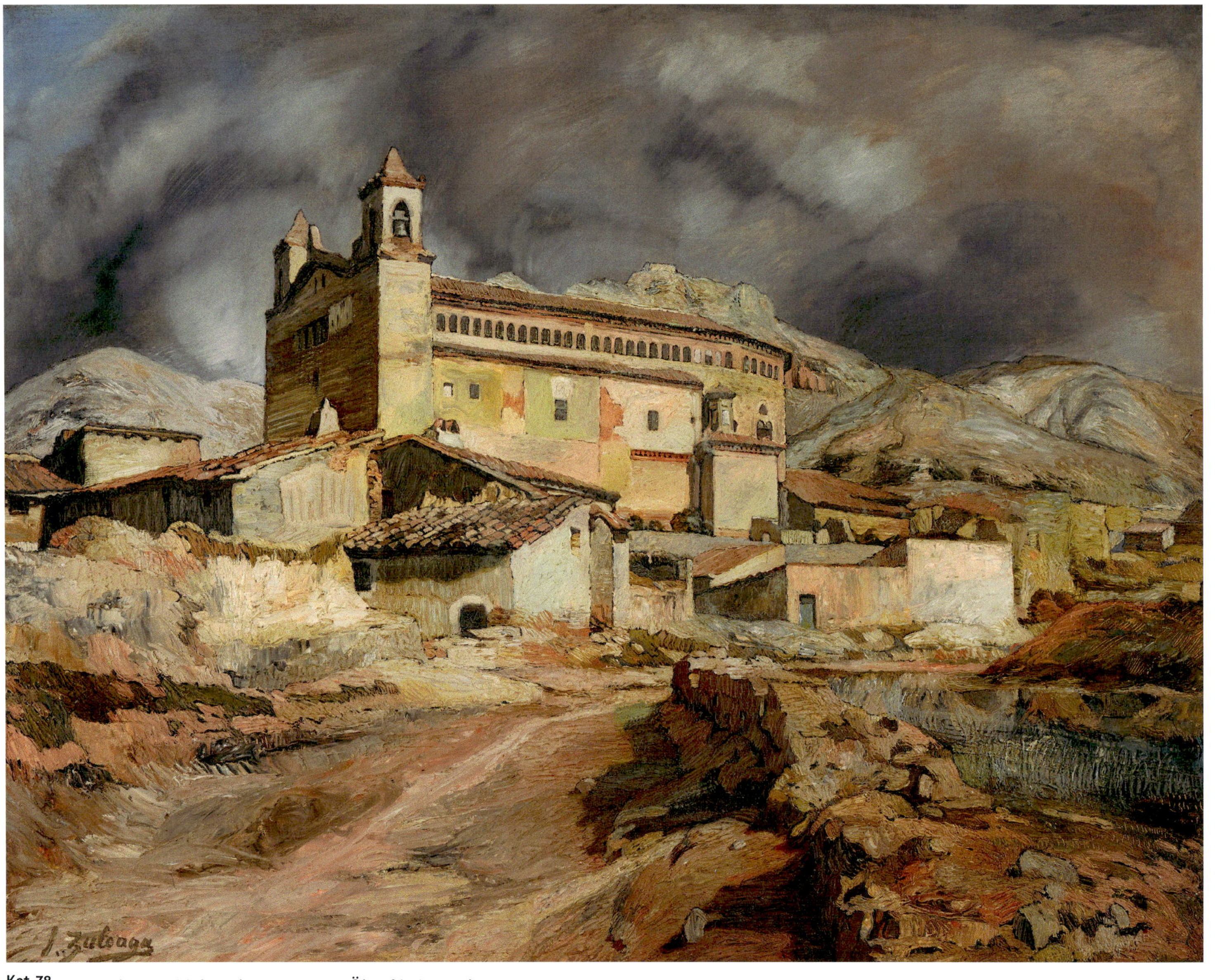

Kat. 78 *Die Kirche von Maluenda*, 1922–1924, Öl auf Leinwand, 93 × 121 cm, Privatsammlung

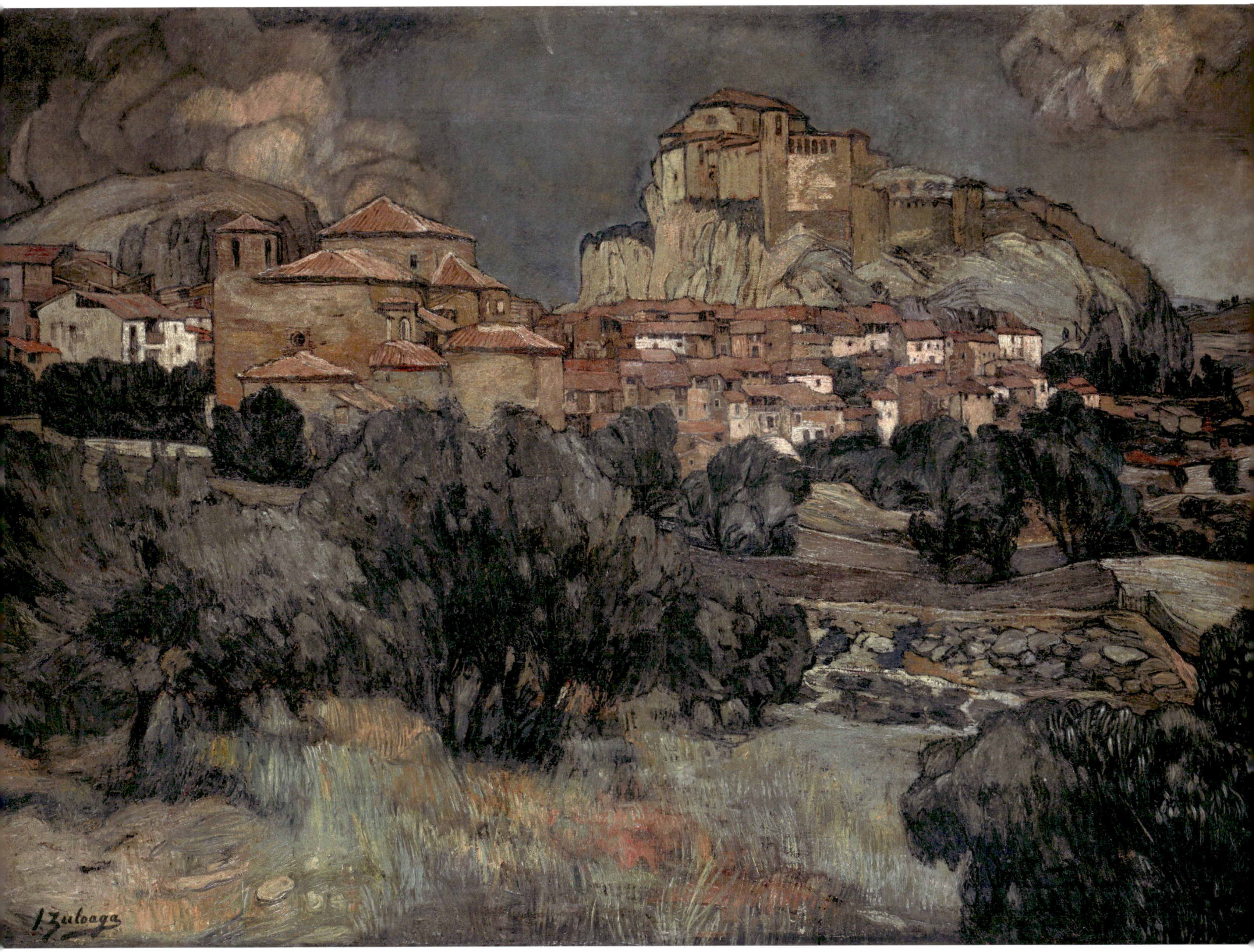

Kat. 79 *Alquézar*, 1916, Öl auf Leinwand, 139 × 199 cm, Sammlung Arango

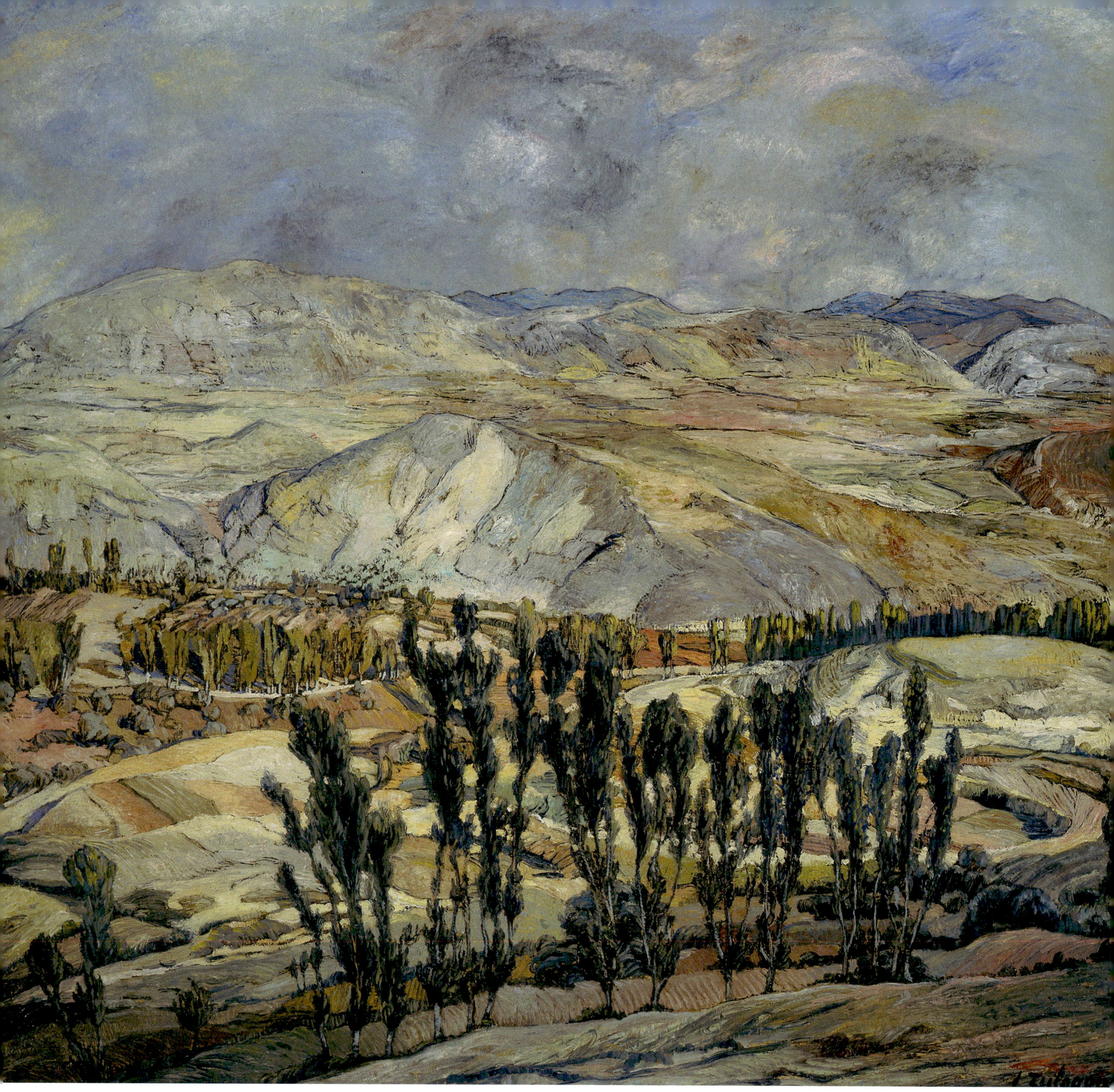

Kat. 80 *Landschaft in Calatayud*, 1930, Öl auf Leinwand, 113 × 123 cm, Museo Nacional Centro de Arte Reina Sofía, Madrid

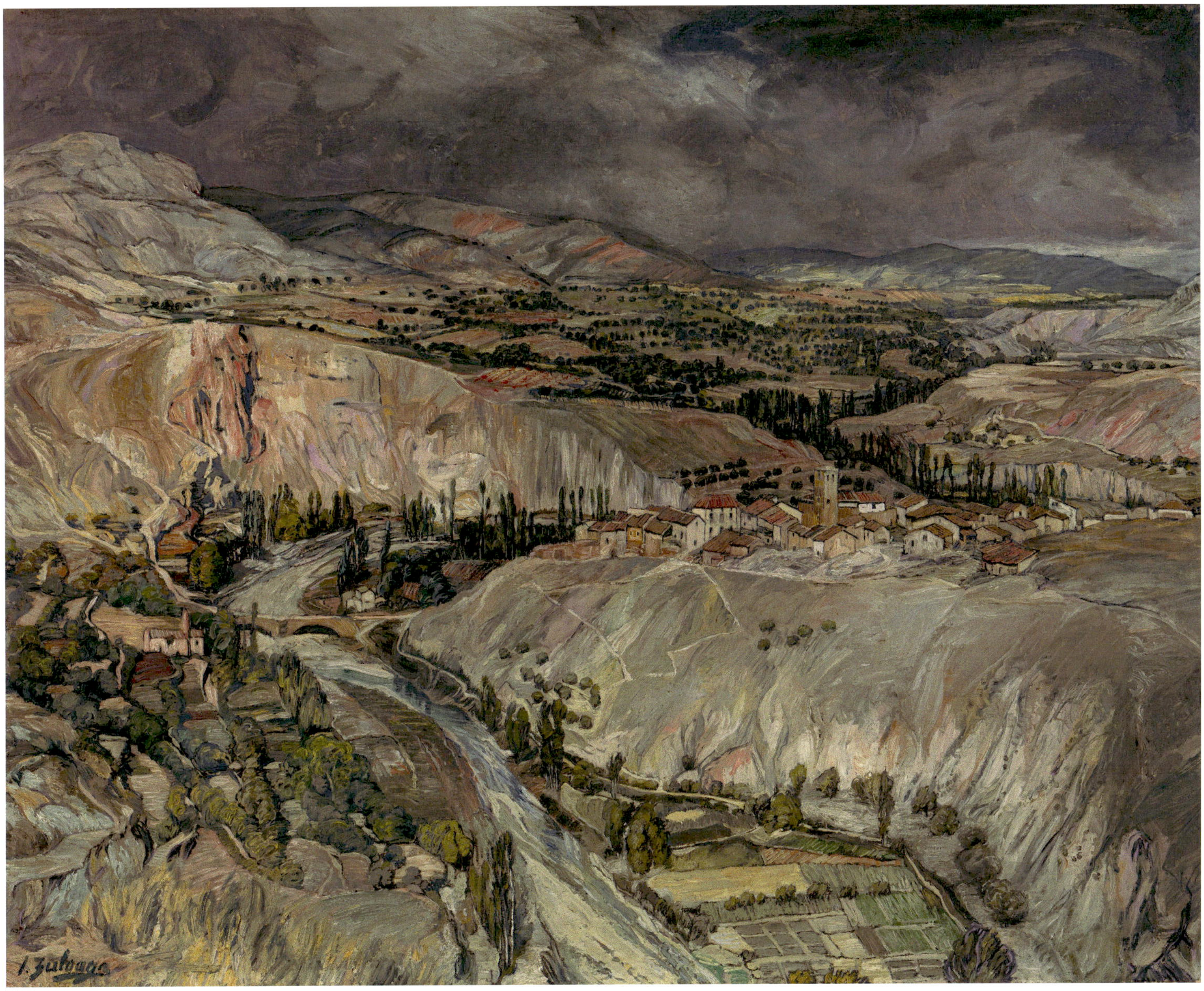

Kat. 81 *Landschaft in La Rioja*, um 1935, Öl auf Karton, 75,6 × 98 cm, Museo de Bellas Artes de Bilbao. Schenkung von Herrn Javier Horn Prado 1966

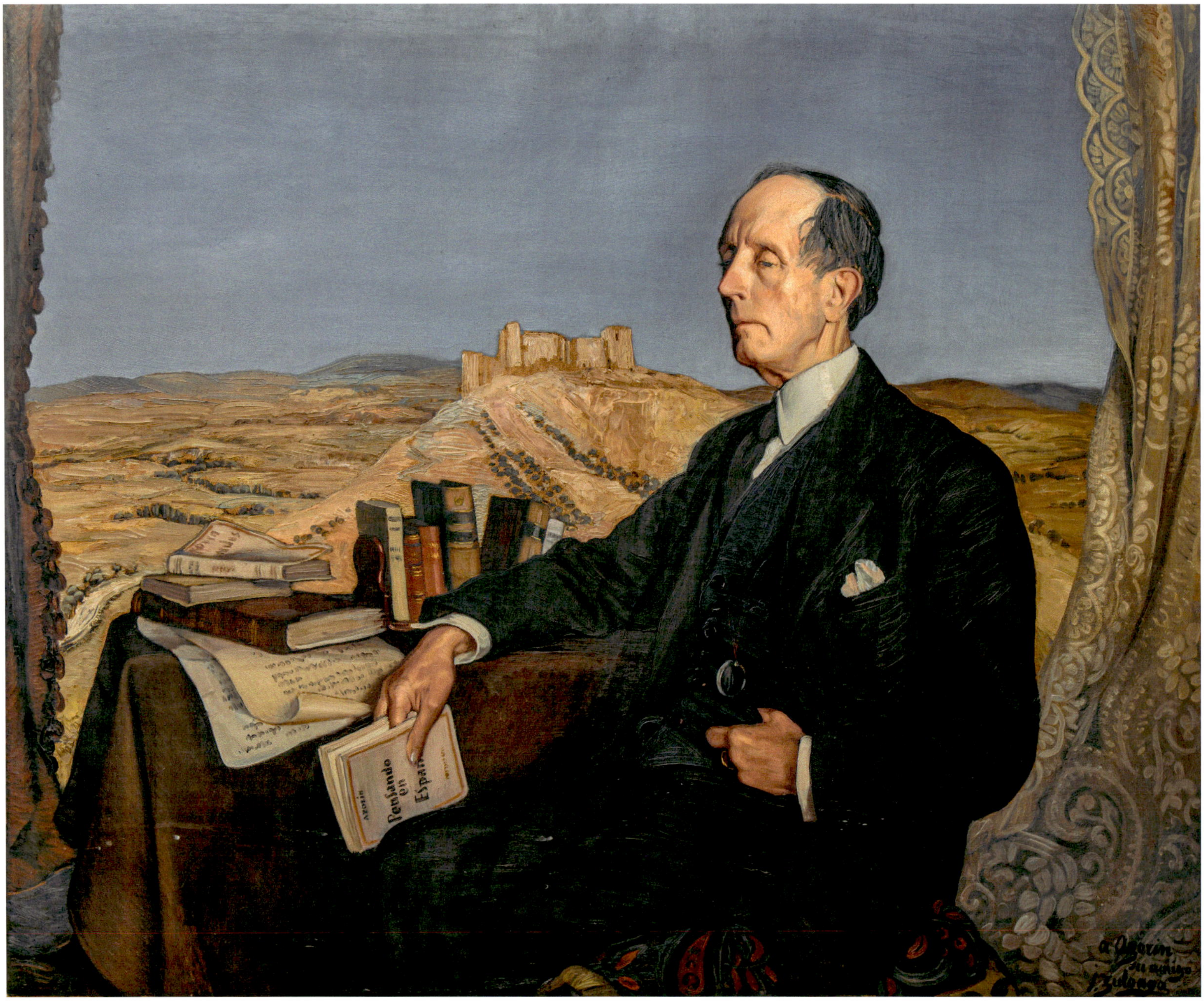

Kat. 82 *Porträt Azoríns*, 1941, Öl auf Leinwand, 120 × 147 cm, Privatsammlung

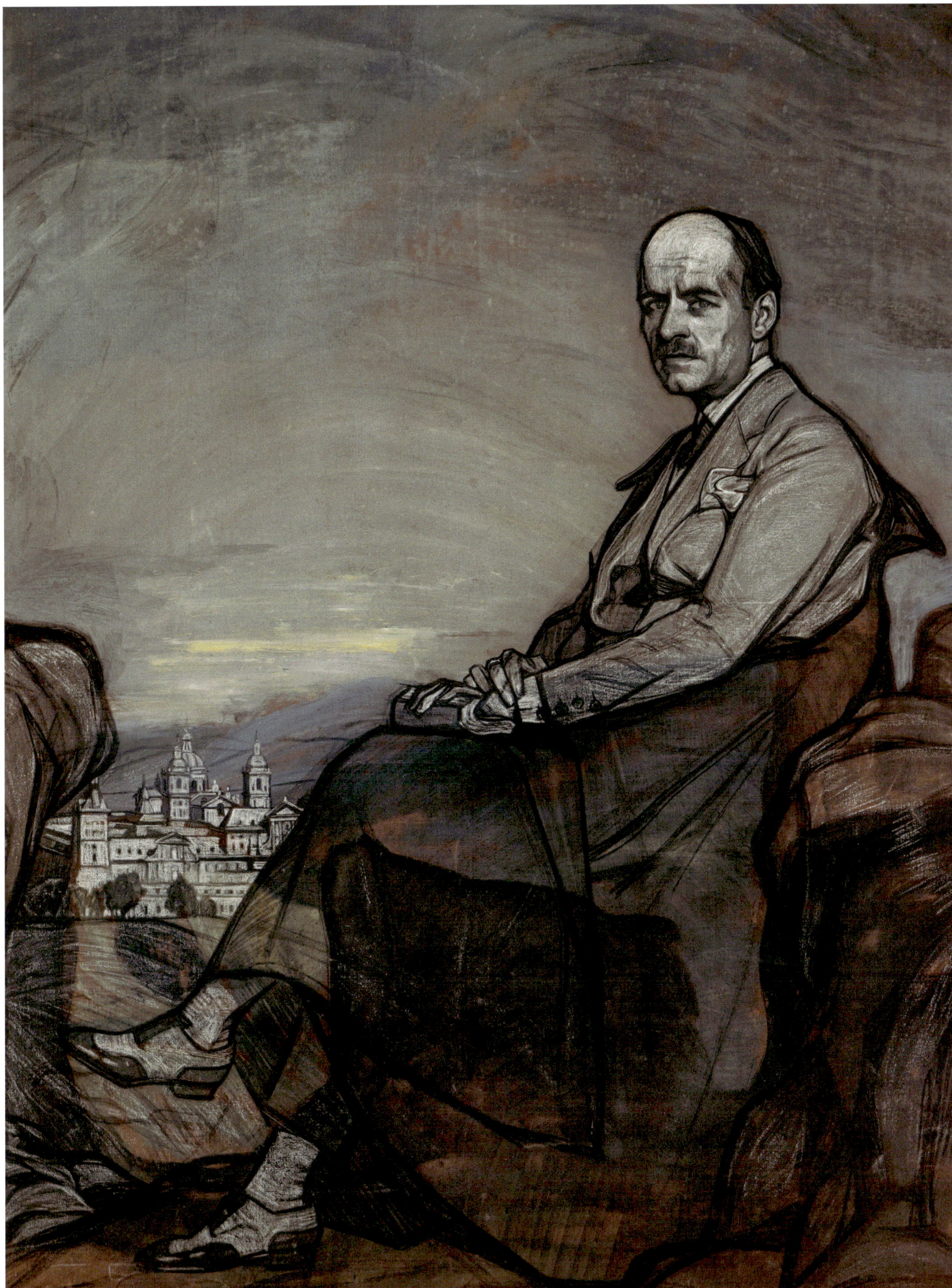

Kat. 83 *Porträt José Ortega y Gassets vor dem Hintergrund des Escorial,* um 1917, Öl auf Leinwand, 167 × 128 cm, Instituto Cervantes

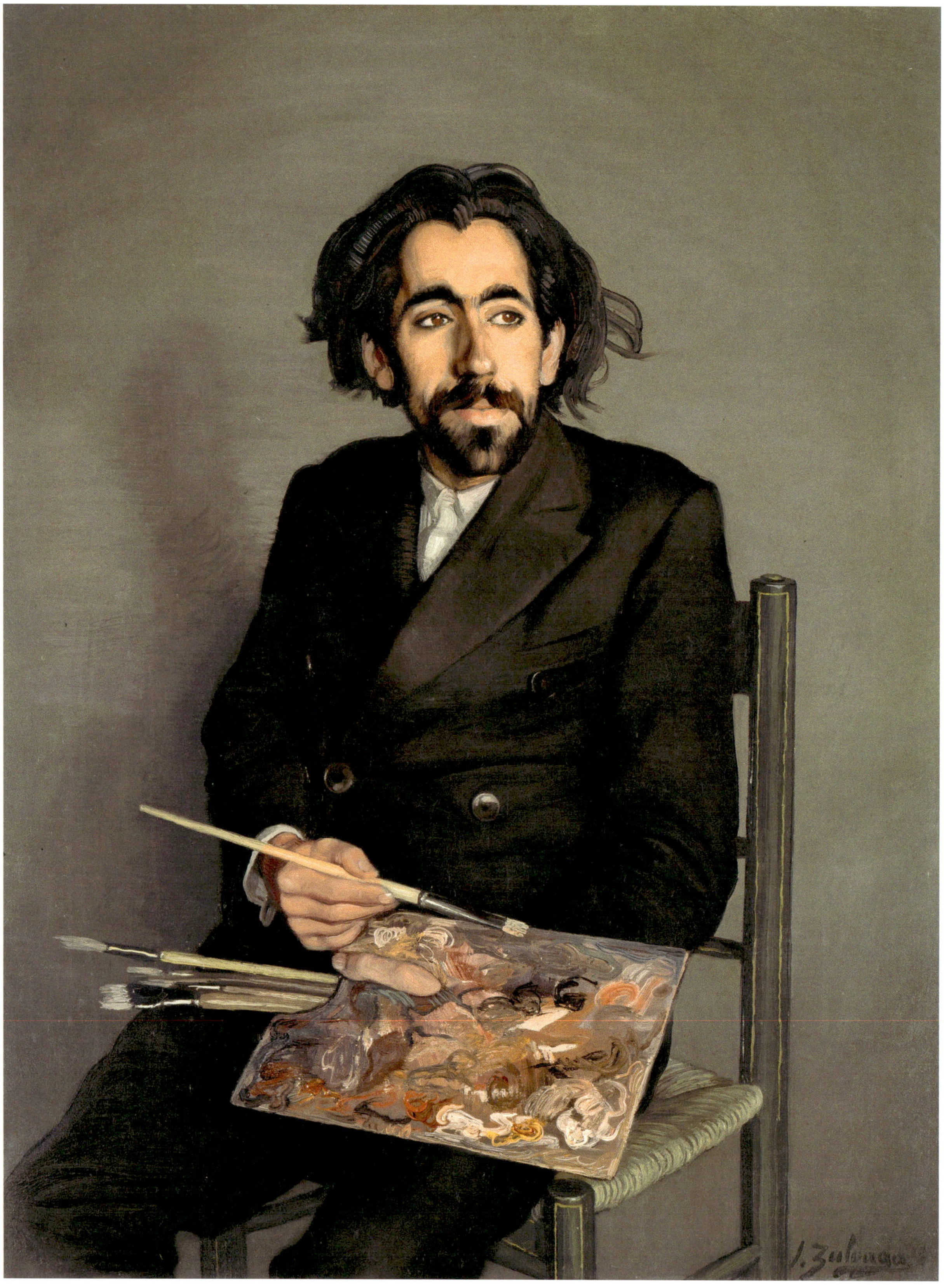

Kat. 84 *Porträt des Malers Balenciaga*, 1930–1934, Öl auf Leinwand, 112 × 87 cm, Museo Nacional Centro de Arte Reina Sofía, Madrid

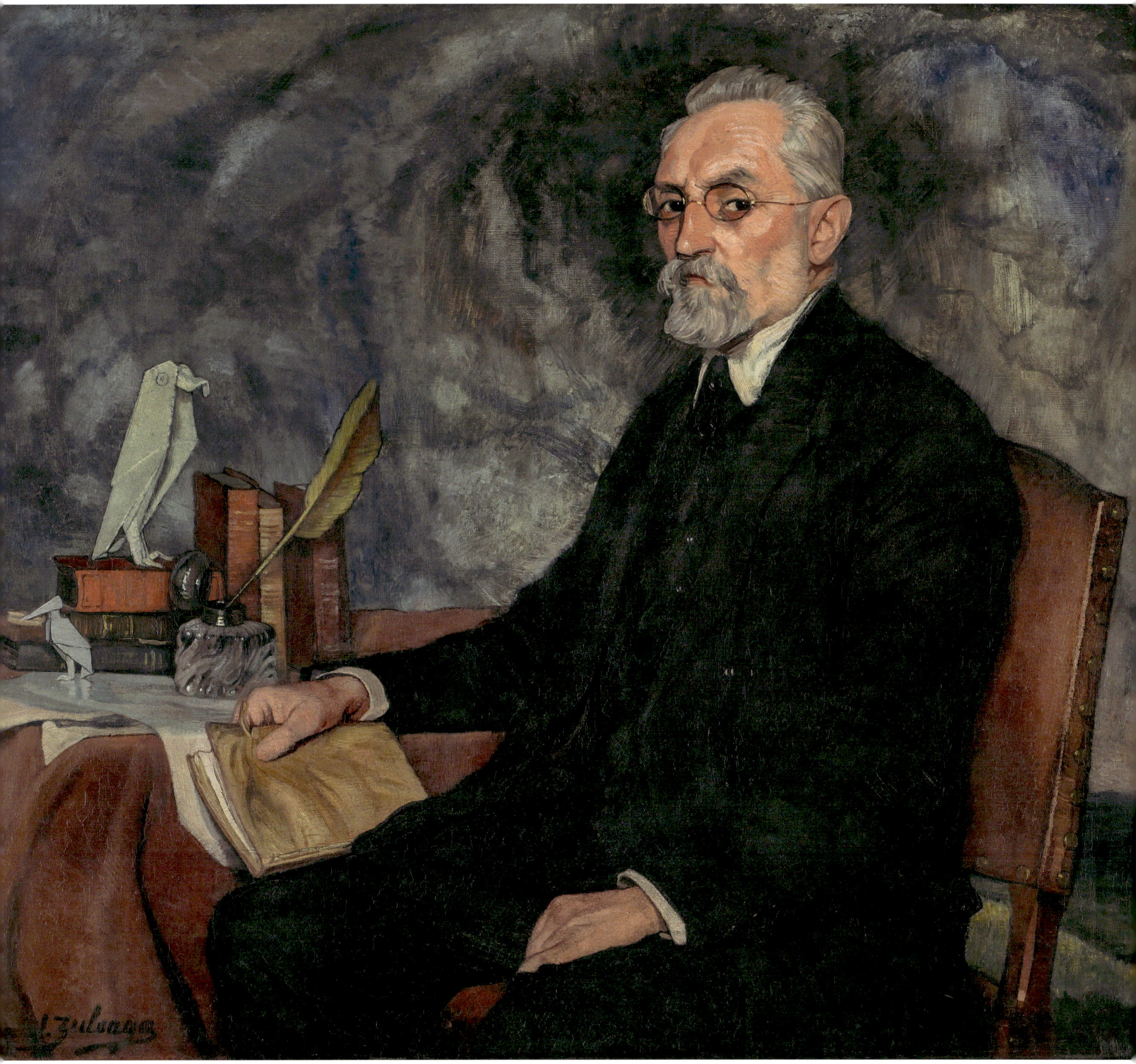

Kat. 85 *Miguel de Unamuno y Jugo*, 1925, Öl auf Leinwand, 106,4 × 122,2 cm, Courtesy of The Hispanic Society Museum and Library, New York

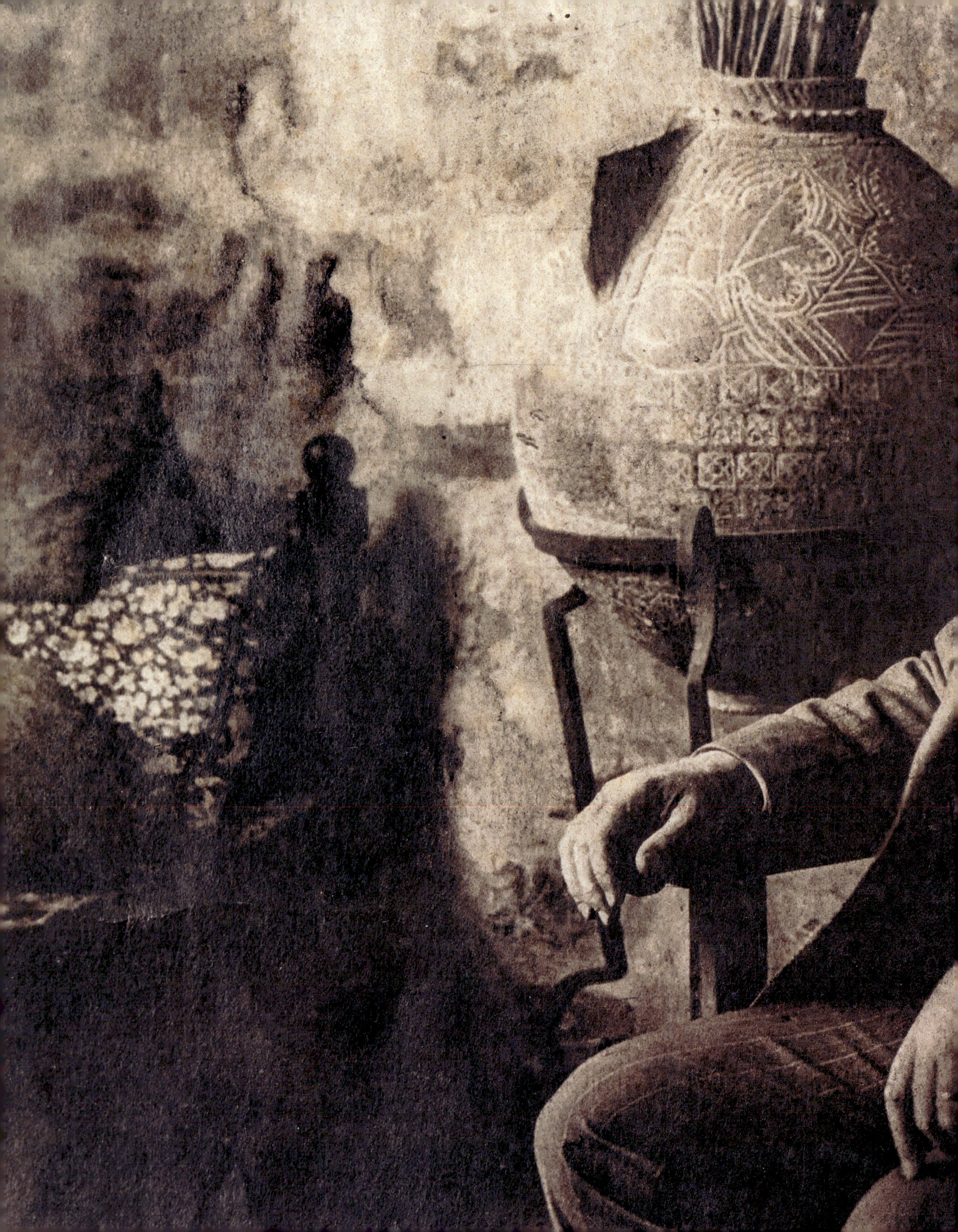

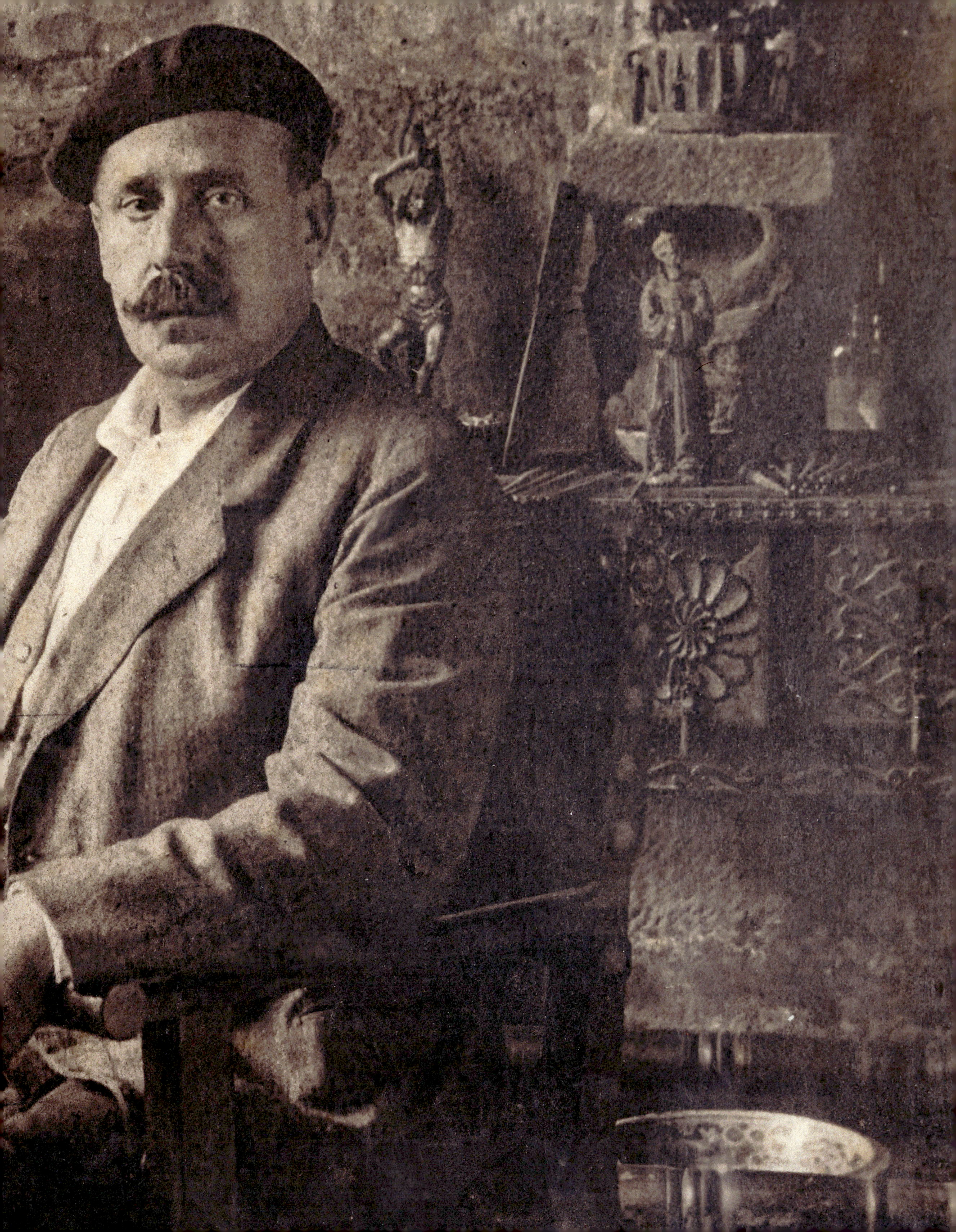

Biografie

1870
Ignacio Zuloaga wird am 26. Juli im baskischen Eibar in eine Kunsthandwerkerfamilie geboren. Sein Vater Plácido ist Damaszierer und Waffenschmied.

1881–1883 (?)
Besuch des Collège Notre-Dame de Sainte-Croix in Neuilly-sur-Seine

1883/84
Besuch der École libre de l'Immaculée Conception in Vaugirard, Paris

1884–1886
Besuch der Handelsschule der Dominikaner im baskischen Bergara

1886/87
Malereiausbildung bei einem Privatlehrer in Madrid

1888/89
Achtmonatiger Studienaufenthalt in Rom

1889 oder 1890
Zuloaga geht nach Paris. Er schreibt sich bei Henri Gervex an der Académie de la Palette ein, wo auch Eugène Carrière unterrichtet. Bekanntschaft mit Ramón Casas, Santiago Rusiñol und Maxime Dethomas (seinem zukünftigen Schwager), über die er auch in die Kreise von Edgar Degas, Henri de Toulouse-Lautrec und Paul Gauguin eingeführt wird

1891
Im Dezember stellt Zuloaga erstmals in der Galerie Le Barc de Boutteville aus, zusammen mit Paul Gauguin, Vincent van Gogh, Toulouse-Lautrec, Émile Bernard, Odilon Redon und anderen; dort weitere Ausstellungsbeteiligungen bis 1895.

1892/93
Ausstellungsbeteiligungen im Salon de la Société des Artistes Indépendants

1894–1898
Aufenthalt(e) in Sevilla, wo er im Umfeld der Gitanos, der spanischen Roma, lebt und sich in der Escuela Taurina von Manuel Carmona zum Stierkämpfer ausbilden lässt. Zuloaga malt zahlreiche Bilder von den Gitanos und ihrer Kultur, vor allem Stierkampf- und Tanzszenen.

Abb. 1 Anonym: *Ignacio und Daniel Zuloaga mit dessen Familie* (Detail), Archivo Museo Zuloaga de Segovia, Junta de Castilla y Léon

Abb. 2 Anonym: *Ignacio Zuloaga und Valentine Dethomas* (Detail), 1899, Privatbesitz

Ende 1896

Er schließt Freundschaft mit dem sich in Sevilla aufhaltenden Émile Bernard.

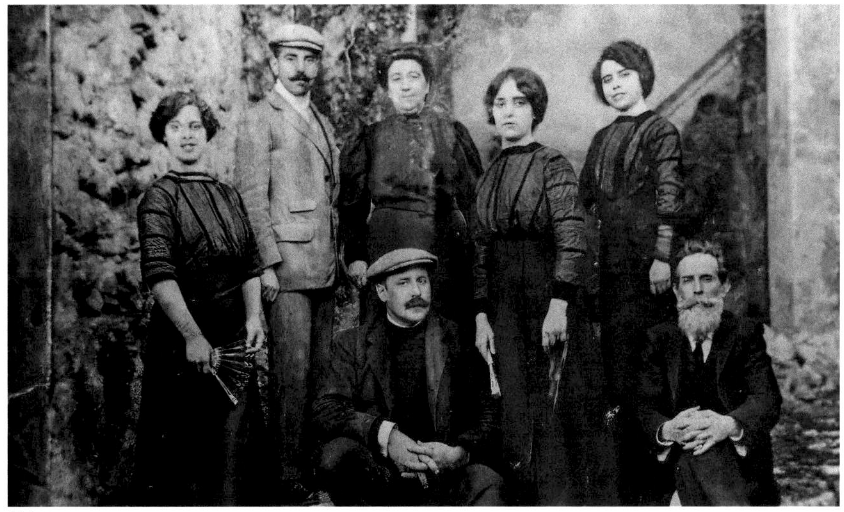

Abb. 1

1898

Zuloaga zieht nach Segovia, wo sein Onkel Daniel Zuloaga, ein Keramiker, mit seiner Familie wohnt. Bis 1914 verbringt er dort jedes Jahr mehrere Monate. Die kastilische Landschaft und Bevölkerung werden zum Hauptthema seiner Malerei, zudem entstehen zahlreiche Bilder seiner drei Cousinen.

Ausstellungsbeteiligung am Salon de la Société Nationale des Beaux-Arts, Paris (Salon du Champ de Mars)

Goldmedaille der *IV. Exposición de Bellas Artes é Industrias Artísticas*, Barcelona

Abb. 2

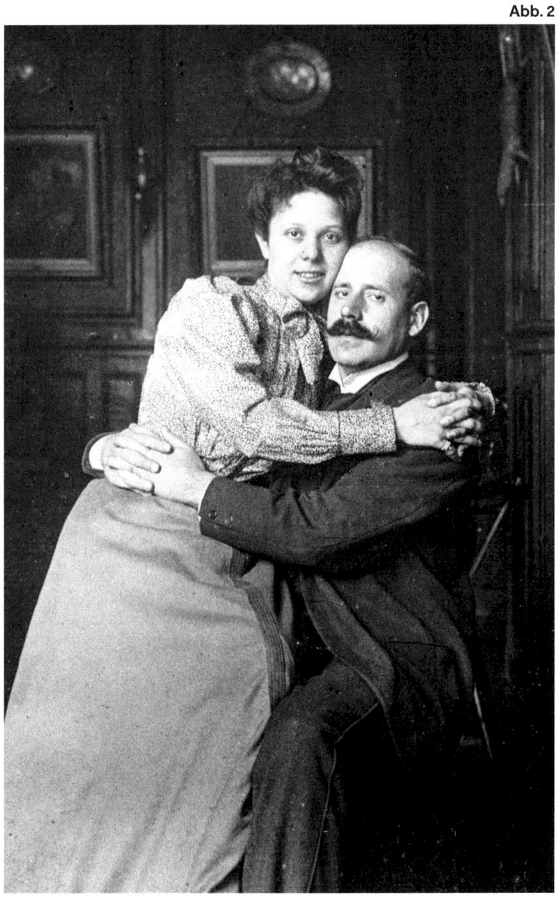

1899

Ausstellung des Gemäldes *Porträts. Mein Onkel und meine beiden Cousinen* (Kat. 17) im Salon de la Société Nationale des Beaux-Arts, das der französische Staat für das Musée du Luxembourg ankauft

Heirat mit Valentine Dethomas, der Schwester seines Künstlerfreunds Maxime Dethomas

1900

Erste Ausstellung in Deutschland im Berliner Kunstsalon Schulte, wo Rainer Maria Rilke Zuloagas Werke entdeckt

Ablehnung seines Gemäldes *Am Vorabend der Corrida* (S. 33, Abb. 1) seitens der spanischen Jury für die Pariser Weltausstellung. Es wird vom belgischen Staat erworben.

1901

Präsentation von sieben Werken in der *Internationalen Kunstausstellung Dresden*, Auszeichnung mit der Großen Goldenen Medaille

Die Ausstellungsbeteiligung am Salon du Champ de Mars hat die Ernennung Zuloagas zum assoziierten Mitglied der Société Nationale des Beaux-Arts zur Folge.

Abb. 3 Daniel Zuloaga: *Mittelschiff von San Juan de los Caballeros*, 1905–1921, Archivo Museo Zuloaga de Segovia, Junta de Castilla y Léon

Abb. 4 Anynom: *Ignacio Zuloaga hilft Juan Belmonte beim Ankleiden*, 1924, Privatbesitz

1902

Geburt seiner Tochter Lucía

1903

Goldmedaille der Biennale von Venedig

1904

Auf Empfehlung Auguste Rodins Einladung zur Beteiligung an der *Internationalen Kunstausstellung* in Düsseldorf, wo in einem ihm gewidmeten Saal 18 seiner Werke gezeigt werden

Deutschlandreise (Düsseldorf, Bremen, Berlin, München) in Begleitung Émile Bernards

Daniel Zuloaga erwirbt die romanische Kirche San Juan de los Caballeros in Segovia, wo Ignacio und er Ateliers für sich einrichten.

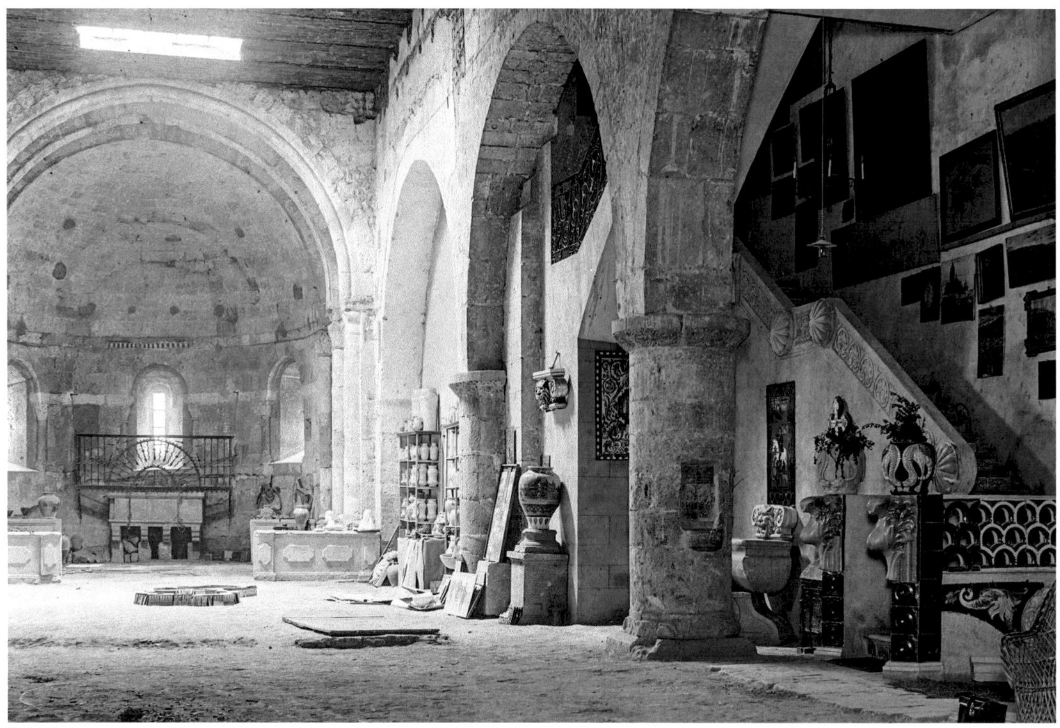

Abb. 3

1905

Spanienreise mit Auguste Rodin und dem Kunstsammler Iwan Schtschukin

1906

Geburt des Sohnes Antonio

1909

Erste Einzelausstellung in den USA in der Hispanic Society of America, New York

1912/13

Zusammen mit Josef Flossmann und Leo Samberger Ausstellung in der Münchener Secession

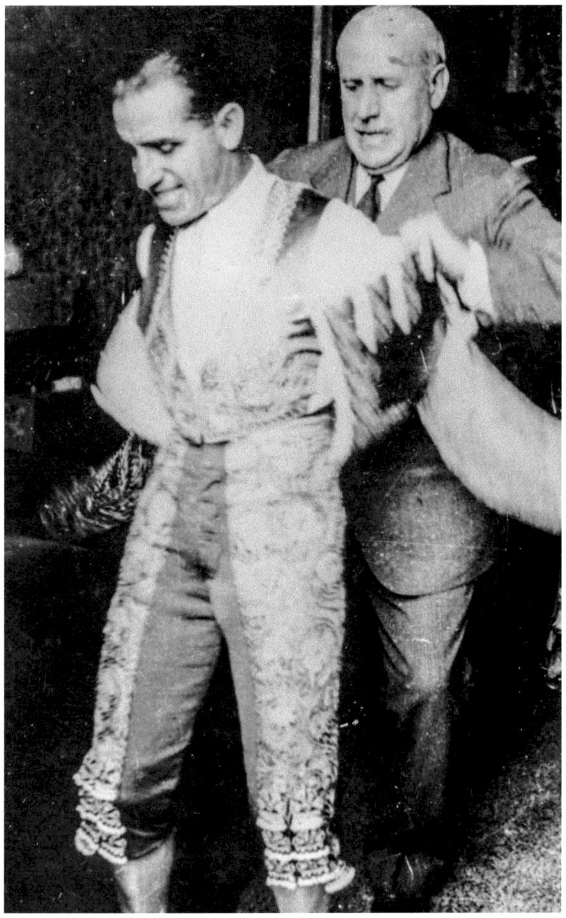

Abb. 4

1913
Reise mit Maurice Ravel durch das in der Region Aragón gelegene Ansó-Tal

1914
Zuloaga gibt sein Atelier in Segovia auf. Einweihung eines neuen Hauses im baskischen Zumaia; in der Folge werden in einem Nebengebäude auch ein Atelier und ein ihm gewidmetes Museum eingerichtet.

1924/25
Große Einzelausstellung mit Stationen in New York, Boston, Palm Beach und Havanna

1925
Erwerb des Castillo de Pedraza in der Nähe von Segovia, heute Museo Ignacio Zuloaga

1926
Erste Einzelausstellung in Spanien im Madrider Círculo de Bellas Artes

1926–1928
Zusammenarbeit Zuloagas mit dem Komponisten Manuel de Falla anlässlich einer Inszenierung von dessen Oper *Meister Pedros Puppenspiel*

1929
Zuloaga erleidet schwere finanzielle Verluste durch den Börsencrash in den USA.

1931
Kuratoriumsvorsitzender des Museo de Arte Moderno, Madrid (heute Museo Nacional Centro de Arte Reina Sofía)

1936–1939
Während des Spanischen Bürgerkriegs hält er sich vor allem in Paris und Zumaia auf. Verlust weiterer Ersparnisse und eines Greco-Gemäldes durch Plünderungen der Republikaner

1938
Zuloaga wird der Gran Premio Mussolini der Biennale von Venedig verliehen.

1939
Francisco Franco schenkt Adolf Hitler drei Gemälde Zuloagas zum Dank für die Unterstützung durch die Legion Condor.

1939–1945
Während des Franco-Regimes porträtiert Zuloaga den Diktator und dessen Familie sowie weitere hohe Funktionäre des Staatsapparats.

1945
Zuloaga stirbt am 31. Oktober in Madrid an einem Herzinfarkt.

Ausgewählte Literatur

Quellen und Primärliteratur

Francisco Alcántara: »Los cuadros de Ignacio Zuloaga«, in: *El Sol*, 13.11.1926

Arsène Alexandre: »Ignacio Zuloaga«, in: *Le Figaro illustré*, 161, August 1903, S. 1–24

Arsène Alexandre: »Spanische Kunst. Ignacio Zuloaga«, in: *Pan*, 5, 2, 1899, S. 122–124

Howard Allison: »Zuloaga – Man and Artist«, in: *The Mentor*, Februar 1926, S. 41–43

Anonym: »Die internationale Kunstausstellung in Düsseldorf 1904. IV«, in: *Kölnische Zeitung*, 3.6.1904

Anonym: »Kunst in Frankfurt. Romanen im Kunstverein«, in: *Frankfurter Zeitung*, 14.10.1908

Anonym: »Un gran artista«, in: *Hoy*, Madrid, 8, 1939, S. 58

Anonym: »Zuluagas [sic] Modelle«, in: *Hannoverscher Courier*, 3.10.1908

Guillaume Apollinaire: »Le Salon de la Nationale. Promenade à travers les salles«, in: *L'Intransigeant. Journal de Paris*, 16.4.1912

Luis Araquistain: »Un día con Ignacio Zuloaga: el hombre y la obra«, in: *Fray Mocho*, Buenos Aires, 48, 7.3.1913, S. 47 f.

Azorín [José Martínez Ruiz]: »La España de un pintor«, in: *ABC*, 7.4.1910; Wiederabdruck in: ders.: *Obras completas*, Bd. 7, Madrid 1962, S. 245–247

Azorín [José Martínez Ruiz]: »La realidad española«, in: *ABC*, 3.4.1912, S. 5 f.

Azorín [José Martínez Ruiz]: »Memorias inmemoriales«, in: ders.: *Obras completas*, Bd. 8, Madrid 1963, S. 335–610

Azorín [José Martínez Ruiz]: *Pensando en España*, Madrid 1940

Hermann Bahr: »Zuloaga«, in: ders.: *Essays*, hrsg. von Gottfried Schnödl, Weimar 2011, S. 83–89

Maurice Barrès: *Greco ou Le secret de Tolède*, Paris 1923

Hans Barth: »Die römische Kunstausstellung«, in: *Die Kunst für Alle*, 26, 21, 1.8.1911, S. 500–502

André Beaunier: »Les Salons de 1908«, in: *Gazette des Beaux-Arts*, Juni 1908, S. 463–496

Léonce Bénédite: *Ignacio Zuloaga*, Paris u. a. 1912

Léonce Bénédite: »Les Salons de 1905«, in: *Art et Décoration*, 1.1.1905, S. 161–172

H[ermann] Board: »Die Internationale Kunstausstellung zu Düsseldorf«, in: *Die Kunst für Alle*, 19, 23, 1.9.1904, S. 533–553

Hermann Board: »Die Internationale Kunstausstellung«, in: H[einrich] Frauberger (Hrsg.): *Internationale Kunstausstellung. Kunsthistorische Ausstellung. Grosse Gartenbau-Ausstellung. Düsseldorf 1904*, Düsseldorf 1905, S. 163–204

Léon Bocquet: »Le Salon de la Nationale«, in: *Le Grand Écho du Nord et du Pas-de-Calais*, 23.4.1912, S. 6

Luis Bonafoux: »París al día. ¡Que lo ahorquen!«, in: *Heraldo de Madrid*, 29.4.1901

Christian Brinton: »Introduction«, in: *Catalogue of Paintings by Ignacio Zuloaga*, hrsg. von dems., Ausst.-Kat. Hispanic Society of America, New York, 1909, S. 7–110

Ramón Casellas: »Barcelona: 2.ª Exposición General de Bellas Artes: los pintores de la vida humana (figuras y escenas de interior)«, in: *La vanguardia*, 12.7.1894

Jules Christophe: »Salon des Artistes Indépendants«, in: *La Plume. Revue littéraire et artistique bi-mensuelle*, Paris, März 1892, S. 156–158

Jean Claude: »Un illuminé de génie«, in: *Le Petit Parisien*, 20.5.1914

Jacques Copeau: »Ignacio Zuloaga«, in: *Art et Décoration*, 27, Januar–Juni 1910, S. 73–88

H. Cosserat: »Die Winterausstellung der Sezession«, in: *Allgemeine Zeitung*, 11.1.1913, S. 30 f.

Sebastián Cruset: »La exposición Zuloaga en Nueva York«, in: *La Ilustración artística*, Barcelona, 14.6.1909

Henri Frantz: »A Modern Spanish Painter. Ignacio Zuloaga«, in: *International Studio*, 20, 1903, S. 158–169

Federico García Lorca: *Juego y teoría del duende / Spiel und Theorie des Duende*, Heidelberg 2023

Théophile Gautier: *Voyage en Espagne*, Paris 1911

Gustave Geffroy: »Les Salons de 1899. VIII. Evenepoel et Zuloaga«, in: *Le Journal*, Paris, 30.4.1899

Fernand Gregh: »Les Salons de 1908«, in: *La Revue de Paris*, 5, 1908, S. 641–663

José Gutiérrez Solana: *La España Negra*, Madrid 1920

José Gutiérrez Solana: »Las mujeres toreras«, in: ders.: *Madrid. Escenas y costumbres. Segunda serie*, Madrid 1918; Wiederabdruck in: ders.: *Obra literaria*, Madrid 1961, S. 267–270

Wilhelm Hausenstein: »Münchener Wintersezession«, in: *März. Eine Wochenschrift*, 7, 1, 25.1.1913, S. 151–153

Georg Hermann: »Ignacio Zuloaga«, in: *Berliner Morgenpost*, 7.10.1900 (fünfte Beilage)

Wilhelm Holzhamer: »Die Pariser Salons 1905«, in: *Kunst und Künstler*, 3, 1905, S. 440–442

Eugen von Jagow: »Berliner Plauderei«, in: *Allgemeine Zeitung*, 13.10.1900 (Morgenblatt), S. 1 f.

Wassily Kandinsky: *Gesammelte Schriften 1889–1916*, hrsg. von Helmut Friedel, München u. a. 2007

Paul Klee: *Briefe an die Familie 1893–1940*, 2 Bde., hrsg. von Felix Klee, Bd. 1: *1893–1906*, Köln 1979

Paul Klee: *Tagebücher*, hrsg. von der Paul-Klee-Stiftung Kunstmuseum Bern, bearb. von Wolfgang Kersten, Stuttgart 1988

Paul Kraemer: »Ignacio Zuloaga«, in: *Über Land und Meer*, 20, 1910, Titelseite und S. 502–504

Paul Kurth: »Zuloaga«, in: *Neue Freie Presse*, 17. 11. 1900, S. 17 f.

Karl Michael Kuzmány: »Die IX. Internationale Kunstausstellung der Stadt Venedig«, in: *Die Kunst für Alle*, 26, 3, 1. 11. 1910, S. 49–58

Paul Lafond: »Les Greco de la collection I. Zuloaga«, in: *Bulletin de l'art ancien et moderne*, 143, 1902, S. 181 f.

Antonio G. de Linares: »Noche española, en la Opera Cómica«, in: *La Esfera*, 742, 24. 3. 1928

August Macke: *Briefe an Elisabeth und die Freunde*, hrsg. von Werner Frese und Ernst-Gerhard Güse, München 1987

Ramiro de Maeztu: »Cosas y hombres«, in: *Heraldo de Madrid*, 9. 11. 1910, S. 1

Ramiro de Maeztu: »El retrato del señor Larreta«, in: *Nuevo Mundo*, 20, 1913, o. S.

Ramiro de Maeztu: »La cuestión Zuloaga«, in: *Heraldo de Madrid*, 25. 3. 1910, S. 1

Ramiro de Maeztu: »Los asuntos de Zuloaga«, in: *Heraldo de Madrid*, 9. 3. 1910, S. 2

Ramiro de Maeztu: »Una cuestión de ojos«, in: *Heraldo de Madrid*, 20. 4. 1910, S. 1

Juan Maragall: »El sentimiento catalanista«, in: *La lectura. Revista de ciencias y de artes*, 2, 1, 1902, S. 80–85

Camille Mauclair: »Ignacio Zuloaga«, in: *Die Kunst für Alle*, 27, 1, 1. 10. 1911, S. 1–17

Camille Mauclair: »Ignacio Zuloaga«, in: *Jugend*, 18, 41, 1913, S. 1196–1202

Amos Philip McMahon: »Some Aspects of Ignacio Zuloaga«, in: *The Art Bulletin*, 7, 4, 1925, S. 117–130

Julius Meier-Graefe: »Ignacio Zuloaga«, in: *L'Art décoratif*, 16, Januar 1900, S. 144

Prosper Merimée: *Carmen*, Paris 1845

Prosper Mérimée: »Carmen«, in: *Revue des Deux Mondes (1829–1971)*, 12, 1, 1. 10. 1845, S. 5–88

Paula Modersohn-Becker: »Tagebuchblätter«, 8. 5. 1906, https://www.projektgutenberg.org/modersoh/briefe/chap018.html (3. 5. 2023)

Arthur Moeller van den Bruck: »Bemerkungen über Zuloaga«, in: *Jugend*, 10, 9, 1905, S. 160–162

Gabriel Mourey: »Ignacio Zuloaga«, in: *Paris illustré*, 43, August 1905, S. 2–14

Münchener Secession. Winter-Ausstellung: Josef Flossmann, Leo Samberger, Ignacio Zuloaga, München, 1912

Momme Nissen: »Dürer als Führer«, in: *Der Kunstwart*, 17, 15, 1904, S. 93–102

José Ortega y Gasset: »La estética del ›enano Gregorio el Botero‹ II«, in: *El Imparcial*, 10. 11. 1911

José Ortega y Gasset: »La estética de ›El enano Gregorio el Botero‹« (1911), in: ders.: *Obras completas*, Bd. 1: *1902–1916*, Madrid 1966, S. 536–545

José Ortega y Gasset: *Meditaciones del Quijote*, Madrid 1914

José Ortega y Gasset: »Theorie Andalusiens« (1927), in: ders.: *Gesammelte Werke*, Bd. 4, Stuttgart 1996, S. 435–446

José Ortega y Gasset: »Una exposición Zuloaga?«, in: *El Imparcial*, 4. 5. 1910

Jules Parisot: »Los vascongados en el Extranjero«, in: *La voz de Guipúzcoa*, San Sebastián, 19. 4. 1892

Ramón Pérez de Ayala: »Sancho en la ínsula«, in: ders.: *Política y toros. Ensayos*, Madrid 1918, S. 105–114

Juan Pujol: »La estética de Zuloaga explicada por él mismo«, in: *El Pueblo Vasco*, 22. 2. 1912

Rainer Maria Rilke: »Die Briefe Rainer Maria Rilkes an Don Ignacio Zuloaga«, in: Jean Gebser: *Rilke und Spanien*, Frankfurt am Main 1977, S. 61–95

José Rodao: »Las brujas de San Millán«, in: *El Adelantado de Segovia*, 25. 11. 1907

Hans Rosenhagen: »Von Ausstellungen und Sammlungen«, in: *Die Kunst für Alle*, 16, 4, 15. 11. 1900, S. 99–101

Hans Rosenhagen: »Von Ausstellungen und Sammlungen«, in: *Die Kunst für Alle*, 16, 6, 15. 12. 1900, S. 147

Santiago Rusiñol: »El Greco en Casa«, in: *La vanguardia*, 8. 3. 1894

José María Salaverría: »El arte inmoral«, in: *ABC*, 12. 5. 1910, S. 6

José María Salaverría: »La España pintoresca«, in: *ABC*, 19. 5. 1910, S. 4 f.

John S. Sargent: »Ignacio Zuloaga«, in: *The International Studio*, 60, 238, 1916, S. XXXVII f.

Richard von Schaukal: »Zuloaga«, in: *Der Merker. Österreichische Zeitschrift für Musik und Theater*, 3, April–Juni 2012, S. 257–261

Joaquín Sorolla: *Epistolarios de Joaquín Sorolla*, Bd. 1: *Correspondencia con Pedro Gil Moreno de Mora*, hrsg. von Facundo Tomás u. a., Barcelona 2007

Fritz Stahl: »Ignacio Zuloaga. Zur Ausstellung im Salon Schulte«, in: *Berliner Tageblatt*, 27. 9. 1900

Friedrich Stern: »Wiener Kunstausstellungen. Künstlerhaus: Plastik. Zuloaga«, in: *Neues Wiener Tagblatt*, 22. 3. 1912, S. 1–3

Hugo von Tschudi: »Ignacio Zuloaga«, in: *Jahrbuch der bildenden Kunst*, 1902, S. 27 f.

Miguel de Unamuno: *Das tragische Lebensgefühl*, München 1925; span. Originalausgabe: *El sentimiento trágico de la vida*, Madrid 1913

Miguel de Unamuno: »De arte pictórica II«, in: *La Nación*, Buenos Aires, 8. 8. 1912

Miguel de Unamuno: »De las tristezas españolas: nuestra egolatría de los del 98«, in: *El Imparcial*, 31. 1. 1916, S. 3

Miguel de Unamuno: *En torno al casticismo*, Madrid 1996

Miguel de Unamuno: »La labor patriótica de Zuloaga«, in: *Hermes*, 1, 8, 1917, S. 493–497; Wiederabdruck in: *Cuadernos Ignacio Zuloaga*, 1995, S. 65–67; Miguel de Unamuno: *Zuloaga y la pintura*, Madrid 2017, S. 49–55

H. Vollmar: »Ein neuer spanischer Meister. Bei Schulte«, in: *Norddeutsche Allgemeine Zeitung*, 27. 9. 1900 (Beilage)

Leonard Williams: »The Art of Joaquín Sorolla«, in: *Catalogue of Paintings by Joaquín Sorolla y Bastida*, hrsg. von dems., Ausst.-Kat. Hispanic Society of America, New York, 1909, S. 7–72

Georg Jacob Wolf: »Die Winterausstellung der Münchener Sezession«, in: *Die Kunst für Alle*, 28, 9, 1. 2. 1913, S. 193–202

Ignacio Zuloaga: *Epistolario y dibujos*, bearb. von José Ignacio Tellechea Idígoras, San Sebastián 1989

Ignacio und Daniel Zuloaga: *Correspondencia de Ignacio Zuloaga con su tío Daniel*, hrsg. von Mariano Gómez de Caso Estrada, Segovia 2002

Sekundärliteratur

Carlos Alonso Pérez-Fajardo: »Ignacio Zuloaga: Carácter y emoción«, in: *Zuloaga. Carácter y emoción*, hrsg. von der Fundación Bancaja, Valencia, Ausst.-Kat. Fundación Bancaja, Valencia, 2018, S. 13–71

Fernando de Amárica: »Cosas de Zuloaga: al azar de los recuerdos y colores que se van borrando …«, in: *Boletín de la Real Sociedad Vascongada de Amigos del País*, 1, 1950, S. 43–53

Ana María Arias de Cossío: »Pintura de paisaje en la segunda mitad del siglo XIX. Teoría y práctica: La Institución Libre de Enseñanza«, in: Ma. Carmen Lacarra (Hrsg.): *Arte del siglo XIX*, Saragossa 2013, S. 121–152

Jesús María de Arozamena: *Ignacio Zuloaga, el pintor, el hombre*, San Sebastián 1970

Javier Barón: »El retrato español entre Zuloaga y Picasso«, in: *El retrato español del Greco a Picasso*, hrsg. von Javier Portús Pérez, Ausst.-Kat. Museo del Prado, Madrid, 2004, S. 292–323

Sofía Barrón: »Carácter y emoción. Figura y paisaje en la obra de Ignacio Zuloaga«, in: *Zuloaga. Carácter y emoción*, hrsg. von der Fundación Bancaja, Ausst.-Kat. Fundación Bancaja, Valencia, 2018, S. 97–159

Sofía Barrón: »El amor por el paisaje en la obra de Ignacio Zuloaga«, in: Facundo Tomás und Isabel Justo (Hrsg.): *Pigmalión o el amor por lo creado*, Barcelona 2005, S. 43–60

Bettina Best: *Secession und Secessionen. Idee und Organisation einer Kunstbewegung um die Jahrhundertwende*, München 2000

Denise Bonnaffoux: »Paris vu par les peintres espagnols au tournant des XIXe–XXe siècles«, in: *Cahiers d'études romanes*, 6, 2001, S. 39–61

Leyre Bozal Chamorro und Pablo Jiménez Burillo: »Zuloaga en el París de la Belle Époque«, in: *Zuloaga en el París de la Belle Époque, 1899–1914*, hrsg. von dens., Ausst.-Kat. Fundación MAPFRE, Madrid, 2017, S. 10–25

José Carlos Brasas Egido: »La Castilla y León de la Generación del 98 y su visión en el arte español«, in: Juan Velarde Fuertes und Emilio de Diego García (Hrsg.): *Castilla y León ante el 98*, Valladolid 1999, S. 363–379

Dietrich Briesemeister: *Spanien aus deutscher Sicht. Deutsch-spanische Kulturbeziehungen gestern und heute*, Tübingen 2004

Alberto Castán Chocarro: *Señas de identidad. Pintura y regionalismo en Aragón (1898–1939)*, Saragossa 2016

Alberto Castán Chocarro: »Simbolismo e identidad nacional: Zuloaga y la pintura española en torno a 1900«, in: *ILCEA*, 44, 2021, https://journals.openedition.org/ilcea/12401 (19. 6. 2023)

Centro y periferia en la modernización de la pintura española (1880–1918), hrsg. von Carmen Pena López, Ausst.-Kat. Palacio de Velázquez, Madrid; Museo de Bellas Artes de Bilbao, Barcelona 1993

Manuel Chaves Nogales: *Juan Belmonte Matador de toros. Su vida y sus hazañas*, Madrid 1935

Matías Díaz Padrón: »Ignacio Zuloaga, The Collector«, in: *Ignacio Zuloaga, 1870–1945*, Ausst.-Kat. Museo de Bellas Artes de Bilbao u. a., Vitoria 1990, S. 95–123

José Luis Díez und Javier Barón: »Joaquín Sorolla, pintor«, in: *Joaquín Sorolla 1863–1923*, hrsg. von dens., Ausst.-Kat. Museo Nacional del Prado, Madrid, 2009, S. 19–142

Femme Fatale. Blick – Macht – Gender, hrsg. von Markus Bertsch, Ausst.-Kat. Hamburger Kunsthalle, Hamburg, Bielefeld 2023

Roland Galle: »Tragisch/Tragik«, in: Karlheinz Barck u. a. (Hrsg.): *Ästhetische Grundbegriffe*, Bd. 6, Stuttgart 2010, S. 117–171

Marjorie Garber: *Verhüllte Interessen*, Frankfurt am Main 1993

Irene García Antón: »El mundo de ›Azorín‹ visto por Ignacio Zuloaga«, in: *Lecturas de historia del arte*, 2, 1990, S. 500–504

José Antonio González Alcantud: »Ignacio Zuloaga. Entre lo bohemio, lo gitano y lo jondo, París, Nueva York, Granada«, in: *Zuloaga entre lo gitano y el flamenco*, Ausst.-Kat. Hospital Real, Granada, Motril 2022, S. 75–106

Ángel González Pieras: »Los Zuloaga y los toros. Una corrida de Belmonte en Segovia«, in: *Zuloaga. Mi tío y mis primas*, hrsg. von Carlos Alonso Pérez-Fajardo, Santiago Martínez Caballero und dems., Ausst.-Kat. Museo Zuloaga, Segovia, 2022, S. 125–167

Rolf Haaser: *Editha Klipstein und Rainer Maria Rilke im Sommer 1915*, Fernwald 2007

Ulrich Herzog: *Wer ist Carmen?*, Kiel 1984

Ignacio Zuloaga 1870–1945, Ausst.-Kat. Museo de Bellas Artes de Bilbao u. a., Paris 1991

Ignacio Zuloaga y Manuel de Falla. Historia de una amistad, bearb. von Pablo Melendo Beltrán und José Vallejo Prieto, Ausst.-Kat. CentroCentro Cibeles, Madrid, 2015

Fritz Jacobsohn: *Hans Gregors Komische Oper 1905–1911*, Berlin 1911

Claudia Jeschke: »Das Foyer als Bühne. Die spanische Tänzerin Lola Montez«, in: Hans-Peter Bayerdörfer und Eckhart Hellmuth (Hrsg.): *Exotica. Konsum und Inszenierung des Fremden im 19. Jahrhundert*, Münster 2003, S. 113–138

Ralf Junkerjürgen: »Julio Romero de Torres. Cante jondo (1923/30)«, in: ders. und Helmut C. Jacobs (Hrsg.): *Meisterwerke der spanischen Malerei in Einzeldarstellungen*, Berlin 2018, S. 340–355

Henrik Karge: »Die Landschaft prägt den Menschen. Ein Mythos in der europäischen Malerei um 1900: Rainer Maria Rilke und Ignacio Zuloaga«, in: Christoph Rodiek (Hrsg.): *Dresden und Spanien. Akten des interdisziplinären Kolloquiums, Dresden, 22.–23. Juni 1998*, Frankfurt am Main 2000, S. 111–124

Antonia Kienberger: *Die Inszenierung der kastilischen Landschaft als Erlebnis- und Verhandlungsraum der spanischen Identität. Erinnerungspolitik bei Azorín, Antonio Machado und Miguel de Unamuno*, Diss. Regensburg 2008

Gisela Kleine: *Gabriele Münter und Wassily Kandinsky. Biographie eines Paares*, Frankfurt am Main 1990

La mirada del 98. Arte y literatura en la edad de plata, hrsg. von José Luis Bernal Muñoz, Ausst.-Kat. Sala Julio González del Ministerio de Educación y Cultura, Madrid, 1998

Enrique Lafuente Ferrari: *La pintura española y la generación del 98*, Madrid 1948

Enrique Lafuente Ferrari: *La vida y el arte de Ignacio Zuloaga* (1950), Madrid 1972

Enrique Lafuente Ferrari: *La vida y el arte de Ignacio Zuloaga* (1950), Barcelona 1990

Enrique Lafuente Ferrari: »Los paisajes de Ignacio Zuloaga«, in: *Príncipe de Viana*, 9, 33, 1948, S. 433–466

Enrique Lafuente Ferrari: »Los retratos de Zuloaga«, in: *Príncipe de Viana*, 11, 38/39, 1950, S. 41–73

Justus Lange: »›Eine Quelle der Schönheit, der Freude, – der Ewigkeit‹. Rilkes Begegnung mit den Werken Ignacio Zuloagas in Dresden«, in: Erich Unglaub und Andrea Hübner (Hrsg.): *Rilkes Dresden. Das Buch der Bilder*, Frankfurt am Main und Leipzig 2008, S. 66–89

Enrique Larreta: *Tiempos iluminados*, Buenos Aires 1939

Mikel Lertxundi: »El artista que a sí mismo no se halla: la búsqueda de juventud de Ignacio Zuloaga«, in: Ignacio Suárez-Zuloaga (Hrsg.): *El verdadero Ignacio Zuloaga*, Zumaia 2020, S. 101–114

Mikel Lertxundi: »Zuloaga eta Arrateko mihiseak / Zuloaga y los lienzos de Arrate«, Vortrag, gehalten im Rahmen von »Hitzaldia Conferencia« am 12. 7. 2021, Museo de Bellas Artes de Bilbao, https://www.youtube.com/watch?v=Q8ld_TqhfPk (18. 4. 2023)

Mikel Lertxundi Galiana: »La calle de las pasiones«, in: *Zuloaga 1870–1945*, bearb. von dems. und Javier Novo González, Ausst.-Kat. Museo de Bellas Artes de Bilbao 2019, S. 221 f.

Mikel Lertxundi Galiana: »La escuela española«, in: *Zuloaga 1870–1945*, bearb. von dems. und Javier Novo González, Ausst.-Kat. Museo de Bellas Artes de Bilbao 2019, S. 261 f.

Mikel Lertxundi Galiana: »Zuloaga antes de Zuloaga (1870–1898)«, in: *Zuloaga 1870–1945*, bearb. von dems. und Javier Novo González, Ausst.-Kat. Museo de Bellas Artes de Bilbao 2019, S. 15–51

Mikel Lertxundi Galiana und Javier Novo González: »Zuloaga (1898–1924)« in: *Zuloaga 1870–1945*, bearb. von dens., Ausst.-Kat. Museo de Bellas Artes de Bilbao 2019, S. 53–105

L'Espagne entre deux siècles de Zuloaga à Picasso, bearb. von Marie-Paule Vial und Pablo Jiménez Burillo, Ausst.-Kat. Musée de l'Orangerie, Paris, Paris 2011

Frank Reza Links: *Zwischen Flamenco und Charleston. Der Tanz in Literatur, Stummfilm und Malerei im Spanien der Moderne*, Bielefeld 2016

Dominique Lobstein: »Ein spanischer Traum. Die Spanien-Abbildungen in den Pariser Salons 1845–1865«, in: *Blicke auf Carmen. Goya, Courbet, Manet, Nadar, Picasso*, hrsg. von Peter Pakesch und Verena Formanek, Ausst.-Kat. Landesmuseum Joanneum Graz, Köln 1999, S. 167–199

Lola Montez oder eine Revolution in München, bearb. von Thomas Weidner, Ausst.-Kat. Münchner Stadtmuseum, München, Eurasburg 1998

Manet 1832–1883, hrsg. von Françoise Cachin, Ausst.-Kat. Galeries nationales du Grand Palais, Paris; The Metropolitan Museum of Art, New York, Paris 1983

Manet en el Prado, hrsg. von Manuela B. Mena Marqués, Ausst.-Kat. Museo Nacional del Prado, Madrid, 2003

Cristina Mendoza: »Painting«, in: *Modernisme in the MNAC Collections*, Barcelona 2010, S. 15–75

Susanne Meyer-Büser: *Das schönste deutsche Frauenporträt. Tendenzen der Bildnismalerei in der Weimarer Republik*, Berlin 1994

Mayi Milhou: *Ignacio Zuloaga et la France*, Bordeaux 1981

Mayi Milhou: »Zuloaga in France, First Impressions of France«, in: *Ignacio Zuloaga (1870–1945)*, Ausst.-Kat. Basque Government, Bilbao, u. a., Paris und Bilbao 1990, S. 45–53

Sergio del Molino: *La España vacía. Viaje por un país que nunca fue*, Madrid 2016; dt. Ausgabe: *Leeres Spanien. Reise in ein Land, das es nie gab*, Berlin 2022

Kirsten Möller, Inge Stephan und Alexandra Tacke (Hrsg.): *Carmen. Ein Mythos in Literatur, Film und Kunst,* Köln u. a. 2011

Idoia Murga Castro: »Música y pintura encarnadas. Las bailarinas de Falla y Zuloaga«, in: *Ignacio Zuloaga y Manuel de Falla. Historia de una amistad*, bearb. von Pablo Melendo Beltrán und José Vallejo Prieto, Ausst.-Kat. CentroCentro Cibeles, Madrid, 2015, S. 91–119

Carlos G. Navarro: »Los Montpensier. Pinturas para una corte francesa en España«, in: *El gusto francés y su presencia en España (siglos XVII–XIX)*, hrsg. von Amaya Alzaga Ruiz, Ausst.-Kat. Fundación MAPFRE, Madrid, 2022, S. 223–229

Patricia Mabel Nobilia: *Enrique Larreta y su colección de arte español. Gusto y distinción de un coleccionista ilustrado en Buenos Aires*, Diss. Buenos Aires 2018

Javier Novo: »Zuloaga en tiempos de guerra«, in: Ignacio Suárez-Zuloaga (Hrsg.): *El verdadero Ignacio Zuloaga*, Zumaia 2020, S. 59–70

Javier Novo González: »Ignacio Zuloaga y su utilización por el Franquismo«, in: *Ondare*, 25, 2006, S. 233–243

Javier Novo González: »Los retratos«, in: *Zuloaga 1870–1945,* bearb. von Mikel Lertxundi Galiana und dems., Ausst.-Kat. Museo de Bellas Arte de Bilbao 2019, S. 275 f.

Javier Novo González: »Paisajes«, in: *Zuloaga 1870–1945*, bearb. von Mikel Lertxundi Galiana und dems., Ausst.-Kat. Museo de Bellas Artes de Bilbao 2019, S. 253–260

Javier Novo González: »Víspera de los toros«, in: *Zuloaga 1870–1945*, bearb. von Mikel Lertxundi Galiana und dems., Ausst.-Kat. Museo de Bellas Artes de Bilbao 2019, S. 237 f.

Javier Novo González: »Zuloaga después de Zuloaga (1925–1945)«, in: *Zuloaga 1870–1945*, bearb. von Mikel Lertxundi Galiana und dems., Ausst.-Kat. Museo de Bellas Artes de Bilbao 2019, S. 107–174

Miriam Oesterreich: »Das ›andere‹ Europa – Die Konstruktion nationaler Identität im 19. Jahrhundert und der orientalisierte Körper der ›Spanierin‹«, in: *Miradas. Zeitschrift für Kunst und Kulturgeschichte der Amérikas und der iberischen Halbinsel,* 4, 2018, S. 29–43; https://journals.ub.uni-heidelberg.de/index.php/miradas/issue/view/5275/991 (27. 4. 2023)

Bernardino de Pantorba: *Ignacio Zuloaga. Ensayo biográfico y crítico*, Madrid 1944

Maria Papapavlou: *Der Flamenco als Präsentation von Differenz. Gitanos und Mehrheitsbevölkerung Westandalusiens in ethnologischer Perspektive*, Göttingen 2000

Helena Pereña: »›El artista más aclamado del momento‹. Sobre la fama y el olvido de Zuloaga en Alemania y Austria«, in: Ignacio Suárez-Zuloaga (Hrsg.): *El verdadero Ignacio Zuloaga*, Zumaia 2020, S. 271–280

Pascale Peyraga: »Le *Portrait d'Azorín* de Zuloaga: le sujet égaré dans un miroir à deux faces«, in: ders. (Hrsg): *Los retratos de Azorín. En la encrucijada de unas subjetividades. VII Coloquio Internacional Pau, 29–30 de noviembre y 1 de diciembre de 2007*, Alicante 2009, S. 99–120

Ghislaine Plessier: *Ignacio Zuloaga et ses amis français*, Paris 1955

Isolde Pludermacher und Claire Dupin de Beyssat (Hrsg.): *Abécédaire de la prostitution au XIXe siècle. Splendeurs et misères*, Paris 2015

Adelaida Porras Medrano: »Toledo o el secreto de Barrès«, in: *Thélème. Revista complutense de estudios franceses*, 14, 1999, S. 11–22

Stefan Quast: *Zur Sozialgeschichte des Flamencos und seinen gegenwärtigen Erscheinungsformen*, Magisterarbeit Gießen 2002, Göttingen 2008

Kathrin Raminger: *Politik der Bilder. Offizielle Ausstellungen im Franquismus und ihre politischen Funktionen (1936–1951)*, Weimar 2011

Liselotte Regler: *Hans Gregor. Die Ära des letzten Hofoperndirektors in Wien*, Diss. Wien 2010

Peio H. Riaño: »Zuloaga: La españolada que hace fuerte a Puigdemont«, in: *El Español*, 26. 9. 2017, www.elespanol.com/cultura/arte/20170926/249725872_0.html (29. 5. 2023)

José Romero Portillo: *Ignacio Zuloaga en Sevilla*, Sevilla 2015

Nerina Santorius: »›Alles urdeutsch?‹ Hans Thoma und die Debatte um eine nationale Kunst«, in: *Hans Thoma. »Lieblingsmaler des deutschen Volkes«*, hrsg. von Felix Krämer und Max Hollein, Ausst.-Kat. Städel Museum, Frankfurt am Main, Köln 2013, S. 29–39

Wolfgang Schivelbusch: *Die Kultur der Niederlage. Der amerikanische Süden 1865, Frankreich 1872, Deutschland 1918*, Reinbek 2012 (E-Book)

Michael Scholz-Hänsel: *El Greco. Der Großinquisitor. Neues Licht auf die Schwarze Legende*, Frankfurt am Main 1991

Michael Scholz-Hänsel: *El Greco. Domenikos Theotokopoulos. 1541–1614. Prophet der Moderne*, Köln 2004

Michael Scholz-Hänsel und Birgit Thiemann: »›Crueles borrones‹ und deformierte Akte: Wie die Spanier El Greco ›entdeckten‹ und auch Picasso aus der ›Grecomanía‹ Gewinn zog«, in: *El Greco und die Moderne*, hrsg. von Beat Wismer und dems., Ausst.-Kat. Museum Kunstpalast, Düsseldorf, Ostfildern 2012, S. 212–219

Michael Scholz-Hänsel und Beat Wismer (Hrsg.): *El Greco und der Streit um die Moderne. Fruchtbare Missverständnisse und Widersprüche in seiner deutschen Rezeption zwischen 1888 und 1939*, Berlin 2015

Johanna Schumm: *Witz und Fülle*, unveröff. Habilitationsschrift, Ludwig-Maximilians-Universität München, 2022

Sorolla/Zuloaga. Dos visiones para un cambio de siglo, hrsg. von Francisco Calvo Seraller, Ausst.-Kat. Museo de Bellas Artes, Bilbao; Fundación Cultural MAPFRE Vida, Madrid 1998

Gerhard Steingress: *Cante flamenco. Zur Kultursoziologie der andalusischen Moderne*, Berlin 2013

Eric Storm: »Crushed between Gauguin and Picasso: Ignacio Zuloaga's Depictions of Spain and the Politics of Nationalism«, in: Ingrid Hanson, Wilfred Jack Rhoden und E. E. Snyder (Hrsg.): *Poetry, Politics and Pictures. Culture and Identity in Europe, 1840–1914*, Oxford 2013, S. 67–91

Eric Storm: *The Discovery of El Greco. The Nationalization of Culture versus the Rise of Modern Art (1860–1914)*, Brighton, Chicago und Toronto 2016

Ignacio Suárez-Zuloaga Gáldiz: »El amor de Ignacio Zuloaga hacia los gitanos y el flamenco«, in: *Zuloaga. Entre lo gitano y el flamenco*, Ausst.-Kat. Hospital Real, Granada, Motril 2022, S. 41–70

Birgit Thiemann: »Carmen in der Malerei von Sargent und Zuloaga. Funktionalisierte Weiblichkeits-Imaginationen und Spanien-Mythos«, in: *kritische berichte*, 3, 96, 1996, S. 37–48

Birgit Thiemann, »Die Spanierin. Nationaltracht als Form weiblicher Mythisierung und deren Überschreitung im Cross Dressing der Torera«, in: *FrauenKunstWissenschaft*, 17, 1994, S. 53–71

Birgit Thiemann: »Ignacio Zuloaga. Ein Maler als Vermittler im interkulturellen Austausch«, in: Gisela Noehles-Doerk (Hrsg.): *Kunst in Spanien im Blick des Fremden. Reiseerfahrungen vom Mittelalter bis in die Gegenwart*, Frankfurt am Main 1996, S. 229–244

Birgit Thiemann: »Spanische Kleidung im 18. und 19. Jahrhundert – Goya und darüber hinaus«, in: *Kleider machen Politik. Zur Repräsentation von Nationalstaat und Politik durch Kleidung in Europa vom 18. bis zum 20. Jahrhundert*, hrsg. von Siegfried Müller, Ausst.-Kat. Landesmuseum für Kunst und Kulturgeschichte Oldenburg, Oldenburg 2002, S. 69–76

Birgit Thiemann: »›Vive Greco et Goya!‹ Ignacio Zuloaga als Sammler und Vermittler«, in: *El Greco und die Moderne*, hrsg. von Beat Wismer und Michael Scholz-Hänsel, Ausst.-Kat. Museum Kunstpalast, Düsseldorf, Ostfildern 2012, S. 374–385

Janis A. Tomlinson: »Burn It, Hide It, Flaunt It. Goya's Majas and the Censorial Mind«, in: *Art Journal*, 50, 4, 1991, S. 59–64

Elena Torres Clemente: »Manuel de Falla y *El retablo de maese Pedro*: una reinterpretación del romance español«, in: *Revista de musicología*, 28, 1: *Actas del VI Congreso de la Sociedad Española de Musicología, Junio 2005*, 2005, S. 839–856

Javier Tusell: »La estética de fin de siglo«, in: *Paisaje y figura del 98*, hrsg. von dems. und Alvaro Martínez-Novilo, Ausst.-Kat. Fundación Central Hispano, Madrid, 1997, S. 17–74

Una mirada femenina del toreo, bearb. von Carlos Abella Martín, Ausst.-Kat. Patio de Cristal, Real Casa de Correos, Madrid, 2011

Miquel Utrillo: »Historia de un cuadro del ›Cau Ferrat‹«, in: *Anales y Boletín de los Museos de Arte de Barcelona*, 1–3, Winter 1943, S. 6–16

Mercedes Valdivieso Rodrigo: »Auf der Suche nach den Wurzeln. Ignacio Zuloaga«, in: Henrik Karge (Hrsg.): *Vision und Wirklichkeit. Die spanische Malerei der Neuzeit*, München 1991, S. 241–259

Mercedes Valdivieso Rodrigo: *Die Generation von 98 und die spanische Malerei*, Köln 1988

Mercedes Valdivieso Rodrigo: *¡Pan y toros! Las corridas de toros como símbolo de la decadencia española en la literatura y la pintura de la generación del 98*, Diss. Oviedo 1998

Mercedes Valdivieso Rodrigo: »Zuloaga und die Entdeckung Kastiliens«, in: *kritische berichte*, 20, 1, 1992, S. 59–68

José Vallejo Prieto: »Un acercamiento a *El retablo de Maese Pedro* de Falla y Zuloaga«, in: *Falla/Zuloaga. Historia de una amistad*, hrsg. von dems., Ausst.-Kat. CentroCentro Cibeles, Madrid; Museo Casa Lis, Salamanca; Museo de Bellas Artes de Granada/la Alhambra, Granada, Madrid 2016, S. 154–163

José Vallejo Prieto: »Zuloaga, pintor jondo«, in: *Zuloaga. Soul of Spain*, hrsg. von Carlos Alonso Pérez-Fajardo und Aleksandra Murre, Ausst.-Kat. Eesti Kunstimuuseum Mikkel, Tallinn, 2021, S. 115–123

Van Gogh: Felder. Das »Mohnfeld« und der Künstlerstreit, hrsg. von Wulf Herzogenrath und Dorothee Hansen, Ausst.-Kat. Kunsthalle Bremen, Ostfildern-Ruit 2002

Manuel Viera: *El imaginario español en las Exposiciones Universales del siglo XIX. Exotismo y modernidad*, Madrid 2020

Denis Vigneron: *La création artistique espagnole à l'épreuve de la modernité esthétique européenne (1898–1931)*, Paris 2009

Manja Wilkens: *»... er vergaß sich zuweilen soweit, mich ›die Spanierin‹, ›die Fremde‹, zu nennen!« Das Bild der spanischen Frau im Frankreich des Zweiten Kaiserreichs. Eine klischeegeschichtliche Untersuchung*, Diss. München 1993, Frankfurt am Main 1994

Manja Wilkens: »Goyas *Majas* und die *femme moderne*. Zur Rezeptionsgeschiche von Goyas *nackter* und *bekleideter Maja* in der französischen Kunstliteratur des 19. Jahrhunderts«, in: *Mitteilungen der Carl Justi-Vereinigung*, 4, 1992, S. 24–54

Susannah Worth: *Andalusian Dress and the Andalusian Image of Spain: 1759–1936*, Diss. Ann Arbor 1990 (Microfiche)

Zuloaga. Mi tío y mis primas, hrsg. von Carlos Alonso Pérez-Fajardo, Santiago Martínez Caballero und Ángel González Pieras, Ausst.-Kat. Museo Zuloaga, Segovia, 2022

Zuloaga 1870–1945, bearb. von Mikel Lertxundi Galiana und Javier Novo González, Ausst.-Kat. Museo de Bellas Arte de Bilbao 2019

Zuloaga en el París de la Belle Époque, 1889–1914, hrsg. von Leyre Bozal Chamorro und Pablo Jiménez Burillo, Ausst.-Kat. Fundación MAPFRE, Madrid, 2017

Zuloaga entre lo gitano y el flamenco, Ausst.-Kat. Hospital Real, Granada, Motril 2022

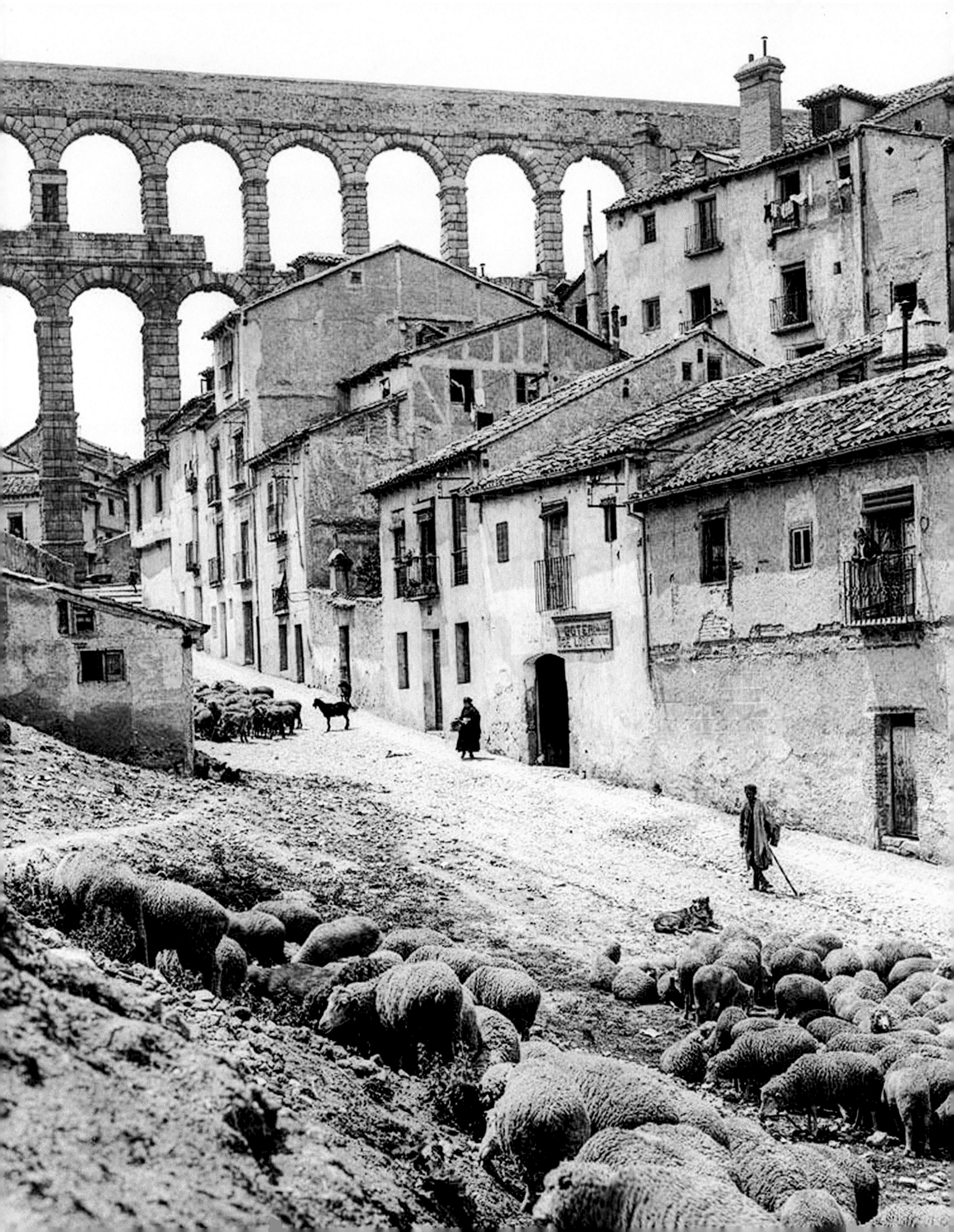

Leihgeber

Unser aufrichtiger und herzlicher Dank gilt folgenden Leihgebern:

Arp Museum Bahnhof Rolandseck / Sammlung Rau für UNICEF
Ayuntamiento de Irun
Belvedere, Wien
Colección del Museo de arte español Enrique Larreta de la Ciudad de Buenos Aires
Fondazione Musei Civici di Venezia, Galleria Internazionale d'Arte Moderna di Ca' Pesaro
The Hispanic Society Museum and Library, New York
Instituto Cervantes
Mairie de Bordeaux, Musée des Beaux-Arts
Morrison Family Collection
Musée des Beaux-Arts de la Ville de Tournai
Musée d'Ixelles, Brüssel
Musée d'Orsay, Paris
Musée Rodin, Paris
Museo de Bellas Artes de Bilbao
Museo de Navarra, Pamplona
Museo de Segovia – Museo Zuloaga de Segovia
Museu de Montserrat
Museu del Cau Ferrat, Sitges
Museo Nacional Centro de Arte Reina Sofía, Madrid
Museu Nacional d'Art de Catalunya, Barcelona
Museum voor Schone Kunsten, Gent
Pau, Musée des Beaux-Arts
Raczyński-Stiftung am Nationalmuseum in Posen
Sammlung Arango
Sammlung Carmen Thyssen-Bornemisza, kostenlose Leihgabe im Museo Carmen Thyssen Málaga
Sammlung Casacuberta Marsans
Sammlung Dr. Moreno Torres
Sammlung Museo Franz Mayer, Mexiko-Stadt
Sammlung Óscar Alzaga, Madrid
Sammlung Pérez Simón, Mexiko
San Telmo Museoa. Donostia / San Sebastián
Santuario de Nuestra Señora de Arrate. Parroquia de San Andrés Apóstol, Diócesis de San Sebastián. Eibar, Gipuzkoa
Staatliche Museen zu Berlin, Nationalgalerie
Thielska Galleriet, Stockholm

sowie allen Privatleihgeber:innen, die ungenannt bleiben möchten.

Dank

Ohne die Hilfe der Kolleginnen und Kollegen der oben genannten Institutionen wäre diese Ausstellung nicht möglich gewesen. Ihnen allen gilt unser besonderer Dank. Darüber hinaus möchten wir folgenden Personen für ihre Unterstützung und ihre Anregungen, die in wertvoller Weise zum Gelingen des Projekts beigetragen haben, unseren herzlichen Dank aussprechen:

Andrea Bambi, Anna Baumberger, Ignasi Domènech Vives, Christian Drude, Kathrin DuBois, Consuelo Durán Irazuzta, Victoria Fernández Layos, Patricia Fernández Lorenzo, Christian Fuhrmeister, Florencia Galesio, Francesc Garrido Farré, Rodrigo Gutiérrez Viñuales, Heike Haarmann, Nadia Hernández Henche, Ana Iruretagoyena García, Ralf Junkerjürgen, Stephan Klingen, Enrique Laborde Suárez-Zuloaga, Mikel Lertxundi Galiana, Alicia Lillo Ramos, Emma Maddalosso, Mariana Marchesi, Santiago Martínez Caballero, Rüdiger Mayer, Sylvia Naylor, Patricia Nobilia, Javier Novo González, Sebastian Peters, Celia Querol Torelló, Rudi Risatti, Nahid Safaverdi, Mariana Sainz, Penélope Sanchís Martínez, Iris Schmeisser, Birgit Schwarz, Beatrice-Mihaela Soltuz, María Rosa Suárez-Zuloaga, María José Tellería Etxeberria, Graciela Téllez Trevilla, Anne Uhrlandt, Eduard Vallès Pallarès, Sarah von der Lieth, Ulrike Voß, Katharina Weiler, María Zabal Pérez, Eva-Maria Zembsch

Bildnachweis

2023 © Photo Archive – Fondazione Musei Civici di Venezia, S. 79
© akg-images, S. 140
© Jörg P. Anders, S. 65
© Archivo fotográfico del Consorcio del Patrimonio de Sitges (Barcelona, España), S. 64
© Archivo Fotográfico Museo Nacional Centro de Arte Reina Sofía, Madrid, S. 57, 71, 83, 86, 94, 111, 134, 150, 157, 164, 170, 171, 194, 198
© Archivo Museo Zuloaga de Segovia, Junta de Castilla y León, S. 9–11, 20/21, 30/31, 38/39, 117, 203 (Abb. 1), 204
© Arte Ederren Bilboko Museoa – Museo de Bellas Artes de Bilbao, S. 4, 40, 52, 70, 109, 112/113, 162/163, 172/173, 195
© Ayuntamiento de Irun, S. 137
© Belvedere, Wien, S. 131
© bpk/RMN – Grand Palais/Hervé Lewandowski, S. 58, 67–69
© bpk/RMN – Grand Palais/Stéphane Maréchalle, S. 190
© bpk/RMN – Grand Palais/Benoît Touchard, S. 156
© Manuel Castells, S. 50, 51
© José Manuel Cófreces Ibáñez, S. 97
© Joaquín Cortés, S. 76, 127
© Courtesy National Gallery of Art, Washington, S. 35
© Courtesy of The Hispanic Society Museum and Library, New York, S. 15, 22/23, 93, 176, 199
© Courtesy of Sotheby's, S. 43
© CSG CIC Glasgow Museums Collection, S. 44
© Digital Photography Studio at the National Museum Poznań, S. 82
© Rafael Doniz, S. 96
© Juantxo Egaña, S. 49, 56, 80/81
© Fotogasull, S. 128
© Galería Michel Mejuto, S. 48
© Galleria Nazionale d'Arte Moderna e Contemporanea, Rom, S. 75
© GASULL FOTOGRAFÍA. Barcelona, S. 72, 84, 92, 133
© J. Geleyns, S. 33
© Heinrich Hoffmann/VG Bild-Kunst, Bonn 2023, Foto © Bayerische Staatsbibliothek München/Bildarchiv/Heinrich Hoffmann, S. 16
© hornodeideas.es, S. 196
© José Carlos Madero, S. 142
© Mairie de Bordeaux, Musée des Beaux-Arts, Foto: F. Deval, S. 175
© MSK Gent, Foto: Dominique Provost, S. 130
© Musée des Beaux-Arts de la Ville de Tournai, S. 66
© Musée d'Ixelles, S. 106
© Musée Rodin, Foto: Jean de Calan, S. 132
© Museo de Navarra, Pamplona, España, S. 174
© Museu Nacional d'Art de Catalunya, Barcelona, S. 85, 125
© Museu Nacional d'Art de Catalunya, Barcelona, (1903), S. 90
© PATRIMONIO NACIONAL/10002935-DG122614, S. 61
© Photo d'art Speltdoorn & Fils, S. 119
© Photographic Archive Museo Nacional del Prado, S. 122
Public Domain, Bibliothèque Nationale de France, https://gallica.bnf.fr/ark:/12148/bpt6k565071m, S. 6/7
Public Domain, https://artvee.com/dl/dama-con-mantilla-y-abanico-lady-with-mantilla-and-fan, S. 17
Public Domain, The Metropolitan Museum of Art, New York, Rogers Fund, 1956, S. 152
Public Domain, The Metropolitan Museum of Art, New York, H. O. Havemeyer Collection, Nachlass Mrs. H. O. Havemeyer, 1929, S. 34, 184
Public Domain, Museo Nacional de Bellas Artes, Buenos Aires, Argentinien, S. 89, 121
Public Domain, Museo Nacional del Prado, Madrid, S. 36, 60
Public Domain, Städel Museum, Frankfurt am Main, S. 167
© Dani Rovira – Fotografia, S. 126
© Sammlung Arango, Foto: Joaquín Cortés, 193
© Sammlung Carmen Thyssen-Bornemisza, kostenlose Leihgabe im Museo Carmen Thyssen Málaga, S. 24, 25, 103, 107
© Sammlung Dr. Moreno Torres/José Antonio Albornoz, S. 95
© Sammlung Museo Franz Mayer, Mexiko-Stadt, S. 47, 135
© San Telmo Museoa. Donostia/San Sebastián, S. 78, 110
© Santuario de Nuestra Señora de Arrate. Parroquia de San Andrés Apóstol, Diócesis de San Sebastián. Eibar, Gipuzkoa, S. 158–161
© Eduardo Saperas, S. 188/189
© Peter Schälchli, Zürich, S. 100, 108
© The State Hermitage Museum/photo by Vladimir Trerebenin, S. 120
© Steinway & Sons, S. 168
© Jon Stone, S. 53
© Studio Sébert Photographes, S. 129
© Thielska Galleriet, S. 98/99
© ullstein bild – Heritage Images, S. 36
© ullstein bild – IBERFOTO, S. 181, 182
© Universitätsbibliothek Heidelberg/»Jugend: Münchner illustrierte Wochenschrift für Kunst und Leben«/»Nr. 9, 1905, Coverbild«, S. 12
© Otto Wunderlich/VG Bild-Kunst, Bonn 2023, Foto © Archivo Wunderlich, IPCE, Ministerio de Cultura y Deporte

Weitere Abbildungen entstammen Privatarchiven.

Die Geltendmachung der Ansprüche gem. § 60h UrhG für die Wiedergabe von Abbildungen der Exponate/Bestandswerke erfolgt durch die VG Bild-Kunst.

Die Herausgeber:innen haben sich intensiv bemüht, alle Bildrechteinhaber:innen ausfindig zu machen. Sollte dies an einer Stelle übersehen worden sein, bitten wir um Nachricht. Berechtigte Ansprüche werden im Rahmen der üblichen Vereinbarungen abgegolten.

Impressum

Diese Publikation erscheint anlässlich der Ausstellung

Mythos Spanien. Ignacio Zuloaga (1870–1945)

Kunsthalle der Hypo-Kulturstiftung (Kunsthalle München)
15. September 2023 – 4. Februar 2024

Bucerius Kunst Forum, Hamburg
17. Februar – 26. Mai 2024

AUSSTELLUNG

Kurator:innen
Nerina Santorius, Carlos Alonso Pérez-Fajardo

Kuratorische Assistentin
Charlotte Ewers

Praktikantinnen
Katharina Gramer, Jule-Marie Trescher

KUNSTHALLE MÜNCHEN

Direktor
Roger Diederen

Kuratorinnen
Anja Huber, Nerina Santorius, Franziska Stöhr

Wissenschaftliche Volontärin
Charlotte Ewers

Ausstellungsbüro, Besucher:innenservice, Events
Theresa Scheuermann

Kommunikation
Stefan Kirchberger, Agnes Trick

Volontär Kommunikation
Noah Bössenrodt

Technischer Leiter
Gerhard Karl

HYPO-KULTURSTIFTUNG

Stiftungsvorstand
Marion Höllinger (Vorsitzende),
Christoph Auerbach (Stv. Vorsitzender),
Jürgen Kullnigg

Geschäftsführer
Oliver Kasparek

Projektbetreuung
Caroline Jonietz, Juliane Wehrmeyer

Kunsthalle der Hypo-Kulturstiftung
Theatinerstraße 8
80333 München
www.kunsthalle-muc.de

KATALOG

Herausgeber:innen
Roger Diederen, Nerina Santorius,
Carlos Alonso Pérez-Fajardo

Redaktion
Nerina Santorius

Organisatorische Assistentin
Charlotte Ewers

Autor:innen
Carlos Alonso Pérez-Fajardo, Katrin Dyballa, Charlotte Ewers, Ralf Junkerjürgen, Mikel Lertxundi Galiana, Helena Pereña, Nerina Santorius, Johanna Schumm, Birgit Thiemann

Übersetzung
Constanze Déus-Konrad

Lektorat
Holger Steinemann

Gestaltung
Kathleen Bernsdorf

Projektleitung Verlag
Luzie Diekmann

Herstellung Verlag
Anja Haering

Lithografie
Repromayer Medienproduktion

Druck und Bindung
Grafisches Centrum Cuno GmbH & Co. KG

Schriften
Cako, Moderat

Papier
Magno Volume, 150 g/m^2

Die Deutsche Nationalbibliothek verzeichnet diese Publikation in der Deutschen Nationalbibliografie; detaillierte bibliografische Daten sind im Internet über http://dnb.dnb.de abrufbar.

Lützowstraße 33
10785 Berlin
www.deutscherkunstverlag.de
Ein Unternehmen der Walter de Gruyter GmbH
Berlin Boston
www.degruyter.com

ISBN 978-3-422-80094-6

Umschlagabbildung
Ignacio Zuloaga: *Halbfigurenbildnis eines Picadors*, 1910, Privatsammlung. Leihgabe im Museo de Segovia – Museo Zuloaga de Segovia (Kat. 41)

Detailabbildungen der Gemälde
S. 4: Kat. 81; S. 40: Kat. 7; S. 58: Kat. 16; S. 72: Kat. 25; S. 86: Kat. 29; S. 100: Kat. 36; S. 116: Kat. 43; S. 138: Kat. 58; S. 150: Kat. 62; S. 164: Kat. 69; S. 178: Kat. 78

Fotografien
S. 10/11: Daniel Zuloaga: *Waschtag in San Juan de los Caballeros*, 1905–1921, Archivo Museo Zuloaga de Segovia, Junta de Castilla y Léon; S. 20/21: Daniel Zuloaga: *Esperanza Zuloaga zu Pferde mit dem Viertel San Lorenzo im Hintergrund*, 1905–1921, Archivo Museo Zuloaga de Segovia, Junta de Castilla y Léon; S. 30/31: Daniel Zuloaga: *Drei Gitanas* (Detail), 1905–1921, Archivo Museo Zuloaga de Segovia, Junta de Castilla y Léon; S. 38/39: Daniel Zuloaga: *Amateurstierkampf in Ayllón*, 1905–1921, Archivo Museo Zuloaga de Segovia, Junta de Castilla y Léon; S. 200/201: Anonym: *Ignacio Zuloaga in seinem Atelier in Segovia* (Detail), 1913, Privatsammlung; S. 211: Otto Wunderlich: *Segovia (Ansicht des römischen Aquädukts aus einem niedrigen Blickwinkel)*, 1927, Archivo Wunderlich, IPCE, Ministerio de Cultura y Deporte

KUNSTHALLE MÜNCHEN

BUCERIUS KUNST FORUM

HypoVereinsbank

Deutscher Kunstverlag